中國文字形體變遷考釋

魏建功题

丁易 著

中国社会科学出版社

图书在版编目(CIP)数据

中国文字形体变迁考释／丁易著．—北京：中国社会科学出版社，2019.3
（当代中国学者代表作文库）
ISBN 978－7－5203－2128－0

Ⅰ.①中…　Ⅱ.①丁…　Ⅲ.①汉字—字形—研究　Ⅳ.①H123

中国版本图书馆 CIP 数据核字（2018）第 037790 号

出 版 人　赵剑英
责任编辑　冯广裕
责任校对　王　磊
责任印制　王　超

出　　版　中国社会科学出版社
社　　址　北京鼓楼西大街甲 158 号
邮　　编　100720
网　　址　http：//www.csspw.cn
发 行 部　010－84083685
门 市 部　010－84029450
经　　销　新华书店及其他书店

印刷装订　北京明恒达印务有限公司
版　　次　2019 年 3 月第 1 版
印　　次　2019 年 3 月第 1 次印刷

开　　本　787×1092　1/16
印　　张　47.75
插　　页　2
字　　数　216 千字
定　　价　198.00 元

丁易、白鸿夫妇

丁易（1913—1954 年），原名叶鼎彝，又名叶丁易。安徽桐城人。中共党员，九三学社中央常务理事、副秘书长；现代学者、作家；北京师范大学教授。曾用笔名孙怡、访竹、光华之、童宜堂等。1953 年应苏联政府邀请，由高教部派赴苏联莫斯科大学讲学，翌年 6 月突发脑溢血于莫斯科逝世。

主要著作有：《中国现代文学史略》1955 年作家出版社出版；1978 年香港文化资料供应社根据作家出版社版本印行；2010 年外文出版社翻译出版英文版；2012 年北京师范大学出版社将此书辑入《中国现代学术经典丁易卷》出版。《明代特务政治》1950 年中外出版社出版；1971 年日本东京汲古书院将此书影印出版；1983 年群众出版社重新排印出版；2006 年中华书局重新校对出版。《中国文字与中国社会》1950 年中外出版社出版。《中国的文字》1951 年三联书店出版。《丁易杂文》1947 年由华夏书店出版；1984 年三联书店重印。还曾著有长篇小说《过渡》、中篇小说《雏莺》、短篇小说《择婿》、散文《战斗的朝鲜后方》等。

白鸿（1921—2008 年 ），四川中江人。中国社会科学院文学研究所副编审，中共党员。1947 年 10 月在晋察冀边区北方大学政治班学习并参加革命，1949 年至 1955 年在北京师范大学女附中及中国作家协会古典文学部工作，1956 年调入中国社会科学院（前中国科学院哲学社会科学学部）文学研究所，长期从事《文学遗产》的编辑工作和古典文学研究工作。发表的论文有《陶渊明讨论集》前言、《水浒简评》（合作）、《重评陶渊明写〈挽歌〉和〈广陵散〉》、《试论吴敬梓创作〈儒林外史〉的思想基础》，编辑《陈翔鹤选集》，参加《唐诗选注》编辑工作。1984 年离休，2008 年病逝。

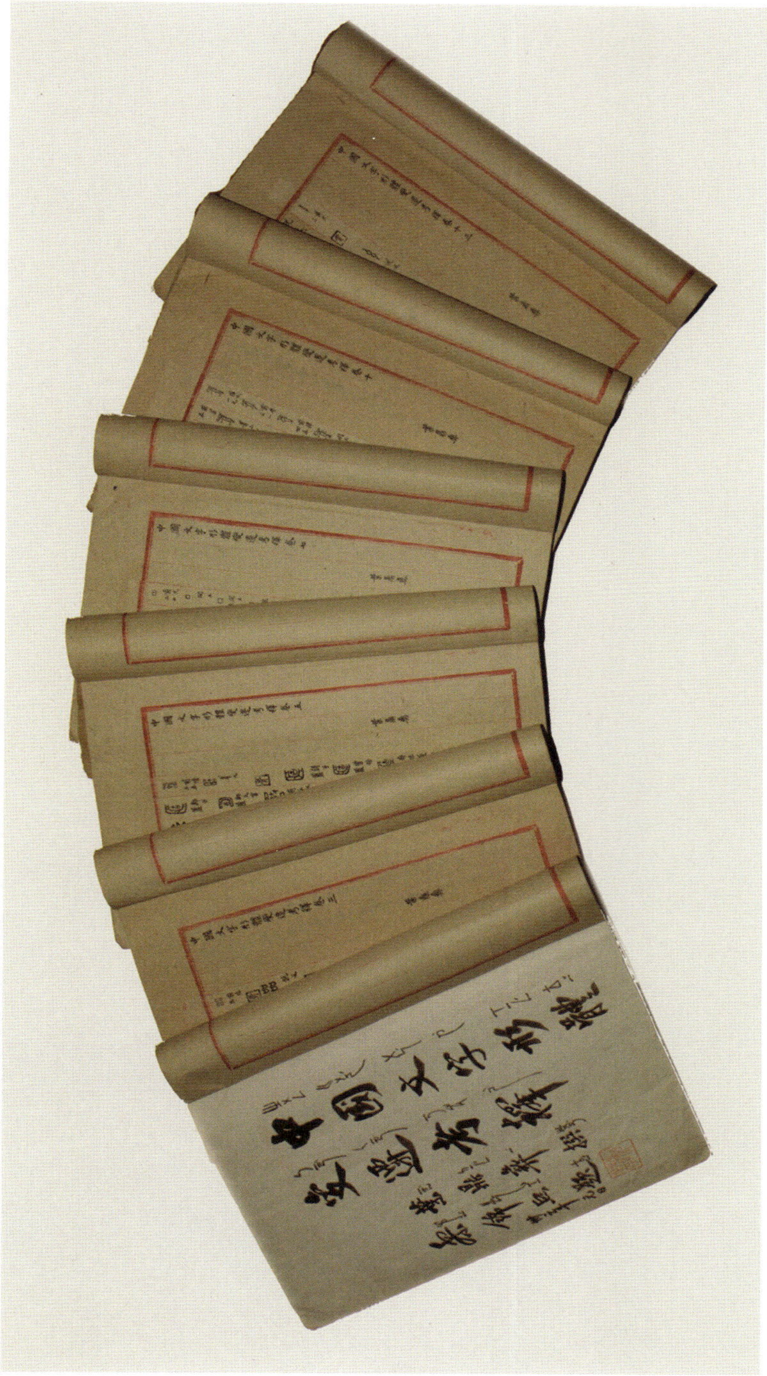

《中国文字形体变迁考释》原謄本

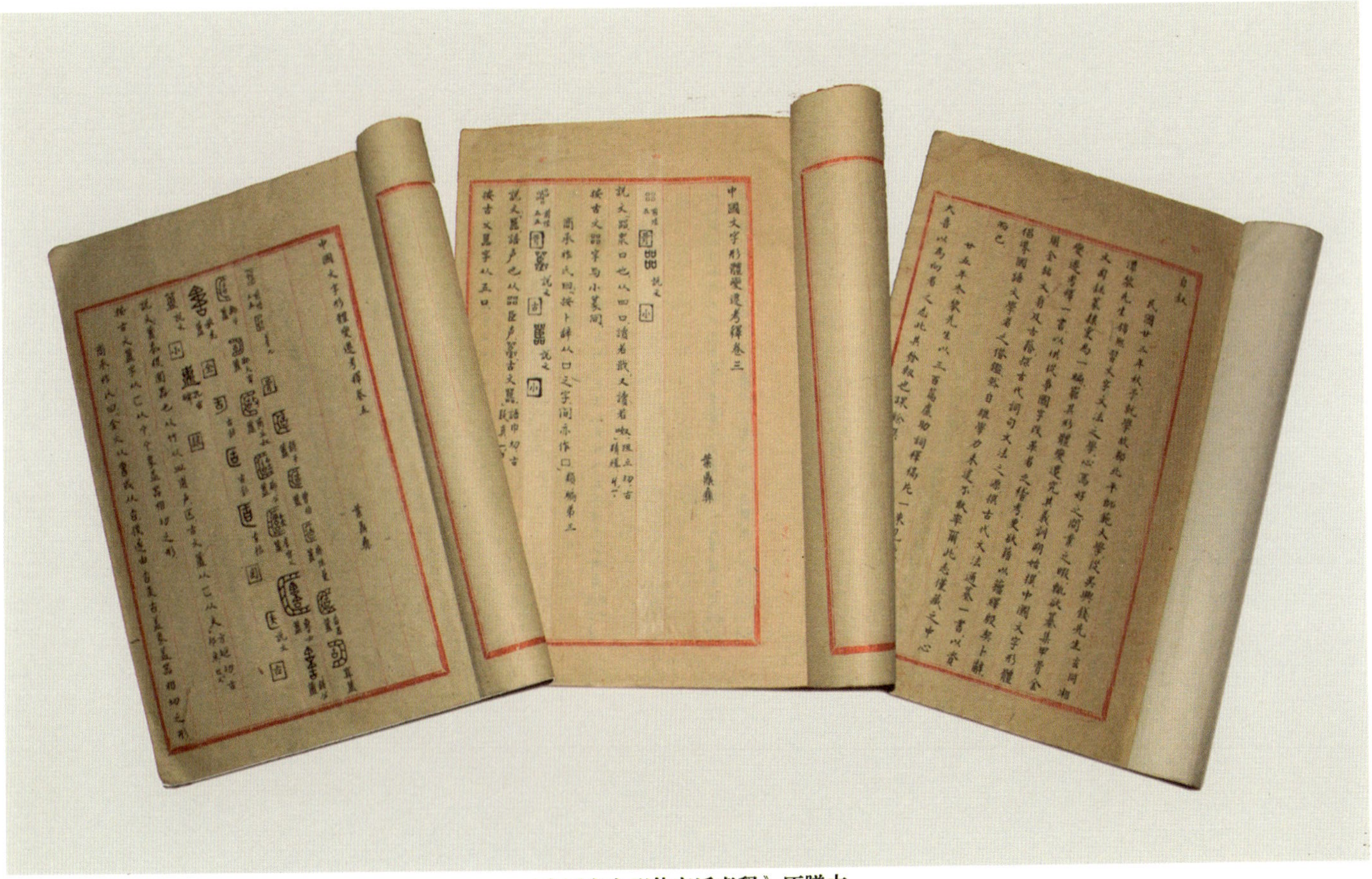

《中国文字形体变迁考释》原謄本

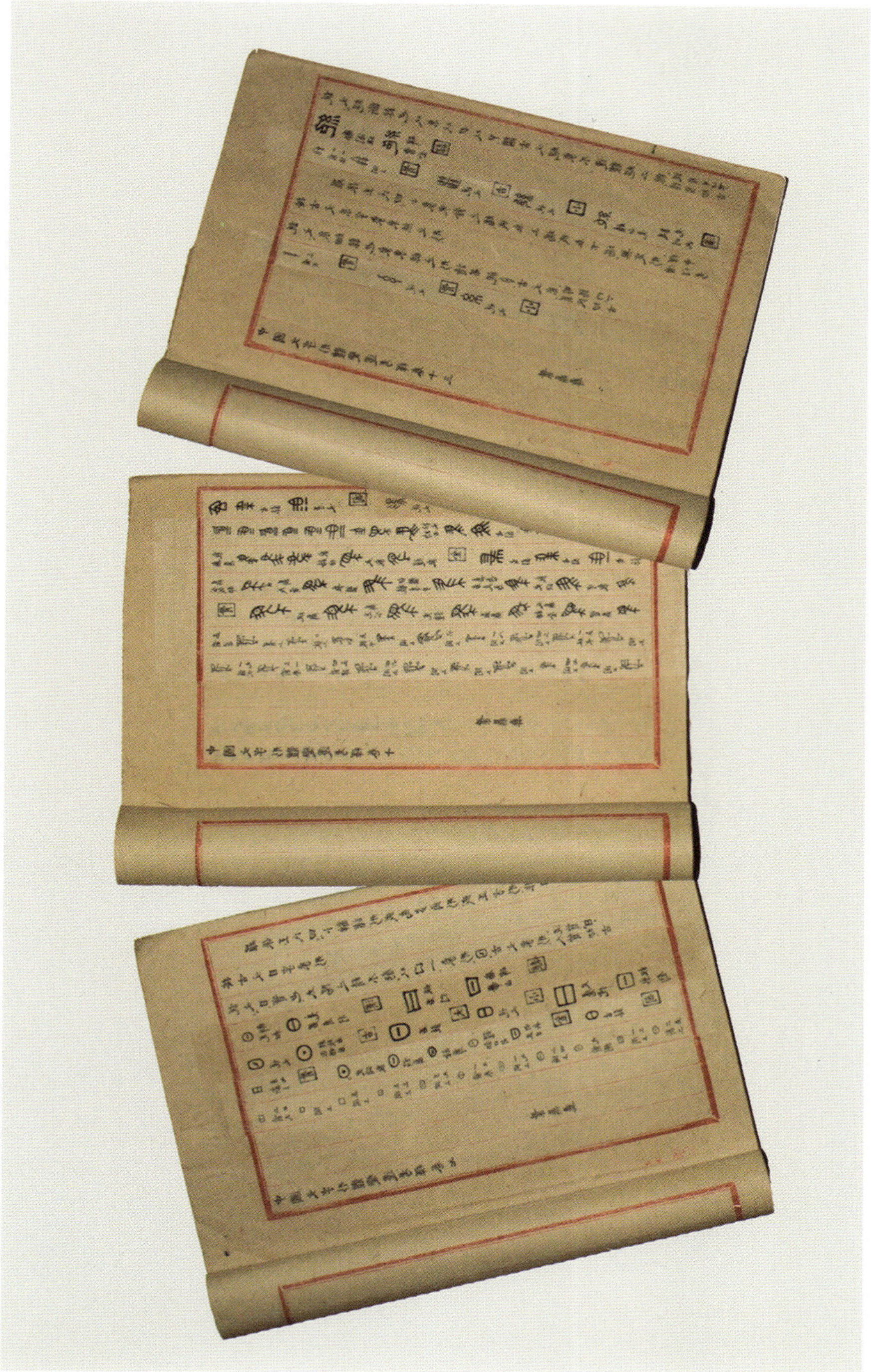

《中国文字形体变迁考释》原謄本

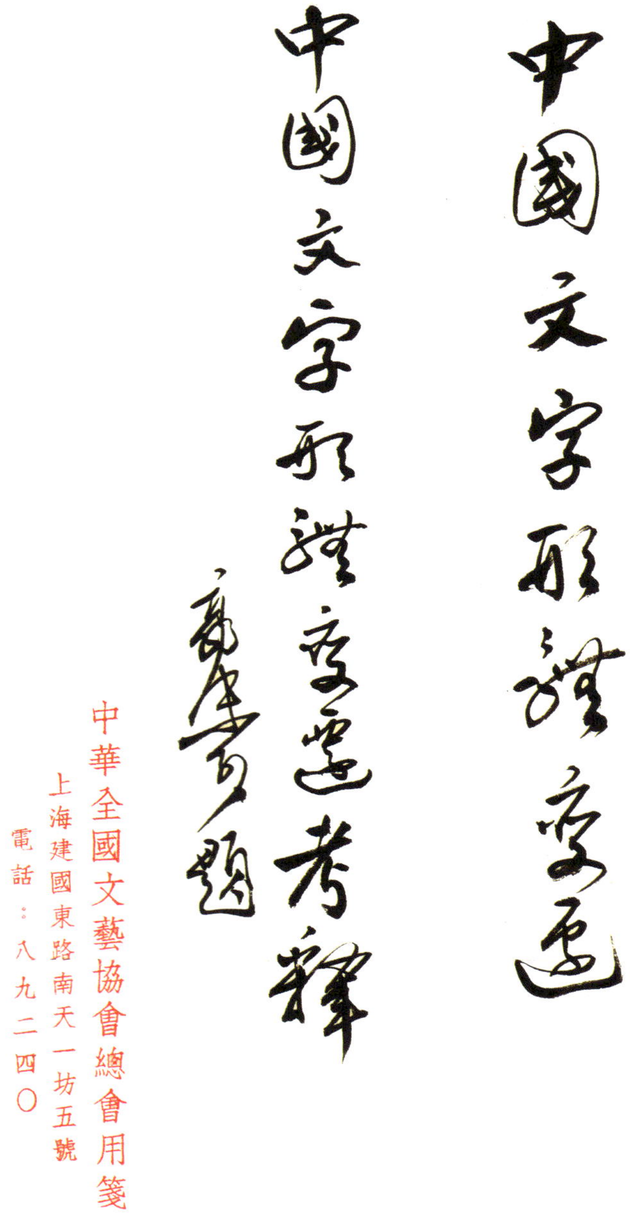

郭沫若为《中国文字形体变迁考释》题写书名

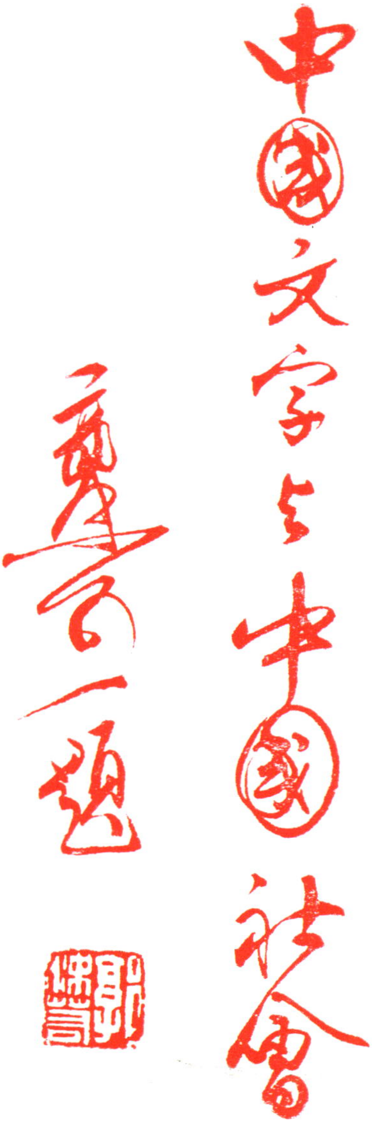

郭沫若为《中国文字与中国社会》题写书名

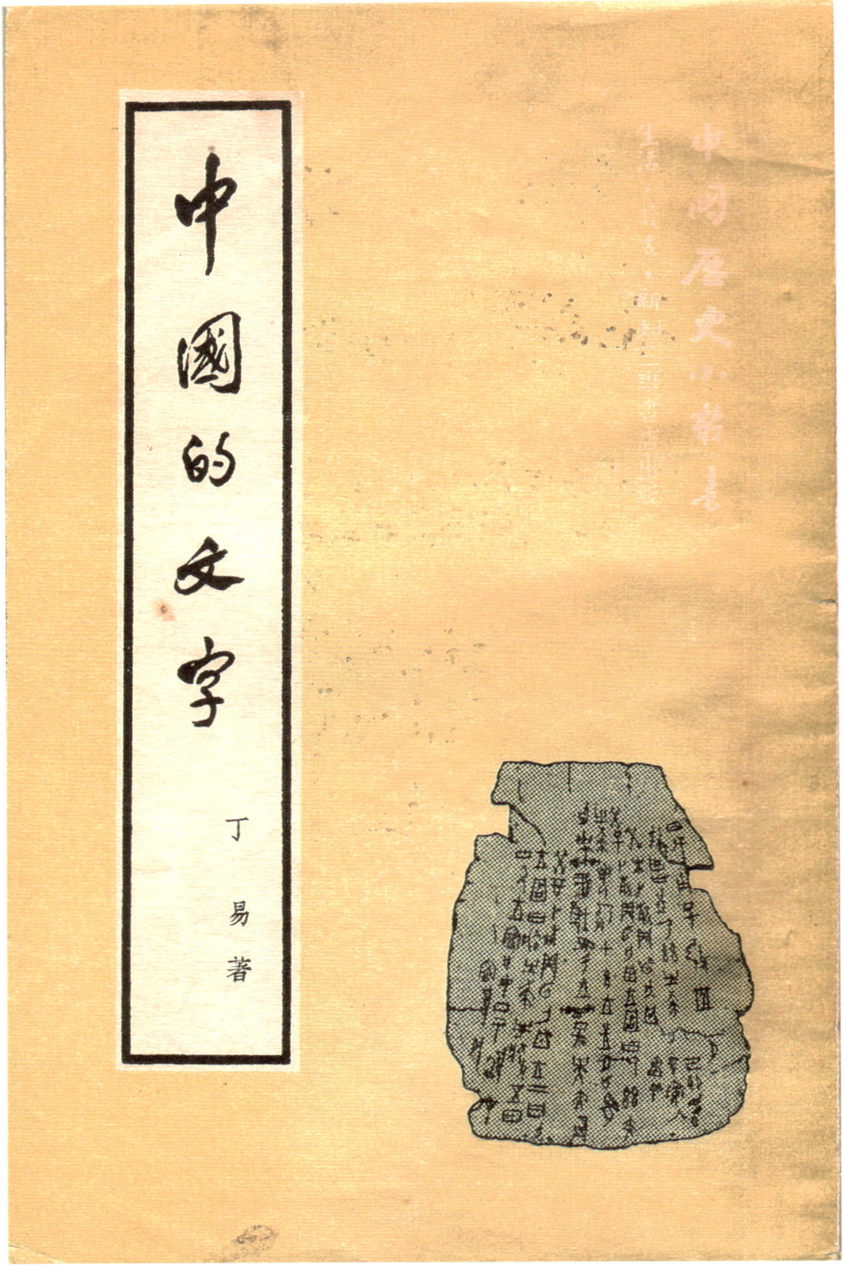

《中国的文字》1951 年三联书店版封面

丁易古文字墨迹

丁易古文字墨迹

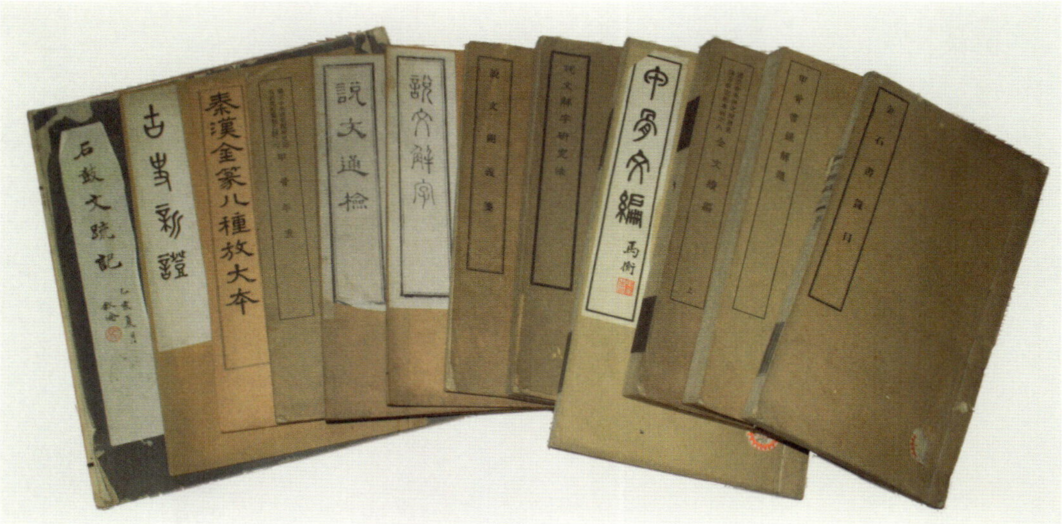

丁易所藏部分古文字书籍

丁易所藏部分古文字书籍

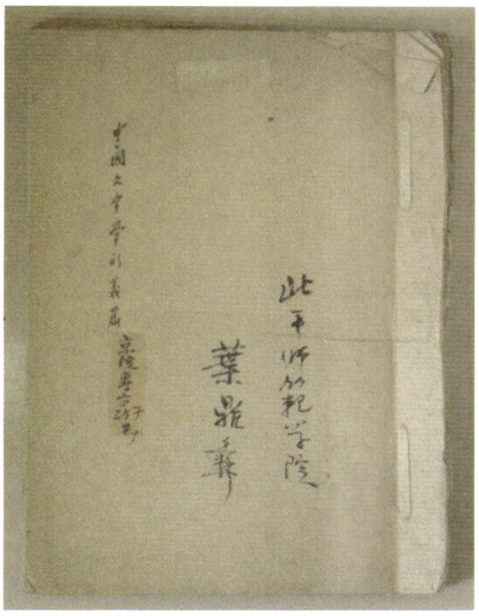

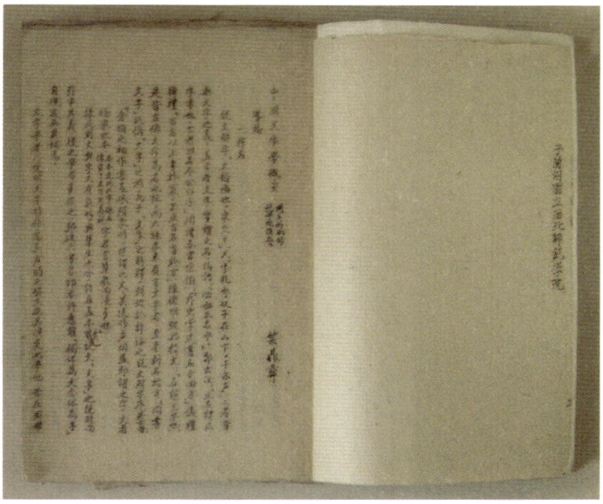

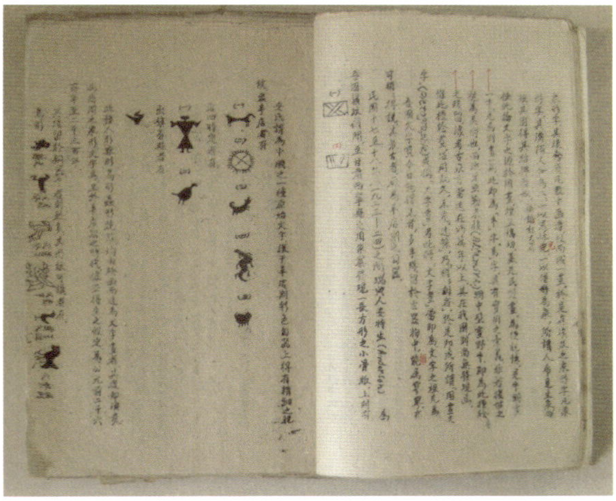

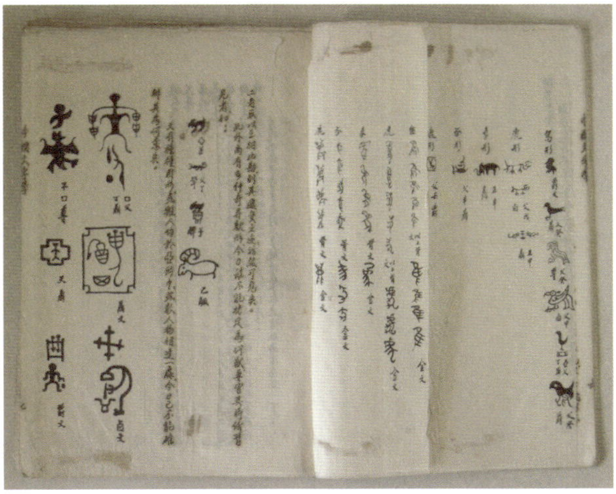

丁易在国立西北师范学院教授文字学时印发的油印讲义

附注：抗战时期，北平师范大学西迁甘肃，改称国立西北师范学院，抗战胜立后迁回北平

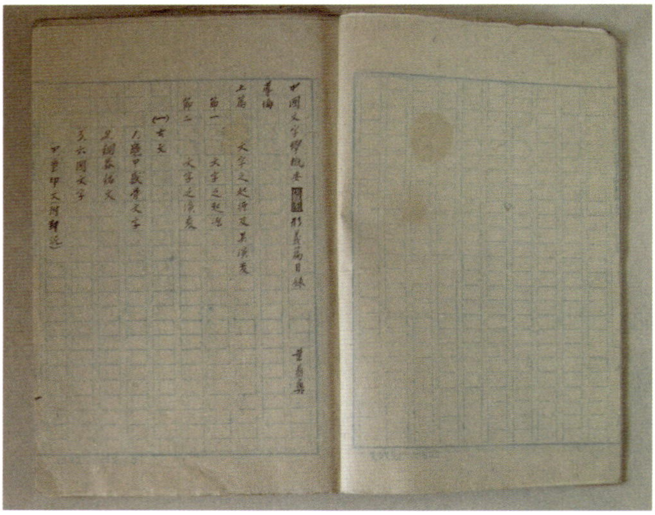

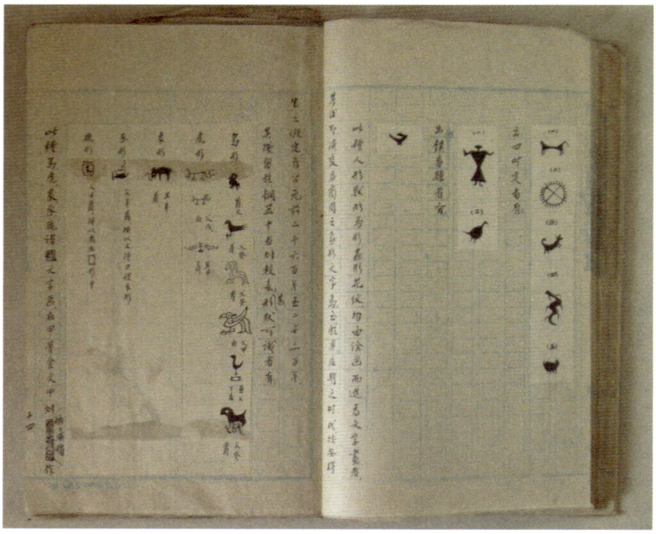

丁易在国立西北师范学院教授文字学的手写讲义稿

《当代中国学者代表作文库》编委会

总序

中华人民共和国的成立开启了当代中国历史发展的新进程。伴随社会主义革命、建设和发展的历史，特别是改革开放以来中国特色社会主义道路的探索、开辟和中国特色社会主义理论体系的形成，全球化的深入发展以及中西文化的碰撞交汇，中国的哲学社会科学研究事业得到了显著的发展，涌现了一大批优秀的人文哲学社会科学学者及著作。这些著作体现了时代特色、民族特色和实践特色的统一，在其相应学科中具有开创性、奠基性和代表性。正是这些具有中国特色、中国气派、中国风格的作品，铸就了当代中国哲学社会科学发展的辉煌成就，形成了中国哲学社会科学理论和方法的创新体系。

作为中国社会科学院直属的专门致力于推出哲学社会科学成果的学术出版社，中国社会科学出版社三十多年来，一直秉持传播学术经典的出版理念，把追求高质量、高品位的哲学社会科学学术著作作为自己的主要出版任务。为展示当代中国哲学社会科学研究的成就，积极推动中国哲学社会科学优秀人才和优秀成果走向世界，提高中华文化的软实力，扩大中国哲学社会科学的国际话语权，增强在全球化、信息化背景下中国和平崛起所必需的文化自觉和文化自信，我社决定编辑出版《当代中国学者代表作文库》。《当代中国学者代表作文库》收录新中国成立以来我国哲学社会科学各学科的优秀代表作，即在当代哲学社会科学学科体系中具有开创性、奠基性和代表性意义的著作。入选这一文库的著作应当是当代中国哲学社会科学的精品和珍品。因此，这一文库也应当代表当代中国哲学社会科学的最高学术水平。本文库出版的目的还在于抢救部分绝版的经典佳作。有些耄耋之年的老学者，不顾年迈体弱，对作品进行了大幅的修订。他们这种对学术孜孜以求的精神，值得后辈敬仰。

编辑出版《当代中国学者代表作文库》是一项具有重大战略意义的国家学术文化工程，对于构建中国特色哲学社会科学学科体系、学术体系、话语体系，推动中国当代学术的创新发展，加强中外学术文化交流，扩大中国文化的国际影响力，必将产生十分重要和深远的影响。我们愿与学者一道，合心勠力，共襄这一学术盛举。

赵剑英

2017年4月

丁易（1913—1954年）

前言

——丁易与《中国文字形体变迁考释》

叶立

丁易（1913—1954年），原名叶鼎彝，又名叶丁易。安徽省桐城县人。中共党员，九三学社中央常务理事、副秘书长；现代学者、作家；北京师范大学教授。曾用笔名孙怡、访竹、光华之、童宜堂等。

丁易出生在书香门第的封建家庭。三岁时即遵父命在家塾读四书、五经、通鉴、辑览等古书，受的是封建正统教育。十二岁进入桐城高小读书，是年父亲与祖父相继去世，由其姑母叶沛青扶养、教育。叶沛青是桐城知名的女教育家，时任集成女校校长，接纳新文化，思想比较解放，她对丁易的思想启蒙很有影响。十五岁时考入桐城中学。因他幼年所受到的教育，仰慕戴名世、方苞、姚鼐等桐城派大师，好作古文，颇见才气，常常受到老师的赞许和鼓励。同时，他也热爱五四以来的新文学，读了不少鲁迅、郭沫若、胡适的作品，开始追求进步思想。1934年高中毕业，以优异成绩由安徽省政府保送到北平师范大学深造。

北平师大是一所有五四运动新文化传统的大学，有名师执教，藏书很丰富。他勤奋学习，博览群书，刻苦钻研，就读时于中国古典文学、文字学用力最多。他非常喜欢黎锦熙、钱玄同讲授的中国文字文法学，积累了较为丰富的知识。学习期间他开始在报刊上发表诗歌、散文，并撰写了《唐五代词研究》、《元人曲调溯源》、《诗词虚助词释》等学术论文，分别刊载于北平师大主办的《师大月刊》、《教育与文化》杂志上。他的好学精神和丰富学识，受到教师的器重与赏识，特别是长期受教于黎锦熙先生，与黎先生建立了长期深厚的师生友谊。他在学习黎锦熙、钱玄同两先生讲授的中国文字文法学时，即打算写本中国文字形体变迁的书。1936年冬，他开始利用课余时间写了些章节，但稿片均在七七事变后散失。

1938年，丁易大学毕业后，一直在中学和大专院校任教。他在四川省立成都联合中学（简称成属联中）教书期间，参加了中华全国文艺界抗敌协会（日本投降后改称中华全国文艺协会）成都分会，为『文协』最早的会员之一，常向『文协』的机关刊物《笔阵》投稿。1939年丁易应四川省立戏剧音乐学校校长熊佛西之聘，任戏剧音乐学校教务主任，主持教务工作。校长熊佛西富有自由民主思想，颇能容纳进步人士。丁易提倡集体讨论的教学方法，进行国语训练。其间他在一首呈黎锦熙先生的诗中有句云：『舞台粉墨劳京话，歌栅丝弦有国音。』并自注：『在川主戏剧音乐学校教务，厉行国语训练，每有演出，均博佳誉，盖本诸师训也。』① 因校内民主自由空气比较浓厚，深为当局所忌，1941 年『皖南事变』发生后，进步力量在国统区深受当局压迫、摧残，戏剧音乐学校被迫解散。

丁易离开戏剧音乐学校后，与陈白尘共同组建成都艺术剧院未成，于 1941 年春，应著名美学家、同里亲戚朱光潜先生邀请，到四川乐山武汉大学任教务处秘书（朱是教务长）。他在武大期间，『因获尽观武汉大学所藏甲骨卜辞铜器铭文诸书，乱离睹此，喜出望外，乃决将文字形体变迁考释一书先事写成』。在朱光潜先生的支持下，『遂排除他务，发愤键户，摹写迻录，参证考订。书为武大所无者，则辗转搜求假之他处，历时八月，稿乃粗具』。② 但不久，国民党四川省党部得知丁易在武大后，立即行文缉索，致使他处境险恶，难以存身。

1937 年『七七事变』发生后，北平、天津一些高等学校迁往西北后方，北平师大几经辗转，于 1940 年迁至兰州，改称西北师范学院。黎锦熙先生时任西北师范学院教务长兼中文系主任，他邀聘丁易去该校任教。丁易由四川经陕西赴兰州，那时交通不便，艰难跋涉，晓行夜宿，历时两个多月，于 1941 年底抵达兰州。

到西北师范学院以后，丁易在中文系讲授中国文字学、新文学史，他讲的新文学史，深受同学欢迎。他在课堂上重点讲了鲁迅、宋阳（瞿秋白）的思想和创作。当毛泽东同志的《在延安文艺座谈会上的讲话》刚刚秘密传到兰州，他就暗中交给进步学生传阅、学习，并在课堂上着重讲解了『为工农兵而写作』的问题，强调文艺创作要从工农兵出发，为工农兵服务，作家必须与工农兵打成一片。

当时在西北师范学院生活十分艰苦，丁易除了担任繁重的教学工作外，还利用课余时间，潜心研究学问，著书立说，夜以继日，勤耕不辍。他用十个月的时间，将已经『稿乃粗具』的《文字形体变迁考释》一书进行修改、加工、整理，最后亲笔誊清，全书得以最后完成。这部著作全书 30 万字，含自叙、凡例、目录及正文 14 卷，装订成六册。书成之时，丁易尚不到三十岁，他在《年末三十白发日增感赋》诗中写道：『而今真个鬓如霜，犹逐春光日日忙。作戏逢场聊复尔，著书积习总难忘。』③ 可谓丁易为此书所付心血的写照。这部著作研究中国文字，有着重要的学术价值，丁易在此书的自叙中述：『穷其形体变迁，究其义训溯始』。④ 他将此书呈送黎锦熙先生审读，黎先生阅后甚为称赏，当即为之题签。解放后，著名语言学家罗常培读了书稿，予以充分肯定。郭

---

① 《丁易选集》中国社会科学出版社 2007 年 9 月第 1 版，第 183 页。
② 《中国文字形体变迁考释》自叙。
③ 《丁易选集》中国社会科学出版社 2007 年 9 月第 1 版，第 189 页。
④ 《中国文字形体变迁考释》自叙。

沫若也为之题写了书名。只惜当时因成书之后排印困难，作者生活亦不安定，以至未能刊行问世，仅在师生与友人间传阅。所幸的是虽历经六十余载，其间战乱动荡，此书至今仍保存完好。

丁易所出版的中国文字研究的著作还有：《中国文字与中国社会》，中外出版社1950年出版、1951年再版。《中国的文字》，三联书店1951年出版，印数15000册。

在1949年10月10日，由吴玉章、黎锦熙、陆志韦、萧三、叶圣陶、罗常培、胡锡奎、叶丁易等人发起的中国文字改革协会在北京协和礼堂举行成立大会。中国文字改革协会主席吴玉章在大会开幕词中指出：中国文字改革是一个很艰巨的工作，必须经过详细的研究。丁易在中国文字改革协会第一次理事会上，被推选为常务理事。（当时中国文字改革协会有理事78人，常务理事25人。）

丁易在1950年出版的《中国文字与中国社会》一书中，提出文字的发展是社会发展的一个反映，他在序言中写道：

『过去研究中国文字的人，是把文字当作研究中国古书的工具，管它叫做「小学」，附在「经学」范围之内，从不把它当作一种独立的学问来看待，这见解当然是很可笑的。后来呢，大家也明白了文字不仅仅是研究古书的工具，它本身就是一门科学；同时也发现了中国文字的繁难，成为普及文化的障碍，必须着手改革。于是便把它独立起来探讨研究，这是一个大大的进步，三十年来，这种研究工作是有着一定的成绩的。

不过文字也和其他学术一样，要想指出它的将来方向，必须先明白它过去的发展，而这发展却又不是孤立的，它是社会发展的一个反映。所以要想弄清楚中国文字的发展，必须要从中国社会发展中去寻找。如果不这样，那就只是一堆庞杂的材料，最多也只能说明文字是这样发展的，而不能说明为什么是这样发展的。现在从事这样研究工作的，似乎还不很多。

这本书就是这种研究工作的一个试验。』①

由此可见，丁易此时对中国文字的研究较之他《中国文字形体变迁考释》的自叙『穷其形体变迁，究其义训溯始』更为深入了。他曾打算将《中国文字形体变迁考释》一书做进一步的修订，但不幸于1954年6月27日在莫斯科突发脑溢血症，猝然逝世。

因原书一些字体繁难罕见，著者也已去世多年，为尊重原著，故以原书影印付印。同时将一九五一年三联书店出版的丁易所著《中国的文字》小册子及《中国文字与中国社会》序言，《学者作家战士——丁易传略》，《丁易选集·前言》等三篇文章辑为附录，这也是对一位前辈学者的记念。

今天在中国社会科学出版社的大力支持下，并承冯广裕，王磊，张小颐诸位编辑校勘成书。《中国文字形体变迁考释》一书得以出版。特于此由衷敬谢。

---

① 《中国文字与中国社会》序言，中外出版社1950年版，第1页。

中國文字形體變遷考釋

葉鼎彝撰

梁錦熙題

卅六年元日

自叙

民國廿三年秋，予就學故都北平師範大學，從吳興錢先生玄同、湘潭黎先生錦熙習文字文法之學，心焉好之，問業之暇，輒欲纂集甲骨金文匋鉥篆隸彙爲一編，窮其形體變遷，究其義訓朔始，撰中國文字形體變遷考釋一書，以供從事國字改革者之稽考，更欲藉以籀繹殷契卜辭，周金銘文彝及古籍，探古代詞句文法之源，撰古代文法通纂一書，以資倡導國語文學者之借鑑，然自維學力未逮，不敢率爾，此志僅藏之中心而已

廿五年冬，黎先生以三百篇虛助詞釋稿片一束見授，令爲繕定，則大喜，以爲向者之志此其發軔也，課餘撰集，凡七閱月，成「其」字「彼」字「匪」字

「不」字「丕」字諸篇，方術既明，寫定可待，而倭寇侵侮，七七事起，間關走出，稿片遂散佚，不可復問。

其年冬，隨校播遷，由西安而城固，日從事宣傳抗戰，殊渺暇晷，益以行篋無書，此事遂令坐廢。翌年入川，執教，課務叢脞，更未遑及此。荏苒三載，罕所成就，然而向者之志，終未渝也。

去年春來樂山，得同里朱先生光潛之介，因獲盡觀武漢大學所藏甲骨卜辭，銅器銘文諸書，亂離覯此，喜出望外，乃決將文字形體變遷考釋一書先事寫成，遂排除他務，發憤鍵戶，纂寫迻錄，參證考訂，書為武大所無者，則展轉蒐求，假之他處，歷時八月，稿乃粗具。秋應西北師範學院之聘來皋蘭，復事董理繕定，又十閱月，全書始成。積年宿逋，一日償清，雖屬覆瓿，亦頗自喜。

于時抗戰軍興，已及五載。而故都昔時從錢黎二先生問業之所，今為犬羊窟穴，錢先生以憂時謝世，且四年矣。是區區者，竟不能獲其一正，緬懷疇昔，又不禁愴然以悲也。惟幸黎先生康強，猶昔腰脚日健，本書之成，多得指謬，而賡此擬撰之古代文法通纂，猶獲從容請益，是則又私衷所引為慶慰者矣。

書既成，爰識其緣起如上。至其旨趣，具在例中，不復贅述。

中華民國卅有一年除夕，葉鼎彝叙于蘭州國立西北師範學院。

凡例

一本編旨在審訂字體變遷，考釋字義朔始，以現存文字莫古于甲骨文，故凡骨文所無之字，概不闌入。

一文字淵源，出于圖畫，殷商甲骨文猶多存圖畫之跡，十九均屬象形，周承商質，變之以文，故商周文字，大同小異。周室衰微，文風凋蔽，諸侯力政，不統於王，言語異聲，文字異形，今傳世六國匋鉥兵器泉布文字，從横奇詭，踰越常律，多不合於有周之舊。許書所錄古文，其形體十之八九与此相合，亦六國文字。秦起西垂，處宗周故地，故其文化，多承周室，傳世秦器，如秦公𣪘石鼓等，文字多与宗周相合。許書所錄籀文，其形體十之六七与此相合，亦秦系文字。及始皇統一，因仍而同一之，用為通行文字，卽今之小篆是也。漢因秦舊，並行隸書，篆隸嬗變，端在此際。世偁傳世秦代權量詔版等器文字爲秦隸，然觀其字體雖極草率，結構仍因篆舊，但改圓轉之筆爲方折耳，雖爲隸書權輿，非即隸也。漢金銘文因之，或又渻變，乃成隸書。文字由緐趨簡，爲不易之理，隸書遂乃通行漢世，而文字形體之變，亦至隸而極矣。本編所彔各體文字，一本此嬗變之迹：首列殷商甲骨文，次兩周金文，次匋鉨兵器泉布文，次古文，次大篆，次小篆，次漢篆，終以隸書。甲骨文以下各體，無者則付闕如。

一　本編所彔各體文字，均於每體字下注一黑匡楷字，以清眉目。殷商甲骨文注「骨」字，兩周金文注「金」字，匋鉨兵器泉布文注「匋」字，古文注「古」字，大篆注「大」字，小篆注「小」字，漢篆注「漢」字，隸書注「隸」字。

一　分別部居，悉殷許氏。

一　甲骨發現於清光緒二十五年己亥，即民國前十四年，西曆一八九九年，迄今僅四十餘載，諸家考釋，所識之字，總計不過千名。王襄氏簠室殷契類纂彔可識之字八百七十三，商承祚氏殷虛文字類編正文七百九十一，朱芳圃氏甲骨文字編彔八百三十六名，孫海波氏甲骨文編最為晚出，彔千零六名，偁最富矣。即此千名之中，其尚待商定，及僅有形聲可識而為許書所無者，尚幾及三分之一。本編斟酌取舍，擇其塙當者，凡七百零四文。

一　本編所彔甲骨文概據下列各書模寫，併於原字下注明著彔書名及卷次葉數。繁體数字记卷数，簡體数字记葉数或片数。

鐵雲藏龜不分卷　劉鶚　簡偁「鐵」

殷虛書契前編八卷　羅振玉　簡偁「前」

殷虛書契後編上下二卷　羅振玉　簡偁「後」

殷虛書契菁華不分卷　羅振玉　簡偁「殷」

鐵雲藏龜之餘不分卷　羅振玉
戩壽堂所藏殷虛文字不分卷　題姬覺彌
鐵雲藏龜拾遺不分卷　葉玉森
龜甲獸骨文字二卷　林泰輔
殷虛卜辭不分卷　明義士
簠室殷契徵文十二編　王襄
新獲卜辭寫本不分卷　董作賓
福氏所藏甲骨文字不分卷　商承祚
殷契卜辭不分卷　容庚　瞿潤緡
殷契佚存不分卷　商承祚

簡偁「餘」
簡偁「戩」
簡偁「遺」
簡偁「林」
簡偁「明」
簡偁「簠」
簡偁「新」
簡偁「福」
簡偁「殷」
簡偁「佚」

一、金文箸録，始於宋代，傳世既久，考釋滋緐。本編所录，據吴大澂氏説文古籀補，丁佛言氏説文古籀補補，强運開氏説文古籀三補，容庚氏金文編四書模寫。惟吴書考釋，頗多訛舛。羅振玉氏於金文編序中已詳言之。容書晚出較精。丁書所录，多採匋鉩，然時雜僞器。强書頗與容丁二家複重。本編斟酌取舍，於凡稍涉疑似者，概屏不录。其爲四書所無而塙知爲某字者，則查原箸録之書或影本摹入，均於原字下注明器名，俾便查考。

一、本編所录金文以下各體，據下列諸書模寫：吴大澂説文古籀補，丁佛言説文古籀補補，强運開説文古籀三補，容庚金文編，金文續編，羅福頤古璽文字徵，孫星衍魏三體石經殘字考，魏三體石經殘石拓本，容庚古石刻拾零、許慎說文解字、徐鉉校定、劉球隸韵、翟云升隸篇。

一各體文字，有多至百數十體者。本編旨在示文字形體變遷，故所採以形體筆畫不同者爲主，其筆勢相同，或大同小異者，悉從刊落，以趨簡明。

一本編解釋，首录許說，據大徐本，有考訂語則注於下。次釋古文，編中所偁古文，乃泛指小篆以前文字而言，非許書所謂古文也而以諸家之說，另行低格，分注於下，以便觀覽。其一字有二說或數說者，則以較塙者列於首，而以次塙之說系於「一曰」，仍另行低格，分注原文。

一本編集录衆說，或寫整篇，或摭要語，非不得已，不敢更易原文。其後說襲前說，或其說已陳，不能成立，或謬誤顯然，無待辯證者，概置不录。惟於雖襲前說，而有引申者，仍節存之。間有管見，亦以附入。

一　本編集录諸家之說，均注明其箸述名偁及卷次。其載諸期刊雜誌者，則注明該刊名偁幾卷幾期，俾便檢閱。

一　古代字少，每多孳乳通用：如「各」爲「格」，「乍」爲「作」，「且」爲「祖」，「者」爲「諸」之類。吳容諸家之書，於此等字，均分隸兩部，注明重文。本編旨趣不同，故僅注明古通某字，而不分部重出。

一　本編諸字音讀，首列徐鉉切音，次古紐韻，用黃侃氏十九紐廿八部韻目遵錢先生玄同古韻廿八部音讀之假定所定，次國音。

按本編所录七百零四字，只限骨文。骨文以下，異日當另纂續編。

又骨金文中之僅有形聲可識，而爲許書所無之字，諸家多附每部之末。本編旨在示字體變遷，此等字多無形體演變可言，故不厠入，擬異日彙纂另行。謹誌於此。鼎彝附記。

中國文字形體變遷考釋目录

卷一（下注數字標葉數）

凡廿八文

卷二

名七　召八　問八　啟八　咸九　吉九　周十
唐十二　奇十二　杏十二　各十三　器十三　單十四　趍十五
冊二二　行元　後五　遣三　正千　止去　歷七　歸六　登大　步九　歲九
衛二十　徍五　遲三　進二　遝二　造二　逆三　邁三　逢三
齒二　徐六　逃三　追二　逐二　遷二　德二
跽三　後六　得六　御七　延六
品三　倫三　龢三

卷三　凡六十四文

品一　嚚一　芔一　商一　句二　古二　十三
千三　廿四　卅四　言四　競五　辛六　妾六
對七　僕七　𠬞八　丞九　弇九　畀十　龔十
異十一　與十一　晨十一　農十三　鬲十三　鬳十三　鬻十三
爲十四　巩十四　𩰫十四　鬥十五　又十五　叉十五　父十六
叟十七　尹十七　𠭥十八　燮十八　及十八　秉十九　反十九
叏二十　𣪊二十　叔二十　取二一　友二二　𠂇二二　史二三
事二四　聿二五　畫二六　晝二六　臣二七　役二七　專二七
徹二八　效二八　數二八　攸二八　斅二九　敗三十　寇三一
敃三二　叙三二　牧三二　敎三三　學三三　卜三三　占三四

二

凡五十三文

卷五

高二三　亳二三　亭二三　京二五　亯二五　覃二五　良二六

亩二七　嗇二七　來二八　麥二九　夏二九　舞三一　夓三一

韋三二　椉三二

凡六十五文

卷六

木一　杏一　杞一　樹一　果二　條二　槀三

朵三　柵三　槃三　梟四　樂四　采四　休五

東五　𣘊六　林七　麓七　森七　桑七　師八

出八　南九　𠂹十　束十　圓十一　圃十一　因十一

囚十二　圂十二　貝十二　貯十二　賓十三　邑十四　邦十四

鄙十五
郊十六
鄉十六

凡三十八文

卷七

日一
時一
胉二
昱二
昝五
扒五
旂六

旃六
游六
旋七
旅七
族七
星八
月八

有九
龓九
明九
囧十
盟十
夙十
多十一

毌十一
圅十二
卣十二
栗十三
粟十三
齊十三
鼎十四

克十四
禾十五
稷十五
稻十六
康十六
年十七
秋十八

秦十九
黍二十
米二十
耑二十
家二十一
宅二十二
室二十二

宣二十二
向二十二
安二十三
寶二十三
宰二十四
宿二十四
寑二十五

客二五 宋二六 宗二六 宮二六 吕二七 㝱二七 寐二八

疒二八 疾二八 疥二九 同二九 网二九 羅三十 置三十

巾三十 幕三二 帚三二 席三二 帛三二 白三二 敝三二

黹三三

凡七十一文

卷八

人一 仁一 企二 仲二 伊二 侚二 僾三

倗三 何三 侸四 偁四 作五 傳五 伐六

俘六 从七 并七 比七 北七 丘八 眾八

𡈼八 朢九 衣九 裘九 老十 耋十一 舟十一

彤十二 艐十三 般十三 方十三 兒十四 允十四 兌十四

兄十四 先十五 見十五 㱃十五 旡十六

凡四十文

卷九

面一 首一 文一 令二 弜二 归三 夘三

辟四 旬四 勺五 鬼五 畏六 嵒六 龐六

磬六 長七 勿七 秝八 豕八 豢九 豩九

彘十 豚十 豸十一 易十一 象十一

凡二十六文

卷十

馬一　驪一　駁二　騽二　驅二　鹿二　麟三

麋三　麃三　麗四　麤四　㲋四　犬四　尨五

臭五　獲五　獎五　獻六　狴六　猶六　猴七

狼七　犾七　獄八　鼠八　熊八　火八　熒八

烝九　烄九　熹十　炙十　燓十　烖十一　光十一

炎十二　赤十二　大十二　夾十三　夷十三　亦十四　夨十五

夭十五　交十五　壺十六　㚔十六　奏十七　奚十七　夫十七

立十七　竝十八

凡五十一文

卷十一

水一 河一 洛一 汝二 淮二 濼二 洹二

洚二 衍三 沖三 淵三 沚三 汜三 潢四

湝四 砅四 濩四 瀧五 沈五 溼五 洒六

沫六 浴七 澡七 洗七 涉七 く八 川八

肖八 巛九 州九 泉十 永十 谷十 冬十一

雨十二 雪十二 雹十二 靁十二 霖十三 霾十三 雩十三

魚十三 漁十四 燕十四 龍十五

凡四十六文

卷十二

不一 至一 西二 門三 擊三 揚三 撞四

拳四　打四　女五　妻五　妃五　妊六　母六

妣六　妹七　姪七　奴八　娀八　娍八　㛂八

媢八　好九　娟九　婐九　姘十　婘十　如十

嬪十　乂十　弗十一　氒十一　戈十二　戎十二　𢦔十三

戔十三　𢧢十三　戠十四　幾十五　戊十五　我十五　義十六

亡十七　匄十七　医十七　匚十六　由十九　弓二十　弘二十

彈二十三　弜二十三　系二十三　孫二十三

凡五十三文

卷十三

糸一　絶一　續一　約　編二　繫二　綏二

彝三 絲四 率四 虫四 蜀四 蚰五 蠱五

它五 龜六 黽七 鼉七 二七 恒七 亘八

土九 基九 埽九 在十 封十 堇十一 艱十二

野十二 田十三 ⿰田己十三 畯十三 疆十三 黄十四 男十五

協十五

凡三十六文

卷十四

鑊一 鍰一 俎一 斝二 車三 輿三 官四

𠂤四 陵四 陽五 陮五 陟五 隊六 降六

隉六 四七 宁七 亞七 五八 六八 七九

九 九　萬 十　獸 十一　甲 十二　乙 十二　尤 十三　丙 十三

丁 十四　戊 十五　成 十六　己 十七　㠱 十八　庚 十八　辛 十九

辥 二　壬 二　癸 二二　子 二三　季 二四　疑 二四　育 二五

丑 二六　羞 二六　寅 二六　卯 二七　辰 二八　巳 三十　以 三十

午 三一　未 三三　申 三三　酉 三四　酒 三四　酋 三五　酋 三六

尊 三六　戌 三六　亥 三七

凡五十九文

中國文字形體變遷考釋卷一

葉鼎彝

一 前叄 [骨] 一 盂鼎 一 毛公鼎 一 散盤 一 師遽尊 一 鬻朕鼎 [金] 弌 說文 [古] 一 說文 [小]

一 上林鼎 一 蝢鼎盖 弌 代大夫人家壺 [漢] 一 孔龢碑 [隸]

說文解字 以下簡偁說文 「一，惟初太極，道立於一，造分天地，化成萬物。弌，古文一。」

於悉切，古影質，一。

按古文一字从一畫。

孫詒讓氏曰：「文字生於形，而書契之作，上原畫卦，下代結繩，又以紀數為尤重。合形數以紀物，由一而孳乳為萬。一者，象數之權輿，而書

名之原始也，今綜考古文，知數名形最簡易，而義實通毋倉沮，字例斯其肇耑矣。（名原上）

又曰：「說文（竹部）篆，引書也。形學之始，由㪔點引而成線，故古文自一至三，咸以積畫成形，皆為平行線。至五為天地之中數，則从二而午交其中，然亦四直線也。至六則龜甲文皆作介，又由緐而反於簡，故由平線變為弧曲線，穹隆下覆，略為半圜之形，此殆倉沮初制最簡古文之僅存者。至七甲文作ち，或作ʊ十，（彝按七字骨文金文均作十形，ち若ʊ十，乃骨文九字，孫氏釋誤。）則以平線與曲線互相拘絞，實承五而小變之。八之為)(，則以曲線分剡為二，又承六而小變之。九金文作ヨ乙，（盂鼎）或作九，（散氏盤。甲文作九略同。）則以兩曲線詰詘糾互，又承七而小變之。蓋六之與八，七之與九，皆間一數相對為形，還數究於九，進而為十，甲文皆作丨，金文同，或作十（則中多一點），則又以平線直書之，與後世算式同，亦與一始終縱橫相對，然則此十文者，實主形數之原，總分理之要，造字之微指，可案繹而知者也。

同上

丁山氏曰：「數惡乎始？曰始於一。」一奇二偶，一二不可以為數，二乘一則為三，故三者數之成也，積而至十則復歸於一。（汪中述學釋三九上）我國紀十之法，實豎一為之，自丨（殷虛書契三葉廿三）變而為♦（盂鼎），再變而為✦（克鐘），三變而為✚（秦公毀），四變而為十（鬳鼎）、為十（詛楚文），于是象東西南北中央五方俱備矣。積一為二，積一二為三，二與三積畫而成巴比倫羅馬及若干民族之初文，無不如是，所謂此心同此理同也。……二三諸文成

二

于積畫一｜諸文，從橫成象，蓋至古之文，至簡之理，此古誼失傳，後儒皆不得其解者也」數名古誼，中央研究院歷史語言研究所集刊第一本第一分，以下簡偁史研所集刊。

元 前肆三二　元 同上

骨

元 虢叔鐘　元 邑鼎　元 師虎敦　元 師酉敦　元 曾伯簠　元 曆鼎　元

沇兒鐘　元 邾公華鐘　元 番君生壺　元 黃韋俞父盤

金

元 鵰公殘劍　元 古鉩

匋

元 正始石經殘石

古

元 秦公敦

大

元 說文　元 大騩權　元 旬邑權　元　元 元年詔版

小

元 龙渊宮鼎　元

承安宮鼎　元 右糟鐘

漢

元 礼器碑　元 北海相景君銘

隸

說文：「元，始也，从一从兀」，愚袁切，古疑元，山ㄢ

按古文元字从人二。

彝按骨文金文均从人从二，二古文上字，小篆所从之儿，乃古文人字，人之上爲元，元者首也，僖三十三年左氏傳，「狄人歸其元」，杜注，「元，首。孟子滕文公下："勇士不忘喪其元。"趙注："元，首也。"許說非是。

前叁三　前叁二七　前肆二七　骨

盂鼎　毛公鼎　彔伯𣪘　無㠱𣪘　頌鼎

齊侯壺　金

正始石經殘石　隸續正始石經　古

盂和鐘　石鼓　詛楚文　大

說文　小

孔龢碑　史晨碑　隸

說文："天，顛也。至高無上，从一大。"他前切。古透真。去一丂

按古文天字象人形。

陳柱氏曰："天本訓顛。易曰：'其人天且劓。'即其人顛且劓。顛，項也。天為人頂。故龜甲文之 ，金文之 ，皆象人形，口与●，皆象人首。大字本象人形，而所重不在頂，故首形不顯。天字則所重在頂，故首形特大也。"釋天。丁福保說文解字詁林引。

一曰从●，象天體形。

一曰𠀘从大二。

吳大澂氏曰：「人所戴也。天體圜，故从●。」说文古籀補，弟一。以下簡偁古籀補。

羅振玉氏曰：「卜辭中有从二者，二即上字。大象人形，人所戴為天，天在人上也。許書从一，猶帝示諸字从二亦从一矣。」增訂殷虛書契考釋中。以下簡偁增訂考釋。

二 前肆三七　二 同上　二 後上二八

骨

二 宗周鐘　二 虢叔鐘

上 上官登

金

上　丄　二　𠄞 均古鉢文

丄　上 古匋

匋

丄 說文

丄 正始石經殘石

古

𠄞 詛楚文

丄 盄和鐘

大

𠄞 說文

𠄞 正始石經殘石

𠄞 新郪兵符

小

上 上林鼎

𠄞 同上

漢

上 正始石經殘石

上 史晨後碑

上 石门頌

隸

说文：「丄，高也。此古文上，指事也。𠄞，篆文上。」時掌切，古定陽。ㄕㄤˋ

段玉裁氏曰：「古文上作二，故帝下旁下示下皆云从古文二，可以証古文本作二，篆作丄。各本誤以丄為古文，則不得不改篆文之上為上，而用丄為部首，使下文从二之字皆無所統，示次於上之指亦晦矣。今正丄為二，上為丄。」說文解字注，以下簡偁說文注。

按古文上字从一畫，以一識其上。

羅振玉氏曰：「卜辭中上字下横畫上仰者，以示別於一二之二也。」增訂考釋中

舒連景氏曰：「案殷周古文上下皆作二一，段氏改二一為古文是也。然貨刀貝文，古陶上公上作丄，則下當作丅。丄丅蓋六國文字，許書古文源於六國，其以丄丅為古文亦是也。蓋二一者殷周之古文，丄

丁者六國古文也。書君奭"大弗克龔上下"魏正始石經戔字古文作上下，與篆文上下形近。上下殆亦上下之變。又羅氏振玉藏魚鼎匕，王國維以為春秋以前物。銘云："虫下民無歇，下作下，上樂鼎梁鼎六國時器銘中上字皆作上。"則上下二字亦古矣。（王國維語，見魏石經考。説文古文从證

朱 前壹 朱 前叁 朱 同上 朱 前陸
朱 二二 朱 三一 朱 一八 朱 同上
朱 同上 朱 同上 朱 二一 朱 二一
朱 二八 朱 二六 林壹 朱 前肆 朱 四
朱 二一 朱 同上 朱 同上

仲師父鼎 朱 朋敦 朱 說文 朱 周憲鐘 朱 散狄敦 朱 窎子

因 說文 帝 陽陵兵符 帝 詛楚文
帝 秦公敦
帝 帝降矛 囡 帝帝 帝 詔權 帝 詔版 帝 元年
小 帝 新嘉量 漢 帝 正始石經戔
古 帝 敦煌 帝 正始石經戔

石門頌 帝 武梁祠畫象題字 帝 蒼頡碑 隸

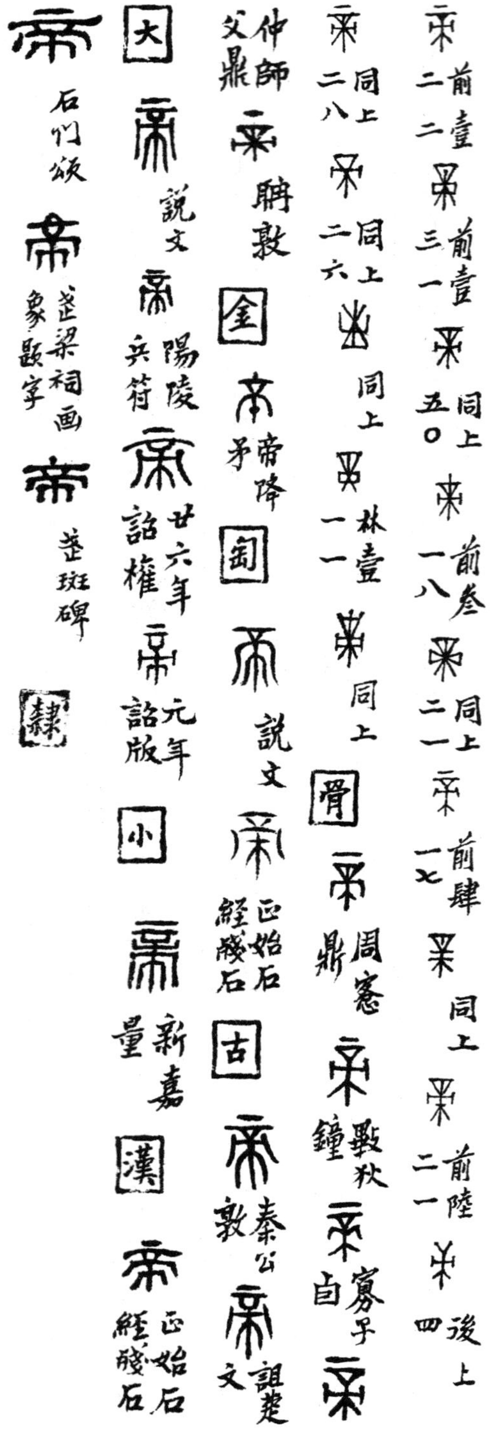

說文：「帝，諦也，王天下之號也，从上朿声。𠖁古文帝。古文諸上字皆从一，篆文皆从二，二古文上字。辛示辰龍童音章皆从古文上。」都計切，古端錫，ㄉㄧˋ

按古文帝字象華蔕之形。

吳大澂氏曰：「許書帝古文作𠖁，与鄂不之不同意，象華蔕之形。……蔕落而成果，即草木之所由生，枝葉之所由發，生物之始，与天合德，故帝足以配天，虞夏禘黃帝，殷周禘嚳，禘其祖之所從出，故禘从帝也。……自帝之本義晦，而後人別出疐蔕柢三字。……疐蔕柢同音，皆帝之孳生字也。」字說

郭沫若氏曰：「其▽若▽象子房，ㄧ象蕚，个象花蕊雄雌。……古人觀花落蔕存，蔕熟而為果，……果復含子，子之一粒復可化而為億萬無窮

之子孫……天下之神奇更無有過於此者矣。此必至神者之所寄，故宇宙之真宰即以帝為尊號也。人王乃天地之替代，而帝號遂通攝天人矣。」甲骨文字研究

一曰象積薪置架形。

葉玉森氏曰：「帝从米米与米省同，即卜辭尞字。[illegible] 風字亦从此，象一人跽而秉尞，則風向自見也。一象架形，⋈ 口象東薪形。唐書引禮盧注『禘，帝也』。卜辭之帝，亦多段作禘，禮大傳『不王不禘』，是惟王者宜禘。禘与尞並祭天之禮，殷人亦以祭祖，禘必用尞，故帝尞，帝為王者，宜尞祭天，从一象天，从二為譌變，非古文上。卜辭帝字亦有倒書者，如後編卷上第廿六葉之[illegible]，下从一，或象地，米仍象積薪置架形，耼敦

帝作𠦪，从米，象諠彌顯觀，此則許書从二束声之説，為不然矣。」殷契鉤沈

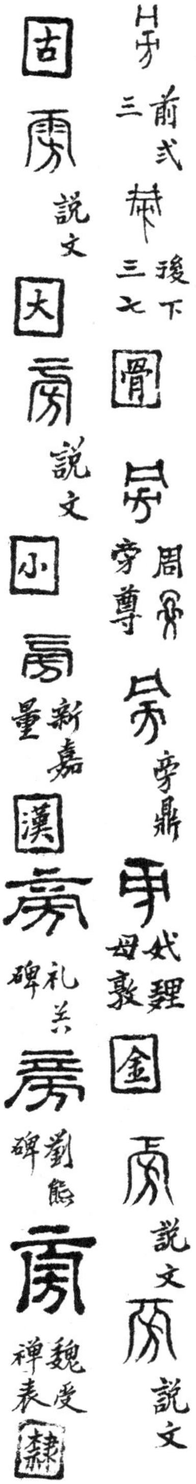

說文：「旁，溥也。从二，闕，方声。旁，古文旁。旁，亦古文旁。旁，籀文。」步光切。古並陽。文亢

按古文旁字从冂方声。

丁山氏曰：「旁者旁之最古文也，其下从方，四方之誼，其上从冂，即邑外謂之郊，郊外謂之野，野外謂之林，林外謂之冂之冂也，冂象遠界，畫野分州，界各有四，故金文或作冃矣。央从冂，旁亦从冂，故其義同。旁之本義為四方，央之本義為中央，中央四方，亦曰五方。禮曰：『五方之人，言語不通。』西都賦：『鄙人士女，殊異乎五方。』五方者兼中央言之

六

也。故墨經曰：「中央旁也。」旁代[illegible]母敦亦作冂方，央，齊侯壺作冂大，其錯方大于冂內之法正同。旁之从冂，此亦可比較得者也。自周秦之世，改易殊體，冂一變而為冃，再變而為井，小篆復譌而為亢，于是从人从上下省之說紛起，而央旁同意漸荒。尔疋：「二達謂之岐旁，三達謂之劇旁。」釋名解之曰：「物兩為岐，在邊曰旁。」詩「在野之坰」，冂之後起字。傳亦曰：「坰，遠野也。」遠野者，邊圍也。旁之从冂，蓋取邊遠之意矣。文字孳乳，先有声音，偏旁較後，字之从某得声者，往往卽含是意，此所謂形声兼意也。在許書則曰从某从某，某亦声。其声雖兼意，而意非声部本義者，許君則仍以形声字解之，曰从某某声。冂，旁之偏傍也，方，旁之声母也。偏傍之意，不能先声母立，則四方之意較邊遠為古，然四方亦

非方之本義也，以許君之例例旁，當曰「旁，邊也，从冂方声。」說文闕義箋

二 前肆三七 ⌒ 同上 【骨】 二 毛公鼎 二 虢叔鐘 下 魚匕 【金】 下 古鉨 下 古匋 【匋】 丅

說文 丅 正始石經殘石 【古】 二 盂和鐘 【大】 下 說文 下 大騩權 丅 廿六年詔權量 下

泰山刻石 【小】 下 新嘉量二 下 臨晉鼎 【漢】 下 隸續正始石經 下 史晨奏銘 下 石門頌 【隸】

說文：「丅，底也，指事。下，篆文丅。」胡雅切，古匣魚。ㄒㄧㄚ

按古文下字从一畫，以一識其下。

詳前上字注。

示 前壹一 亍 同上 工 同上 不 同上 丅 同上 工 同上 干 後上十 亍 林壹十九 【骨】 示

空首幣 【匋】 示 說文 【古】 示 說文 【小】 示 孔彪碑 示 張遷碑 示 武榮碑 【隸】

說文：「示，天垂象，見吉凶，所以示人也。从二，三垂，日月星也。觀乎天文，以察

時変，示神事也。𠙹，古文示。神至切，古」定物。尸

按古文示字象祏器之形。

郭沫若氏曰：「說文所云，所謂充明崇拜之說也。卜辭示字多作丅形，
上不必从二，下不必垂三，其垂更有多至四五者，如祝或作𥙋，祀或
作𥘈，宗或作𡧋，金文𢿌鐘之一『用樂好宗』，亦作宗，此由字形而言，丅
實丄之倒懸，其旁垂乃毛形也。金文示字，其中垂更有肥筆作者，如
𨑳伯敦之宗字作𡧋，仲追父敦之宗字作𡧋……知此則可知卜辭於
天地鬼神何以皆偁示。蓋示初意，本即生殖神之偶象也。又凡从示
之字，得此亦明白如畫。故宗即祀此神象之地，祀象人跪於此神象
之前……」凡此字均卜辭所有，且多未脫圖畫文字之畛域，揆其意實

象形文字也。」甲骨文字研究

一曰从一象天，从丨象徵有神自天而下。

葉玉森氏曰：「上从一象天从丨，意謂恍惚有神自天而下，乃以丨為象徵，變作丄，下从一象地，亦謂有神自天下地也。又變作丅丄，上从二乃从一之譌，凡契文从二之字，如帝示等，茲為一之譌變，非古文上。更變作丌示，与小篆合，即許君三垂日月星之說所由來，亦即近儒漢族崇拜三光之說所由推演，實則初民崇拜大自然，惟覺有神自天下降而已，許君及近儒之說，茲不免坿會。」說契

一曰象木主形。

胡光煒氏曰：「丅蓋象木表，所以代神，与帝同意。古祭人鬼則立尸，祭

天地神祇无尸則植表以象神之所在,此立主之始,于米皆爲表形也.甲骨文例

示 前陸 示 後下十三

说文古文妣記

舒連景氏示謂示象主形与祐字同意.其兩傍之八公乃主之彩飾.

与祁字通.

吳大澂氏説文古籀補弟一示字注「祁字重文」.

古示 大保敦 宗示 寧當 示 彔伯 示 彔敦 示 頌敦 示 鼎 示 散盤 金 示 毘池五瑞 示 古鉢 示 古鉢 示 頌敦 示 鼎 示 說文 圜 西狹頌 祿 小 祿 鼎二 承安宮 圜 題字 隸

说文「祿福也,从示彔声.盧谷切.古文氽」.

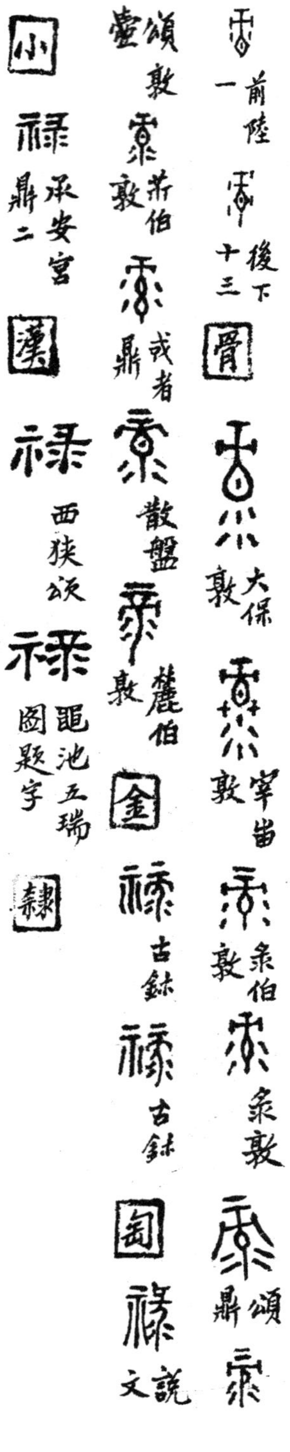

按古文祿字象以桔槔汲水。

沈兼士氏曰：「录，𠂇象桔槔之形，◇為汲水之具，川為外溢之水滴，當即漉之本字。說文「漉，浚也，淥或从彔」，从水後人所加，又借為福祿字」。

北京大學國學季刊第一期容庚甲骨文字之發現及其考釋引。

容庚氏金文編第一祿字注「彔字重文」。

与彔字通。

福 前肆二三
福 同上
福 同上
福 同上
福 同上
福 同上
福 同上
福 同上二
福 前伍四三
福 後下一三
福 後下一四
福 後下一七
福 林壹一九
福 同上

【骨】

福 叔氏鐘
福 公伐郘鼎
福 猶鐘
福 周公敦
福 不嬰敦
福 國差𦉜
福 曾子簠
福 叀中鐘

【金】

福 說文

【小】

福 五鳳尉斗
福 壽成室鼎
福 承安宮鼎二

【漢】

福 西狹頌
福 礼器碑
福 曹全碑
福 華山廟碑
福 祀三公山碑

【隸】

说文：「福，祐也。从示畐声。」方六切。古邦德。ㄈㄨˊ。

按古文福字从𠬞从酉从示。

羅振玉氏曰：「从兩手奉尊於示前，或省廾，或並省示，即後世之福字。在商則為祭名。祭象持肉，福象奉尊。周礼膳夫：『凡祭祀之致福者。』注：『福謂诸臣祭祀進其餘肉，歸胙于王。』晋语：『必速祠而歸福。』注：『福，胙肉也。』今以字形觀之，福為奉尊之祭，致福乃致福酒，歸胙則致祭肉。故福字从酉，胙字从肉矣。胙亦作祚。诗既醉釋文胙本一作祚。許君謂福畐声，非也。」增訂考釋中

容庚氏金文編第一福字注：「畐字重文。」与畐字通。

前壹二十 前伍二二 前弍二二 後下一八 林壹十 【骨】 說文 【小】 祐 景北海碑陰 【隸】

说文："祐，助也，从示右声。"于救切，古影咍一部。

按古文祐字从示又声。或省示。

羅振玉氏曰："王氏國維曰：'说文解字差籀文从二作𢀩，此作𠂇，以差例之，乃左右之右字。'其说甚碻。文曰'王受又'，即许書之祐，彼為後起字矣。卜辞中左右之右，福祐之祐，有無之有，皆同字。𠂇又為又之異體也。"增订考释中

前壹二 前壹四 同上五 同上十九 同上 同上四一 前弍三八 前肆一九 同上 同上

同上 同上 同上一六 後上二 同上 同上八 同上一八 同上 同上一九 同上廿一

同上 同上廿一 【骨】 義楚耑 邾公華鐘 史喜鼎 陳侯因資敦 鄘侯敦

十

陳侯午敦 【金】  古陶 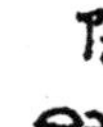 古陶 【陶】  說文 【小】 祭 華山廟碑 祭 史晨奏銘 【隸】

说文：「祭，祭祀也。从示以手持肉。」子例切。古精月。丩

按古文祭字从示以手持酒肉。

羅振玉氏曰：「此字變形至夥，然皆象持酒肉於示前之形。象肉，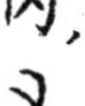持之，点形不一，皆象酒也。或省示，或並省又。篆文从手持肉而无酒，古金文亦然。」（增訂考釋中）

一曰象持器灌酒形。

葉玉森氏曰：「祭之異體至多……疑並象酒器，酉字亦有作者，酉固象酒器也。表示酒点从器出，狀則作，表示歃器灌酒狀，則作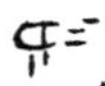，似祭字並象持器灌酒形，不从肉，金文篆文並譌變

「也、殷虛書契前編集釋」卷一、以下簡偁集釋、

祀 前叁二七
前叁二八
前肆一九
同上
同上二十
前伍四七
骨

祀 盂鼎
祀 宰椃角
祀 邾公華鐘
祀 柏舟
祀 師遽敦
祀 沇兒鐘
祀 邾公釛鐘
吳尊
㫚鼎
金

祀 秦公敦
大

祀 說文
禩 說文
小

祀 韓仁銘
祀 淮源廟碑
隸

說文「祀、祭無已也、从示巳声、禩、祀或从異」、詳里切、古心咍、公

按古文祀字象人跪於生殖神象之前、

詳前示字注、

前壹一
前壹九
同上
同上一一
同上一二
同上
同上
同上一八
同上一九
同上

後上三
同上二十
新二四二
骨

盂鼎
且乙尊
且己爵
且丁父癸卣
且戊鼎

且己角
亞且乙父己卣
餘尊
散盤
善夫克鼎
趩尊
豆閉敦
鄀公鉦

十一

師嫠敦  王孫鐘  都公簠  師虎敦  齊鎛  且日句兵  父日句兵 金

古  盄和鐘  秦公敦 大  說文 小  新嘉量 漢 祖

 正始石經殘石 正始石經殘石 祖 衡方碑 隸

說文：「祖，始廟也。从示且声。」則古切，古 精魚 卪乂

按古文祖字象牡器形。

郭沫若氏曰：「祖妣者，牡牝之初字也。卜辭牡牝無定形，牛羊犬馬鹿均隨類賦形，而不盡从牛作。……均从丄𠤎象徵之字，余謂且匕即祖妣之省也。古文祖不从示，妣不从女，其在卜辭祖妣字有下列諸形：祖且A，妣𠤎𠤎，是則且實牡器之象形，故可省為丄，匕乃匕柶字之引申，蓋以牝器似匕，故以匕為妣若牝也。」甲骨文字研究

一曰象木主形。

强運開氏曰：「祖字象木主形，从示乃後起字。」说文古籀三補第一。

与且字通。

吴大澂氏说文古籀補第一，容庚氏金文编第一祖字並注：「且字重文。」

容庚氏曰：「莊子庚桑楚『与物且者』，釋文『且，始也』。葦乳爲祖，尔足釋詁，『祖，始也』。詩生民序疏『祖者，始也，已所从始也。』自父以上皆得偁焉。」金文编第十四且字注

 前弍一四

 前肆二七

 同上二八

骨

祠 詛楚文

大

祠 說文

小

祠 李孟初神祠碑

隸

说文：「祠，春祭曰祠。品物少多文词也。从示司声。」似兹切，古心咍，之。

十二

按古文祠字不从示.

羅振玉氏曰：「説文：『司，臣司事於外者，从反后.』其文与此正同，然古金文司字皆作𤔲，疑此乃祠祀之祠字.」增订考釋中

商承祚氏曰：「按此即祠祀之祠字省示耳，与祖之作且意同.」殷虚文字類編第一，以下簡偁類編.

 前肆一八  同上  前柒三一  後上一九 【骨】  大祝禽鼎  禽敦 【金】

祝 石鼓 祝 詛楚文 【大】 祝 説文 【小】 祝 祝阿侯鐘 【漢】 祝 孔龢碑 【隸】

説文：「祝，祭主贊詞者，从示从人口. 一曰从兑省. 易曰：『兑為口為巫.』」之六切，古端幽.

ㄓㄨˋ

按古文祝字象人跪於生殖神象之前有所禱告.

郭沫若氏曰：「祝象跪而有所禱告。」甲骨文字研究

一曰象灌酒於神前。

羅振玉氏曰：「从示者，殆从丁从川，川象灌酒於神前，非示有示形也。

从𠬝象手下拜形。」增訂考釋中

三 前叁一　三 菁一　骨

三 頌鼎　三 散盤　三 盂鼎　三 中鼎　金

弎 說文　古

三 說文　小

三 上林鼎二　弎 光和斛二　漢

三 史晨奏銘　隸

說文：「三，天地人之道也。从三數。弎，古文三从弋。」穌甘切。古心侵。ㄙㄢ

按古文三字从三畫。

詳前一字注。

王

王 前壹一　王 同上二　王 同上　王 前壹七　王 前叁二八　王 前肆一四　王 同上一九　王 同上三〇　王 同上三一　王

説文：「王，天下所歸往也。董仲舒曰：『古之造文者三畫而連其中謂之王。三者天地人也，而參通之者王也。』孔子曰：『一貫三為王。』，古文王。」雨方切，古影陽。ㄨㄤ

按古文王字象牡器之形。

郭沫若氏曰：「△若丄實且若士之変羅氏以為並与同者非也其在母權時代，用毓以尊其王母者，轉入父權，則當以大王之雄以尊

其王公，且已死之示，偁之為祖，則存世之示，自當偁之為王，祖与王魚陽對轉也。又後起之皇字，金文中其器之稍晚者如秦公敦作皇，鄘戾敦作皇……皆从王作，而器之較古者，如毛公鼎之皇，宗周鐘之皇……則皆从士作，（羅氏以為从土非也）是則王与士同係一物之明证矣。余謂士且王土同係牡器之象形，在初義本尊嚴，並無絲毫猥褻之義，入後文物漸進，則字涉於嫌，遂多方変形以為文飾，故士上変為一橫筆，而王更多加橫筆以掩其形，且字在金文中器之較古者無変，器之較晚者如鄀公簠作且，師虎敦作且……子仲姜鎛始从示作祖，土上肥筆亦変作橫畫，後且从示矣。匕字亦如是，匕之作妣者始見於鄘戾敦之妣字，其他如作羲妣鬲作妣，名仲作生妣鬲作妣……子仲姜鏄更从示作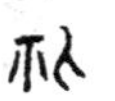皆較晚之器，皆有所文飾矣」甲骨文字研究

一曰从二从、古文火字。

吳大澂氏曰「王字古文从二从、不从三畫，為古文火，華嚴經音義引易韓注「王，盛也」，二為地，地中有火，其气盛也，火盛曰王，德盛亦曰王，故為王天下之號」字說

羅振玉氏曰「卜辭从▲从△，△即▲刀筆僅能成匡郭並与同。吳中丞釋為火字是也。卜辭或徑作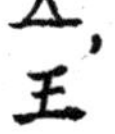，王氏國維謂亦王字，蓋王字本象地中有火，故省其上畫，誼已明白，且據編中所載古文觀之，無不諧也。又或作△作⊥，則但存火，亦得示盛大之義矣」增订考釋中

一曰象王冠之形。

葉玉森氏曰："卜辭王之異體作□□□□□□□□□等形，謂□□象火，則卜辭火字及从火之字無作此形者，以前六體填實之作□□□□□□則□□上所加之橫畫或一或二或三，可知其非象地或火之炎上。予疑□□象古代王者之義冠，造字之初，冕旒未作，王者惟冠峻削之冠，上有毋玉之飾，以表異於眾。卜辭玉字作丰丰主，瑱之偏傍。此从一从二从士从主，玆象玉飾，或飾一玉，或飾二玉三玉，譌變作王，僅象玉，與玉字同，作□則猶近冠形，作⊥則朔誼全失。汪氏謂金文皇字从□象王冠，彝按見汪榮寶釋皇原文，載國學季刊。……蓋王本象古冠形，皇為後起字，仍增一冠形於上，玆以王為声，知古代王皇表異於眾者，惟冠冕為顯著矣。"集釋卷一

王 前壹一三
丰 前陸六五
丰 後上二六
[骨]
王 毛公鼎
王 齊侯壺
王 楷妃簋
丰 乙亥簋
[金]
王 古鉨

玉 古匋
[匋]
玉 說文
[古]
玊 詛楚文
[大]
王 說文
[小]
王 尚方竟二
王 袁氏竟三

王 泰山竟
[漢]
玉 史晨奏銘

說文：「玉，石之美有五德：潤澤以溫，仁之方也；䚡理自外，可以知中，義之方也；其声舒揚，専以遠聞，智之方也；不撓不折，勇之方也；銳廉而不技，絜之方也。象三玉之連。丨，其貫也。𤣩，古文玉。」魚欲切，古邦燭。

按古文玉字与小篆同。

羅振玉氏曰：「卜辭作丰，丨或露其兩端也。」增訂考釋中

珍 前陸三二
珍 同上
珍 前肆二八
珍 林弍七
[骨]
珍 說文
[小]
玠 袖珍奇鈎
玠 杜氏竟
[漢]

琜 鄭固碑
琜 張遷碑陰
琜 礼器碑陰
[隸]

說文：「珍，寶也，从玉㐱声。」陟隣切。古端文。ㄓㄣ

按古文珍字从勹貝。

羅振玉氏曰：「篆文从玉，此从貝者，古从玉之字或从貝，如許書玩亦作貦，是其例也。勹貝為珍，乃會意字，篆文从玉㐱声，乃變會意為形声矣。」增訂考釋中

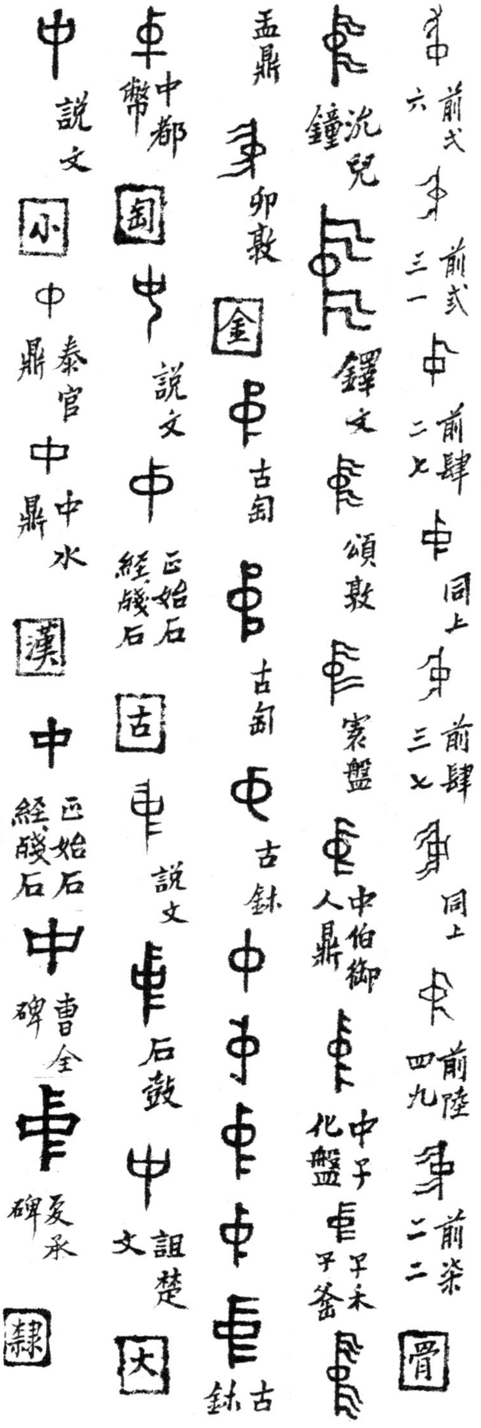

說文:"中,和也。从口—,上下通。"陟弓切。古文𠁦,籀文𠁩。

按古文中字象旗斿左右偃形。

吳大澂氏曰:"中,正也。兩旗之中立必正也。"古籀補第一

羅振玉氏曰:"古金文卜辭皆作𠁦,或作𠁩,斿或在左,或在右,斿蓋因風而左右偃也。無作中者,斿不能同時既偃於左又偃於右矣。又卜辭凡中正字皆作𠁦,从口从𠀚,伯仲字皆作中,無斿形,吏字所从之中作中,三形判然,不相混淆。"增訂考釋中

𠁦 前貳 𠁩 前肆 𠁦 前捌 𠁦 後上 𠁦 同上
二𠃉 𠁩 二𠃉 𠁩 𠀚 一四 𠁦 三〇 𠁦
骨

𠁦 聃敦 𠁦 昌鼎 𠁦

𠁦 杞伯 𠁦 杞伯 𠁦 古鉢 𠁦 十三年 𠁦 說文
敦 𠁦 壺 𠁦 盉 金 𠁦 𠁦 戈 國 差 小

𠁦 毎碑 孔彪 隸

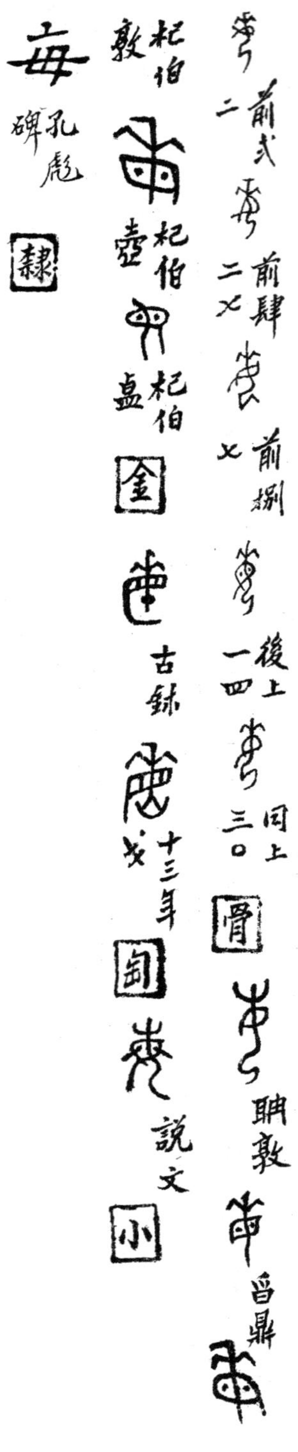

说文「每，艸盛上出也。从中母声。武罪切，古明咍，ㄇㄟ

按古文每字象髮盛皃，叚借為敏。

陳邦懷氏曰：「卜辭及古金文叚每為敏，蓋以声近。……考卜辭敏字所从[illegible]上之[illegible]，与卜辭[illegible]上之[illegible]同。古金文若字亦作[illegible]，吳大澂说兩手理髮形，於以知[illegible]上之[illegible]象髮形，更知卜辭[illegible]上之[illegible]，象笄飾形。髮盛故用笄，古者女子十五而笄，廿而嫁也。又古金文妻字有作[illegible]揚鼎妻者，其上亦从[illegible]，並象安髮之笄也。卜辭敏从[illegible]上之[illegible]乃[illegible]省，小篆每字遂譌変為从中，妻字从中，其譌変亦猶是耳。窃意髮盛為每之本義，艸盛其引申誼矣。」

[illegible] 前陸五三

[illegible] 同上五四

[illegible] 同上

骨

[illegible] 說文

小

苗 華嶽庙殘碑

苗 釜氏石硐銘

隸

说文：「苗，艸生於田者，从艸从田。」武鑣切，古明宵，冂一幺

按古文苗字象苗生田中之形。

葉玉森氏曰：「此正象苗生田中形，卜辭从田之字每変而作囗，如之作，之作，是。」集釋卷六

前貳二七　前肆一一　同上三七　同上四一　前伍二〇　同上　同上二四　同上

同上卅　前柒三八　前捌一一　後下二八　骨　毛公鼎　盂鼎　𣈾伯敦

師寰敦　彔伯敦　毛公鼎　金　正始石經殘石　古　說文　小　若 正始石經殘石

若 華山廟碑　若 史晨後碑　隸

说文：「若，擇菜也，从艸右，右手也，一曰，杜若香草。」而灼切，古泥鐸，日乇。

按古文若字象人席坐兩手理髮之形。

葉玉森氏曰：「按契文若字，兹象一人跽而理髮使順形，易『有孚永若』，荀注『若順也』。卜辭之若，均含順意。」说契

一曰象人舉手跽足諾時巽順之狀。

羅振玉氏曰：「案卜辭諸若字，象人舉手而跽足，乃象諾時巽順之狀，古諾与若為一字，故若訓順，古金文若字与此畧同。擇菜之意非其朔矣。」增订考釋中

与諾字通。

彝按：容庚氏釋㞢為叒，云『孳乳為諾』。金文編第六 釋𠱡為諾，云：「与从艸右之若異，从言後人所加，此不从口，㞢字重文。」同上第三 釋㞢為若，引唐蘭氏说，謂「殆即詩芣苢『薄言有之』之有，後世误若為𠱡，而若之音義俱

晦。（同上第一）析為三字，按釋為叒，其說甚允。（董作賓氏亦如是說，詳見下春字注。）孳乳為諾，亦即若字。若諾古通，諾尚後起，分別為二，似有未安。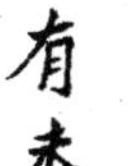實為若之緐文。舊釋芻，（羅振玉氏說。）雖未必當，然亦非若字也。

（前弍三二）

（前弍四）

（前陸三九）

（前柒三）

（後上二三）

（後下四）

（同上）

〔骨〕

薶（說文）

〔小〕

說文：「薶，瘞也。从艸貍聲。」（莫皆切，古明咍。ㄇㄞ）

按古文薶字象掘地及泉，實牛於中。

羅振玉氏曰：「此字象掘地及泉，實牛於中，當為貍之本字，貍為借字。或又从犬，貍牛曰，貍犬曰，實一字也。」（增訂考釋中）

段玉裁氏曰：「周禮段貍字為之，（按周禮大宗伯「以貍沈祭山林川澤」，段貍為薶。）今俗作埋。」

说文注

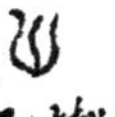 鐵一五一
 同一八四
 同二四九
 前肆五
 前陸四三
 同上
 戬一三
骨
 正始石經殘石
古

萅 說文
萅 正始石經殘石
小
𣆧 壽春鈁
漢
春 正始石經殘石
𣌾 孔謙碣
春 石門頌

春 尹宙碑
隸

说文："萅，推也。从艸从日，艸春時生也；屯声。"昌純切，古文逸。

按古文萅字象樹木枝條抽發形。

葉玉森氏曰："卜辭春字象方春之木，枝條抽發阿儺無力之狀，下从𠙵，即从日，為紀時標幟……古存經春作，石經作，並省艸，与卜辭近。蓋屯本非声，加艸更贅，萅乃後起字。卜辭又作，省日，再省作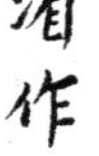，似許書屮字，訓草木初生，仍春象也。"殷契鉤沈

十九

董作賓氏曰："清于邕说文職墨说萅字与若字同例，證明萅字上半所从爲木形，深合於卜辭，且爲鲧體春字的最好注脚，錄其说于下："艸部'春从艸从日，艸春日生也，屯声'。按此篆盖體变，當作萅，上从𡴀，即叒字也。叒部叒之籀文作𦱋，𦱋實即若字，而石鼓文箬作箬，則𦱋亦當作萅。王筠句讀曰：'从口𡴀声'是也。叒之當作𡴀，此其明徵矣。"徐灝说文解字注引戴侗说也以爲叒是"象木而三其枝"。其说曰："𡴀象木而三其枝，譌爲三又，古鐘鼎文作萅，籀文𦱋乃萅之譌。若从艸从右，則又自籀而訛也。"说文："叒日初出東方湯谷，所登榑桑叒木也。象形。"所謂象形，必是象榑桑叒木之形，于戴兩家之说甚是由此更可知春字所从之木，實即叒木，也就是桑木。春字从桑从日，意是桑抽柔條之日，也就是說可以採桑之日」。卜辭中所見之殷曆，載安陽發掘報告第三期。

前肆九　後上一四　後下二　〔骨〕　散盤　晉邦盦　〔金〕　古鉨文　〔匋〕

莫 衡方碑　莫 華山廟碑　莫 武梁祠畫象題字　〔隸〕

說文：「莫，日且冥也。从日在茻中。」莫故切，又慕各切。古明魚，ㄇㄛˋ。

按古文莫字从日在林中。

羅振玉氏曰：「从日在林中，从林与許書从茻同。卜辭从茻从林多不別，如囿字作圃亦作圝矣。」增訂考釋中

佚三六五　〔骨〕　隸續正始石經　〔古〕　說文　〔小〕　葬 隸續正始石經　塟 灵臺碑　〔隸〕

說文：「葬，藏也。从死在茻中，一所以薦之。易曰古之葬者厚衣之以薪。」則浪切，古精陽，ㄗㄤˋ。

按古文葬字象埋骨于土中.

商承祚氏曰：「象埋奴骨于土中，疑即葬字.篆文从茻从死，此从凵从歺.其義實同.」殷契佚存

中國文字形體變遷考釋卷二

葉鼎彝

前弍六　同上　同上一六　同上　林弍二五　後上二四　後上二八　前肆五五　林弍一四　骨

盂鼎

趩敦　叔令鼎　小臣鼎　曾伯霥鼎　散盤　金

正始石經殘石　古

秦公敦小子二字合文　大

說文　小

光和斛　熒陽宮小鐙　漢

正始石經殘石　史晨後碑　隸

說文：「小，物之微也，从八，丨見而八分之。」私兆切，古心宵，丁幺。

按古文象物細小形。

商承祚氏曰：「小，卜辭作三点，示微小之意，与古金文同。許君訓『从八，丨見而八分之』，殆非初誼矣。」殷虛文字類編弟二，以下簡稱類編。

葉玉森氏曰「契文作小，蓋象細小如雨点形，故亦借作肖文雨。……又有作小肖，羅振玉釋少，王襄釋雹，予按殷虚卜辞四零一版「己巳卜亡小臣其斧」，又小臣之小正作小，知小小同字，篆文之少即由小变，案沙盤彤沙之沙作少，仍从小，知古本无少字」說契

前弍四六　前弍三三　前弍二　[骨]　旂鼎　善夫克鼎　𨟻侯鼎　鄦侯敦　歸文盤　[金]

詛楚文　[大]　說文　[小]　大良造鞅方量　陶陵鼎　杜鼎　[漢]　裴岑碑

禮器碑　延光碑　[隸]

說文「八，別也，象分別相背之形」博拔切，古郝質ク丫！

按古文八字与小篆同。

前伍四五　鐵三六　[骨]　鬲攸比鼎　邾公牼鐘　己侯敦　大梁鼎　[金]　古匋　[匋]

說文

大良造鞅方量

小

新量斗

光和斛

漢

分 尹宙碑

分 石門頌

分 曹全碑

隸

說文「分，别也。从八从刀，刀以分别物也」甫文切。古邦文。ㄈㄣ

按古文分字与小篆同。

前弌二七

同上四三

同上四五

同上四六

同上

骨

介 古匋

匋

正始石經殘石

古

詛楚文

大

說文

正始石經殘石

小

正始石經殘石

熹平石經

魏王基殘碑

介 晉太公呂望表

隸

說文「介，畫也。从八从人，人各有介。」古拜切。古見月。ㄐㄧㄝ

按古文介字象人着介形。

羅振玉氏曰「象人着介形。介，联革為之，或从川者，象联革形。」增訂考釋中

二

八 前貳四五 骨 古鉥 匋 說文 小

說文「八，分也。从重八。八，別也，亦声。孝經說曰：故上下有別。」兵列切。古邦質。ㄅㄧㄝ。

按古文八字与小篆同。

商承祚氏曰：「段先生云此即今之兆字，其作𠧞者非古也，今徵之卜辞亦有八字，与許書从重八正合。卜部『𠨗，灼龜坼也』，古文作𠧞，則八之本誼爲分別，而𠨗則爲卜𠨗之專字，今則借兆爲𠨗，而𠨗廢矣。段先生謂八爲兆之初字，以誼繩之，殆有所誤矣。」類編第二

前貳三 公同上 骨 旂鼎 孟鼎 公史敦 毛公鼎 鄀公鍾 公伐郑鼎

虢文公鼎 應公鼎 穌公敦 金 古匋 均古匋文 古鉥文

均古鉥文 鵬公殘劍 匋 正始石經殘石 古 秦公敦 石鼓

詛楚文 大

說文

正始石經殘石 小

公主家鬲

袖珍奇鈎

袁氏竟 漢

正始石經殘石

魯峻碑陰

元帝廟畫象題字

蜀侍中楊公石闕 隸

說文：「公，从八从厶。八，猶背也。韓非曰：背厶為公。」古紅切。古見鐘。ㄍㄨㄥ

按古文公字从八从口。

羅振玉氏曰：「卜辭及古金文均从八从口」。增訂考釋中

前弍一三

同上

前柒三六

前捌一四 骨

盂鼎

毛公鼎

宗周鐘

散盤

王孫鐘

師嫠敦

齊鎛

大保敦 金

古匋

古鉢

均古鉢文 匋

正始石經殘石 古

秦公敦

石鼓 大

說文

天鳳石刻

石門頌 隸

小

說文：「余，語之舒也。从八，舍省聲。」以諸切。古影魚。ㄩ

三

按古文余字从倒口从手.

葉玉森氏曰:「上爲倒口,下从手形,手指口爲余,猶指鼻爲自也」.说契

彝按骨文余字下从  等形,疑非从手,上从 ,亦不似倒口.

葉说稍嫌丗會,容庚氏曰:「余爲余之古文,余字从此」金文编二 不详所从.

前弍二九

同上一〇

前肆二八

前伍四六

同上

鈇一三

後上二四

後下五

林弍一六

骨

畐鼎

卯敦

師寰敦

友敦

金

古鉨

古鉨

匋

説文

小

大吉利宜牛犢鈴

造作臣書鈴

漢

孔龢碑

隸

说文:「牛,大牲也,牛件也,件事理也,象頭角三封尾之形」語求切,古疑咍.ㄋㄧㄡ

按古文牛字只象頭角形.

徐中舒氏曰:「羊字甲骨文乃象其頭角形,……牛字象形本与羊同.」

角內環〇為牛，角外環〇為羊。說文：「牛，事也，理也，象頭角三封尾之形也。」依羊字例也，只是象頭角形。」再論小屯与仰韶，載安陽發掘報告第三期。

 前弍 廿

 同上 二八

 同上 二九

 同上 三四

 前陸 四七

 後上 二五

【骨】

牡 剌鼎

牡 周明公敦

【金】

牡 說文

【小】

說文：「牡，畜父也，从牛土声。」莫厚切，古明幽，ㄇㄨ。

段玉裁氏曰：「按土声求之，疊韻雙声皆非是，蓋當是从土，取土為水牡之意。或曰土當作士，士者夫也」。說文解字注第二

按古文牡字从牛从⊥，⊥古文祖字且字，象牡器之形，會意。

按說見卷一祖字卷十三土字下郭沫若氏說。

或从羊，或从犬，或从鹿。

四

羅振玉氏曰「或从羊，或从犬，或从鹿，牡既為畜父，則从羊从犬从鹿，
得任所施，牡或从鹿作塵，猶牝或从鹿作麀矣」。增訂考釋中

一曰从牛从士。

王國維氏曰「按牡音古在尤部，與土聲遠隔，卜辭牡字皆从丄，丄古
士字，孔子曰推十合一為士，非从土地之土。丄正丨古文十字一之合矣。
古音士在之部，之尤二部音最近，牡从士聲，形聲兼會意也。士者男
子之稱，古多以士女連言，牡从士與牝从匕同，匕者比也，比於牡也」。
觀堂集林卷六

前弍一七

同上

同上

同上一八

同上

同上

前肆卅

後上二三

後上一三

骨

靜敦

金

古鉢

古鉢

匋

說文

小

說文：「犅，特牛也。从牛岡声。」古郎切。古音見陽。ㄍㄤ

按古文犅字从剛省声。

羅振玉氏曰：「从剛省声。」增訂考釋中

 前弍九  同上二四  前弍四四  同上四三  前陸四六  同上  後上二五  同上  同上。

 後下五 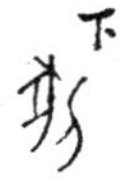 後下三六 【骨】  說文 【小】

說文：「牝，畜母也。从牛匕声。易曰：『畜牝牛吉。』」毗忍切。古音並微。ㄆㄧㄣˋ

按古文牝字从牛从匕。

說見卷一祖字郭沫若氏說。

或从羊，或从豕，或从犬，或从馬。

羅振玉氏曰：「母畜對牡而称牝，殆猶母對父而称匕，羊豕犬亦有牝，故或从羊,或从豕,或从犬,或从馬,诗麋鹿之麋,乃牝之从鹿者,与牝牝駝諸字同乃諸字皆廢,而麋僅存,後人不識爲牝之異體乃別槩音讀蓋失之矣」增訂考釋中

前弍 同上 同上 同上 同上 同上 同上
五十 一一 一二 一七

前肆 同上 前伍 復下 鐵 貉子 吕伯
二四 一六 三九 六 卣 敦
四〇

金 古鉥 古鉥 說文 小牢 永初元年堂 牢樊氏 漢
牢 韓仁銘 牢銘 史晨奏 隸

說文「牢閑也,養馬牛圈也,從牛冬省,取其周圍币」來幽·芳幺·魯刀切·古

按古文牢字象牛在闌中之形.

羅振玉氏曰「宂或變作冖或變作宀遂与今隸同矣」增訂考釋中

前四陸 同上二二 同上五四 後上三 同上一九 同上 林式六 林式二二 林式一六 [骨]

說文 [小] 夏承碑 衡方碑 [隸]

說文「物,萬物也,牛為大物,天地之數,起於牽牛,故从牛勿声」文弗切,古明物,X.

按古文物字从牛从勿,或省牛.

徐中舒氏曰:「勿之本義當為土色,經傳多借物為之.……鄭司農注周礼載師云:「物色之以知其所宜之事」;草人云:「以物地占其形色」,北人云:「占其形色,知鹹淡也」訓物為色,為形色,為不誤.物訓色,自非一色,引伸之又得為雜,說文「㫚,旗也,……雜帛為之,幅赤白半」,周礼司常「雜帛為物」,物為雜帛,則勿為雜土,物為雜毛牛,甲骨文物或作勿,皆謂雜毛牛,無作否定詞用者,銅器則全作否定詞了.」集刊二本一分「耒耜考」,史言所

六

商承祚氏曰：「詩小雅『三十為物』傳『齊其色而別之，凡為色三十也』然卜辭屢曰『物牛』以誼考之，當是雜色牛之名，或又省牛作勿。類篇弟二」

胡光煒氏曰：「勿為物之省，其義為雜色牛。」甲骨文例

屮 前弍
屮 前弍 二六
屮 前弍 二七
屮 前叄 一四
屮孟鼎
屮父丁觶
屮毛公鼎
屮作且乙敦
屮召伯敦
屮詛楚文

說文 屮 古甸
𣥂 金 𠙣 古甸
𠙣 正始石経残石
𠙣 小 告尧 王氏漢
告 正始石経残石
告 鄭固碑 隸

說文：「告，牛觸人，角箸横木所以告人也，从口从牛，易曰『僮牛之告』，古奥切」古見幽父

段玉裁氏曰：「如許說則告即福衡也，於牛之角寓人之口為會意然牛与人口非一體，牛口為文未見告義，且字形中無木，則告義未顯，且如所云，是未嘗用口也，是告可不用口也，何以為一切告字見義哉

愚謂古許因僮牛之告而曲為之說，非字義。」說文注

按古文告字象斧形。

吳其昌氏曰：「告字父戊爵作告，告戈句兵作告，……文丁爵作告，告田鼎作告。案告之最初本義，碻為斧形，觀於上列諸字，顯然可見。引申之則為刑具。易大畜『童牛之牿』，九家易作『童牛之告』，古告當即為刑牛之斧。說文猥云『告牛觸人，角箸橫木』，此讆說也。告根本不从牛，其中形乃斧之柄，与戈形之柄作[illegible]者等耳。虞翻即受說文暗示而云『告謂以木楅其角』，其誤一也。告為刑牲之具，故其後刑牲以祭曰告。……告為斧為刑具，故又引申為殘酷之酷。斧類刑具，是酷物也。猶辛類刑具，令人見之為酸辛也。由祭告之義而更引申之，則為誥

敾」，金文名象疏證兵器篇載武漢大斈文哲季刊

彝。按甲骨文牛字有作等形者，其二ㄟ當為標識或繩索之形，羅振玉氏據說文告字以為「象著橫木之形」，見增訂考釋中，未之深察矣。

 前陸一

[骨]  召伯敦

[金]  說文

[小]  杜鼎二  壽春鈁

[漢]  孔彪碑

名 熹平殘碑 名 曹全碑

[隸]

說文：「名，自命也。从口从夕，夕者，冥也。冥不相見，故以口自名。」武并切，古明耕。ㄇㄥ

按古文名字与小篆同。

羅振玉氏曰：「从夕从口。」增訂考釋中

前弍廿一 同上 同上二二 同上 同上 同上 同上二三 同上 同上

同上 同上 同上二四 同上二六 後上一二 林弍二九 骨 觶尊

伯害盉 大史友甗 克鐘 師害敦 召仲鬲 召口文匜 大敦 害鼎

召伯虎敦 金 說文 小 召 魯峻碑 隸

說文：「召，評也，从口刀声。」直少切，古定宵，出公

按古文召字从兩手，从口，从皿，从酉，从匕，或又加D，D肉字。

彝按字蓋召而就飲食之義，故从兩手，从口，从皿，从酉，从匕，从D，古召招不分，後析為二字，遂一从口得義，一从手得義矣。

後下九 骨 問 古鉢 問 說文 小 問 孔龢碑 隸

說文：「問，訊也，从口門声。」亡運切，古明文，

八

按古文問字与小篆同．

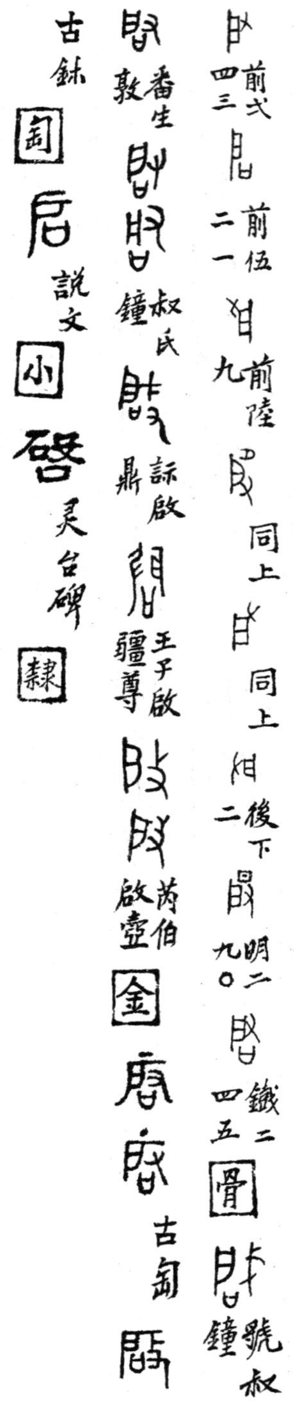

前弍 前伍 前陸
卌 卌 冎 冎 同上 冎 同上 冎 後下 明二 鐵二
四三 二一 九 二 晶九〇 啓 號叔
四五 骨 胙 鐘

番生 叔氏 詠啟 王子啟 芮伯
敦 鼎 疆尊 啟壺 金 古匋
古鉩 启 說文 启 靈台碑 隸

說文「启，開也，从戶从口．康禮切」古
按古文启字或从又．
羅振玉氏曰「启或从又，象有自名以評门者，往以又启之也．」增訂考
釋中
与啓字通．
王國維氏曰「啟字从又持戶，義當為啟．疑即启之借字．說文『啟，雨而
晝姓也』．」戩壽堂殷虛文字考釋

商承祚氏曰：「案𢼸為開戶之本字，以手启戶為初意，或增口作啓，或省又作𠰢，羅師叔言謂『自名以詔門者，往以又启之』是也。其後又借以為雨而畫晴之霽，觀其上从日作𣆪，象畫晴启戶見日，从月作𣈅，象夜晴启戶見月，亦可知其嬗變之迹矣」（殷契佚存）

葉玉森氏曰：「啓霽為古今文，𢼸其省也」（說契）

董作賓氏曰：「𣆪之與啓與𢼸為一字」（商代龜卜之推測，載安陽發掘報告第一期）

彝按：启啟古本一字，𠰢𢼸為初文，啓蓋後起，許氏別於攴部出啟字，云：「教也，从攴启聲」，實則非二字也。

前弍四三

同上四四

同上

同上

後上一九

骨

咸□鼎

般甗

史獸鼎

盂鼎

趩尊

晉邦盦

國差𦉜

金

正始石經殘石

古

秦公𣪘

大

說文

小

咸 公主家鬲 【漢】 咸 巳始石經殘石 咸 曹全碑 咸 晉咸康三年瓴 【隸】

說文「咸，皆也，悉也，从口从戌，戌，悉也。」胡監切，古匣侵，平。

按古文咸字从口从戌。

羅振玉氏曰「卜辭与古金文皆从戌。」增訂考釋中

吳其昌氏曰「咸之本義，乃為一戌一碪相連之形，其後碪形之○，衍變成口，於是戌形離𨸏，而碪義遂湮，……一戌一碪相連，是可以殺也，故咸之本義為殺，書君奭『咸劉厥敵』，咸劉連文，其義皆殺也。」金文名象疏證兵器篇，載武漢大學文哲季刊。

一曰象一戌一碪相連之形。

前弍四四 同上 同上 同上 前肆二九 前伍六 同上一五 同上一六 同上 同上 同上

同上 同上 前伍二七 前陸四〇 同上四三 前柒三九 同上一六 前捌七

【骨】

旂鼎

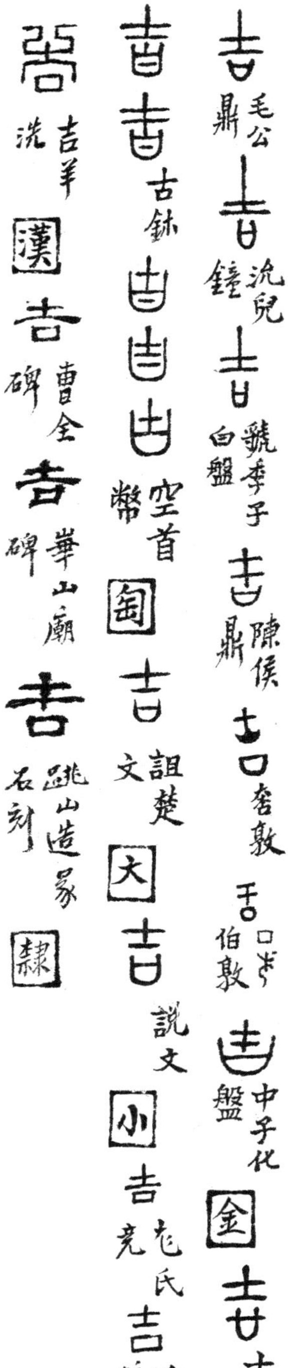

說文：「吉，善也。从士口。」居質切。古見質，ㄐㄧˊ。

按古文吉字象一斧一碪之形。

吳其昌氏曰：「吉字象一斧一碪之形。一斧一碪爲吉，上弦新月，彎鬟如斧，故名初吉。年少美妙之士，皎丽如月，故名吉士。此引申義之駢枝旁茁者也。」金文名象疏証兵器篇 載武漢大學文哲季刊

一曰从倒辛从口。

葉玉森氏曰：「吉字作<U+5409>，乃从倒辛从口，<U+5409>字从辛从口，說文『辛，辠也』。」

十

先哲造字，即主慎言，出諸口即獲愆，乃言字本誼，納諸口即无愆，乃吉字本誼，集釋卷五

說文：「周，密也。从用口。𠕁，古文周字，从古文及。」職留切，古端幽。

按古文周字象周帀之形，中有穜植。

 前弍四七 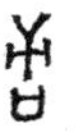 林弍一一 [骨]  唐子且乙爵 [金]  古鉢 [匋] 啺 說文 [古]  說文 [小]

唐 洗唐氏 [漢] 唐 孔龢碑 唐 礼器碑 [隸]

說文：「唐，大言也，从口庚声。啺，古文唐，从口昜。」徒郎切。古定陽。古尢

按古文唐字与小篆同，古与湯字通。

王國維氏曰：「唐即湯也。說文口部『啺』古文唐，从口昜，与湯字形声俱相近。博古圖所載齊侯鎛鐘銘曰：『虩虩成唐，有嚴在帝，所尃受命。』又曰：『奄有九州，處禹之都。』夫受天命有九州，非成湯孰能當之？又太平御覽八十二及九百十二引歸藏曰：『昔者桀筮伐唐，而枚占熒惑，不吉。』博物志亦有此文。夫夏桀之時，有湯无唐，則唐本湯之本字，後轉作啺，復轉作湯，而其本名廢矣。」戩壽堂殷虛文字考釋

葉玉森氏曰：「按唐湯暘古通，許書暘，古文唐，从口疑从日之譌，即暘。經傳中未見暘字，卜辭从日之字，亦作从口，故暘譌為暘。楚辭『委兩館於咸唐。』注『咸唐，咸池也。』又『飲予馬於咸池兮。』注『咸池，日浴處也。』文選蜀都賦『汩若湯谷之揚濤。』注『湯谷，日所出也。』史記五帝紀『曰暘谷，』索隱『暘谷本作湯谷。』是咸唐湯谷暘谷竝為一地，則唐湯暘之通段，可以無疑。」集釋卷一

 前肆二八 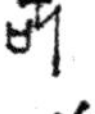 前伍二一  前陸二九  同上三四  後下十 骨  說文 小

說文：「啇，語相訶歫也，从口歫辛，辛，惡声也，讀若櫱。」五葛切，古疑月。

按古文啇字从口辛。

王國維氏曰：「說文辥字在辛部，从辛，然古文皆从辛，或从辛辛辛，皆

說文辛之初字也，說文䇂辛分為二部，䇂部云：『䇂，辠也，从干二，二，古文上字。』又辛部：『辛，从一䇂，䇂，辠也。』羅參事振玉殷虛書契考釋云：『說文分辛䇂為二部，卜辭只有䇂字，凡十干之辛皆作䇂，古金文始有作辛者，其實本一字，許君以童妾二字隸䇂部，而辛部諸字若辠辜以下無一不含䇂誼，不當分為二部明矣。』案參事謂辛部辠辜以下諸字，皆當入䇂部，其說甚確，惟謂辛䇂一字，則頗不然。余謂十干之辛自為一字，其字古文作辛，作辛，或作辛，訓辠之䇂，又自為一字，其字古作䇂，作䇂，作䇂，作䇂，此二字之分，不在橫畫之多寡，而在縱畫之曲直。何以証之，凡古文宰辟𨐨辥章諸字，其義与辛字相關者，皆从䇂或䇂，其中直皆折而左，無一从辛若辛作者，惟童妾言𧰨諸字，䇂字在上，其左折

十二

之跡不可見。又殷虛卜辭有𧥢字，（殷虛書契前編卷五第二十一葉及卷六第二十九葉。）即說文𧥢字。說文「𧥢，語相訶歫也。从口辛。」是篆文之辛，亦或作䇂。蓋辛䇂一字。卜辭辥字作𨐨，亦其一證。兮甲盤「王命田政𤔲成周四方責」即委積之積。𤔲从𤔔㖤，即篆文从𤔔辛之辭。政辭乃政𤔲之假借。知𧥢乃䇂之緐文，䇂𧥢又一字矣。䇂字當从說文㖤字讀，讀如櫱，即天作孽之孽之本字，故訓爲辠。辥字从𠂤止䇂會意，亦以爲聲。凡𡪳辟辭諸字皆从此字會意。至說文所說辛辛辥諸字，皆从後起之篆文立說，故動輒齟齬矣。」觀堂集林卷六

後下一三 骨

說文 古

說文 小

說文：「吝，恨惜也。从口文声。易曰：『以往吝。』咳，古文吝，从彣。」良刃切。古來文。为一下

段玉裁曰：「此字蓋从口文會意，凡恨惜者多文之以口，非文声也」，說文注

按古文各字与小篆同。

前伍二四

同上
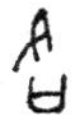
同上

同上

後下一九
骨

頌鼎

虢季子白盤

宰椃角

師嫠敦

敔敦

善鼎

無叀鼎

師虎敦

庚嬴卣
金

秦公敦

石鼓

大

說文
小

蔡氏竟
漢
各
史晨後碑
各
曹全碑
隸

說文：「各，異辭也，从口夊，夊者，有行而止之，不相聽也」，古洛切，古見鐸，ㄍㄜˋ

按古文各字从夊，从口。

羅振玉氏曰：「各从夂，象足形自外至，从口，自名也，此為來格之本字」

增訂考釋中

与格洛字通。

吴大澂氏曰：「各，至也。今經典通作格」。古籀補第二

容庚氏曰：「各孳乳為洛為格。方言『洛，至也』。洛，説文所无。經典通用格。書堯典『格於上下』。傳『格，至也』」。金文編第二

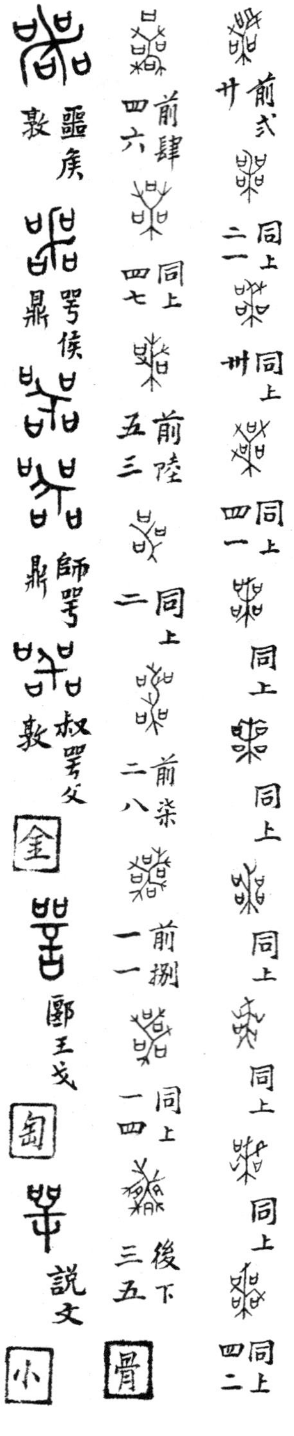

説文「咢，譁訟也。从吅屰声」。五各切。古疑鐸。

按古文咢字从衆口在木上。

羅振玉氏曰：「許書无噩字，而有咢，注『譁訟也，从吅屰声』，集韵咢或从噩，以是例之，知噩即許書之屰矣，噩字見于周官，以卜辞諸文考之，知从王者，乃由木傳寫而譌，傳世古器有噩侯鼎噩侯敔，鼎文噩字作⿴㗊木，敔文作⿴㗊木。又古金文中喪字从噩从亡，量侯敔喪作⿺亡⿴㗊木，从⿴㗊木，齊侯壺作⿺亡⿴㗊木，作⿺亡⿴㗊木，从⿴㗊木，均与卜辞同，文考鼎作⿺亡⿴㗊木，从⿴㗊木，刻与噩侯鼎文合。喪為可驚咢之事，故从噩亡。據此知卜辞諸字与噩侯兩器之文，確　噩字。噩侯，史記殷本紀作鄂侯，漢書韋賢傳『咢咢黃髮』，文選諷諫詩作『諤諤黃髮』，綏民校尉熊君碑『臨朝謇鄂』，諤又作鄂，是咢諤鄂古通用。尔雅釋天之作噩，史記歷書作鄂。集解引徐廣曰，噩一作鄂，知史記之鄂侯即金文之噩侯，卜辞中噩為地名，殆即噩

矦國許書之㽘，蓋後起之字，此其初字矣」增訂考釋中

前柒廿六

後下一二

菁五
骨

單伯編鐘

蔡侯匜

買尊

公伐郐鐘

公伐郐鼎

均散氏盤文
金

古鉩
匋

單 說文
小

單 單安侯家盉盖
漢

單 衡方碑
單 魏受禪表
隸

說文：「單，大也。从吅甲，吅亦声。闕。」都寒切。古端元。ㄉㄢ

段玉裁氏曰：「當云甲闕，謂甲形未聞也。」說文注

丁山氏曰：「單之形見於殷契者，与金文不甚遠，而其流变也往々似干。干与盾同實而異名，盾單雙声，而單干疊韵，究其声音遞轉，窃疑古謂之單，後世謂之干。單干蓋古今字也。」說文闕義箋

按古文單字象盾形。

前弍八七　前肆三七　菁九　〔骨〕　虢季子白盤　陳侯因資敦　封仲敦　者汈鐘　〔金〕

楚戈　〔匋〕　秦公敦　〔大〕　說文　〔小〕

說文「⿺走亘，⿺走亘田易居也，从走亘声」羽元切，古影元，ㄏㄨㄢ

按古文⿺走亘字从止从亘。

羅振玉氏曰「从止从亘，殆即許書之⿺走亘字矣。此當爲盤桓之本字，後世所作桓者，借字也」增訂考釋中

容庚氏曰「虢季子白盤『⿺走亘⿺走亘子白』与書牧誓『尚桓桓』同義，傳『武貌』說文引作狟」金文編第二

前弍五三　後下五　新一〇八　前弍四六　同上　後下三　鉄七二　同上　〔骨〕　亞形尊

〔金〕　止古匋　古匋　古鉥　〔匋〕　石鼓　〔大〕　說文　〔小〕　止

十五

夏承碑 止 魯峻碑 止 晉孫夫人碑 隸

說文：「止，下基也。象艸木出有址，故以止爲足。」諸市切。古端咍。㞢

按古文止字象人足跡形。

孫詒讓氏曰：「依許說則止本象草木之有址，而假借爲足止。金文有足跡形，如母卣作，富夫鼎作，皆先文義可推，或即与止同字。亀甲文則凡止皆作。……因之从止字偏旁亦皆如是作，如武庚武字作，步字作，陟字作，是也。」名原上

又曰：「綜考金文甲文，疑古文爲足止，本象足跡而有三指，猶說文字，注云『手之列多略不過三』是也。金文足跡則實繪其形，甲文爲，則粗具匡郭，猶之爲，其原本同。」同上

彝按卜辭或从廿从一作，一者地也。

古与之字為一字。

彝按止之二字古為一字，後世因形譌而析為二。止字初形當為廿，譌變而為㞢，再譌為㞢若㞢，遂与之形混淆。胡光瑋氏甲骨文例釋㞢若㞢為二字，误。金文中止字罕見，僅上揭亞形尊一文。見古籀補，金文編无止字。而从止之字如肯作㞢，兮仲鐘 正作■止，盂鼎 作●止，散盤 歸作歸，齊侯壺 均从止若止。若止之字金文散盤作止，沇兒鐘作止，邾公華鐘作止，其他句鑃作止，取膚盤作止，君夫敦作止，邰王敦作止，龍節作止，並与止形相近。古匋鉢文之字有止止止止止止止止止止止諸形，見丁佛言氏說文古籀補補及羅福頤氏古璽文字徵 古寶均止字，假以為之也。石鼓止字作止，之字作之，形亦相近。孫詒讓氏曰：「或变从止爲从屮从出，廼成艸木之形」。（名原上）知出爲廿若廿之譌，而不知其爲一字，故於契文舉例又曰：「甲文皆从廿爲止，而之字則皆作出」，仍別爲二字矣。又止之二字義亦相近。止字原爲足止之義，引申爲至，詩魯頌泮水「魯侯戾止」，傳「止至也」。爲已，論語「譬如爲山，未成一簣，止，吾止也」。爲居，詩商頌玄鳥「邦畿千里，爲民所止」，箋云「止猶居也」。爲留，論語微子「止子路宿」，邢疏「留子路宿」。爲禁止，呂氏春秋知士「靖郭君不能止」。爲阻而不進，左傳僖十五年「晉戎馬還濘而止」。爲語終辭，詩召南草蟲「亦既見止，亦既覯止」，傳「止辭也」。諸義除語終辭外均与足義有関。而之字初義則訓出，說文「之出也」，訓往，尔疋「如，適，之，嫁，徂，逝，往也」。訓至，詩鄘風柏舟「之死靡他」，傳「之至也」諸義亦与足有関，而止之二字古音又同紐韵，端紐咍部則古爲一字可決然无疑矣。後世因形变析爲二字，俗又別作趾字爲足止，而以止爲留爲至爲禁止之專字，皆誤。

 前陸二一
 前弍四〇
 後下一一
 同上
【骨】
 芍仲鐘
 追敦
 善鼎
【金】
 正始石經殘石
【古】
 說文
 正始石經殘石
【小】
 新嘉量二
【漢】
 夏承碑
 華山廟碑
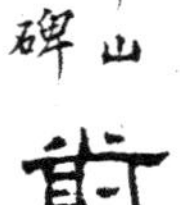 熹平石經
 孔龢碑
【隸】

說文「歬，不行而進謂之歬。从止在舟上。」昨先切，古從元。ㄑㄧㄢˊ

按古文歬字从止从舟从行，或省从彳。

羅振玉氏曰：「从歬从行，或省从彳，誼益顯矣。」增訂考釋中

陳邦懷氏曰：「从止者，人足也。从舟者，謂人足歬進如舟之歬進也。足

与舟皆行而不已，歬誼昭然，考金文歬字已不从行，許書因之，許君曰：「不行而進謂之舟，从止在舟上」，竊恐未諦，衛歬从舟，蓋与履題古文履，从舟同意，履題从舟，謂履行若舟之行，許君說舟象履行，殆不然也，殷契拾遺

段玉裁氏曰：「按後人以齊斷之歬為歬後字，又以羽生之翦為前齊字」說文注

前弌三三

後下一一

同上

同上

骨

毛公鼎

金

說文

小

尹宙碑

漢

說文：「歷，過也，从止厤声」，郎擊切，古來錫，ㄌㄧ

按古文歷字从止从秝，或从林。

羅振玉氏曰：「从止从秝，足行所至皆禾也，以象經歷之意或从林，足所經皆木，亦得示歷意矣」增訂考釋中

葉玉森氏曰：「許書訓歷為過，予疑廿為足跡，足跡在禾边林下，即知有人過，即歷之初意，若謂足行所止，固不必皆禾皆木，即皆禾皆木，而歷意仍不顯也」集釋卷一

客庚氏金文編第二歷字下注「厤字重文」与厤字通。

前弍三三　前肆四一　同上六　前伍二　前伍廿九　同上　前柒一七　前捌一　同上

後上卅　後下三三　同上四二　林弍二二　骨

女歸卣　令鼎　芇伯敦　貉子卣

不嬰敦　齊侯壺　歸父盤　周明公敦　金

正始石經殘石　隸續正始石經　古

十八

說文 [大] 說文 正始石經殘石 [小] 正始石經殘石 尹宙碑 石門頌

衡方碑 孔彪碑 [隸]

說文：「歸，女嫁也。从止，从婦省，𠂤声。籀文省。」舉韋切，古見微。ㄍㄨㄟ

按古文歸字从𠂤从止。

葉玉森氏曰：「並从𠂤从止，予曩釋𠂤从朿，象植兵於架，表師次不用兵意，茲更从止，蓋謂師已歸止，故植兵於架，表師還意，當即初文歸字。小篆从𠂤从止，猶協古誼，形与近，後乃譌為，後誤省作，乃逼段為歸，字轉罕見。」殷契枝譚

前伍二 林弍二九 [骨]

車父丁觶 𠨰父敦 登鼎 散盤 盂爵

鄭公敦 芮侯敦 鄭鄧叔簋 陳侯午敦 姬鼎 [金]

古鉨 古鉨 [匋]

 說文 大

 說文 小

 滎陽宮小鍾登

 上林行鐙 漢

 孔宙碑

登 白石神君碑 隸

說文「登，上車也。从癶豆，象登車形。䔲，籀文登，从𠬞。」都滕切。古端登。ㄉㄥ

按古文登字从癶𢌿声。

羅振玉氏曰：「卜辭从癶𢌿声，𢌿即瓦豆謂之登之登。」增訂考釋中

一曰从癶，从豆，从廾。

吳大澂氏曰：「古登字从癶，从豆，从廾。」古籀補第二

 前弍十

 前弍七

 前陸二二

 同上

 新二八一 骨

 古匋

 古鉨 匋

 說文 小

 步高宮高鐙 漢

步 衡方碑 隸

說文「步，行也。从止𣥂相背。」薄故切。古並魚。ㄅㄨ

十九

按古文步字象左右足一前一後形。

羅振玉氏曰：「步象前進時左右足一前一後形，或增彳，古金文涉字从步从水省，乃涉字，然卷五卜辭有曰「甲午王涉歸」，王无徒涉之理，殆借涉為步字也。乃借涉為步，或又增彳，增訂考釋中。

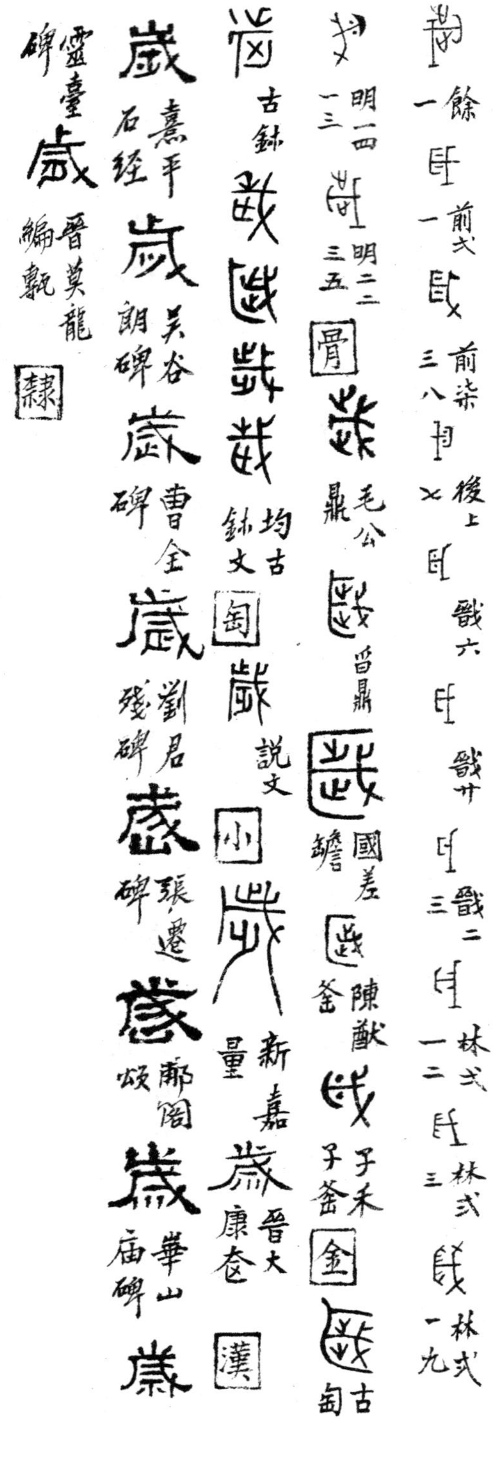

說文：「歲，木星也，越歷二十八宿，宣徧陰陽，十二月一次，从步戌聲，律歷書

名五星為五步」。相銳切，古心月，ㄙㄨㄟ
按古文歲字从步戉声。
羅振玉氏曰：「从步戉声。卜辭中又有𢦏字，亦作𢦔，以歲例之，當為歲
月之月本字，作月者，日月之本字。然卜辭中凡某月已借用日月之
月，而罕用本字之𢦏矣。」增訂考釋中
一曰象戉形，与戉為一字。
郭沫若氏曰：「歲与戉古本一字，許謂歲字从步，羅亦因之。然如歲字
果从步者，則當作㱚若䖵，不應置左右二足形於戉之上下而隔裂
之。古人造字無是例也。依余所見，𢦏与戉，实本同意，戉之圓孔，以備
挂置，故其左右透空之孔，以人喻之，恰如左右二足，是則二点与左

右二足形皆之異,僅由象形文變為會意字而已,故从步之說有語病,要之歲与月古本一字,因後用歲以為年歲或歲星字,遂至分化也,又𣥂亦戌字,以子禾子釜𣥂按之,亦即歲字,甲骨文字研究桑按郭氏說字形頗諦然卜辭固有戌字,作 𢧐 若 𢧐,与𣥂若𣥂字形有別,窃疑𣥂若𣥂中二小点為 𣥂 之省變,仍从步也.

𣥂 前弌 品 前肆 品 前陸 𣥂 前柒 品 前伍 品 一 菁 𣥂 孟鼎 𣥂 毛公
四〇 四四 六一 二九 三九 骨 鼎

虢季子 散盤 𣥂 鐘 余義 𣥂 鄭公華 𢀇 𢀇 湯鼎 𣥂 師克
白盤 鐘 鄭大宰 敦 酈疾 禾敦 敦

𣥂 免敦 𣥂 盤 中子化
盤

立 均 匹 說文 匹 說文 匹 古匋 匹 古鉢 區 𡔤
鉢文 匋 正 古 正 古鉢 正

立 匹 說文 匹 經殘石 古 𡔤 文 𡔤
正 正 小 𣥂

新嘉 正 建武 正 熹平三 漢 正 經殘石 正 始石 正 西狹 正 張遷 匹 史晨 正 孔彪
量 平合 年亢 殘碑 經直 頌 碑 後碑 碑

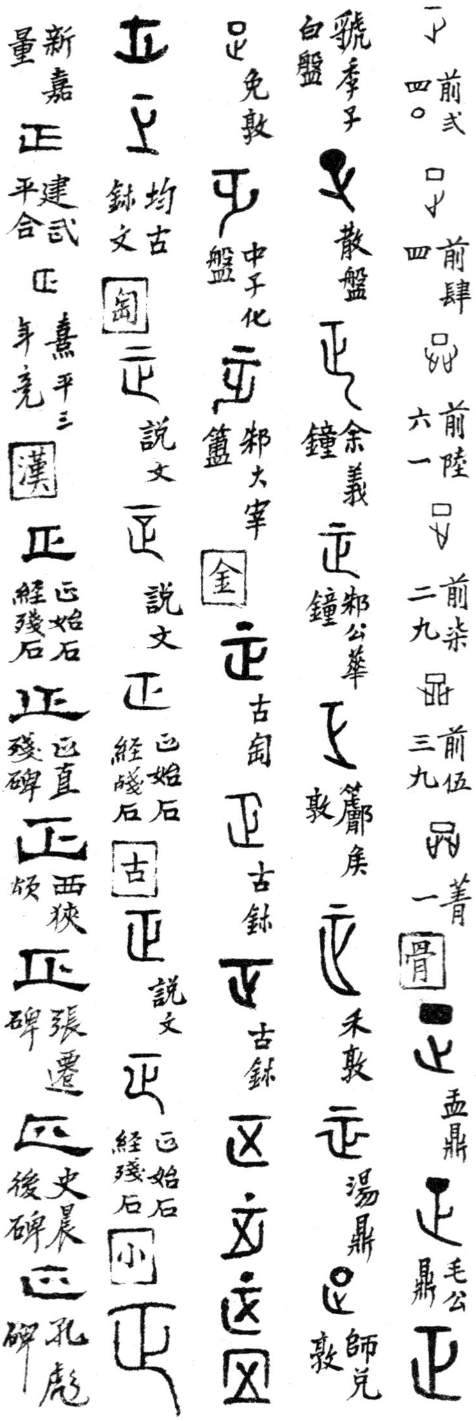

說文「正，是也。从止，一以止。𠙽古文正，从二。二，古上字。𤴓古文正，从一足，足者亦止也」。之盛切。古端耕。出乂

按古文正字从止，从口。

吳大澂氏曰「古正字从止，从■。止爲足跡，上象其履，行必以正也」。古籀補第二

羅振玉氏曰「卜辭从口，古金文作■，卜辭但作匡郭者，猶丁之作口，就刀筆之便也。許君云从一足，殆由𠯁而譌。正月字征伐字同。又作𡰯从㞢」。增訂考釋中

前陸三四　前伍九　前肆三六

骨

甲盤　召尊

金

古鉨

匋

𢓊

說文

小

進

白石神君碑

隸

說文「進，登也，从辵閵省声」即刃切，古精文，ㄐㄧㄣˋ

按古文進字从止在隹前會意。

前伍二一 骨

遝

說文 小

遝

銅華竟 遝 又二 漢

遝

魏封孔羨碑 隸

說文「遝，迨也，从辵眔声」徒合切，古定緝，ㄊㄚˋ

按古文遝字与小篆同。

段玉裁氏曰「『廣均』遝迨，行相及也」文賦『紛葳蕤以馺遝』方言『迨遝，及也』公羊傳『祖之所逮聞也』漢石經作『遝聞』。

林式二五 骨

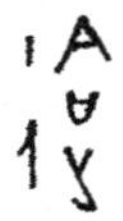

俎子鼎 金

迨

說文 小

說文「迨，遝也，从辵合声」侯閤切，古匣緝，ㄏㄜˊ

按古文迨字与小篆同。

容庚氏曰：「俎子鼎『王命俎子迨西方于省』，迨當讀作會，說文會古文作佮，从彳与从辵同意」，金文編第二

前肆二四　同上五三　前伍二六　後下一一　同上一二　骨　宗周鐘　𠭯敦　逆尊

楚公鐘　口侯簋　金　古匋　匋　說文　小　曹全碑　隸

說文：「逆，迎也，从辵屰声。關東曰逆，關西曰迎」，宜戟切，古疑緝，了一。

按古文逆字从辵从屰。

羅振玉氏曰：「从辵从屰者，象人自外入而走以迎之，或省彳，或省止」。

增訂考釋中

前弍二　前弍二八　同上卅　同上三五　同上四二　同上四四　前弍二八　同上二九　同上

後上一一　同上一四　後下六　骨　㮚伯敦　戊辰敦　𣲖伯敦　克簋　金

二三

說文

小

遘

譙敏碑

遘

鄭固碑

隸

說文：「遘，遇也。从辵冓声」。古候切。古見侯。ㄍㄡˋ

按古文遘字与小篆同。

後上十

菁九

骨

石鼓

大

逢

說文

小

逢

景北海碑

逢

華山廟碑

逢

晉逢將單軛

隸

說文：「逢，遇也。从辵夆省声」。符容切。古並鍾。ㄈㄥˊ

按古文逢字从辵夆声。

羅振玉氏曰：「古文从辵者或从彳，許書所載篆文亦然，如退或作徂是矣」。增訂考釋中

後上一二

同上

同上三

骨

大保敦

宗周鐘

趞小子敦

穿鼎

城虢遣生敦

趞叔簋

趞叔敦

趞卣

趞尊

金

𧻓 說文

小

遣

華山廟碑

遣 韓仁銘

隸

說文：「遣，縱也。从辵𦍒声。」去衍切。古溪元。

按古文遣字从兩手从口从𠂤。𠂤，古師字。

彝按从兩手𠂤師而以口遣之也。金文从㚇，誼更顯。骨文或省口字。

前伍卅

骨

仲𫃞父敦

伯遅鼎

禹攸比鼎

𢓊簋

伊敦

𢓊鼎

金

遲 說文

大

遲 說文

𨒈 說文

小

遲 禮器碑

遲 魏上

尊号秦

隸

說文：「遲，徐行也。从辵犀声。詩曰：『行道遲遲。』𨑛，遲或从𡰪。𨔝，籀文遲从屖。」直尼切。古定微。

二三

按古文遲字从彳从犀。

容庚氏曰：「遲說文籀文从犀，而篆文从犀，乃後人所竄改。說文」犀，南徼外牛。」犀々遲。」从犀，正合遲義，不當从犀。」金文編第二

与徲字通。

容庚氏金文編第二遲字下注：「与徲通。」又徲字下注：「徲从犀，通遲。說文从犀，乃後人所加。」

 前弍五二  林弍二八  後下二七 骨

 說文 小

說文：「逃，亡也。从辵兆声。」徒刀切。古定宵古台

按古文逃字从彳从北，象二人背逃之形。

羅振玉氏曰：「从彳从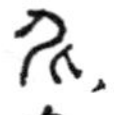，象二人相背而行，殆即通逃之逃。」增訂考釋中

商承祚氏曰：「案象二人背逃之形，許書之𠂢，殆由𠂢傳寫而誤。」二類編

前伍二六　同上二七　同上　後下四〇　骨

頌鼎　不嬰敦　余義編鐘　買敦

虘鐘　鄀公𨱏　周公敦　金

說文　小

追 青羌

漢

追 景北海碑陰

追 熹平石經

追 楊淮表

隸

說文：「追，逐也。从辵𠂤声。」陟隹切。古端微。ㄓㄨㄟ

按古文追字从止𠂤。

羅振玉氏曰：「卜辭有𠂢，𠂤即師字，𠂤行以追之也。」增訂考釋中

前弍二三　同上一二　同上四一　前弍三三　同上　前伍二八　同上　同上

前陸十　前陸四六　前捌一　鐵四五　明五七〇　骨

說文　小

說文：「逐，追也。从辵从豚省。」直六切。古定幽。ㄓㄨˊ

二四

按古文逐字从豕，或从犬，或从兔，从止。

羅振玉氏曰：「卜辭或从豕或从犬或从兔从止，象獸壙而人追之，故不限何獸。許云从豚省，失之矣。」增訂考釋中

前伍卅 骨

逯 說文 小

說文：「逯，近也，从辵坴声。」人質切，古泥質，日。

按古文逯字与小篆同。

前肆一七　同上四九　前伍一九　骨

曆鼎　毛公鼎　盂鼎　井人鐘

虢叔鐘　齊陳曼簠　王孫鐘　散盤　金

古鉨　匋

正始石經殘石　古

秦公敦　詛楚文　大

德 說文

大騩權　元年詔版　小

新嘉量二　漢　德

正始石經殘石　德

朱龜碑　德

孔宙碑　德

晋孫夫人碑　德

西狹頌　德

張遷碑陰　德

衡方碑　德

夏承碑

德 蒼頡廟碑　德 靈臺碑 [隸]

說文「德，升也。从彳悳声」多則切。古端德。ㄉㄜ

按古文德字从彳从⿱屮目，⿱屮目古文省字。

彝按⿱屮目字吳大澂氏釋相，云「从彳从亩从心，亩古相字」古籀補第二 羅振玉氏从之，曰「从彳⿱屮目，吳中丞曰⿱屮目古相字是也。𪊨鼎与此同，德，得也，故卜辭中皆借爲得失字，視而有所得也」增訂考釋中 按羅說是也。惟⿱屮目字仍沿吳釋爲相，實誤。⿱屮目古文省字，見卷四說文「省，視也」

前伍一三　前柒三　後下三二　同上二六 [骨]

散盤　㝬比盨 [大]

復公子敦 [金]

古鉨文　古鉨文 [匋]

正始石經殘石 [古]

詛楚文

說文 [小]

復 王氏竟　復 尨氏竟二　復 日有憙竟 [漢]

復 正始石經殘石　復 楊淮表　復

鄐閣頌 復 曹全碑 復 魏受禪表 [隸]

說文:"復,往來也。从彳夏聲。"房六切。古文

按古文復字从夂从亶省。

羅振玉氏曰:"卜辭从亞殆富之省,从冊象足形,示往而復來。"書契考釋中

𡕒 前肆 一四 𡕒 同上 五〇 𡕒 前陸 廿 [骨] 古匋 𦍒 古鉥 𡴙 古鉥 [匋] 徲 說文 [古]

𡕒 前式 一二 𡕒 同上 二四 𡕒 同上 三八 𡕒 同上 卅 𡕒 同上 卅四 𡕒 前式 二三 𡕒 同上 二二 𡕒 前肆 二七

往 說文 [小] 徃 嘉平石經 徃 武梁祠畫象題字 徃 頌 [隸]

說文:"往,之也。从彳𡉚聲。徃,古文从辵。"于兩切。古影陽x尤

按古文徃字从止从土。

羅振玉氏曰:"說文解字:'𡉚,艸木妄生也。从之在土上。'又'徃,之也。从彳

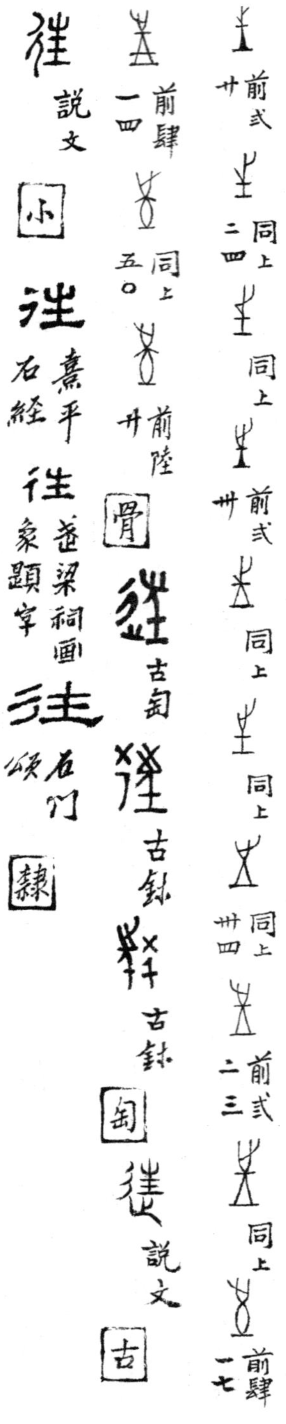

㞷声』古文作𨑒，卜辭从止从土，知㞷為往來之本字，許訓㞷為草木妄生，而別以徃為往來字非也」增訂考釋中

一曰从之从土。

葉玉森氏曰「从之从土，足行土上，本往之朔義，譌變作乃似从王矣」集釋卷一

前陸二五 同上二六 前柒三二

骨

徐 說文

小

徐 徐造[illegible]

隸

說文：「徐，安行也，从彳余声」似鱼切，古心魚，

按古文徐字与小篆同。

前弍四 同上 同上廿 同上 同上廿一 同上 同上 同上 同上二三

同上 前伍二六 後上一二 林弍二八

骨

後 說文

小

說文：「𢓊，迹也。从彳戔声。慈衍切。古從元。ㄐㄧㄢˇ」

按古文𢓊字从彳从戈。

羅振玉氏曰：「案𢓊与踐同。踐訓行，儀礼士相見礼注。訓往，吕氏春秋古樂篇注。此从辵从戈，或省止，与許書之𢓊同，但戈戔殊耳。又許書𢓊衛並訓迹，乃一字。踐雖訓履，然与𢓊亦一字。是一字而析爲二矣。」增訂考釋中

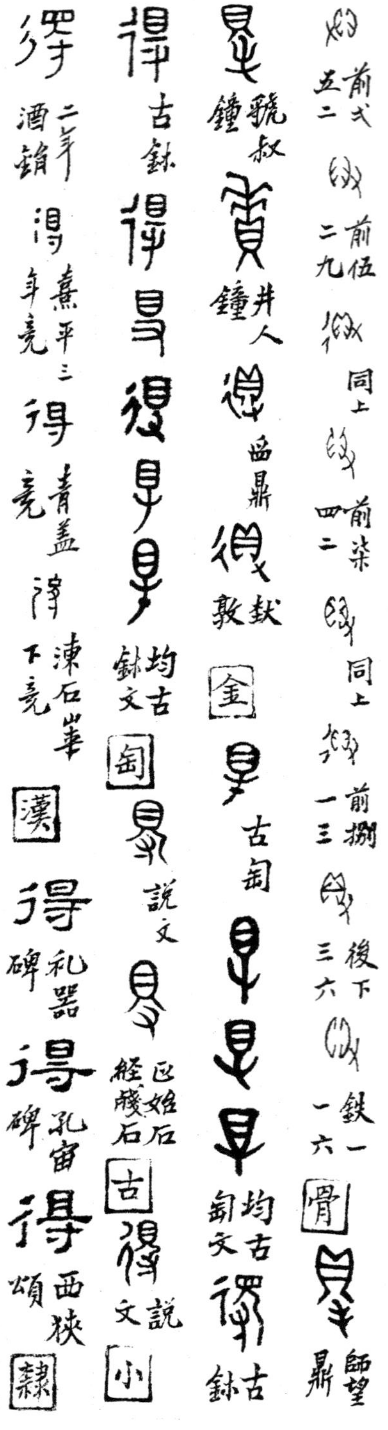

說文：「得，行有所得也。从彳㝵声。㝵，古文省彳。」多則切。古端德。ㄉㄜ

按古文得字从又持貝.

孫詒讓氏曰:「說文見部「㝵,取也.从見寸,寸度之,亦手也」.又彳部得,古文作㝵,省彳,二字同,古文似从貝」.契文舉例下

羅振玉氏曰:「卜辭从又持貝,得之意也.或增彳.許書古文从見,殆从貝之譌」.增訂考釋中

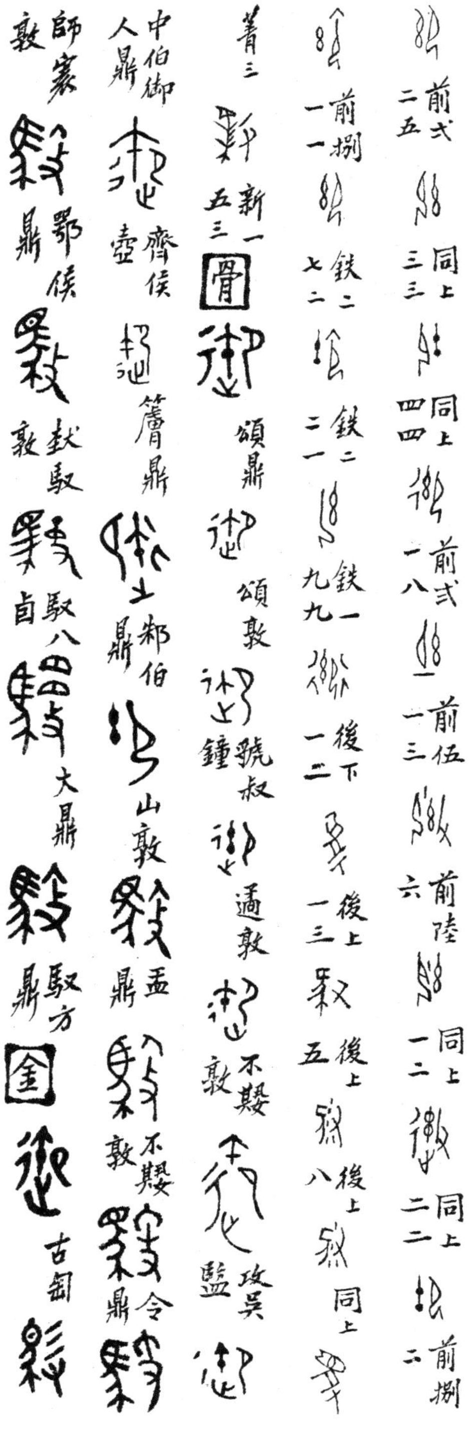

古鉨 御 御 均古 鉨文 【匋】 馭 說文 御 隸續載正始石經 【古】 馭 石鼓 【大】 御 說文 【小】

御 南陵鐘 御 尚方竟五 【漢】 御 孔彪碑 御 魯峻碑 御 礼器碑 御 楊淮表 御 魏上尊號奏 【隸】

說文「御，使馬也。从彳从卸。馭，古文御，从又从馬。」牛據切。古疑魚。

按古文御字从人持策从彳，或又从又馬。

羅振玉氏曰：「卜辭从彳从8卩，8与午字同形，殆象馬策，人持策于道中是御也。或易人以又，而增止，或又易彳以人，或省人，殆同一字也。作8卩者，亦見盂鼎，或又从又馬，与許書古文同，或又从象。」增訂考釋中

董作賓氏曰：「馭即御字，从又牽馬，有加水滴作馭者，与牧之作𤘘同意。左从丂，即馬之省形，首足尾鬣仍略具。……从馬从又，正是馭字。荀子王霸篇注，馭与御同。詩小疋六月毛傳「御進也。」」馭𤘘說 安陽發掘報告第四期。

一曰8象繩索形.

郭沫若氏曰:「御實从午8象索形,殆即御馬之轡也」.甲骨文字研究

一曰御馭二字有別.御,迎也.从行,从人,从止,午声.馭从又馬.

聞宥氏曰:「8实不象馬策.8与卩體析離,亦无持意.此午实為声.字卸雖不古,然小徐猶曰午声,可以為証.卩象人跪而迎迓形,卝,道也.」依羅說.迎迓於道是為御,詩『百兩御之』,箋曰『御,迎也』是也;迎則客止,故孳乳加止;客止則有飲御之事,故又孳乳訓進訓侍,詩小雅傳箋所出者是也.諦言之,當曰:从行,从人,从父為譌变.从止,午声,其作8卩者省文也;其訓迓者為朔誼,其他訓者為後起誼;故前者今猶讀ŋa,其他則已讀ŋy;以汪榮寶所考古音證之,適相密合.至馭馬之馭,卜辞作,二者截然兩文;

金文不㝬敦蓋先出『馭方厭允』，後出『余命女御追于䍙』，前者以其人善馭，故稱馭方；（依王靜安釋，惟王氏未知二字之不可混。）後者以厭允入寇，故命御而追之於洛，猶今人言迎擊也，二者亦絕不同用；至許氏乃誤合為一，又誤以御之省體為卸，經傳無卸字，（明其非古。）而以卩釋卩，去古誼遠矣。羅氏能不以御說，惜乎仍合馭字為一談也。（殷虛文字孳乳研究，載東方雜誌第二十五卷第三號）

前弍一　前弍四九　前弍廿　同上　前叁廿　同上二一　前陸一　同上六四　後下二六　【骨】

師遽敦　盂鼎　呂鼎　丁未角　王孫鐘　【金】

說文　【小】

說文：「延，安步延延也，从廴从止。」丑連切，古（透元，彳弓）

按古文延字从彳从止。

董作賓氏曰：「延从止在途中，有前進之義，尔足釋詁延進也」，与延字辵字通。

王襄氏曰：「孫仲容先生云，延延相通。說文古籀補延亦收入延字下」。簠室殷契類纂第一

胡光煒氏曰：「許書訓乍行乍止之辵，与延迻之或体𢓊，為一字，与安步延延之延，亦為一字，作辵重形无謂。予意古文延实止作𢓊，卜辭屡言𢓊雚、風𢓊雨，又丁未伐商角文曰『伐商𢓊貝』，与𢓊風𢓊雨文例正同。吳語『𢓊其大舟』，注『取也』，說文『尋取也』，是𢓊取尋三誼竝通，則𢓊風𢓊雨𢓊貝，猶言得風得雨得貝矣」。說文古文考

按古文行字象四達之衢，人所行也。

羅振玉氏曰：「𫝀象四達之衢，人所行也。石鼓文或增人作𫝀，其誼甚明，由𫝀而變為𫝀，形已稍失，許書作𫝀，則形誼全不可見。於是許君乃釋行為人之步趨，謂其字从彳从亍，失彌甚矣。古从行之字或省其右作彳，或省其左作亍，許君誤認為二字者，蓋由字形傳寫失其

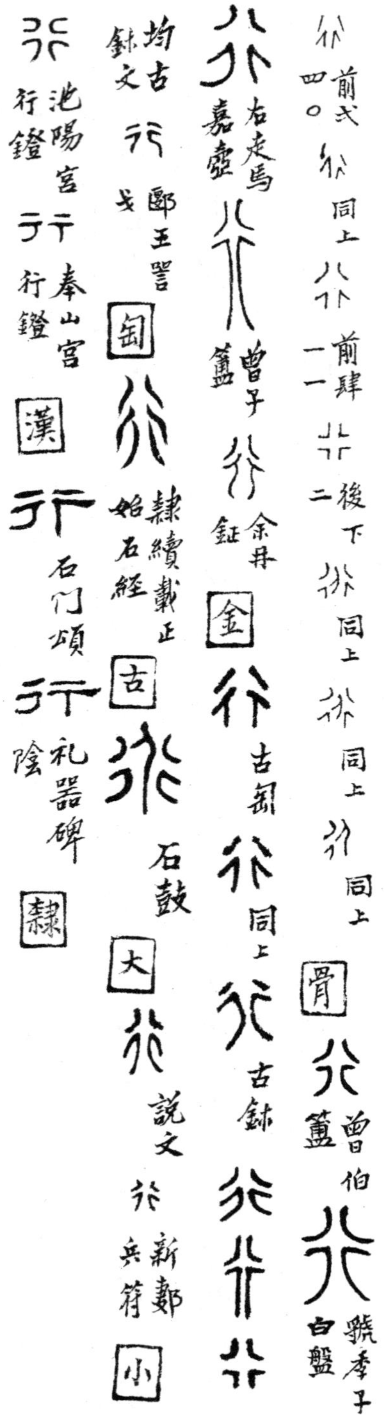

說文：「行，人之步趨也，从彳从亍。」戶庚切。古音陽。丁乙。

均古鉢   隸續載正始石經
𫝀嘉壺   𫝀
𫝀曾子𫝀余冉
鉦
𫝀池陽宮 古𫝀𫝀古鉢
𫝀奉山宮 金𫝀
行行鐙   石鼓𫝀
          𫝀石門頌
          𫝀礼器碑 隸
          大𫝀說文
          𫝀新鄭兵符
          小

𫝀前弍 𫝀同上 𫝀後下 𫝀同上
四〇 𫝀 𫝀 𫝀同上
    前肆
    一二
𫝀右走馬 𫝀曾伯𫝀虢季子
   簠   𫝀白盤
𫝀鄧王𫝀
戈

初狀使然矣……作衎則省行之半，誼已明矣。」增訂考釋中

前弍三　前肆卌一　同上一七　前陸二二　前捌四　後下二一　同上二六　同上二二　【骨】

衛文卣　賢觥　司寇良父壺　禹攸比鼎　穌衛妃鼎　【金】　古鉢　古鉢

均古鉢文　【匋】　正始石經殘石　【古】　說文　【小】　衛少主鼎　衛鼎

衛少主鐘　大衛每極鼎　【漢】　正始石經殘石　隸續載正始石經　孔宙碑　北海相景君銘　張壽殘碑　【隸】

說文：「衛，宿衛也。从韋帀，从行。行，列衛也。」于歲切，古影月。

按古文衛字从眾止，从行，从方。

葉玉森氏曰：「疑衛為虎賁之官，从中，象懸刀于架，示守衛意，从止或帀，象足跡巡行。」集釋卷五

一曰与韋爲一字,象众足守衛口之形.

羅振玉氏曰:"說文解字韋相背也,从舛口,韋獸皮之韋,可以束枉戾相韋背,古借爲皮韋,古文作橐.又'衛,宿衛也,从韋帀从行,行,列衛也.'按卜辞韋衛一字,从口从㣇,橐見卷五韋字,象眾足守衛口內之形,而獸皮可束枉戾,故由守衛之誼引申爲皮韋之韋,或从行从止从方.

古金文作𢖍,衛父此省㣇爲玉.又或增㣇爲𢖍而省方.增訂考釋

說文"𧥩""小

說文"齒,口齗骨也,象口齒之形,止声,囧古文齒,昌里切,古逸唵,行

按古文齒字象張口見齒形.

前弍 前肆 前陸 同上 後下 林弍
二五四四 三二四四五 四六

古 𧥩

骨 齒 古鉥 齒 齒 鉥文 囫 均古

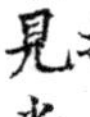

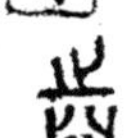

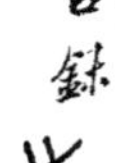

商承祚氏曰：「案此与說文解字古文𠚕字作相近，象張口見齒之形」類編第二

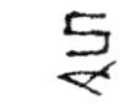 前陸二五 骨  說文 小 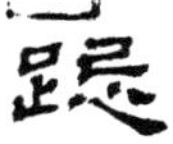 史晨碑 隸

說文：「跽，長跪也，从足忌声。」渠几切，古溪咍。ㄐㄧ

按古文跽字从止，从己。

商承祚氏曰：「案此从止从己，殆即許書之跽字，後世增心耳。」類編第二

 前伍三五  同上  後下九 骨 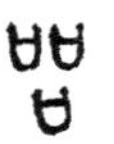 周公簋  品分鼎 金  說文 小 品 華山廟碑 隸

說文：「品，衆庶也，从三口。」丕飲切，古滂侵。ㄆㄧㄣ

按古文品字与小篆同。

 前伍一九  同上  後上四 骨  散盤 金  說文 小

三一

說文：「龠，樂之竹管三孔，以和衆声也。从品侖，侖，理也。」以灼切，古影覺，山世。

按古文龠字象編管之形。

郭沫若氏曰：「龠字說文以為『从品侖，侖，理也』，然考之古金文，……均不从品侖。諦視之實乃从亼象形，象形者，象編管之形也。金文之作吅若ㄩㄩ者，实示管頭之空，示此為編管而非編簫，蓋正与从亼冊之侖字有別。許書反以侖理釋之，大悖古意矣。龠字既象編管，与漢以後人釋龠之意，亦大有別。後人均以為單獨之樂管似笛然，或以為三孔，說文解字，鄭玄周礼笙師礼記少儀明堂位注，郭璞尔疋釋樂注。或以為六孔，毛詩邶風簡兮「左手執籥」傳。或以為七孔，廣雅。是皆未見古器之形狀而懸擬之耳。形之相悖既如彼，說之參差復如此，故知漢人龠似笛之說全不可信。爾雅釋樂云：「大籥謂之産，其中謂之仲，小者謂之箹』，而說文籟字注云『籟，三孔龠也，大者謂之笙，其中謂之籟，小者謂之箹』，是則龠之与籟是一非二，莊子齊物論云『人籟則比竹』是矣，籟為比竹，与龠之字形，正相一致，許知籟龠為一，而不知龠，故以三孔龠釋籟，其誤与龠下注云『樂之竹竹管三孔』者正同，知龠籟為比竹，則知其大者自當為笙，爾雅産字盖形近而訛，不則當因後人不識龠而妄改者也，仲籟之異，其理亦同，盖後人以籟為簫，疑中龠名籟，与龠不合也，知此則簡兮之『左手持籥，右手秉翟』，而後方可說明，詩之意，殆言萬舞者，以樂器自為節奏，右手秉翟而舞，左手持籥而吹，龠而果似笛，乃或六孔七孔，則隻手不能成節奏，而左手尤不能也，疑三孔之說，即為調和此詩而生，盖三孔則左手勉强可能也，然說文於笛字下注云「羌笛三孔」則知中國古無三孔之笛。今知龠本比竹，於詩之義乃豁然貫通。蓋比竹如今之口琴，隻手優能吹之，即左手亦優能吹之也。在狂舞之時，舞者自吹此單純之樂器，節奏亦容易構成，迥非笛之比矣。故此詩於此適可為互證，蓋由龠始得解詩，由詩亦可以知龠也」（甲骨文字研究）

龢 前四五 式 鐵二五

骨

邾公釛鐘　王孫鐘　邾公華鐘　虢叔鐘　魯邍鐘

井人鐘　龢尊　卭君壺　叔氏鐘　䋣伯敦　余義鐘

金

古鉨

匋

說文

小

龢 孔龢碑

隸

說文「龢，調也，从龠禾声，讀与和同」戶戈切，古𠀀歌，ㄏㄜ

按古文龢字从龠省禾声，或又增口。

羅振玉氏曰：「卜辭从龠省。」增訂考釋中
与和字爲一字。又或叚禾爲之。

郭沫若氏曰：「說文和龢異字，和在口部，曰：『相應也，从口禾声。』龢在龠部，曰：『調也，从龠禾声，讀与和同。』是許書以唱和爲和，以調和爲龢，然古經傳中二者實通用無別，今則龢廢而和行，疑龢和本古今字，許特強爲之別耳。卜辭有龢字，文曰：『貞甲龢眔唐。』羅釋龢，謂从龠省，是矣。……龢之本義，必當爲樂器，由樂声之諧和，始能調義，由樂声之共鳴，始能引伸出相應義，亦由樂字之本爲琴，（羅說象絲附木上，其加白者，乃象調絃之器，按即琴矣。）乃引伸而爲音樂之樂，与和樂之樂也，引伸之義行而本義轉廢，後人只知有音樂和樂之樂，而不知有琴絃之象，亦僅知有調和龢和之和，而不知龢之為何物矣。然龢固樂器名也。爾雅云：「大笙謂之巢，小者謂之和。」說文笙字下亦引此。此即龢之本義矣。當以龢為正字，和乃後起者也。字之从龠，正表彰其為笙。」甲骨文字研究

又曰：「和之為笙，於文獻中猶有存者，如儀礼鄉射記「三笙一和而成声」，鄭注云：「三人吹笙，一人吹和」是也。卜辭之「貞甲龢眔唐」，余謂當与「其鼓彤告于唐」，「其壴于唐」同例，盖彼用鼓以助祭，此用龢以助祭也。別有字，文曰：「勿元于妣乙」，當亦龢之異體，从甘与从亼同意，滙管之器也。和字或此字省变。」同上

容庚氏金文編第二龢字邾公釛鐘作，注云：「禾字重文。」彝按盖段禾為龢也。

卌 前肆 卌 同上 卌 前柒 卌 同上 厰尊 木工 朱趯
三又 一一 一二 三九 鼎 卌 尊
卌 前伍 卌 同上 〔骨〕 鼎 卌
卌 望彔 卌 兔盤 卌 頌鼎 卌 師酉 卌 師虎 卌 師敦 卌 師麃 卌 無叀 說
敦 敦 鼎 〔金〕 文
卌 〔小〕
魏王基
殘碑 〔隸〕

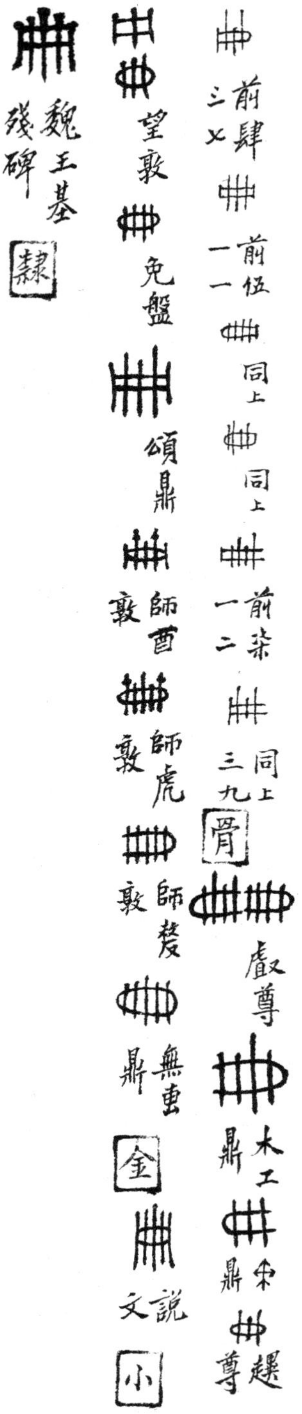

說文：「冊，符命也，諸侯進受於王也，象其札一長一短中有二編之形。篇，古
文冊，從竹。」楚革切。古文冊以竹、清錫古文。

按古文冊字象以韋束龜版形。

董作賓氏曰：「卜辭中冊字作卌 ：：：諸形，金文中冊字作卌 ：：：諸形，其
中物皆為一長一短之形，而所謂「：編者，不過一韋束之而已。據上
節「冊」六之文，案按指新獲龜版一〇〇四五
四A號之背面有文曰「冊六」也。知此冊字最初所象之
形，非簡非札，實為龜版。其證有二：第一，自積極方面證之，吾人既知

商人貞卜所用之龜，其大小長短曾无兩甲以上之相同者，又知其必有裝訂成册之事，則此龜版之一長一短，參差不齊，又有孔以貫韋編，甚似册字之形狀，而『册』當然爲其象形之字也。第二，自消極方面證之，儀禮聘禮疏引鄭氏論語序云：『易詩書春秋礼樂册，皆二尺四寸，孝經謙，半之；論語八寸策者，三分居一，又謙焉』，是古代簡策雖有長短之異，而其於一種書，一册書中，策之長短必同，如六經之册皆二尺四寸，孝經十二寸，論語八寸是也。簡牘与札，在一册之中，其形制大小長短必相同，而册字之所象，乃一長一短，則非簡非札，可斷言也。」商代龜卜之推測載安陽發掘報告第一期

中國文字形體變遷考釋卷三

葉鼎彝

㗊 前陸五 【骨】

㗊 說文 【小】

說文「㗊，衆口也，从四口。讀若戢，又讀若呶。」阻立切。古精緝。ㄐ一ˊ

按古文㗊字与小篆同。

商承祚氏曰「按卜辭从口之字，間亦作口。」類編第三

嚚 前陸五五 【骨】

𡆭 說文 【古】

嚚 說文 【小】

說文「嚚，語声也，从㗊臣声。𡆭，古文嚚。」語巾切。古疑真。一ㄣˊ

按古文嚚字从五口。

商承祚氏曰「案象众口之嘵嘵，疑即嚚字」類編第三

前陸四〇
後下一一
骨
說文
小

說文「屰，不順也，从干下凵，屰之也」魚戟切，古疑鐸，一

按古文屰字象倒人形。

羅振玉氏曰「案屰為倒人形，示人自外入之狀，與逆字同意」增訂考釋中

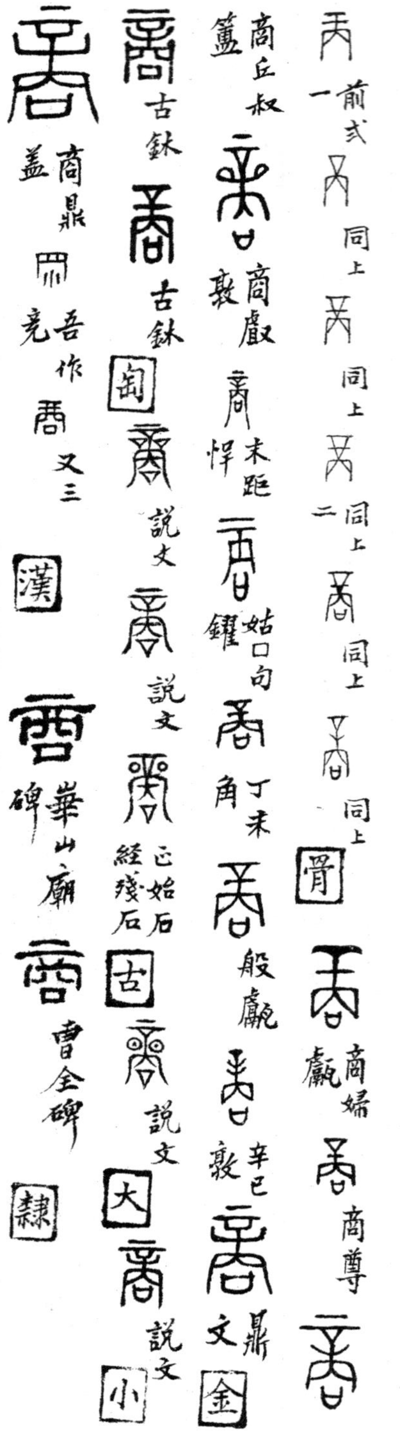
前一式
同上
同上
同上二
同上
同上
骨
商婦甗
商尊
商丘叔簠
商𠭯敦
末距悍
姑口句鑃
丁未角
般甗
辛巳敦
文鼎
金
古鉩
古鉩
匋
說文
說文
正始石經殘石
古
說文
大
說文
小
商鼎蓋
吾作兖
又三
漢
華山廟碑
曾全碑
隸

說文「商，从外知内也，从商章省声。𠪚古文商，𥏚亦古文商，𠪚籀文商」式陽切，古透陽，尸九

段玉裁氏曰「漢書律歷志云『商之爲言章也，物成孰可章度也』白虎通說商賈云『商之爲言章也，章其遠近，度其有無，通四方之物，故謂之商也』……从外知內，了了章箸，曰商」說文注

按古文商字与小篆同，或省口。

羅振玉氏曰「卜辭商字与篆文同，或省口」增訂考釋中

吳大澂氏曰「与賣字同，賜也，今經典通用賞」古籀補第三

容庚氏曰「孳乳爲賣」金文編第三

与賣字通。

前四 掇

骨

鬲比簋

姑□句鑃

其毛句鑃

咢父鼎

金

說文

小

隸

熹平石經

二

說文：「句，曲也。从口丩声。」古侯切。古見侯。ㄍㄡ

段玉裁氏曰：「凡曲折之物，侈為倨，歛為句。考工記多言『倨句』。樂記言『倨中矩，句中鈎』。淮南子說獸言『句爪倨牙』。凡地名有句字者，皆謂山川紆曲，如句容、句章、句餘、高句驪皆是也。凡章句之句亦取稽留可鉤乙之意。古音總如鉤。後人句曲音鉤，章句音屨，又改句曲字為勾。此淺俗分別，不可与道古也。」說文注

按古文句字从ㄐ，象帶鉤形，口声。

郭沫若氏曰：「句者鉤帶之本字，ㄐ象帶鉤之形，口声。今作回，乃移口声於象形文之間耳。」金文餘釋之餘

前伍七

前肆四二

骨

孟鼎

師𨾴父鼎

金

古鉢

古匋

匋

說文

古

古 石鼓 〔大〕

古 說文 〔小〕

古 青盖竟

古 泰言之始竟 〔漢〕

古 禮器碑 〔隸〕

說文「古故也，从十口識前言者也。〔古文〕，古文古。」公戶切。古見魚。

按古文古字从口从午省声，孳乳爲故。

聞宥氏曰：「从口从午省声。……凡事物之故舊者無从目驗必憑口以述之，故从口。午古又同爲舌根音，故从之得声。猶澆从堯声，冠从元声也。金文古字罕見，盂鼎亦省午作古，至许氏误仞爲十，遂解形声爲會意矣。」（殷虚文字孳乳研究，載東方雜誌第二十五卷三号）

容庚氏曰：「古孳乳爲故。盂鼎『故天翼臨子』。」（金文編第三）

前叁二三 〔骨〕

盂鼎　克鐘　不嬰敦　齊鎛　者污鐘　簷鼎　艅尊 〔金〕

古鉢 〔匋〕

正始石經殘石 〔古〕

秦公敦　詛楚文 〔大〕

說文　大良造鞅方量 〔小〕

三

十 陶陵鼎 十 孔龢碑

漢 隸

說文：「十，數之具也。一爲東西，丨爲南北，則四方中央備矣。」是執切，古定緝，尸。

按古文十字豎一爲之。

見卷一一字下丁山氏說。

千 前四六陸 千 前捌五 千 後上三一 千 後下四三 千 林弍一

骨

千 盂鼎 千 散盤

金

千 古鉨 千 古鉨 千 千 千 千 千 均古鉨文

匋

千 說文

小

千 新嘉量 千 永初鐘 千 千金氏兰 千 禮器碑 千 魏王基殘碑 千 魏封孔羨碑

漢 隸

說文：「千，十百也。从十从人。」此先切，古清真，亻丂。

按古文千字从一人。

戴家祥氏曰：「千从一人，猶百从一白，以一加於人爲千，猶以一加於

白為百也，始則假人為千，継乃以一為千係数作孑，沿用已久，成為科律，人但知千為十百，遂失其初誼矣」釋千

彝按甲骨文一千作孑，二千作[illegible]，三千作[illegible]，四千作[illegible]，五千作[illegible]，則千字本字似應作𠆢，与人字形近，義則未詳，蓋与一二三四等字同，亦標識字也。戴氏以為假人為千，疑有未諦，至於篆文之𡗗，殆由一千合文之孑字演變者。

⋃ 前弍一九　⋃ 前叁二八　⋃ 前陸四　〔骨〕

⋃ 頌鼎　⋃ 宰椃角　⋃ 伊敦　⋃ 善夫克鼎　⋃ 宗周鐘　⋃ 戊辰敦　〔金〕

廿 說文　廿 大良造鞅方量　廿 句邑權　〔小〕

廿 新嘉量　〔漢〕

廿 韓仁銘　廿 熹平殘碑　〔隸〕

說文：「廿，二十并也，古文省」人汁切，古泥緝，ㄋㄧㄢ

按古文廿字与小篆同。

前弍三五　後上二三　[骨]
毛公鼎　曶鼎　格伯簋　鬲攸比鼎　大鼎　[金]
古匋　[匋]
石鼓　[大]
說文　[小]
長安鋗　廣陽鼎蓋　新鈞權　[漢]
韓仁銘　[隸]

說文：「卅，三十并也，古文省」蘇沓切，古心緝。

按古文卅字与小篆同。

前弍二九　前肆一三　同上四二　前伍廿　前陸三四　後下十　同上四一　林弍四　[骨]
伯矩鼎　鬲比盨　數卣　[金]
古鉢　均古鉢文　[匋]
說文　[小]
与天相壽亮　泰言之始亮　泰言之始亮二　[漢]
言　石門頌　[隸]

說文：「言，直言曰言，論難曰語，从口辛声」語軒切，古疑元。

按古文言字从口象吹簫之形。

郭沫若氏曰：「尔疋云：『大簫謂之言』，按此當為言之本義，尔疋以外於墨子書中僅一見。墨子非樂上篇引古逸書云：「舞洋洋，黃言孔章」。黃乃簧之省，黃言猶言笙簫也。……言字並不从辛作，字从口象形，……丫若丫即簫管也，从口以吹之。又無形之字，必藉有形之器以會意，如喜、樂、和、雅，無形之字也。喜之藉為鼓，樂之藉為琴，和之藉為笙，雅之藉為雅，雅樂器也，見周官笙師。声音亦無形之物也，故声之藉為磬，音之藉為言，其意若曰，以手擊磬，耳得之而成声，以口吹簫，舌弄之而成音也。……訇益以八者，殆即表示樂器之音波，如鼓音為彭彭，於骨文竟有作彭彭諸形者，即以点画為音符也。後由此乃轉化而為言若言，更於其首加一，遂与从辛之字無别矣。言之本為樂器，此由字形已可得充分之斷定，其轉化為言說之言者，蓋引申之義也。原始人之

五

音樂即原始人之語言，於遠方傳令，每藉樂器之音以臧事，故大簫之言，亦可轉為言語之言。」甲骨文字研究

一曰从辛从口。

葉玉森氏曰：「郭氏謂ㄚㄚ象簫管，口以吹之，援尔疋大簫謂言作証。予思古有人類即有語言，先哲造字，似應先造語言之言，釋文本『大簫謂之言』作管，則言其省段，曰象吹簫，必非朔誼，且口在ㄚ下，何能象吹？……言字从辛从口，說文：『辛，辠也。』先哲造字即主慎言，出諸口即獲愆，乃言字本誼。」集釋卷五

前伍四一　後下十　骨

宗周鐘　競卣　金

詛楚文　大

說文　小

競　楊震碑　隸

說文：「競，彊語也，一曰逐也，从誩从二人。」渠慶切，古溪陽，ㄐㄧㄥ

按古文競字从誩省。

 後下三四  同上  同上三六 骨

辛 說文 小

說文：「辛，辠也，从干二。二，古文上字，讀若愆。」去虔切，古溪元，ㄑㄧㄢ

按古文辛字所从不詳。

羅振玉氏曰：「此即許書部首之辛，卜辭中諸字从此者亦少，特不可盡識，其見許書者，則口部之啇一字耳。予案許書辛辛兩部之字，誼多不別。許君於辛字注『辠也』，以童妾二字隸之，辛注『从辛，辠也』，而以辠辜等五字隸之，兩部首字形相似，但爭一畫，考古金文及卜辭辛字皆作𡴘，金文中偶有作𢆉者，什一二而已，古文辛与辛之別，但以

直畫之曲杳別之。若許書辛部之辭之辞，金文皆从𤔔，部首之辟，卜辭从…，金文从…，其文皆与辛同。又古文言、童、妾、龍、鳳諸字，則金文於言、童、妾三字，从辛，卜辭中則妾从▽，言从平，龍鳳从平，意均為辛之或體。蓋因字勢而紬申之耳。凡許書㚔辛二部所隸之字，及部首之辟，口部之商，皆應隸辛部，庚辛之辛，字形与辛之或體平字雖同，然卜辭与古金文從無一曲其末畫者，其初誼既不可知，則字形亦無由可說。次於庚部之後，但立為一部可矣。」增訂考釋中。

一曰辛辛㝁為一字，象剞劂之形，剞劂，曲刀也。

見十四卷辛字注郭沫若氏說。

前肆二五　後上六　【骨】

克鼎　伊敦　叔向父敦　【金】

說文　【小】

三妾　君有行竟　【漢】

妾　三公山碑　【隸】

說文：「妾，有辠女子給事之得接於君者，从䇂从女。春秋云『女為人妾』，妾不娉也。」清：七接切，古盍：ㄑㄧㄝ．

按古文妾字与小篆同，或从▽，乃䇂省。

妾 前肆三六　妾 林弍二五　骨　妾 虢叔鐘　妾 㝨盤　妾 敔敦　妾 貉子卣　妾 頌鼎　妾

毛公鼎　妾 㝬伯敦　妾 靜敦　妾 趞敦　妾 大鼎　妾 師酉敦　妾 同敦　妾 大保敦　妾

𨙵侯鼎　對 彔伯敦　對 呂伯敦　對 君夫敦　金　對 說文　對 說文或體　小　對 孔龢碑

對 張遷碑　對 熹平石經　隸

說文：「對，譍無方也。从丵从口从寸。對或从士。漢文帝以為責對而為言，多非誠對，故去其口以从士也。」都隊切，古端：ㄉㄨㄟ

按古文對字从又从丵，象持事於戴冠冕之王前，含對揚意。

葉玉森氏曰：「按金文皇作皇 虢叔編鐘 皇 頌敦 皇 王孫鐘 皇 陳侯因資敦 汪袞父謂

七

上象冠冕，其說極新。契文𢼸从丵，上為廿，与金文丵之从凵相似，当
亦象冠冕，予前釋風字所从之丵，謂象大鳥之冠，鼎文對正从丵，參
比益信。下為丄，即王，从又，盖持事於戴冠冕之王前，含對揚意」。說契

 後下廿 [骨]  旂鼎  史僕壺  趞敦  公伐郤鼎  名伯虎敦 

齊鎛  齊太僕歸文盤 [金]  古鉨 [匋]  說文 [古]  說文 [小]  建武泉范 

延光四年鈲 [漢] 僕 魏上尊號奏 僕 楊震碑 [隸]

說文「僕，給事者。从人从菐，菐亦声。𦚯，古文从臣。」蒲沃切。古並鐘。文乂。

按古文僕字从辛在人上，兩手奉糞棄之形。
羅振玉氏曰：「說文解字『菐，瀆菐也。从丵从廾，廾亦声。』又『僕，給事者。』古文从
臣作𦚯，案古金文無从臣之𦚯，有史僕壺……諸形。卜辭僕字从甾，

即古金文之甶，从䇂即古金文之𢆉，从𠬞即艸，朩即象人形而後有尾。許君所謂「古人或飾系尾，西南夷亦然」者是也。說文解字尾字注。僕為俘奴之執賤役瀆業之事者，故為手奉糞棄之物以象之。業僕古為一字，許書从丵，乃从䇂𦥑之譌也。」增訂考釋中

郭沫若氏曰：「羅氏言此字从䇂，則不免因金文僕字有類似从言作者而略誤。余按此辛下之𠙵形，實乃有尾人形之頭部。父辛盤亦有此字，作僕，有尾戴辛之人形，与此全同，惟惜手中所奉之物略有損蝕耳。周金大抵均省去人形，改从人作，或臣作，然亦有於从人之外，猶留存人形之頭部者，如趞鼎之僕，諆田鼎之僕是也。旂鼎則於人形之外更从人作僕，上孑為辛，下孑為子，子即人形之變。

八

……統凡上舉諸僕字，均係於人頭之上从辛，此与童妾二字既同意，而於辛之上復荷甾缶，此可知辛形絕非頭上所插之妝飾，乃於頭上或額上所固有之附屬物矣。余謂此即黥刑之會意也。有罪之意無法表示，故借黥刑以表示之。黥刑亦無法表現於簡單之字形中，故借施黥之刑具剞劂以表現之。剞劂即辛辛。」甲骨文字研究。

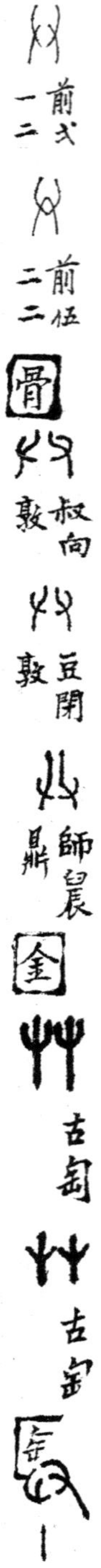

前弍 一二　前伍 二二　骨

叔向敦　豆閉敦　師晨鼎　金

古匋　古匋　匋 一

說文　說文　小

說文：「廾，竦手也。从𠂇从又。𢪒，楊雄說廾从兩手。」居竦切。古見鍾。ㄍㄨㄥ

按古文廾字象拱抱兩手之形。

彝按許君云「从𠂇从又」，以為會意字，未諦。

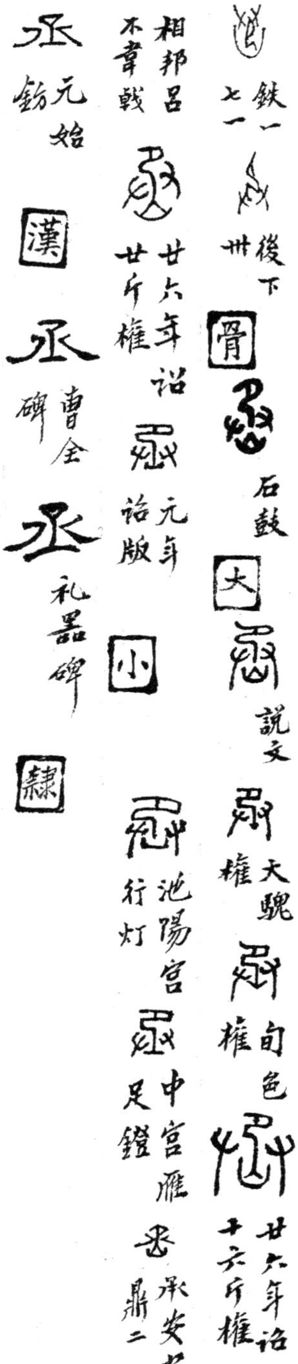

丞 鐵一 後下 石鼓 大 說文 権 池陽宮 廿六年詔
七一 廿卅 胃 刕 旬色 中宮雁 十六年詔
相邦呂 廿六年詔版 小 行灯 足鐓 丞安宮
不韋戈 廿斤權 隷 承鼎二

丞 鈢 元始 漢 丞 碑 曹全 丞 禮器碑

說文"丞,翊也,从卪从廾从山,山高奉承之義,署陵切,古

按古文丞字象人白阱中有拚之者.

羅振玉氏曰"象人召阱中有拚之者,召者在下拚者在上,故从廾象

拚之者之手也.此即許書之丞字,而誼則為拚救之拚,許君以誤

為廾,誤凵為山,誤卩為卩,故初誼全不可知.遂別以後出之拚代丞,

而以承字之訓訓丞矣". 增訂考釋中

商承祚氏曰"卜辭中又有作 从 从 , 亦丞字,象由下拚之之形.

九

則許君之从艸，亦有由矣。」類編第三

 前肆三二  前柒一四 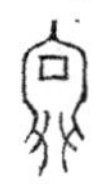 前陸二八 晉  古鉩 匋  說文 古  說文 小 

精白光 漢

說文：「弇，蓋也。从廾从合。古文弇。」古南切。又一儉切。古影談。ㄧㄢˇ（ㄢ）

按古文弇字从冋，象以冂掩物形，非声。

陳邦懷氏曰：「弇之初文从冋，象以冂掩物形，非其声也。說文古文殆由冋而譌，大徐及段氏注弇字古南切，又一儉切，証之卜辭从非，則弇字於古必讀古南切矣。」殷虛書契考釋小箋

与奄字通。

葉玉森氏曰：「許書訓弇為蓋，奄為覆，实則弇奄一字，揜掩竝為今文。

西山經『崦嵫之山』，穆天子傳列子竝作弇山，亦其証」，集釋卷四引藏龜拾遺考釋，

 後下一九 骨   師酉敦 金  正始石經殘石 古  說文 小

說文：「畁，舉也，从廾甶声，春秋傳曰『晉人或以廣隧，楚人畁之』，黃顥說『廣車陷，楚人為舉之』，杜林以為麒麟字」，渠記切，古溪咍く一

按古文畁字从廾从甶，

余永梁氏曰：「欽罍有字，舊誤以為二字，余謂即說文畁字，說文：『畁相与之，約在閣上也，从廾由声』，由乃由之譌，畁从由廾，由亦声，畁譌作畁，猶廾部之畁从由，徐鍇本从田，或又誤作鬼頭之甶矣，蓋由甶形既相似，而声亦近，故致誤耳，契文之，乃廾部畁字，从廾从由，又有字，前式一三 与鼻尊之，疑是一字，皆以畁為声，王先生謂『說文引

畁畀爲二字或失之」者是也。」殷虛文字考，載清華研究院國學論叢第一卷第一號。

商承祚氏曰：「王徵君說此殆畀字，与与畀同意，字亦作畁，畁尊畀字从此爲声。說文分畁畀爲二字，或失之。」類編第五。

前弍一三　同上二五　前肆二八　同上卅　前柒三一　骨

王孫鐘　頌鼎

毛公鼎　龏鬲　段敦　陳財敦　仲龏父甗　邾公華鐘

禾敦　曼龏父簋　金

秦公敦　大

說文　小

龔　魯峻碑　龏　礼器碑　隸

說文：「龔，給也。从共龍声。」俱容切，古見鐘。ㄍㄨㄥ

按古文龔字从龍从廾，即供之本字。奉也。

吳大澂氏曰：「龔，共也。从龍从廾。」古籀補弟三

段玉裁氏曰：「与人部供音義同，今供行而龔癈矣。尚書牧誓：『龔行天之罰。』謂奉行也。漢魏晉唐引

此無不作龔与供給義近衛包作恭非也 说文注

異 古匋 囯 異 石鼓 大 異 说文 胃 小 異 礼器 異 孔宙碑 異 楊著碑 隸

前伍 三八 同上 後下 三九 新二 一六 曶鼎 鐘 虢叔 苏伯敦 孟鼎

说文"異分也,从廾从畀,畀予也。"羊吏切。古

羅振玉氏曰"象人舉手自翼蔽形,此翼蔽之本字,後世皆借用羽翼字,而異之本誼晦,許書训異爲分,後起之谊矣。"書契考释中

按古文異字象人舉手自翼蔽形,一曰象人捧頭如鬼狀与翼字通

葉玉森氏曰"象一人捧頭如鬼狀可驚異也,異之本誼當训怪"说契

容庚氏曰"挚乳爲翼,虢叔鐘嚴在上,異在下,即詩六月'有嚴有翼'之'翼',傳'翼敬也'。"金文编弟三

前伍二一　同上　同上二二　後上二六　【甲】

父辛爵　齊鎛　【金】

說文　【古】

說文　【小】

安國侯虎符　与天相壽亮　與与天地相翼亮　淶治亮　【漢】

與楊叔恭殘碑　與郙閣頌

與石门頌　與北海相景君銘　與武梁祠畫象題字　與熹平石經　与耿勳碑　【隸】

說文：「與，黨與也。从舁从与。𦦙，古文與。」余呂切。古影魚。

按古文與字从般，象二人相授受形。

羅振玉氏曰：「卜辭諸字从般，象二人相授受形，知與受為與之初誼矣。知凡為般者，以般从凡或作冄知之。知與字从般者，以受字知之也。或省从兩手奉般形。兩手奉般者，將有所與也。般亦舟也，所以盛物。鄭司農謂舟若承槃，是般与舟殆一物矣。」增訂考釋中

前肆十　【甲】

師晨鼎　䣄侯鼎　鄭公鐳　【金】

說文　【小】

說文：「晨早昧爽也。从臼从辰。辰時也。辰亦声。丮夕為㐴，臼辰為晨，皆同意。」食鄰切古定文：彳㇉

按古文晨字从臼持辰，辰耕器也。

彝按古文晨字實象兩手持耕器田作之意，古文辰字作𠨎，象耕器之形，詳見十四卷辰字注。郭沫若氏說：農夫力田均在早晨也。

一曰从臼从辰，辰即古文振。

葉玉森氏曰：「从臼象兩手，从辰，即古文振。說殷契鉤沈 晨則兩手振動，即日出而作之意。林藥園文源謂辰為古文脣，晨象兩手持物入脣，早昧爽為進食時，似未諦。」說契

十二

散盤 [金] 均說文 [古] 說文 [大] 說文 [小] 建武平合

永平子合 [漢] 農 孔龢碑 農 李孟初神祠碑 農 史晨奏銘 農 石門頌 農 司農碑額 [隸]

說文「農，耕也。从晨囟声。籀文農从林。古文農。亦古文農」奴冬切，古泥冬，ㄋㄨㄥ

按古文農字从林从辰，或加又。

羅振玉氏曰「从林从辰，或加又，象執事于田間。不从囟。謀田鼎作，予所藏史農觶作，並从田。散盤作，亦从乂。与卜辭同。从田与謀田鼎史農觶同。知許書从囟者乃从田之譌矣」。增訂考釋中

前伍三 同上四 同上 同上 前柒五 鉄二三五 後下七 同上 同上八

[骨] 盂鼎 召仲鬲 單伯鬲 孟辛父鬲 南姬鬲 右戲仲鬲 伯姜鬲

齊不超鬲 鄭羌伯鬲 虢仲鬲 穌咨妊鬲 郘伯鬲 鄭始鬲 虢文公鬲 [金]

空首幣 【陶】 說文 【小】 說文 公王家鬲 【漢】 石門頌 祀三公山碑 【隸】

說文：「鬲，鼎屬，實五瞉，斗二升曰瞉，象腹交文三足。鬲或从瓦。歷，漢令鬲从瓦麻声。」郎激切。古来錫。ㄌㄧˋ

按古文鬲字象鬲三足之形。

彝按骨文此字孫詒讓氏釋鬲，名原上 葉玉森氏从之，集釋卷五 羅振玉氏釋鬳，云「上形如鼎，下形如鬲，是鬳也」。增訂考釋中 然諦視字形，似應从孫釋為鬲。

前弍三七 同上 前叁二四 後上九 【骨】 說文 【小】

說文：「鬺，煮也。从鬲羊声。」式羊切。古透陽。ㄕㄤ

按古文鬺字从羊从皿

羅振玉氏曰：「此从皿与鬲同，說見下羹注。殆即許書鬻字，从凵者，亦皿字，卜辭中从皿之字或从凵。」增訂考釋中

前陸四二 同上 同上 同上 後下五

骨

陳公子甗

金

說文

說文

說文

古

說文

小

說文：「鬻，五味盉羹也，从鬻从羔。詩曰：『亦有和羹。』𩱵䰞或省，鬻或从美鬻省。羹，小篆从羔从美。」古行切。古見陽，从厶

按古文鬻字从匕从肉，有湆汁在皿中。

羅振玉氏曰：「此从匕从肉有湆汁在皿中，當即鬻字。从皿与鬲同，鬻字篆文从鬲，叔夜鼎从皿，其例矣。許書之鬻，疑後起之字。」增訂考釋中。

前伍三十 同上 後下十 同上 同上 同上

骨

曶鼎

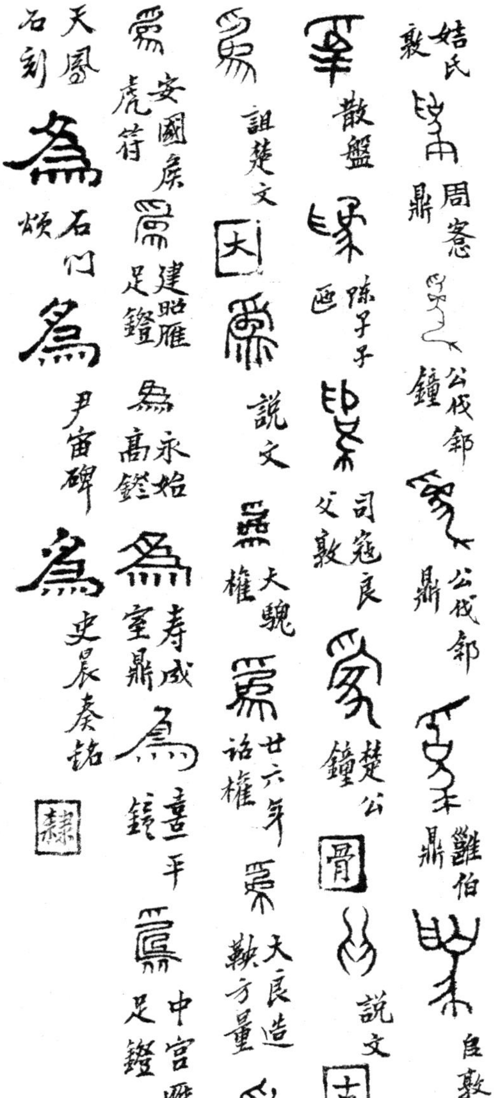

說文「爲，母猴也，其爲禽好爪，爪，母猴象也，下腹爲母猴形，王育曰：爪象形也。古文爲，象兩母猴相對形」，薳支切，古影歌，ㄨㄟ

按古文爲字从又从象。

羅振玉氏曰：「紊爲字古金文及石鼓文並作𤔔，从爪从象，絕不見母猴之狀，卜辭作手牽象形，知金文及石鼓从𠬪者，乃爪之變形，非訓

十四

覆手之爪字也。意古者役象以助勞，其事或尚在服牛乘馬以前。微此文幾不能知之矣。」增訂考釋中

 前陸二四  後下一一  同上三八  同上

骨

 說文

小

說文：「丮，持也。象手有所丮據也。讀若戟。」几劇切，古見鐸。ㄐㄧˊ

按古文丮字象兩手執事形。

彝按金文未見丮字。其偏傍从丮者，毛公鼎巩字作，楷妃敦巩作，均与骨文略同。惟间有从女作者，毛公鼎埶字从女。殆女子兩手執事，以示別於男性也。

𢦏 前弍十

骨

 師虎敦  叔𢦏卣  卯敦

金

 古鉨

匋

 石鼓

大

 說文

小

戴 孔宙碑 戴 曹全碑

隸

說文：「䵻，設飪也。从丮从食才声，讀若載。」作代切。古精咍。ㄗㄞ

按古文䵻字从食𢦏声，与載字通。

羅振玉氏曰：「䵻載同音，段借漢鄭季宣碑亦借䵻為載。此从食从𢦏声，殆即䵻字。」增訂考釋中

容庚氏曰：「經典通作載。詩『載馳載驅』，傳『辭也』。又正月『載輸爾載』，上載亦是發声之辭。」金文編第三

前弍九

同上

前伍四一

骨

說文

小

說文：「鬥，兩士相對，兵杖在後，象鬥之形。」都豆切。古端侯。ㄉㄡ

按古文鬥字象二人相搏。

羅振玉氏曰：「卜辭諸字皆象二人相搏，無兵杖也。許君殆誤以人形

十五

之為兵杖與，自字形觀之，徒手相搏謂之鬥矣」增訂考釋中

一曰象怒髮相搏。

葉玉森氏曰：「古鬥字象怒髮相搏」研契枝譚

 前叁三一

 前肆三七

骨

 公史敦

 毛公鼎

 盂鼎

 齊鎛

 呂鼎

 散盤

 史頌敦

 虢季子白盤

 大梁鼎

 鄭虢仲敦

金

 秦公敦

 石鼓

大

 說文

小

 史晨奏銘

隸

說文：「又，手也，象形。手之列多，略不過三也」于救切，古影咍。ㄧㄡˋ

按古文又字與小篆同。

 前弍一九

 前伍七

 後下三七

骨

 又卣

金

 說文

小

說文：「叉，手足甲也，从又，象叉形」側狡切，古精幽。ㄓㄠˇ

按古文叉字与小篆同。

羅振玉氏曰：「字既从又，不猒薰為足甲，許書舉手並及足，失之矣。」增

訂考釋中

段玉裁氏曰：「叉爪古今字，古作叉，今用爪，礼經假借作蚤。」說文注

父癸鼎	乁 前式 二四	
散盤	乁 同上 五二	
	乁 同上 五一	
	乁 同上 二六	
豚鼎	羊父庚	
敢	玽鼎	
叔向父	師奎父	
鼎		
仲幾父	閏皇父	玽敢
敢	鐘	伯仲父
木父壬	沈兒	敢
	敢邙父	毛公鼎
父癸敢	鐘	骨
	余義編	
	鐘	歸父
父 秦氏	芮伯多父	盤
竟二 又蔡氏	敢	父舟
竟	板家	敢
	卣	父乙敢
漢		
父 正始石經	正始石經	
殘石	殘石	
	金	
父 曹全	父 隸續正	
碑	始石經	
父 北海相	古	
景君銘	父 詛楚文	
	大	
	父 說文	
	小	

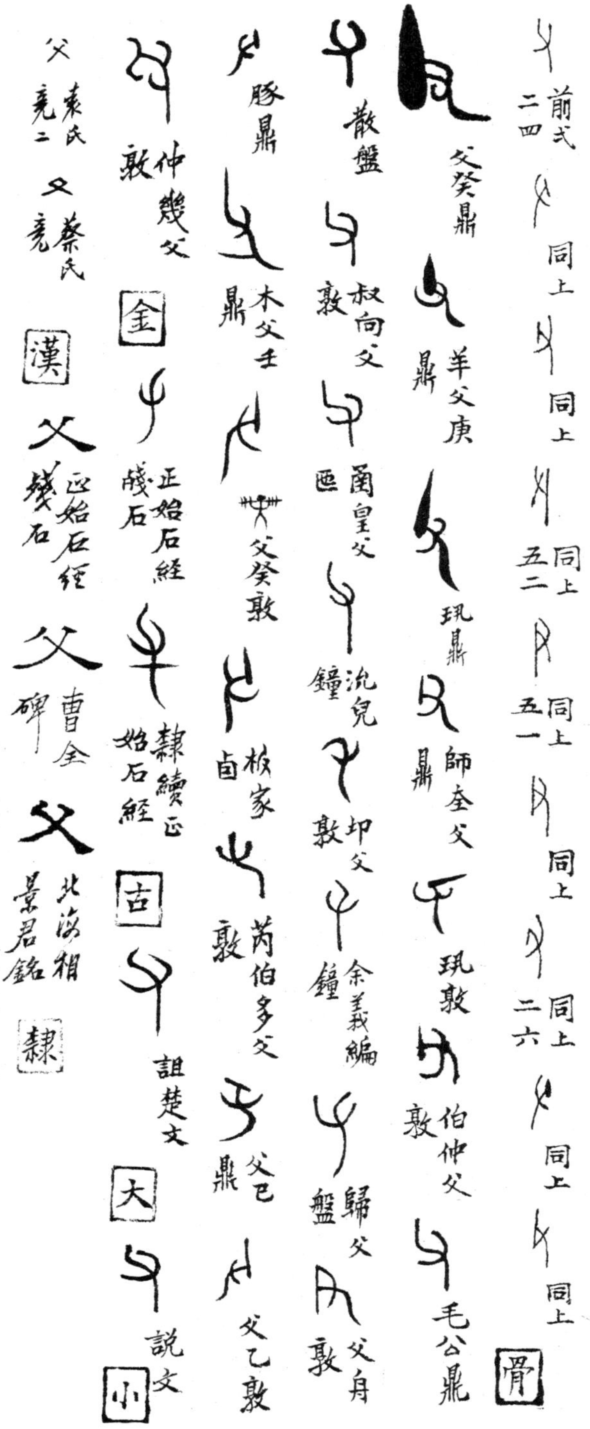

十六

說文"父,矩也,家長率敎者,从又舉杖",扶雨切,古

按古文父字与小篆同.

𤔔按諦視骨文刈ᑭ諸形,仍是从又舉杖,与許說合.其从●或ᄀ者,乃一之譌變.羅振玉氏謂"古金文皆从●,疑象持炬形",郭沫若氏以為乃斧之初字,石器時代男子持石斧以事操作,●即石斧之象形.均有未安.

𦥑 前肆二八　𦥑 同上二九　𦥑 同上　𦥑 後下四　骨　肉 說文　大 𡕽 說文　傻 說文小

說文"𡕽,老也,从又从灾,闕"寧籀文从寸,傻或从人",穌后切,古

按古文𡕽字从又从火从宀.

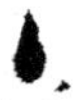

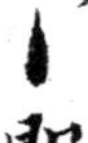

丁山氏曰：「穷以前儒說叜字者莫當於朱駿声，莫精於俞樾。朱氏之說曰：『叜即搜之古文，从又持火，屋下索物也，會意。爲長老之偁者，借意非本訓。孟子「王曰叜」，劉注「叜長老之偁」，依皓首之言，皓首叜首俱疊韵，劉意謂發声之辭是也。』俞氏之說曰：『因叜字借爲長老之偁，故又製从手之搜，夫叜既从又，而搜更从手，緟複无理，故知古字只作叜也。然則尊老之偁當作何字？曰：叜下有重文傁，即其字也。宣十三左傳曰：「趙傁在後」，字正作傁，方言曰：「傁，尊老也。東齊魯衛之間凡尊老謂之傁。」楊子雲多識古字，故作傁不作叜。』兒笘録由二說推之，則叜者搜之本字，非搜之古文。尊老之叜當曰从人叜声，歸諸人部。古文字少，一字輒當數字之用。叜本義搜求也，故書既通借爲傁，不得不

另制搜字以別於叟,許君不坿搜于叟下,而以㛂爲叟之或体,使本借之義不別,兼失叟形矣,說文闕義箋

尹 前肆 𠂤 前柒 𦘒 菁十 𦘒 後上 𦘒 後下 二八 四三 十 二二

𦘒 魯庚 𠂤 郘口句 尹 盄中 𦘒 鐘 𣪠 說文 | 罔 | 𦘒 頌鼎 𦘒 尹叔 𦘒 吳尊 𦘒 史戲 | 𠂤 壺 𦘒 鐘 | 金 | 古 | 𦘒 說文 | 小 | 尹 尹盤 尹續有 𦘒 鼎 漢

尹銘 韓仁 尹 華山廟 隸

說文"尹,治也,从又丿,握事者也"段古文尹"余準切,古影文,一中

段玉裁氏曰:"又爲握,丿爲事"說文注

按古文尹字从又持丨,丨象筆形.

王國維氏曰:"尹字从又持丨,象筆形,說文所載尹之古文作𠃋,雖傳寫譌舛,未可盡信,然其下猶爲聿形,…持中爲史,持筆爲尹"觀堂集林卷六

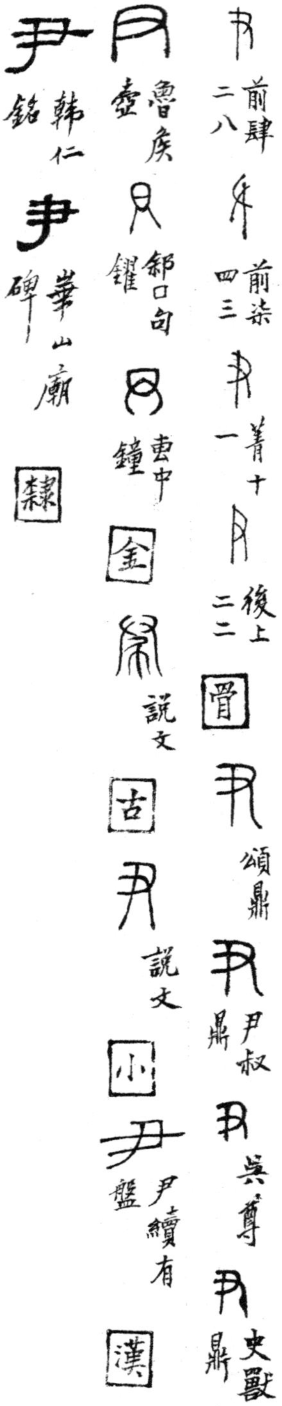

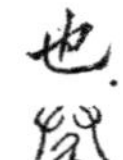

前伍三七　後上一八　骨　戲尊　盂鼎　散盤　商戲敦　大保敦

戲編鐘　戲霝卣　王孫鐘　金　戲 説文　小

説文：「戲，又卑也，从又䖒声。」側加切，古清歌，ㄔㄚ

按古文与小篆同，一曰即古文且字。

商承祚氏曰：「羅師説沇兒鐘及王孫鐘并有『中諱戲揚語』，猶詩言『既多且有』『終和且平』，殆語辞之且，古如此作。且象祖形，其為祖之專字與」類編第三

前弐二八　前伍三九　前陸十二　同上　後上五　後上八　林弐一九　骨

師嫠敦　金　嫠 説文　小

説文：「嫠，引也，从又𠩺声。」里之切，古曉咍，ㄒㄧ

按古文𠩺字从又从來省，攴以擊之。

葉玉森曰：「从木或从來省，或从黍省，許書从未，似由𣎴形省變，疑𠩺字。」集釋卷二

董作賓氏曰：「釐卜辭作𡩧，𠩺，即釐之初文，後又加里為声，釐从來，故釐与來可以通用。詩『貽我來牟』，漢書劉向傳作『貽我釐𪍿』，是來𡩧𠩺釐声本相同，可以互通，釐訓為福。」駁𠩺說

彝按葉董二氏之說皆是也。釐訓為福，故从又持來，以攴擊之，得粟，是獲福也。其从攵或攴者，蓋从又之譌耳。

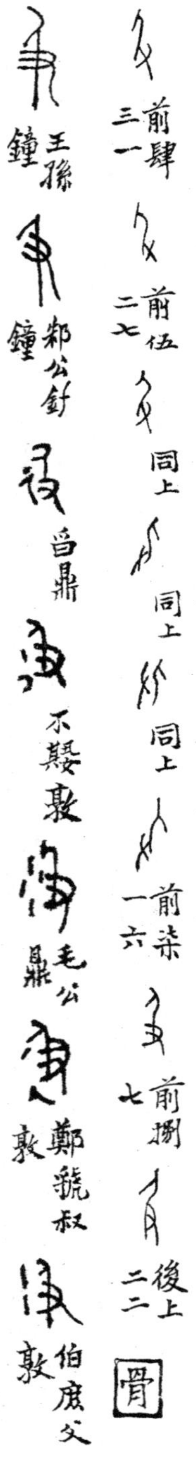

前肆三一　前伍二七　同上　同上　同上　前柒一六　前捌七　後上二二　骨

王孫鐘　邾公釛鐘　㫚鼎　不𡢁𣪕　毛公鼎　鄭虢叔𣪕　伯庶父𣪕

彶 格伯簋 【金】 乁 說文 弓 說文 遘 均說文 乁 正始石經殘石 弓 𠬪 均隸續正始石經文

【古】 及 詛楚文 及 石鼓 【大】 及 說文 【小】 及 陽泉熏爐 【漢】 及 正始石經殘石

及 尹宙碑 及 衡方碑 【隸】

說文：「及，逮也。从又从人。乁，古文及，秦刻石及如此。弓亦古文及。遘亦古文及。」巨立切，古漢緝。

按古文及字象人前行而又及之。

羅振玉氏曰：「卜辭象人前行而後及之」。增訂考釋中

隶 後下二一 隶 後下十 【骨】 隶 秉中文乙敦 隶 虢叔鐘 隶 井人鐘 隶 國差𦉜 隶 者沪編鐘 【金】

隶 正始石經殘石 【古】 隶 秦公敦 【大】 隶 說文 【小】 隶 正始石經殘石 隶 尹宙碑

隶 白石神君碑 【隸】

說文：「秉，禾束也，从又持禾。」兵永切。古邦陽。ㄅㄧㄥˇ

按古文秉字与小篆同。

反 前弍四 〔骨〕 反 俎子鼎 反 頌鼎 反 迖伯𣪘 〔金〕 反 說文 〔古〕 反 說文 〔小〕

反 迎光宮鼎蓋 反 君有行竟 〔漢〕 反 孔宙碑 反 史晨碑 〔隸〕

說文：「反，覆也，从又厂。反形。反，古文。」府遠切。古邦元。ㄈㄢˇ

按古文反字与小篆同。

彝按：反字从又厂，未見反意。段玉裁氏謂：「當云厂声而奪。」吳大澂氏謂：「古反字當从㞢从厂，㞢為倒足跡形，与出字同意。出則納履，反則解履。厂亦象履形，倒㞢為[厂㞢]，从又者㞢之変也。」古籀補三 然骨文金文无从㞢作者，則反字朔誼不可知矣。

 前伍二九  前肆八  前捌一二  鉄八一 骨  宗周鐘 金 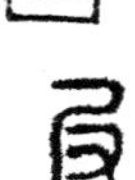 說文 小

說文「𠬝，治也，从又从卪，卪，事之節也」，房六切，古並德，ㄈㄨ

按古文𠬝字从又按跽人，

羅振玉氏曰：「象以又按跽人，与印从𠂎从𠃌同意」，增訂考釋中

葉玉森氏曰：「象力制人，表力服誼」，集釋卷一

即服之本字，

商承祚氏曰：「𠬝即服之本字，金文多从舟作  ，盂鼎，番生𣪘，服行而𠬝廢矣」，殷契佚存考釋

 前弍八  同上 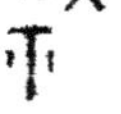 前弍一八  前伍三五  同  同  後上七 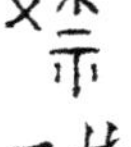 林弍一八

 同上 骨  說文 小

說文"叔楚人謂卜問吉凶曰叔,从又持祟,祟亦声,讀若贅"之芮切,古

按古文叔字从又从木从示.

羅振玉氏曰"从手持木於示前,古者卜用薪火,其未以荆,此字似有卜問之義,許書有叔字注"楚人謂卜問吉凶曰叔,从又持祟,祟非卜持之物,出殆木之譌,叔即許書之叔,然此字卜辭中皆為祭名,豈卜祭謂之叔與". 增訂考釋中

陳邦懷氏據說文隸篆文作叔,叔或作款从祟与从秉同,以為叔即叔之古文殆无可疑,羅氏疑出乃木之譌,偶未照耳.簽. 見殷虛書契小

貿鼎   前伍三九
玧鼎   前伍十七   頌鼎
        後下十三   商丘叔
叔尊   齊陳曼   簋
陳貯   胃   齊鎛
寰侯   簋   叔氏
簋   鐘
叔

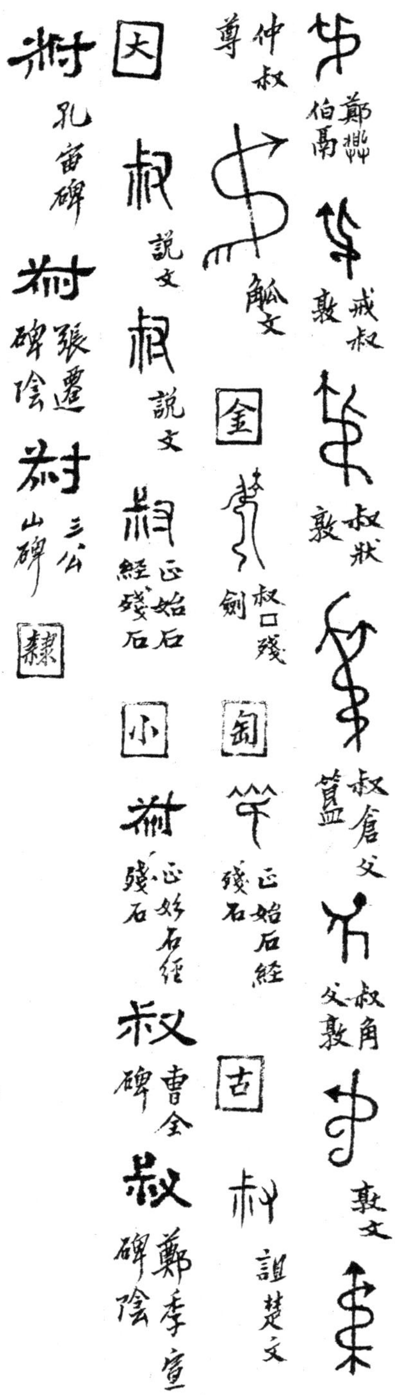

尊 仲叔 鄭撥 戒叔 叔狀 叔倉父 父敦 叔角敦
伯禹 敦 盨 敦文

鄭撥 敦文 金 叔 劍 叔口殘 小 古 叔
孔笛碑 說文 叔口殘 正始石 正始石 林 碑鄭 碑
因 叔 說文 劍殘石 經殘石 殘石經 叔 李宣
附 根 科 戟 碑陰
碑陰 張遷 正始石 曹全
附 山碑三公 經殘石
隸

按古文叔字象人執弓矢形。

說文"叔，拾也，從又未聲。汝南名收芋為叔。枓，叔或從寸"式竹切。古透幽了乂。

吳大澂氏曰"叔善也，伯叔長幼之稱也。象人執弓矢形，男子生桑弧蓬矢六，以射天地四方，故叔為男子之美稱"古籀補弟三。

一曰即惟之本字。

羅振玉氏曰"此字從ㄔ象弓形，ㄔ象矢，己象堆射之徵，其本誼全為

二

雔射之雔,或即雉之本字,而借爲伯叔與,存以俟考。增訂考釋中容庚氏曰:"不叔爲古成語,猶言不善也,詩節南山"不弔昊天"箋猶善也,左莊十一年傳襄十四年傳"若之何不弔",成十三年傳"穆爲不弔",皆誤叔爲弔,弔叔二字形似易譌也。魏三字石經君奭"不弔"古文作𠭯,篆文作𠭇,孼乳爲淑,左哀十六年傳"昊天不弔",周禮太祝先鄭注作"閔天不淑",詩君子偕老"子之不淑"傳箋均以善訓淑,是知不淑即不叔也,又孼乳爲俶,說文"俶,善也",又孼乳爲盩爲懿。金文編弟三

孼乳爲淑,爲俶,爲盩爲懿。

𠬝 前肆 𠬝 前伍
𠬝 九 前弍二六 𠬝 七 同上一三 𠬝 六 前陸

取宅人
𠬝 鼎 𠬝 父癸卣 取 說文 取 小 𠬝 同𠬝 漢𠬝

𠬝 鼎 毛公
𠬝 𠬝 敦 𠬝 番生𠬝 大鼎 𠬝 聊𧜰 𠬝 西

取 淮源
廟碑 取 熹平
石經 𠬝 隸

說文「取，捕取也。从又从耳。周礼「獲者取左耳」。司馬法曰「載獻聝。聝者耳也」。七庾切。古清侯。

按古文取字与小篆同。

商承祚氏曰「𠬪从又从耳，即取字。說文「取，捕取也」。周礼「獲者取左耳」。又聝注「軍戰斷耳也。春秋傳曰『以為俘聝』。从耳或声。馘，聝或从首」。案詩大疋「攸馘安安」，傳「馘，獲也。不服者殺而獻其左耳曰馘」。魯頌「在泮獻馘」，箋「馘所格之左耳」。此字正象以手持割耳，義与馘同。金文毛公㬜鼎作𠬪，番生敦作𠬪，已整齊其形，至小篆則更誤矣」。殷契佚存考釋

前肆二九　前柒八　同上一

骨

君夫敦　杜伯簋　辛鼎　大敦　王孫鐘

叔娏敦　毛公𪔂鼎　曆鼎　農卣　鄭友父鬲　大史友甗　無叀鼎

金

二三

𦐯 說文 𦐯 隸續石經始石 [古] 𦐯 說文 [小] 友 五鳳尉斗 友 昭台宮漏 友 元康鴈足鐙

[漢] 友 仙集題字 友 楊叔恭殘碑陰 [隸]

說文：「友，同志爲友，从二又，相交友也。𦐯，古文友。習，亦古文友。」云久切。古影咍。一ヌ

按古文友字与小篆同，或从友从甘。

羅振玉氏曰：「說文解字友古文作習，从羽，乃从𦐯傳寫之譌，从㠯又爲曰之譌也。師遽方尊友作習，卜辭有作𦐯者，亦友字，卜辭中𠂇亦作𠬤，斯𦐯亦作𦐯矣。其从二与𦐯同意。」增訂考釋中

容庚氏曰：「古文友从甘，說文作習，乃傳寫之譌。」金文編第三

𠬪 前叁三一 𠬪 同上 𠬪 前肆三七 [骨] 𠬪 散盤 𠬪 善鼎 𠬪 師虎敦 𦐯 同敦 [金] 𠬪 說文

[小] 友 史晨奏銘 [隸]

說文：「𠂇，𠂇手也，象形。」臧可切，古歌。ㄗㄨㄛˇ

按古文𠂇字与小篆同。

王國維氏曰：「古文反正不拘，或左或右，可任意書之。惟𠂇又上下諸字例外。」

段玉裁氏曰：「俗以左右為𠂇又字，乃以佐佑為左右字。」說文注

前伍三九

骨

鼎文

史父庚鼎

公史敦

史獸鼎

師酉敦

毛公鼎

散盤

史桒敦

無叀鼎

格伯敦

吳王姬鼎

趩尊

免敦

觚文

父乙爻角

金

說文

新郪兵符

小

成山宮渠斗

橐泉宮行鐙

史 承安宮鼎二

漢

史

尹宙碑

史晨後碑

隸

三

說文：「史，記事者也，从又持中，中，正也。」疏士切，古心咍。ㄕˇ

按古文史字从又持中，中，簿書也。

王國維氏曰：「説文解字：史，記事者也，从又持中，中，正也。」其字古文篆文並作史从中，秦泰山刻石御史大夫之史，說文大小徐二本皆如此作。案古文中正之字作中中中中中中諸形，伯仲之仲作中，無作中者，惟篆文始作中，且中正無形之物，德非可手持，然則史所从之中，果何物乎？吳氏大澂曰：「史象手執簡形」，然中与簡形殊不類。江氏永周礼疑義舉要云：「凡官府簿書謂之中，故諸官言治中受中，小司寇斷庶民獄訟之中，皆謂簿書，猶今之案卷也。此中字之本義，故掌文書者謂之史，其字从又从中，又者右手，以手持簿書也。吏字事字皆有中字，天有司中星，後世有治中之官皆取此義」。江氏以中為簿書，較吳氏以中為簡者得之。

簡爲一簡，薄書則需衆簡。顧簿書何以云中，亦不能得其説。案周礼大史職「凡射事，飾中，舍筭」，大射儀「司射命釋獲者設中，大史釋獲，小臣師執中，先首坐設之，東面退，大史實八筭於中，横委其餘于中西」。又「釋獲者坐取中之八筭，改實八筭，興，执而俟，乃射，若中，則釋獲者。每一个釋一筭，上射于右，下射于左，若有餘筭，則反委之，又取中之八筭，改實八筭於中，興，執而俟」。云云，此即太史職所云「飾中舍筭」之事，是中者，盛筭之器也。中之制度，鄉射記云「鹿中，髤，前足跪，鑿背，容八筭，釋獲者奉之先首」。又云「君國中射，則皮樹中，於郊則閭中，於竟則虎中，大夫兕中，士鹿中」。是周時中制皆作獸形，有首有足，鑿背容八筭，亦与中字形不類，余疑中作獸形者，乃周末弥文之制，其初當如中形，而於中之上横鑿一孔以立筭達於下横,其中央一直乃所以持之,且可建之於他器者也……筭与简策本是一物,又皆爲史之所執,則盛筭之中,盖亦用以盛简,简之多者,自當編之爲篇,若在数十简左右者,盛之於中,其用較便。……故當時簿書亦謂之中。……然則史字从又持中義爲持書之人,与尹之从又持丨形,象筆者同意矣。觀堂集林卷六

中 前弍 四 中 前肆 二八 中 同上 三 中 前伍 二二 中 前捌 中 同上 四 胃 中

小子䚄敦 中 毛公鼎 中 師害敦 中 師袤敦 中 頌鼎 中 師龢敦 中 禹攸比敦 中 不毀敦

中 孟鼎 中 無侯鼎 中 伯矩鼎 中 封敦 中 肈敦 中 師袞敦 中 馭簋

國差 中 陳猷釜 金 中 古匋 中 古鉨 中 均古鉨文 圍 中 說文
齰 中 中 中 中 中 中 均古鉨文

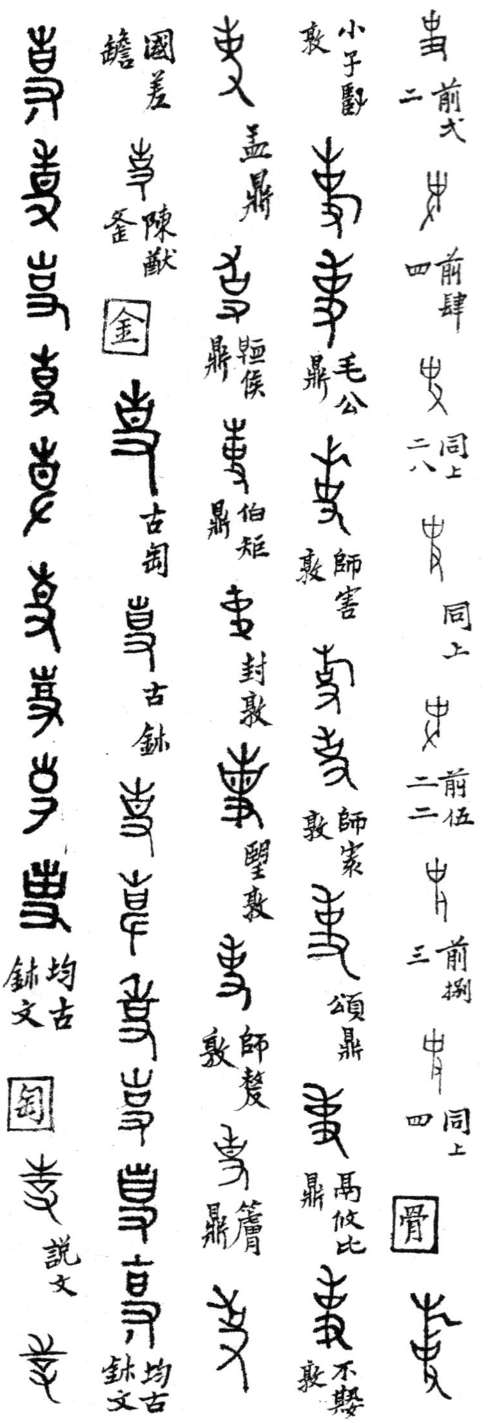

正始石經殘石 叓 隸續正始石經 古 叓 秦公敦 叓 石鼓 大 事 說文 叓 新郪兵符 叓 相邦呂不韋戈

小 事 長貴富竟 叓 精白竟 漢 事 隸續正始石經 事 石門頌 事 子游殘碑 隸

說文「事，職也，从史之省声。叓，古文事。」鉏史切，古從哈，尸

按古文事字与史字同字同意。

羅振玉氏曰「卜辭事字从又持簡書，執事之象也，与史同字同意」增訂考釋中

王國維氏曰「說文解字『事，職也，从史㞢省声。』又『吏，治人者也，从一从史，史亦声。』然殷人卜辭皆以史為事，是尚無事字，周初之器，如毛公

又与吏字使字通。

鼎番生敦二器，卿事作事，大史作史，始別為二字。然毛公鼎之事作

叏，小子師敦之卿事作𠭹，師寰𣪘之嗇事作叏，从中，上有㫃，又持之，亦史之繁文，或省作叏，皆所以微与叏之本字相别，其实猶是一字也。」觀堂集林卷六

吳大澂氏說文古籀補第三事字下注：「古文事使為一字。」容庚氏金文編第三注同。

一曰金文事字象手執簡立於㫃下，或从叏从㫃省。

吳大澂氏曰：「象手執簡立㫃下，史臣奉使之義，此事之最古者。」古籀補三

又曰：「或从叏从㫃省，許說从史之省声非也。」同上

說文"聿,所以書也,楚謂之聿,吳謂之不律,燕謂之弗,从聿一聲"余律切,古影質心.

按古文聿字象手持筆形.

羅振玉氏曰"象手持筆形,乃象形,非形聲也"增訂考釋中

吳大澂氏曰"象手持木,木不律也"古籀補弟三

前式 前位 同上

宅敦 䣄侯 鼎 上官 胃 畫 鼎 毛公 師兌 敦 泉伯 吳尊

說文 小畫 建昭雁足鐙 漢畫 古鉢 畫 古鉢 囷 畫 劃 說文

礼器碑 畫 武梁祠畫 象題字

說文"畫,界也,象田四界,聿所以畫之"篆,古文畫省,劃,亦古文畫"匭錫,胡麥切,古ㄏㄨㄞ

按古文畫字从又持筆,从㸚象錯畫之形.

王國維氏曰"𠛱疑古畫字㸚象錯畫之形"殷虛文字考釋

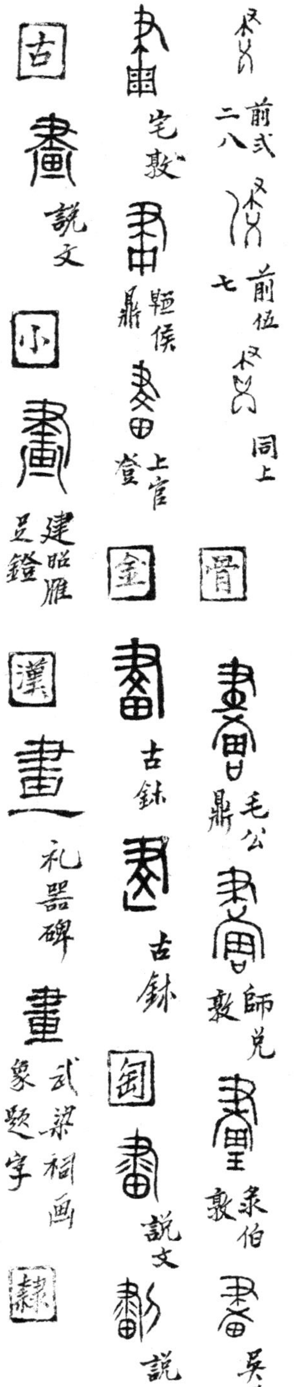

一曰金文从聿从爻从周。

吴大澂氏曰：「畫古文从聿从爻从周，爻，交也，象手執筆，畫于四周，文相交錯，与彫同意，許氏説：『彫，琢文也』。」古籀補

 前肆八　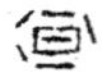 同上　 後下二　骨

 説文　大

 説文　小

畫 淮源廟碑　隸

説文：「畫，日之出，与夜為界，从畫省，从日。，籀文畫。」陟救切，古端侯，ㄓㄡ

按古文畫字象日光四射之狀。

羅振玉氏曰：「象日光輝四射之狀，後世將此字所从之囗引長之而作冂上，又增聿，形義全晦，於是許君遂以隸畫部，而為『与夜為界』之説矣。」增訂考釋中

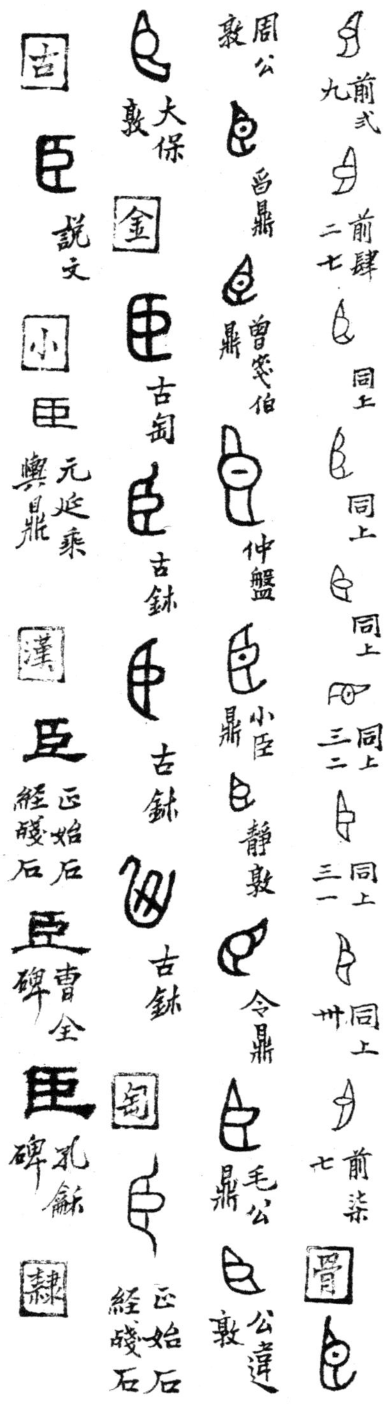

說文：「臣，牽也，事君也，象屈服之形。」植鄰切，古定真，ㄔㄣ

按古文臣字象一豎目之形。

郭沫若氏曰：「臣之訓牽，蓋以同声為轉注，然其字何以象屈服之形，於小篆字形實不能見，卜辭及金文臣字……均象一豎目之形，人首俯則目豎，所以象屈服之形者，殆以此也。古文造字於人形之象徵，目頗重要，如頁字夔字首字等，均以一目代表一人或一頭首，此以一目為一臣，不足為異」甲骨文字研究。

 前陸四  同上十二  前柒六  後下二六 骨  說文 古  說文 小 役 全書碑 隸

說文：「役，戍邊也。从殳从彳。伇，古文役从人」。營隻切。古影錫一。

按古文役从攴人。

余永梁氏曰：「从攴人，与說文古文同」……篆文从殳之字，卜辭及古金文均从攴，古文役从殳，亦攴之變，如殺字籀文亦从殳也」殷虛文字考

 前伍十二  同上  同上 骨  說文 小 專 武梁祠畫象題字 隸

說文：「專，六寸簿也。从寸叀声。一曰專，紡專」職緣切，古端元。ㄓㄨㄢ

按古文專字从又持叀，叀古文敀字。

郭沫若氏曰：「專以手執叀之形，蓋摶之初文，非必从叀声。許未識叀

尃字之初義，誤謂尃从叀声……叀者，旉之古字也」金文餘醳之餘彝按金文無尃字，其偏傍从尃者，如傳字傳尃作□，傳卣作□，散盤作□，均与骨文略同。

□ 前弍九 □ 同上 [骨] □ 古鉢文 □ □ 古鉢文 [匋] □ 說文 [古] □ 說文

[小] 徹 魏元丕碑 [隸]

說文「徹，通也。从彳从攴从育。𢕌，古文徹」丑列切。古透質，彳乚。

按古文徹字从又从鬲。

羅振玉氏曰：「从鬲从又，象手持鬲之形，蓋食畢而徹去之。許書之徹从攴，殆从又之譌矣。卒食之徹乃本誼，訓通者借誼也」（增訂考釋中

□ 前伍十九 □ 同上 □ 後下十 □ 林弍二一 [骨] □ 毛公鼎 □ 舀鼎 □ 敔卣 [金] □ 古鉢

【匋】 說文

【小】 效 唐公房碑 效 史晨奏銘 效 曹全碑

【隸】

說文：「效，象也。从攴交声。」胡教切，古匣宵，厂公

按古文效字与小篆同。

前伍九 同上三九

【骨】 毛公鼎 静敦

【金】 古鉥 古鉥

【匋】 說文

【小】

說文：「斁，解也。从攴睪声。詩云：『服之無斁。』斁，厭也。一曰終也。」羊益切，古影鐸，一

按古文斁字从目从交，義未詳。

前弍十六 同上一七 同上 同上 前肆卅 前陸九 同上 前陸四

【骨】

毛公鼎 師酋敦 頌鼎 頌壺 師兌敦 吳尊 王白尊

【金】 古鉥

【匋】攸 説文　𣴎 説文秦刻石嶧山文　【小】攸 衡方碑　攸 婁壽碑　【隸】

説文：「攸，行水也。从攴从人水省。汥，秦刻石嶧山文攸字如此」。以周切，古影幽，一ㄡ

按古文攸字从攴从人，省水。

商承祚氏曰：「卜辭省水，疑亦攸字」。類編第三

彝按：从人支者，徐鍇云：「攴，入水所杖是也」。卜辭省水，疑古陸行亦曰攸，不僅限於行水也。

前弍三五　同上　後下七　同上　同上　菁十　【骨】

不嬰敦　叔向父敦　[illegible]妊敦　辛林父敦　函皇父敦　姞氏敦　魯邍父敦　己侯敦　杞伯敦

追敦　叔多父敦　貞敦　陳賄敦　小子野敦　作寶敦　鄦侯敦

格伯敦　伯敦　父乙敦　魯伯大父敦　伯𩰫敦　齊侯敦　陳猷釜　伯山父壺

元九

均量侯敦文　敄叔敦　叔狀敦　買敦　北敦　金　古鉢　古鉢　匋

秦公敦　大　𣪊 說文　小　敦 北海相景君銘　𣪘 衡方碑　敦 魯峻碑　隸

說文：「𣪊，怒也，詆也，一曰誰何也。从攴𦎧声。」都昆切，又丁回切。古端文。ㄉㄨㄣ（ㄉㄨㄟ）

按古文𣪊字从皀从攴，皀盛飯器也。

羅振玉氏曰：「从又持𠃌，殆象勺形，所以出納於𣪘中者，非从攴也。」增訂考釋中

容庚氏曰：「𣪊从皀从攴，盛黍稷之器，其制似盂，或斂口，或侈口，上有蓋，旁有耳，下有圈底，或綴三足，或連方座。穆天子傳『六敦壺尊四十。』注：『敦似盤，音堆。』」金文編第三

戴家祥氏以為皀即𣪘之初文，後又變而為簋，宋以後乃以𣪘為敦，

實誤。其言曰：「說文」皀，穀之馨香也。象嘉穀爲裹中之形，匕，所以扱之。或說皀一粒也，又讀若香」。……傳世經典無皀字。其声誼久佚，今細考商周古文，偏旁从皀之即，既，冟，食，鄉，及从食之餴，饗，餳，饋，饗，饉，饌，等字，偏旁皆作□，實非从白从匕，知許書匕所以扱之說，未甚當也。……古文鄉即既等字象人就食形。……皀殆古人盛飯器，日用饔飧之具也。字本象形，故即既饗食等字偏傍从之。……金文作□，上象器之蓋形，下形与□字形相似，卜辞作□，下形与豆之古文相似，是古器物之形明矣。……考宋人圖录有𣪘者，形圓而名之曰敦，流傳沿習，成爲科律。惟清錢獻之韓履卿始疑其誤，黄紹箕更疑証其說，以爲即簋簋。翠墨園話……簋𣪘古音同在幽部……說文𣪘即金文□之変体，……変□

為自，乃古文繁簡之通例也。……商周古文往往變獨體象形為合體，猶磬之古文𡉈，象形，合體作𣪠。鼓之古文壴，象形，合體作鼓。壺之古文壺，伯姬壺作𣪊。以此証目之作𥄎，亦古文形義增益之通例也。……古文象形累益其形義。如𠙵本象形，小篆作箕，𠀠本象形，陳子匜作𥫱，並變一声兩形，以是証簋之从竹，盖以質言之，从皿盖以類言之，亦古文形義緟複之通例也。」釋𣪘

前伍二三

前柒三六

骨

余杯鉦

金

匹始石經殘石

隸續匹始石經

古

說文

大

敗 說文

小

敗 杯亚不敗

漢

敗 匹始石經殘石

敗 天鳳石刻

敗 禮器碑

隸

說文「敗，毀也。从攴貝。敗賊皆从貝會意。𣪉，籀文敗从賏。」薄邁切。古滂月。ㄅㄞˋ

按古文敗字与大篆同。

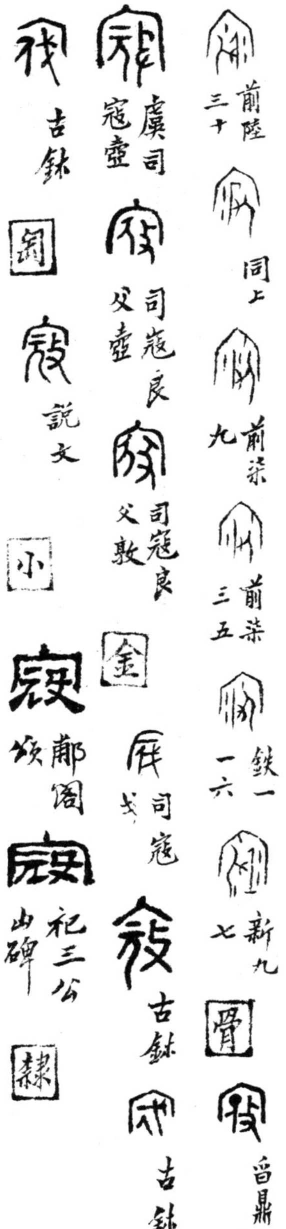

說文：「寇，暴也。从攴从完。」苦候切。古溪侯，ㄎㄡ

按古文寇字象人持梃入室，小象什物狼籍形。

葉玉森氏曰：「象寇盜手持干梃，入室抨擊，小點或象室中什物狼籍形。衛姬壺寇作，虞司寇壺作，勹从左鬶，已失持械之意。又于勹上加一或二，乃小點之譌變。篆文遂譌為元，許君乃曰从完也。」說契

彝按此字骨文頗多異釋，商承祚氏釋洛，類編第三 郭沫若氏釋宰。甲骨文字研究 然細玩字形，似从葉釋為允。

三一

誤楚文[因]𣪊文 [小]𣪊 新嘉量 [漢]改 華山廟碑 攺 禮器碑 殳 北海相景君銘 [隸]

說文："攺，毅改，大剛卯以逐鬼魅也。从攴巳声，讀若已。古亥切。古文改"

吳大澂氏曰："許氏說'攺更也。''攺毅改，大剛卯以逐鬼魅也。'此漢時之異解，疑古文改攺本一字。古籀補弟三"

羅振玉氏曰："古金文及卜辭有从巳之攺，無从已之改。疑許書之改即改字，初非有二形也。增訂考釋中"

按古文改字从攴从巳，巳象人跪形。与改字本一字。

羮按改字象人跪而以攴擊之，督令改過也。即改字。

[炢]十 前陸 [骨][飴] 說文 [小] 叙 北海相景君銘 敘 吳谷朗碑 [隸]

𣪊 前肆 二七 𣪊 同上 三一 攺 前伍 一七 攺 同上 三九 攺 一 𦮢十 [骨]𣪊 改篡 [金]攺

說文：「敘，次第也。从攴余聲。」徐呂切。古心魚ㄒㄩ

按古文敘字从又余聲。

羅振玉氏曰：「篆文从攴之字，若敏啟等，古文多从又。」增訂考釋中

說文：「牧，養牛人也。从攴从牛。詩曰：『牧人乃夢。』」莫卜切。古明德ㄇㄨ

按古文牧字从攴从牛，或从羊。

羅振玉氏曰：「牧或从牛或从羊，牧人以養牲為職，不限以牛羊也。諸文或从手執鞭，或更增止以象行牧，或从帚与水以象滌牛。」增訂考釋中

前伍八

同上廿

骨

鄦侯敦

散盤

金

古鉨

匋

說文

說文

正始石經殘石

古

說文

小

教 萬年縣官斗

漢

教 正始石經殘石

教 史晨奏銘

教 孔宙碑

教 孔龢碑

教 西狹頌

隸

說文「教，上所施下所效也。从攴从孝。𢽷，古文教。䜧，亦古文教。」古孝切。古見宵。ㄐㄧㄠ

按古文教字从子从爻从攴。

彝按教字从子習爻，攴以督之。骨文或从爻省，金文或省子。

前弍四四

同上

前伍二十

前陸六四

後上八

餘八

骨

盂鼎

師嫠敦

静敦

令鼎

者汈鐘

金

說文

古

說文

小

學 孔龢碑

學 曹全碑

隸

說文「斆，覺悟也。从教从冂。冂，尚矇也。臼聲。學，篆文斆省。」胡覺切。古匣幽。ㄒㄝ

按古文斆字从兩手奉爻於𠘧上，𠘧，几案也。

彝按骨文學字从兩手奉爻於𠘧上，𠘧象几案形。學之意也。或从爻省。或爻省𦥑。或併省𠘧。疑初文學字蓋即爻字。爻必學而後能明也。

金文增子，与教之从子意同。

卜 前弍五　卜 同上　卜 同上　卜 前弍二〇　卜 同上　卜 同上一三　卜 同上 [骨]

卜 盂鼎 [金]

卜 古鉢

[匋] 卜 說文　卜 正始石經殘石 [古]

卜 說文 [小]

卜 正始石經殘石　卜 白石神君碑 [隸]

說文：「卜，灼剝龜也。象灸龜之形。一曰象龜兆之從橫也。𠁾，古文卜。」博木切，古邦燭。

ㄅㄨˇ。

按古文卜字象卜之兆。

羅振玉氏曰：「象卜之兆，卜兆皆先有直坼而後出歧理，歧理多斜出，

或向上，或向下，故其文或作ㄚ，或作亻。曶鼎卜作ㄓ，說文卜古文作ㄏ，並与此不異也」。增訂考釋中

董作賓氏曰「卜小篆作卜，說文訓『灼剝龜也，象灸龜之形，一曰象龜兆之從横也』。前說蓋以丨象龜版，一象灸龜之火，置於龜上而灸之。此就小篆之形言之耳，而實則應从後說。今甲骨刻辭中所有卜字，作ㄚ卜ㄚ卜諸形，皆象兆璺之從横，而其特異之点，即在卜字之歧出，或左或右，各隨其兆璺而定。如本篇文辭所屬之兆為十形，則此文中之卜即向左歧出而作ㄚ形，一如兆之坼文。兆坼在右則反是。據此則所謂『象龜兆之從横者』又增一有力之佐証矣」。商代龜卜之推測，安陽發掘报告第一期

卟 說文 小

說文「卟，卜以問疑也。从口卜，讀与稽同。書曰「卟疑」。」古兮切。古見微。ㄐㄧ

前弍三五 同上五 殷六〇一 殷一〇四 殷一八六 福一三 骨

按古文卟字从卜从口。

唐蘭氏曰：「案𠀠當讀卟，𡆧當讀占。說文「卟，卜以問疑也，从口卜」，是先卜而問。又云「占，視兆問也，从卜从口」，則既卜之問，已卜得兆，發書而占其事也。此古義之猶存於許書者。」殷契卜辭。

彝按卜辭从卜从□，□疑即口字，譌變而作㔾形。

前弍一五 同上一六 同上 同上 同上一八 同上一九 同上 同上二二 同上 同上二三 同上二四

同上卌 同上 前弍二四 前肆一九 同上二〇 同上三十 前伍一九 前伍二〇 同上 前柒三五 同上

前捌一 同上三 同上七 同上十四 菁十一 後上八 同上二十 後下三 骨

散盤 膺鼎

三四

鼎 舊輔甗 貞 叀中鐘 【金】 貞 隸續二始石經 【古】 貞 說文 【小】 貞 二年酒鋗 【漢】 貞 尸宙碑 貞 石门颂 【隸】

說文「貞，卜問也，从卜，貝以為贄。一曰鼎省声，京房所說」陟盈切，古端耕，ㄓㄣ

按古文貞字象器物之形，或假鼎字為之。

羅振玉氏曰：「說文『貞，卜問也，从卜，貝以為贄。一曰鼎省声，京房所說』。又鼎注『古文以貞為鼎，籀文以鼎為貞』。今卜辭中凡某日卜某事皆曰貞，其字多作貞，与貝字相似而不同，或作鼎，則正与許君以鼎為貞之說合，知確為貞字矣。古經注貞皆訓正，惟許書則有卜問之訓，古誼古說賴許書而存者，此其一也。又古金文中貞鼎二字多不別，無鼎鼎字作貞，舊輔甗貞字作鼎，合卜辭觀之，並可為許書之證」。增訂考釋中葉玉森氏曰：「貞義爲問，固經傳古訓，卜辭貞字同作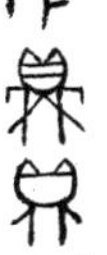 前七第卅九之二

与鼎形同，乃由變體之 前八第七葉之一 再譌變者，蜕化之跡顯然」。集釋卷一

彝。按卜辭貞字蓋象器物之形，上象兩耳，下象其足，疑亦鼎鬲之屬。

古人貞卜於神示之前，乃假神示前之祭器以爲貞字，故或又㠯鼎

字爲之，貞与鼎均祭器也。古金文乃增从卜，然从貞从鼎仍得任意

而施，散盤从卜从，即貞之本字。鬳鼎舊輔甗从卜从鼎，卜於貞前或鼎

前意更明顯。小篆从貝蓋由若而譌變者也。

 前肆二五  前捌十四  前肆二五  前肆二五  前柒五

甲

占 古匋

匋

占 說文

小

說文「占，視兆問也。从卜从口」。職廉切。古端談。ㄓㄢ

按古文占字与小篆同，或又从占从口。

羅振玉氏曰：「占卜疑一字，卜辭中屢見𠧩字，於占外加口，不知与占為一字否。」增訂考釋中

前弍九　同上十　同上　同上二八　同上二一　前弍二三　前肆一六　同上　同上　前伍三五

前伍二八　後上二一　同上二六　後下一九　同上一二　同上二一　同上三一　同上三八　同上五　鐵一三〇

林弍二五

骨

㝬敦　戊寅鼎　公史敦　毛公鼎　頌鼎　盂鼎　散盤

公伐郘鼎　邾公釺鐘　鄀公鉦　己侯敦　虞司寇壺　應公鼎　𢦏叔鼎　師嫠敦　師遽尊

宗周鐘　湯叔尊　陳公子甗　辛巳敦

金

楚戈　古鉥

古鉥

匋

說文　正始石經殘石

古

詛楚文

大

說文　新郪兵符

小

光和斛二

漢

正始石經殘石　校官碑　張遷碑

隸

說文「用，可施行也，从卜从中，衞宏說。」「用」古文用。余訟切，古影鍾，凵亾

按古文用字象盛物器形.

余永梁氏曰:「用象器形.卜辭作.均象插矢於用中形.又用部『庸,用也.从用庚』蓋象兩手奉干於用中.故用字象形.本誼當為用具之用.盛物器也.引申為一切資用及行施誼」殷虛文字考

 後下四一

〔骨〕

 父乙敦

 同上

 繇卣

 父乙角

 甗侯鼎

〔金〕

 說文

〔小〕

說文:「爻,交也.象易六爻頭交也」胡茅切.古曉宵.一幺

按古文爻字象六爻交錯之形.

中國文字形體變遷考釋卷四

葉鼎彝

前伍二四

後下一七

同上二七

同上四一
骨

癸目攴爵

中伯御人鼎
金

說文
小

說文「𥄎，舉目使人也。从攴从目。讀若颰。」火劣切。古曉物。ㄒㄩㄝ。

按古文𥄎字与小篆同。

羅振玉氏曰「卜辭𥄎从攴即攴字」增訂考釋中

新三二八
骨

芇目父癸爵
金

古匋

古鉩

古鉩
匋

說文
古

說文
小

朱爵玄武竟
漢

武氏祠祥瑞圖題字
隸

一

說文「目,人眼,象形,重童子也.⊙,古文目」莫六切.古文目,明幽.ᗕ.

按古文目字象形.

⊕川 前弍
四川 前肆
四五
⊕川 同上
四七
⊕川 同上
後上 ⊕川 後下
七四 二六
⊕川 同上
三七
⊕川 前伍
四三
⊕川 後上
三
⊕川 後上
四
ℜ 鐘 ℜ 厰編 ℜ 揚敦 ℜ 叔戊 ℜ 裏敦 ℜ 師晨鼎 ℜ 靜敦 ℜ 令鼎 ℜ 晉鼎 ℜ 兔簋 ℜ 禹比簋 ℜ 周公簋 ℜ 裏
[金] 眔 說文 [⚏]

按古文眔字从目从水,未詳其義.与眾為一字.

說文「眾,目相及也.从目从隶省」定緝切.古文.

胡光瑋氏曰「眾猶曁也.說文众部『眔,眾与詞也.虞書曰:眔咎繇.』眔古文眾」說文目部「眾,目相及也.从目从隶省」由目相及引申為相曁.說文.

古文考

彝按骨文所从，未詳其義．郭沫若氏云是涕之古字，象目垂涕之形，疑有未諦．

相 前弍一七 相 前伍二五 [骨] 相 相侯敦 [金] 相 古鉢 相 古鉢 相 古鉢 相 古鉢

[匋] 相 說文 相 大騩權 相 旬邑權 相 相 廿六年詔權 相 元年詔版 [小] 相 壽成室鼎

相 綏和雁足鐙 [漢] 相 北海相景君銘 [隸]

說文「相，省視也，从目从木．易曰：『地可觀者莫可觀於木．』詩曰：『相鼠有皮．』」息良切．古心陽．T一九

按古文相字与小篆同．

瞚 後下二四 [骨] 瞚 說文 [小]

說文「瞚，開闔目數搖也．从目寅声．」舒問切．古透真 ㄕㄨㄣ

二

按古文瞚字与小篆同。

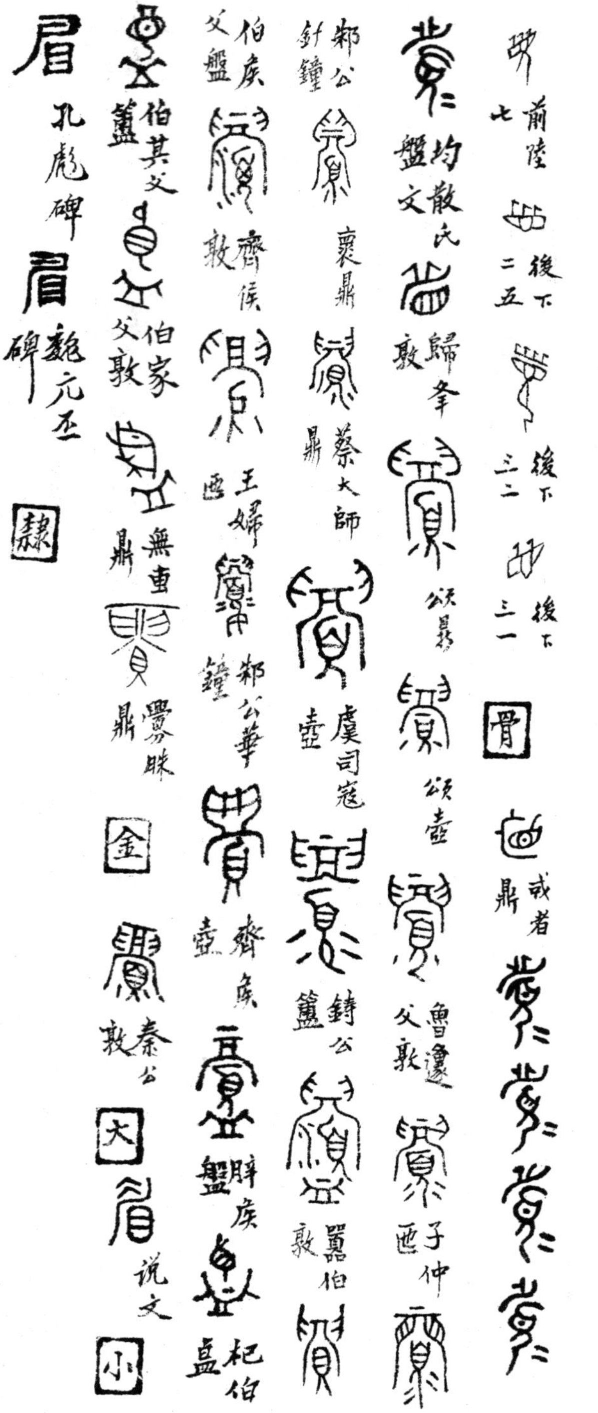

说文：「眉，目上毛也。从目，象眉之形，上象頟理也。」武悲切。古明微。ㄇㄟ

按古文眉字象眉目之形。

彝按金文頌鼎以下諸字容庚氏釋釁，云：「說文所無。頌鼎『頌其萬年』

釁寿畯臣」詩七月」以介眉寿」閟宫」眉寿無有害」以眉為之儀礼士冠礼古文「麋寿萬年」以麋為之」少牢礼古文以微為之」第三　金文編以釁為釁寿之專字，然諸家竝釋眉，强運開氏曰「𥇛象眉鬚，二象頟理，八即二眉，𥄉為人面与須之形，其為古眉字可以無疑，盖人老則有長眉，故豳風小雅皆言眉寿」三說文古籀補第四　說亦稍嫌附會，盖眉之初文為睂文𥃩，変而為𧴪，再变而為散盤之𦮽二　此字舊釋竟，茲據徐文鏡古籀彙編釋眉　云与湄通　三变而為𥇛，初形遂不可復辨矣

三

骨　前弍四六　前叁二三　前伍二六　後下三九

金　祖子鼎　宗周鐘　鬲攸比鼎

散盤　眉觚　盂鼎　公違鼎　公違敦　辛鼎　䎽敦　㽙鼎

古鉨

匋

說文

古

說文

小

雁淵宮鼎　寿成室鼎　建昭雁足鐙

眚 元康雁足鐙 漢 省 華山廟碑 隸

說文：「省，視也。从眉省，从屮。[illegible]，古文从少从囧。」所景切，古心耕。

按古文省字从屮从目。

孫詒讓氏曰：「甲文从屮从目，即省字之省。」契文舉例下

葉玉森氏曰：「从屮从目，与从眉省同。」集釋卷一

一曰象省察時目光四射之形，与眚為一字，又假借為生。

商承祚氏曰：「此為省之本字，象省察時目光四射之形。……後人以為从目生声，遂用作目病生翳之眚，日久而忘其初，後变生作眚以代之，朔義盡失矣。又金文中之既生霸，乃借省為生。」殷契佚存

容庚氏曰：「省从目从生，与眚為一字。敦煌本尚書說命『惟干戈眚氒

「躳、省作𦣻」金文編第四

前弍三十　前弍二五　前叁二三　前肆一四　前肆二一　前伍二八　前陸五八　前捌一五　菁九

後上五　後上一一　同上　後上二十　骨　毛公鼎　散盤　鄀公鉦

楚公鐘　沇兒鐘　余旲盤　姞氏𣪘　令鼎　伯家父𣪘　楷妃𣪘　中子化盤　白者君盤

番君鬲　金　古鉥　古鉥　匋　說文　隸續正始石經　古

說文　說文　小　自　尨氏尧　漢　自　史晨後碑　隸

說文「自、鼻也、象形、𦣹、古文自」疾二切、古

從物、卩

按古文自字象鼻形。

按說文白部白字注云「此亦自字也、省自者、詞言之气从鼻出与口相助也」是許以自自為一字、而分為二部者、以各部皆有所隸之字

四

故耳。羅振玉氏曰：「卜辭中自字作[古文]，或作[古文]，可為許書之證。但自部諸字，以古文考之，多非从自。曾字、者字均从口，或从曰。魯字等亦然。許君生炎漢之季，所見古文舍壁中而外，固不能如今日之博，自不能無疏失矣。」增訂考釋中

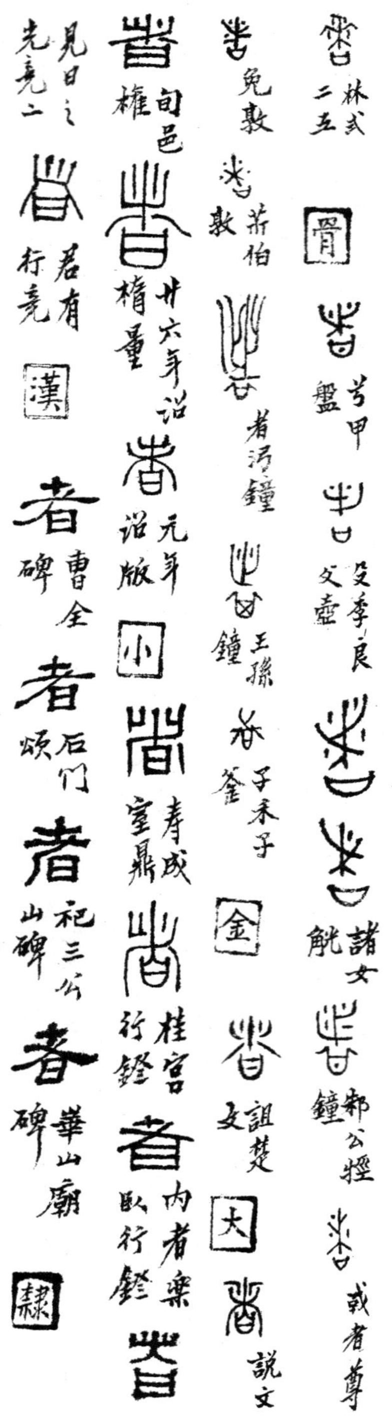

說文：「者，別事詞也。从白，米聲。米，古文旅字。」之也切。古端魚。

按古文者字从日，黍聲，孳乳為諸。

葉玉森氏曰：「此字从黍从日，疑者字，即古文諸，由黍得声。」說契

容庚氏金文編第三者下注云：「䈞乳爲諸」

[骨] [illegible] 前伍一七

[金] [illegible] 毛公鼎　[illegible] 魚匕　[illegible] 空首幣

[匋] [illegible] 說文　[illegible]

[古] [illegible] 正始石經殘石　[illegible] 說文　[illegible] 正始石經殘石

[小] 𥏼 校官碑

智 魯峻碑

[illegible] 蒼頡廟碑

[隸]

說文：「𥏼，識詞也，从白从亏从知。[illegible]古文𥏼。」知義切。古端佳，㞢

按古文𥏼字省白，或又从曰。

王國維氏曰：「下从曰，乃象盛物之器，絕非白字，即說文白部魯者諸字，在殷周古文，其下亦或从曰或从日，皆象盛物之器，皿亦盛物之器也，如殷契卜辭盤字作[illegible]，从日，而籀文从皿，卣字卜辭作[illegible]从凵，亦作[illegible]从皿，出字多作[illegible]亦作[illegible]，知凵日日工均象器形，凵日殆是

五

一字說文⼕部在皿部之後，甚合以形系連之法，此字或从曰或从皿，其故亦同，然則此字不獨可證說文古文之訛，亦可知許君以會智諸字入自部未免以後起譌字立說矣。

百 前叁二三 百 同上三一 百 前貳卅 ⛛ 前陸四三 ⛛ 後下四三 ⛛ 林弋一四

百 伊敦 百 吉鈢 囟 閩 百 說文 骨

百 晉鼎 百 史頌鐘 四 宗周鐘 百 敦 百 隸續正始石經 百 新嘉量 百 晉壽 百 延熹鏡 漢 百 石刻 百 天鳳 百 孔龢碑 隸 百 古 百 說文 小

說文「百十也，从一白，數十百為一貫相章也。百古文百从自，博陌切，古文百。」郭鐸ㄅᄀ。

按古文百字从一白，

戴家祥氏曰：「百从一白，蓋假白以定其声，復以一為係數，加一於白，合而成百。」釋百

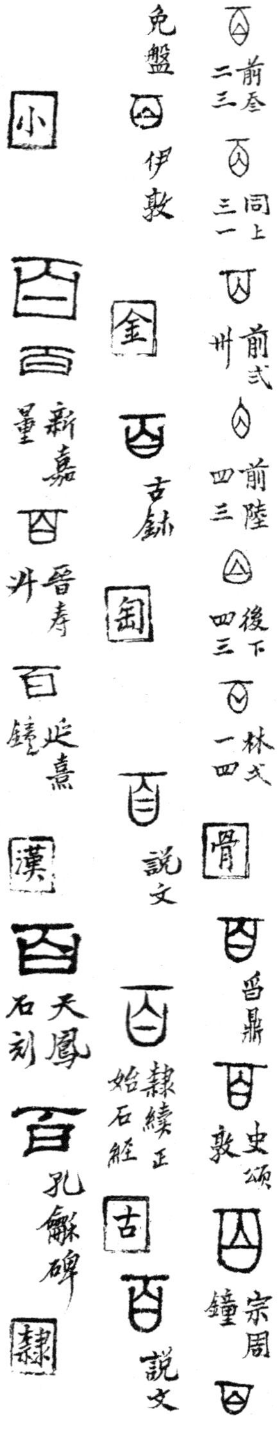

前弍五　同上二七　同上　同上三八　前弍一五　前叁二一　同上二四　同上二七　同上二八

同上　前肆九　同上二七　同上四二　同上四七　前伍三九　前柒三九　同上　前捌五

同上　同上八　後上廿　後下三　後下一八　骨

且子鼎　㫚鼎　盂鼎

獻伯敦　乙亥鼎　善夫克鼎　者汈編鐘　禾敦　戈叔鼎

宂鼎　聃敦　隹彝　黄韋俞文盤　宴敦　周公敦　白者君盤　其庖句鑃

口𣎆伯敦　番君鬲　金

古鉨　匋

隸續石經　古

詛楚文　大

說文　小

說文：「隹，鳥之短尾總名也，象形。」職追切，古端微，ㄓㄨㄟ

按古文隹字象鳥形，与唯惟為一字。

羅振玉氏曰：「卜辭中語辭之惟，唯諾之唯，与短尾之隹，同為一字，古

六

金文亦然。卜辭中已有从口之唯，然僅兩見耳。又卜辭中隹（許訓短尾）者鳥，鳥本不分，故隹字多作鳥形，許書隹部諸字，亦多云籀文从鳥，蓋隹爲古本一字，筆畫有繁簡耳。許以隹爲短尾鳥之總名，鳥爲長尾禽之總名，然鳥尾長者莫如隹，尾之短者莫如鶴鷺鳧鴻，而均从鳥，可知强分之之未爲得矣。增訂考釋中容庚氏金文編弟四隹字注云：「隹擘乳爲唯，經典亦以惟以維爲之」

鰺 前式一一 鰺 前式三一 鰺 前式三四 鰺 前肆四四 鰺 前柒二四 鰺 後上一四 鰺 後下入 抹 同上

說文 古 雉 石鼓 天 雜 說文 小 雜 魏上尊號奏 隶 隸 骨 雜

說文：「雉有十四種。盧諸雉、喬雉、鳲雉、鷩雉、秩秩海雉、翟山雉、韓雉、卓雉、伊洛而南曰翬、江淮而南曰搖、南方曰𤈭、東方曰甾、北方曰稀、西方曰蹲。从

隹矢声。[⿰弟隹]，古文雉从弟。直几切。古定微。㞢」

按古文雉字从隹从矢，矢象以繩繫矢形。

羅振玉氏曰：「以卜辭考之，古文乃从矢，蓋象以繩繫矢而射，所謂增繳是也。雉不可生得，必射而後可致之，所謂二生一死者是也。」增訂考釋中

一曰从隹夷声。

陳邦懷氏曰：「卜辭雉字皆从夷。从矢，即說文解字之夷，从矢則夷之反文也。段注說文雉字云：『按雉古音同夷。周礼雉氏掌殺艸，故書作夷氏，大鄭从夷，後鄭从雉，而讀如鬀。今本周礼作薙者，俗製也。』又按段氏周礼漢讀考卷二云：『雉氏注，故書雉或作夷，夏日至而夷之，月令

注引夏日至而雉之，然則夷即雉字。」邦懷按：段注雉古音同夷，夷即即雉字，皆足證卜辭雉字碻是从夷。說文解字古文雉从弟，蓋亦為夷之譌。則為夷字之变体，省作，而与矢形近，是小篆从矢所由出与？

前式三六

同上三七

同上

前肆四三

前柒二三

骨

說文

大

說文

小

雞

熹平石經

隸

說文：「雞，知時畜也。从隹奚声。鷄，籀文雞从鳥。」古兮切。古見佳。ㄐ一

按古文雞字象雞形，或增奚声。

羅振玉氏曰：「卜辭中諸雞字皆象雞形，高冠脩尾，一見可知，別於他禽，或增奚声，然其他半仍是雞形，非鳥字也。說文解字雞从隹，籀文

从鳥，均失之矣」。增訂考釋中

前弍二四　前弍三五　同上　同上　同上三六　同上　同上　同上　同上

同上　同上二八　前肆二九　後下二一　林弍二

骨

雝娶敦　彔敦　遹鼎

臤尊　雝伯鼎　雝伯原鼎　鄀王鼎　宗周鐘　毛公鼎　文亦毛公鼎

盂鼎

金

古鉩　古鉩　古鉩

匋

說文

小

雍一斗鼎　雍棫陽鼎　平陽宮鼎　新興辟雍竟　精白竟　昭明竟

漢

華山廟碑　雍　雍西狹頌

隸

說文：「雝，雝𪈵也。从隹邕声」。於容切。古影鍾。ㄩㄥ

按古文雝字从巛从口从隹。

羅振玉氏曰：「从巛字即水，从口从隹，古辟雝字如此。辟雍有環流，故从

八

巛或从乚，乃巛省也。口象圜土形，外為環流，中斯為圜土矣。或从口与口誼同。𪔋卣、畝尊亦均从口。古辟雍有圍，鳥之所止，故从隹。說文訓為雍渠，非初誼矣。伯雝父鼎作与此同。他金文或增口作吕，後又譌吕為邑，初形益不可復見矣。」增訂考釋中

 前弍四
 前弍六
 後下一三
 同上
 林弍九

骨

 說文

大

 說文

 說文

小

說文「雇，九雇，農桑候鳥，扈民不婬者也。从隹戶聲。春雇鳻盾，夏雇竊元，秋雇竊藍，冬雇竊黃，棘雇竊丹，行雇唶唶，宵雇嘖嘖，桑雇竊脂，老雇鷃也。䨼，雇或从雩。鳸，籀文雇从鳥。」侯古切。古匣魚。巛X

按古文雇字从鳥戶聲。

 前弍九 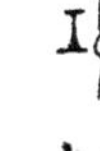 後上九

骨

 散盘

金

 説文  説文

小

説文：「堆，鳥肥大堆堆也．从隹工声．䲨，堆或从鳥．」戶工切．古匣鍾．ㄏㄨㄥ

按古文堆字从鳥工声．

羅振玉氏曰：「疑此字与鴻雁之鴻古爲一字．惜卜辭之䲨爲地名．未由徵吾説矣」．增訂考釋中

 前弍一六  前肆一八  同上三九  同上四三  同上  同上  前捌三  同上四 

後下六  同上  同上  同上  同上  鐵一二一

骨

 雚御尊  效卣

 王人甗

金

 説文

小

説文：「雚，小爵也．从萑吅声．詩曰：『雚鳴于垤』．」工奐切．古見元．ㄍㄨㄢ

按古文与小篆同，或省吅．

羅振玉氏曰：「卜辭或省吅，借為觀字。此字之形与許書訓鴟屬之雈字相似，然由其文辭觀之則否矣。」增订考釋中

前肆一五　後下二　同上六

骨

兮甲盤　邾公華鐘　白石神君碑

師嫠敦

金

說文

小

禮器碑

張遷碑

魏封孔羡碑

隸

說文：「舊，鴟舊，舊留也。从雈臼声。鵂，舊或从鳥休声。」巨救切，古溪幽。

按古文舊字与小篆同。

羅振玉氏曰：「卜辭从凵，古文臼字多如此作。」增订考釋中

前弍四九　同上　同上　同上五二　同上四四　前伍三九　前陸七　同上

同上

骨

彔敦　遹鼎　趩尊　免卣　庚嬴卣　師艅敦

師遽尊 友敦 免盤 舃生敦 段敦 又卣 臤尊 封敦 大

金 古鉨 同上 同上 金 詛楚文

說文 小 張遷碑 隸

说文：「蔑，劳目無精也，从苜，人劳則蔑然，从戍。」莫結切，古明月，冂廿。

按古文蔑字从人持戈，會意。

彝按金文常見「蔑曆」之词，强運開氏曰：「孫詒讓云：『蔑，劳也，曆即歷之藉字，薛阮吳並讀為歷是也，廣雅釋詁「歷，行也」。凡言某蔑曆者，猶言某劳于行也。云王蔑某曆者，猶言王劳某之行也。』其说精塙可从。又蔑或从禾，乃叚穢為之。」说文古籀三補第四是蔑本训劳，从人持戈，人持戈于役，則劳之甚也。许说从苜从戍殆误。

十

商承祚氏曰"孚乃戋字之变,从女与从人之意同."類編弟四

羊 前戈一二 羊 同上 羊 前叁二三 羊 前肆四九 羊 同上 羊 同上 羊 同上 羊 同上 羊 前肆五十 羊 同上 羊 鐵一九七 羊 後上二三 羊 後上一六 羊 後下三十 羊 後下四十一三 羊 林弍一七

胃 丁弁 羊鼎 鼎文 羊自 殷虛甚誨鼎 父羊鱓

羊 父庚敦 羊 昏鼎 羊 師寰敦

羊 說文 羊 小 羊 洗 大吉羊 羊 枚首 羊 竞羊 羊 清羊 羊 始竞 秦言之

羊戈 羊子 古鉨 古鉨 金 古匋 古匋

羊 夏承碑 漢

羊 尹宙碑 隸

说文"羊,祥也.从𦫳,象头角足尾之形.孔子曰:'牛羊之字以形举也.'"与章切.

一尤

按古文羊字象羊头角形.

详見卷二牛字注

新三五八 〔骨〕

芈 说文 〔小〕

说文：「芈，羊鸣也，从羊，象声气上出，与牟同意。」緜婢切。古明佳。

按古文芈字与小篆同。

董作賓氏曰：「说文羊部：『芈，羊鸣也，从羊，象气上出，与牟同意。』又牛部『牟，牛鸣也，从牛，ㄙ象其声气从口出。』此作ㄟ与ㄙ小異，要皆象鸣時气从口出之形。卜辭中當爲國名。」新獲卜辭寫本後记。載安陽發掘報告第一期。

前肆三三 前陸四九 同上六七 同上廿 同上 前弍五十 同上 同上 同上

後上二二 後下三九 林弍二十 同上 同上二一 同上 〔骨〕

東谟角 封伯敦 〔金〕

古鉢 均古鉢文 〔匋〕

说文 〔小〕

夏承碑 衡方碑

十一

隸

说文："羔，羊子也。从羊照省声。"古牢切。古見宵。ㄍㄠ

按古文羔字从羊从火。

容庚氏曰："羔从羊在火上，烹羔之義。说文从羊照省声非。"金文编第四

前伍一八

前弍一八

前柒二八

後下一四

骨

美爵

金

古鉨

美 古鉨

匋

美 說文

小

美 宮鼎蓋 美陽高泉

美 与天无極亮

美 美人大王亮

美 美陽鼎

漢

美 韓仁銘

美 夏承碑

美 熹平石経

美 曹全碑

隸

说文："美，甘也。从羊从大。羊在六畜主給膳也。美与善同意。"無鄙切。古明微。ㄇㄟˇ

按古文美字从大从𦍌，大，人也。𦍌象人首戴之飾物。

彝按：古文美字从大从𦍌，大，人也。𦍌象飾物。人首戴飾物，斯為美矣。

商承祚氏謂「⺷象角鋭敧之形」類編第四，疑有未安。

前弍 四一
同上
同上 四二
同上
同上
同上
同上
同上
同上
同上 四三
同上

前弍 三五
同上
前肆 五十
同上 三七
前陸 四十
前捌 六
鐵餘 七
後上 三
同上

同上
後上 二二
同上 二六
同上 二七
後下 四二
林弍 一四

骨

鄭羌伯鬲

金

說文

古

羌 說文

小

羌 尨氏竟二

漢

羌 耿勳碑

羗 魏元丕碑

隸

說文：「羌，西戎牧羊人也。从人从羊，羊亦声。南方蠻閩从虫，北方狄从犬，東方貉从豸，西方羌从羊，此六種也。西南僰人僬僥从人，蓋在坤地，頗有順理之性。唯東夷从大，大人也。夷俗仁，仁者壽，有君子不死之國。孔子曰：『道不行，欲之九夷，乘桴浮於海』，有以也。𦍋，古文羌如此。」去羊切，古溪陽。く一九

十二

按古文羌字亦从羊从人。

董作賓氏曰："羌字从羊从人，明明是牧羊之人，有時他又帶了繩索，表示出牽羊之意。後來有作羌的，當是从或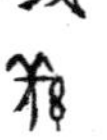的形體演變下來的了。"獲白麟解。載安陽發掘報告第二期。

一曰从人从，象羌人首上飾物。

葉玉森氏曰："作似象羌人首上之飾物，又有作，前肆三七則象笄形。古文妻字亦从此作。"集釋卷二

 前肆三五  同上  同上  後下二二

骨

 古鉥

匋

 說文  說文

小

說文："羴，羊臭也，从三羊。羶，羴或从亶。"式連切，古透元。ㄕㄢ

按古文𩆜字与小篆同，或从四羊。

前弍一五　前伍三五　菁十

骨

叔男父匜　靃壺

金

说文

小

说文：「靃，飛声也。雨而雙飛者，其声靃然」。呼郭切，古晓铎。

按古文靃字从雨从雔。

前伍三七　後下 不

骨

雧俗敦　集父癸爵　毛公鼎

金

說文

說文

小

新嘉量

漢

西狭頌　華山廟碑

隸

说文：「雧，羣鳥在木上也。从雥从木。集，雧或省」。秦入切，古從缉。

按古文集字从隹在木上。

前弍 卅　同上　同上　同上　前弍一九　前肆四二　前肆四三　同上　前陸四

十三

說文「鳳，神鳥也。天老曰：鳳之象也，鴻前麐後，蛇頸魚尾，鸛顙鴛思，龍文龜背，燕頷雞喙，五色備舉。出於東方君子之國，翱翔四海之外，過崐崘，飲砥柱，濯羽弱水，莫宿風穴。見則天下大安寧。从鳥凡声。□，古文鳳，象形。鳳飛群鳥从以萬數，故以為朋黨字。□，亦古文鳳。」馮貢切，古並侵。ㄈㄥ

按古文鳳字象形，假為風字。

羅振玉氏曰：「説文解字鳳古文作□□二形，卜辭从□与□畧同，从冃（即凡字古金文作□，与□小异。）与篆文同，惟从□或省作□，与許書篆古二文不合耳。龍字从□，鳳字所从亦与龍同，此于古必有説，今無由知之矣。

王氏國維曰：「卜辭中屢云『其遘大鳳』，即其遘大風，周礼大宗伯風師作飌師，从雚，而卜辭作鳳，二字甚相似。」予案此説是也。考卜辭中諸鳳字誼均為風，古金文不見風字，周礼之飌，乃卜辭中鳳字之傳譌，盖譌□為□，譌凡為風耳。據此知古者假鳳為風矣。」增订考釋中

葉玉森氏曰：「按契文塙為風字，疑□□象大鳥之冠，省变作□□▽。□□□等形，竝象鳥有長尾。□象尾末有圓斑如孔雀然，或古代鳳尾亦有此斑。鳥尾長則奮翼一飛，風象自見，故古風字从長尾鳥。从

冃疑舟帆形，凡或帆之古文。長尾鳥与帆，竝可占風，故先哲制風字段二物以象意，省左省右，仍竝為風。予釋冃為風，說見殷契鉤沈。从¦¦，大鳥舉則塵揚，殆以狀飛塵歟。契文土之繁文作¦O¦，从¦¦亦象飛塵。」說契

一曰从𢆉即丵字。

陳邦懷氏曰：「卜辭鳳字所从之𢆉即說文解字之丵字，其作𢆉者省之也。許君說丵字曰：『叢生草也，象丵嶽相竝出也。』段注云：『吳語不經見者謂丵嶽。』考卜辭中鳳与龍字有从丵者，蓋以龍鳳為不經見之物与？」殷虛書契小箋

其作玨、玨諸形者，乃朋貝之本字，象二系貫貝之形，与玨為一字，假借為鳳。

商承祚氏曰：「作拜者，乃朋貝之本字，引申為朋友之朋。鳳之所集，群鳥隨之，故亦借為鳳。鳥字作□者，亦鳳字，則與篆文形相近矣。所从之冂，即後世凡字之所从出。」類編第四

王國維氏曰：「殷時玉與貝，皆貨幣也。商書盤庚曰：『茲予有亂政同位，具乃貝玉。』殷虛卜辭有□，殷虛書契前編卷六第三十一葉及□字，同上後編卷下第十八葉皆从宀从玉从貝而闕其声，蓋商時玉之用與貝同也。貝玉之大者，車渠之大以為宗器，圭璧之屬以為瑞信，皆不以為貨幣。其用為貨幣及服御用者，皆小玉小貝，而有物焉以系之。所系之貝玉，于玉則謂之玨，于貝則謂之朋。然二者于古實為一字。玨字殷虛卜辭作丰，後編卷上第二十六葉、作丯，前編卷六第六十五葉或作□，後編卷下第二十及第四十三葉金文亦作丰，

乙亥敦云玨十丰，皆古玨字也。說文：『玉，象三畫之連，丨其貫也』，丰意正同。其作丰作𦍌者，屮ㄚㄚ皆象其系，如束字上下从屮巾也。古系貝之法与系玉同，故謂之朋。其字卜辭作𤤴，前編卷一第三十葉 作𤤴，卷五第十葉 金文作拜，遽伯寰敦 作拜，寇鼎 作拜，庚羆卣 作𢍏，且子鼎 又公中彝之貝五朋作𤤴，抯叔敦蓋之貝十朋作𤤴，戊午爵乃作丨玨，甚似玨字。而朋友之朋，卜辭作𠕁，前編卷四第三十葉 金文或作𠕁，杜伯簋 或作𠕁，豐姞敦 或从拜，或从玨，知玨朋本是一字。此可由字形證之者也。更以字音證之，玨自來讀古岳反，說文亦以瑴字為玨之重文，是當从㱿聲。然窃意玨与瑴義同音異，古玨字當与𤩟同。說文：『𤩟讀与服同』。詩与士喪禮作服，古文作葡。古服葡同音，玨亦同之，故𤩟字以之為声。古者玉亦以備計，即玨之假借，脊庚壺云『璧二備』，即二玨也，古音服備二字皆在之部，朋字在蒸部，之蒸二部陰陽對轉，故音變為朋，音既屢變，形亦小殊，後世遂以玨專屬之玉，以朋專屬之貝，而不知其本一字也，又舊說二玉為玨，五貝為朋，詩小雅菁菁者莪箋然以玨拜諸字形觀之，則一玨之玉，一朋之貝，至少當有六枚，余意古制貝玉皆五枚為一系，合二系為一貝，若一朋，釋器『玉十謂之區』，區瑴雙声，且同在侯部，知區即瑴矣，知區之即瑴，則知區之即為瑴矣，貝制雖不可考，然古文朋字確象二系，康成云『五貝為朋』，五貝不能分為二系，蓋緣古者五貝一系，二系一朋，後失其傳，遂誤以為五貝一朋耳，觀玨拜二字，若止一系三枚，不具五者，古者三以上之数，亦以三象之，如手之列五，而字作又，許君所謂指之列不過三也。余目驗古貝，其長不過寸許，必如余說，五貝一系，二系一朋，乃成制度。古文字之孝，足以考證古制者如此。」觀堂集林卷六

郭沫若氏曰：「王氏謂玨朋古本一字，其說是矣。然謂古制貝玉皆五枚為一系，合二系為一玨若一朋，在貝玉已成貨幣之後，庸或有之，然必非玨朋之朔。貝玉在為貨幣以前，有一長時期專以用於服御。此乃人文進化上所必有之步驟。許書貝部有賏字，曰「頸飾也」，从二貝。女部嬰字，亦曰「頸飾也」，从女賏，賏其連也。」「其連」段氏改作貝連。按即不改，字固可知其為貝之連。貝而連之，非朋而何耶？古說以五貝為朋外，亦有兩貝為朋說。詩七月「朋酒斯饗」，傳曰「兩尊曰朋」。易損之

六五『貳益之十朋之龜』崔憬注『雙貝曰朋』前漢食貨志載『王莽貝貨五品自小貝以上，均以二枚為一朋』王莽志在擬古，當必有所本，是知朋与賏，实一物而異名，朋之為賏，猶賏之為連也，今人謂之縺」甲骨文字研究

前伍四六

同上

同上

前捌五

後下六

同上

同上

骨

王孫鐘

金

石鼓

大

說文

小

孔宙碑

隸

說文：「鳴，鳥声也，从鳥从口」武兵切，古明耕，ㄇㄥ

按古文鳴字从雞从口。

羅振玉氏曰：「从雞从口，雞司時者也，應時而鳴，引申而為凡鳥之鳴，許書从鳥，非初誼矣」增訂考釋中

十七

說文：「畢，田网也。从華，象畢形微也。或曰由声。」卑吉切。古邦質。ㄅㄧˋ

按古文畢字从⊠，象网之形，丨，其柄，或增又持之。

羅振玉氏曰：「卜辭諸字，正象网形，下有柄，或增又持之，即許書所謂象畢形之華也。但篆文改交錯之網為平直相當，于初形已失。後人又加田，於是象形遂為會意。漢画象刻石，凡捕兔之畢，尚与𦊰字形同，是田網之制，漢時尚然也。又許書隸畢字于華部，于畢注云：「从華，象畢形。」華注乃曰：「箕屬，所以推棄之器也。象形。」一若華既象田網之畢，又象推棄之箕者。許君又謂糞棄二字皆从華。今證之卜辭，則糞字作，乃从甾，不从華。糞除以箕，古今所同，不聞別用它器。其在古文，華即畢字，糞棄固無用畢之理也。此亦因形失而致歧者。」增訂考釋中

 前二一八  前伍一二 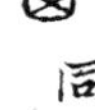 同上  後下八  同上 骨  說文 八

說文：「糞，棄除也，从廾，推華棄采也。官溥說：似米而非米者矢字。」方問切。古邦文。ㄈㄣˋ

按古文糞字从米从甾从廾。

羅振玉氏曰：「今卜辭之糞即糞字，从米象穢形，即官溥所謂似米非米者，从甾，即許書所从之華。華象田網，非箕屬。華說詳上畢字注。廾以推棄之，埽糞穢於甾中而推棄之，糞之誼瞭然矣。其省廾从土从甾者，从巛且旁加

帚者，殆亦糞字」增订考釋中

 後下二一  後下七 【骨】  散盤 【金】 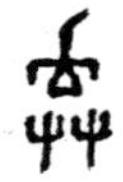 古鉨 【匋】  說文 【古】  說文

【大】  說文 【小】  曹全碑  北海相景居銘 【隸】

說文：「棄，捐也。从廾推華棄之，从𠫓，𠫓逆子也。弃古文棄。籀文棄。」詰利切。古溪物。ㄑㄧˋ

按古文棄字从子在甘中，廾棄之。

羅振玉氏曰：「从子在甘中，許書从華，即甘也。廾棄之，殆即棄字」增订考釋中

 前叁一八  前肆三  同上二三  同上五一  同上  後上二六  後下一六 【骨】  寰槃

【金】  說文 【小】

說文：「冓，交積材也，象對交之形。」古候切。古見侯。ㄍㄡˋ

按古文冓字象兩物對交之狀，一曰象竹篝之形。

郭沫若氏曰：「冓乃篝之初文，象竹篝之形，上體為篝，下體為座腳，今俗所謂高腳篼也。」甲骨文字研究

 前肆四六　 前伍一一　 同上二一　 同上　 同上　 前陸一二　 前柒一二　 同上一八　 同上二五

 林弍二二　 同上　骨

 爯簋　金

 說文　小

說文：「爯，并舉也。从爪，冓省。」處陵切。古透登。ㄔㄥ

按古文爯字與小篆同，或省爪。

羅振玉氏曰：「从爪冓省，與卜辭同，卜辭或又省爪。」增訂考釋中

一曰从ㄟ从冓。冓古舉字。

陳邦懷氏曰：「古彝文有作S冓者，薛尚功謂李公麟得古爵於壽陽

十九

紫金山腹，有二字曰己舉；王玠獲古爵於洛，亦有二字曰丁舉；字體与此正同。見歷代鐘鼎彝器款識弟二。知卜辞爯字所从之𠕁𠕁，皆古舉字。𠕁象下而上舉，𠕁象上而下承，并舉之誼昭然。小篆爯字从冄，蓋由𠕁形近而譌。許君不得其解，乃曰冓省，曲為之說耳。然許君并舉之說，則必有所受之也。卜辭弟二文即古舉字，羅氏以為省爪，恐不然矣。」殷虛書契考釋小箋。

一曰从爪再声。

郭沫若氏曰：「爯當云从爪再声，或再省声。再与爯之蒸對轉也。」甲骨文字研究

前弍十

前叁一九

後下二十

後下三八

骨

彔伯敦

毛公鼎

虢仲簋

陳財敦

 陈猷釜 金  説文 小

说文：「丝，微也，从二幺。」於虯切，古影幽，一又

按古文丝字从二糸省。

彝按古文丝字疑从二糸省。说文「糸，细丝也。象束丝之形。」古文作。骨文糸字作。罗振玉氏曰：「↓象束余之绪，或在上端，或在下端，无定形。」增订考释中 考丝字所从之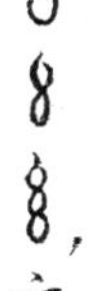，亦均象束丝之形，特省其绪耳。是丝字从二糸省无疑，糸，微小之物，故丝训微也。

假借为兹字。

罗振玉氏曰：「古金文用为训此之兹。」增订考释中

容庚氏曰：「丝孳乳为兹，此也。彔伯敦『子孙其帅刑受丝休』与易晋受

兹介福同義。金文編第四

後下九

骨

呂伯𣪘

伊𣪘

伯𣪘

伯𣪘

𣪘侯鼎

叔向𣪘

金

古鉨

匋

說文

小

吾作竟三

吾作竟

漢

孔龢碑

夏承碑

曹全碑

隸

説文：「幽，隱也，从山中丝，丝亦声。」於虯切。古影幽。一ㄡ

按古文幽字从火从丝。

羅振玉氏曰：「古金文幽字皆从火从丝，与卜辭同。隱不可見者，得火而顯」。增訂考釋中

鐵二六八

前弍五

同上

前伍九

後上二四

後下一五

後下三二

彔一四六

彔二四〇

彔三一三

彔三六〇

骨

毛公鼎

無叀鼎

叀卣

虢叔鐘

叀中鐘

 同敦

【金】

 古鉢

【匋】

 說文

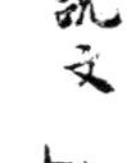 說文

【古】

 說文

【小】

說文：「叀，專小謹也。从幺省，屮，財見也，屮亦声。𠀅古文叀，𠁓亦古文叀。」職緣切。古端元。ㄓㄨㄢ

按古文叀字象㪟之形，即㪟之古字。

郭沫若氏曰：「案許書叀若叀之篆文及古文，較之金文均稍有譌变。金文諸叀字均當爲象形文，而許以形声字說之，殊屬不合。又音亦有異，金文既多用叀爲惠，則叀當讀如惠。許云『屮亦声』，又『屮讀若徹』，則是讀叀如專，蓋徹專同紐，且屬對轉（陽祭元陰對轉）。案此即因專音而误者也。專字金文未見，有从專声之字，如傳尊作 ，傳卣作 ，散

二

氏盤『傳弃之』作，卜辭有專字三例，作若若，具見『前編』卷五·一二。揆其字形，乃以手执叀之形，盖搏之初文，非必从叀声。许未識叀專字之初義，误谓專从叀声，故又误谓叀从屮声耳。又斷之古文作⿰叀召若⿰叀刀，金文量侯𣪘作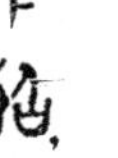，似从叀声，案此乃剸字之異，实从剸省声也。要之叀音當讀如叀，讀如專者，乃後人之误會也。準上叀字之形与其声，余敢斷言叀者厥之古字也。叀音兼攝喉唇，与厥音相近；而叀在脂部，厥在祭部，亦相通均，如大疋瞻仰首章惠厲瘵屆為均，惠屆在脂部，厲瘵在祭部，即其証。故叀音轉為厥也。古盾干卤均象形文，曩已由余証明，唯中干之厥乃形声字，例當後起，經典乃假伐為之。今得明此叀字，則知厥古亦有象形文，而其形与干卤亦稍異矣。觀其制乃橢圜，亦上有文飾而下有蹲，

讀詩「蒙伐有苑」語，可無間然矣。瞂制蓋傳自殷人，卜辭有尃有傳，亦
叀字，作若，屢言「𢦏用叀羣」，蓋言伐舞與騂犧也。羅振玉釋爲𢀜，
失之。又或作，後編下七十一花紋與卤同，三出與同，羅亦釋𢀜，案
其辭言：「壬申」与「壬申剛」為對文，剛謂騂犅，仍伐舞也。叀為
古瞂字，于古文獻中有僅見之一例，尚書顧命「二人雀弁執惠立於
畢門之內」与下「執戈」「執鉞」「執劉」「執戣」「執鋭」為對文，叀自是兵器無疑。
余謂惠當作叀，謂執瞂也。僞孔傳說惠為「三隅矛」，鄭玄謂「惠蓋斜刃
宜芟刈」（書疏所引）更出以蓋然之詞，均不足信。金文餘釋之餘
一曰与剸為一字。
余永梁氏曰：「按此疑即叀字同剸，諸家詮釋，每与𢀜字误混為一，考

卜辭作者专字也。作者叀字也。字形顯別，其義亦有分。……叀為用牲之法，与卯𧶠沈同例。説文叀下云：「𠁁古文叀」斤部斷古文作𠭊𠭊，則叀牢者，剸牢也。本字為叀，剸則後起形声字。集韵剸通作叀專是也。説文「𣃔截首也，从斷首，剸或从刀專声」𣃔亦後起之篆。殷虚文字續考，載清華研究院「國學論叢第一卷第四號」

𦤶乳為惠。

按金文多用叀為惠。容庚氏金文編第四，叀字注：「𦤶乳為叀」

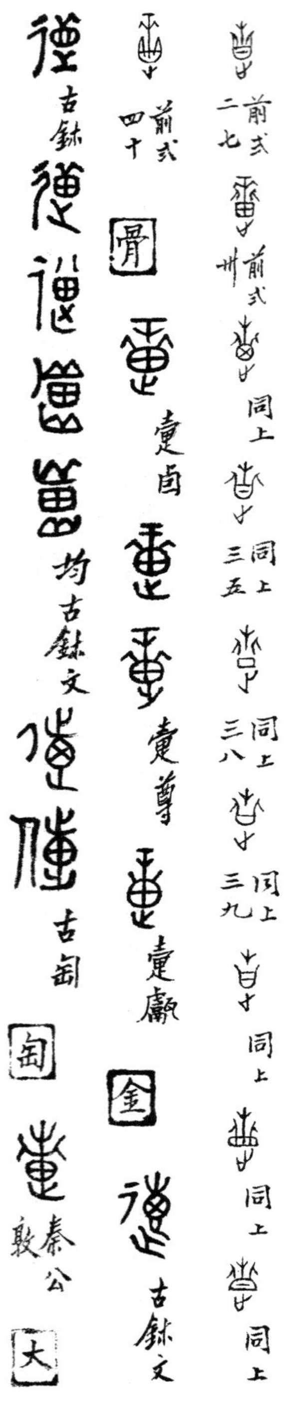

疐 說文

小

說文「疐，礙不行也。从叀引而止之也。叀者，如叀馬之鼻。从冂此與牽同意」陟利切，古端質。㞢

按古文疐字从　从止。未詳其義。

彝按古文疐字所从之　　　等形，疑均為叀字之譌變。叀，敵也。詳見上叀字注。止在敵後，是有礙不行也。字蓋从叀从止。然所从之叀，何以均為変體，無一从正體者？疑不能明，姑識於此。

後下卅

骨

虢季子白盤

散盤

金

古匋

古匋

梁当鍰幣

匋

說文

大良造鞅方量

小

譙敏碑

張遷碑

魏封孔羨碑

隸

二三

说文「爰，引也，从受，从于，籀文以為車轅字」羽元切，古影元，ㄩㄢ

按古文爰字从ㄏ，从乂，从丨，丨象瑗形，古爰瑗援為一字。

羅振玉氏曰：「说文解字：『瑗，大孔璧，人君上除陛以相引。』段注：『未聞。』桂氏曰：『大孔璧者，大能容手。』又曰：『漢書五行志宮門銅鍰，亦取孔大能容手』，以便開閉，而於人君上除陛以瑗相引之说，亦無徵證，蓋古義之僅存於許書者也。瑗為大孔璧，可容两人手，人君上除陛，恐傾跌失容，故君持瑗，臣亦執瑗在前以牽引之，必以瑗者，臣賤不敢以手親君也。於文从ㄏ象臣手在前，乂象君手在後，丨者，象瑗之形，瑗形圜，今作丨者，正視之為〇，側視之則成丨矣。瑗以引君上除陛，故許君於爰援均训引，荀子性惡篇注训援為牽引，礼记中庸注训援為

牽持之，並与許書瑗注誼同，知古瑗援爰為一字，後人加玉加手以示別，其於初形初義反晦矣。增订考釋中

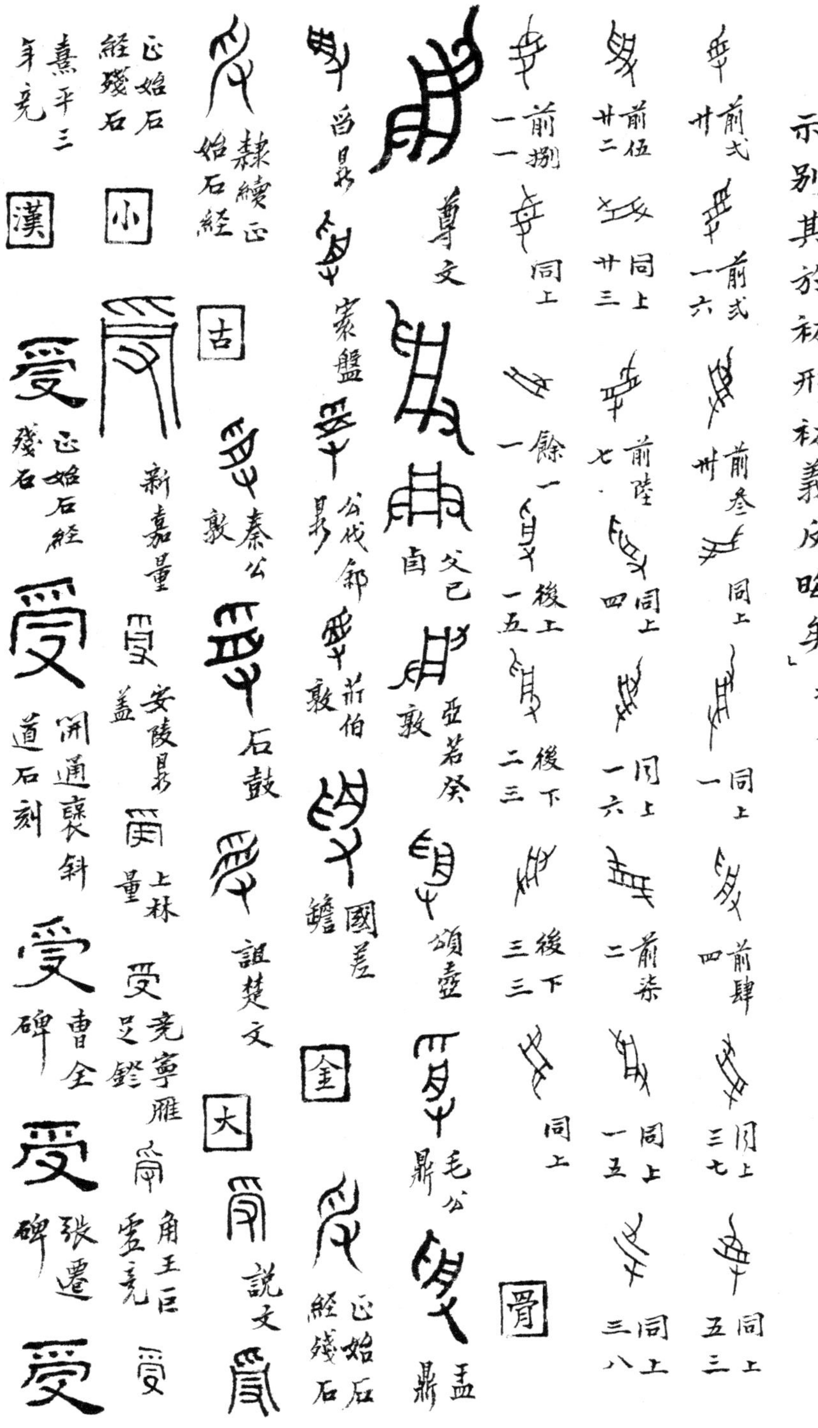

二四

史晨奏銘 受 魏封孔羡碑 隸

说文：「受，相付与也，从𠬪舟省声。」殖酉切，古定幽，ㄕㄡ

按古文受字从二手持舟。

吴大澂氏曰：「受上下相付也，两手持舟，舟承尊之器。」古籀补第四

罗振玉氏曰：「古金文皆从舟不省，与卜辞同，象授受之形，与与同意。ㄟ或作ㄟ，或作又，皆手形，非训覆手之爪。」增订考释中

 後上二  後下四十  林弍卅 骨

 说文 古  说文 小

说文：「歺，列骨之残也，从半冎，读若櫱岸之櫱。歺，古文歺。」五割切，古疑月，ㄜˋ

按古文歺字与小篆同。

 前伍四一  後下四 骨

 毛公鼎  盂鼎  宇敦  齐镈  遹鼎

金 死 說文

古 死 說文

小 死 武氏左石室画象题字 死 史晨奏銘 死 隸續正始石經 隸

说文：「死，澌也，人所離也。从歺从人。𣦵，古文死如此。」息姊切，古心微。

按古文死字象人跪於朽骨之旁。

羅振玉曰：「从㔾象人跽形，生人拜於朽骨之旁，死之誼昭然矣。」增订考釋中

膏 前弍二九 膏 前弍一五 膏 後下五 骨

膏 古匋 匋

膏 說文 小

膏 曹全碑 隸

说文：「膏，肥也。从肉高声。」古勞切，古見宵。

按古文膏字与小篆同，或从高省声。

胾 佚七三九 骨

胾 古鉥 胾 古鉥 匋

胾 說文 小

说文：「胾，大臠也。从肉𢦏声。」側吏切，古精咍。

按古文胾字从肉从戈。

商承祚氏曰：「从肉从戈，殆即說文訓大臠之胾，肉祭也。」殷契佚存

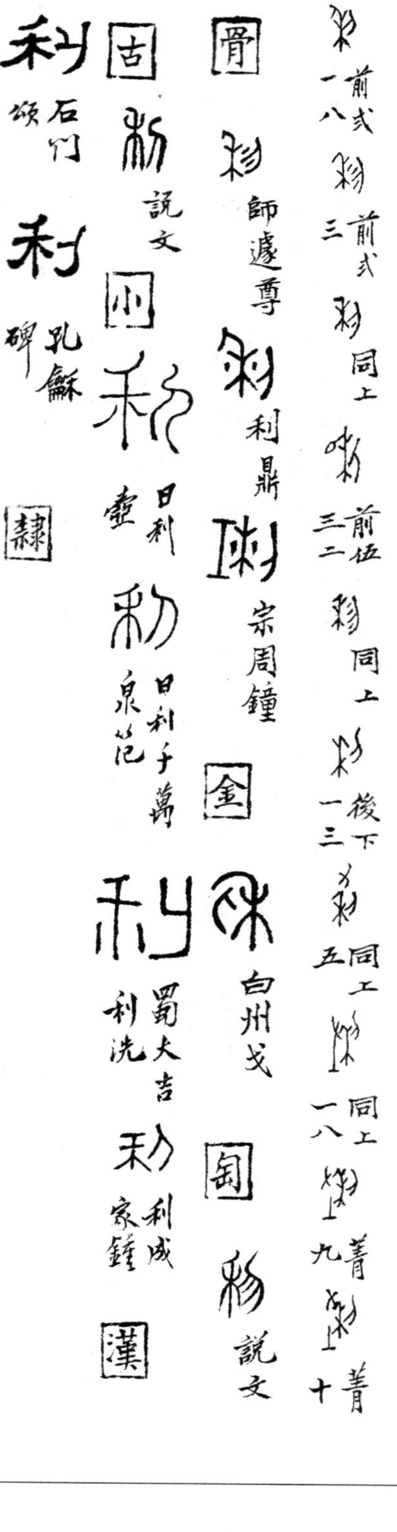

說文：「利，銛也。从刀，和然後利，从和省。易曰：『利者義之和也。』𥝤，古文利。」力至切，古來徵。力一

按古文利字从力从土从禾，力象耒形，用耒端剌田起土也。或又省土。

徐中舒氏曰：「利所从之刀乃多諸形，即力形之變，象用耒端剌田起土之形。」彝按徐氏說，力字即象耒形，力耒古同來母，於声亦通。詳見卷十三男字注。銅器將力旁土移於禾

旁，故小篆利或从刀，但古文利，及从利之黎梨犁諸字，仍是从勿，可證从刀，乃是省形，利來母字，自是从力得声，刺地藝禾，故得利義。」（耒耜考，載史言所集刊第二本第一分。）

一曰从刀从禾。

葉玉森氏曰：「从禾，以刈禾表力田之利」。（揅契枝譚）

一曰从勿从禾。

胡光瑋氏曰：「卜辭利字从勿者，与古文合，其省物作刀者，与篆文合，实為一字也，勿為雜帛，王國維斷卜辭勿牛為物牛之省，蓋物本雜色牛之名，後推之以名雜帛，……疑𥝌本為雜色之牲，故其字从勿。」（說文古文考）

前伍三九　後下十三

骨

旂鼎　沇兒鐘　虢季子白盤　師嫠敦　鄧伯氏鼎

寡兒鼎　蔡大師鼎　叔皮父敦　格伯敦　免卣　邾公牼鐘　宴桐盂　姑□句鑃

鄀公鍼　□甾伯敦

金

說文

小

新嘉量　慮俿尺

駘蕩宮壺　永初鐘　刀尹續有盤　尚浴府行烛槃　元初七年洗

漢

禮器碑

孔彪碑　祀三公山碑　姚山造冢石刻　張遷碑　魏王基殘碑

隸

说文："初，始也。从刀从衣。裁衣之始也。"楚居切，古清鱼，ㄔㄨ

按古文初字与小篆同。

前伍四三

骨

父辛卣　晉邦盦

金

說文

小

说文："刜，擊也。从刀，弗声。"分勿切，古邦物，ㄈㄨˋ

按古文刜字与小篆同。

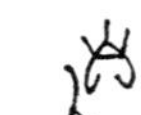 前肆三二 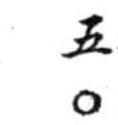 鉄二五〇 【骨】  辛鼎 【金】  說文  說文 【小】

說文「劓，刑鼻也，从刀臬声。易曰：『天且劓。』劓，或从鼻。」魚器切。古疑月。一

按古文劓字与說文小篆或體同。

羅振玉氏曰：「卜辭作劓，与說文或作合，自即鼻之初字也。」（增订考釋中）

 前陸一七  同上  前柒一五  菁一一  後下二八 【骨】  令鼎 【金】  說文

【小】

說文「耤，帝耤千畝也。古者使民如借，故謂之耤。从耒昔声。」秦昔切。古從鐸。

按古文耤字象人持耒操作之形。

徐中舒氏曰：「耤象人側立推耒舉足刺地之形，故耤之本義應釋為蹈為履……引伸為薦於他物之下。」（耒耜考，載史言所集刊第二本第一分）

郭沫若氏曰：「象人持耒耜而操作之形……卜辭與金文之異，僅在一爲象形文一爲形声字耳」。甲骨文字研究

前肆五三

同上

鉄七一

菁一

[骨]

鄂侯鼎

伯角父盉

叔角父敦

[金]

古鉢

古鉢

[匋]

石鼓

[大]

説文

[小]

角王巨壺竞

[漢]

曹全碑

四老神坐神祚机

[隸]

説文：「角，獸角也，象形，角与刀魚相似」。古岳切，古見燭，出廿。

按古文角字象角形。

羅振玉氏曰：「象角形，∧象角上横理，横理本直，文作曲形者，角爲圓體，覗其環形，則直者似曲矣，许君云与刀鱼相似，盖未知∧象角之横理也」。增订考釋中

 前弍十一  後下三三 [骨] 觳 說文 [小]

說文「觳，盛觵卮也。一曰射具。从角殻声。讀若斛。」胡谷切，古匣燭，ㄏㄨ。

按古文觳字从角从殳。

葉玉森氏曰：「按从角从殳，象持物擊角形。……般觳古今字，初誼當為擊角。」集釋卷一

 後下廿一 [骨] 解 古鈢 [匋] 解 說文 [小] 解 蒿步宮高鐙 [漢] 解 禮器碑 解 石门頌 解 李壽石刻 [隸]

說文「解，判也。从刀判牛角。一曰，解廌獸也。」佳買切，又戶賣切，古見錫，ㄐ一ㄝ（ㄐ一ㄝˋ）

按古文解字象兩手解牛角。

商承祚氏曰：「象兩手解牛角，八象其殘靡。卜辭从𠂊之字或省从𠂊。

六

与刀形相似，而非刀字也。卜辞从[illegible]，篆文又省从[illegible]，由[illegible]又省作[illegible]，遂与刀形相混矣。」類編第四

中國文字形體變遷考釋卷五

葉鼎彝

[骨]

前陸三五

菁九

[金]

鑄子簠　曾伯簠　齊陳曼簠　甾君簠　寡簠

鄦子簠　鄭大宰簠　商丘叔簠　鄀公簠　季宮父簠　魯士簠　鑄公簠

旅虎簠

[匋]

古鉥　古鉥　古鉥

[古]

說文

[小]

說文

[隸]

孔宙碑

說文「簠，黍稷圜器也，从竹从皿甫声。医，古文簠从匚从夫。」方矩切，古邦魚匚ㄨ

按古文簠字从匚从个，个象盖器相切之形。

商承祚氏曰「金文从或从，後遂由变古，盖象盖器相切之形。」

⿵冂木象蓋，凵象器，卜辭从亽、木，又⿵冂木之省也」類編第五

一曰象簠中盛稌形。

舒連景氏曰：「出土古器簠形皆侈口而長方，疑匚象簠形，亽，稌之古文。師艅毁艅字作舲，以亽為声。稌者稻也。簠銘有『用盛稻粱』（曾伯簠叏）説，免簠則作⿷匚亽，蓋象簠中盛稌形。周代金文演為从匚古声作⿷匚古，或从故声作⿷匚故，（商丘叔簠）或从鈇声作⿷匚鈇，（季宮父簠）或从吾声作⿷匚吾，（師麻簠）皆由古誼失傳音近通假故也。説文古文作⿷匚夫，則又从匚省夫声。博古圖載叔邦父簠作⿷匚大，則又譌夫為大」説文古文疏證

说文「箙，弩矢箙也，从竹服声。周礼仲秋獻矢箙」。房六切，古並德。ㄈㄨ。

按古文箙字象盛矢在器中形，与葥字犕字服字通。

羅振玉氏曰：「说文解字『箙，弩矢箙也，从竹服声』。周礼司弓矢鄭注：『箙盛矢器也』。诗小疋『象弭魚服』，箋『服，矢服也』。是古盛矢之器，其字作箙，作服。卜辞诸字象盛矢在器中形，或一矢或二矢。古金文畧同。作丙申角毛公鼎爵父癸甗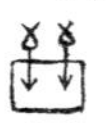子父己爵诸形，且有中盛三矢作。博古圖卷十文辛卣番生敦文曰：「簟弼魚」。毛公鼎文亦同。是与確即毛诗及許書之服箙。其字本象箙形，中或盛一矢二矢三矢。後乃由一矢之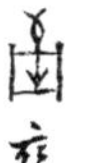变而爲，於初形已漸失，而与葥字形頗相近。古者犕与服相通假，易『服牛乘馬』，说文解字犕注引作『犕牛乘馬』。左傳『王使伯服如

二

鄭請滑」，史记鄭世家作伯犕，後漢書皇甫嵩傳注：「犕古服字」，此犕服相通假之證，矢箙之初字全為象形字，乃由𤰈轉寫而為𤰈，由𤰈又轉譌而為葡，為犕，又由犕而通假作服，又加竹而為箙，於是初形全晦，而象形乃変為形声字矣」。增订考釋中

彝按上揭金文三字容庚氏釋葡，云：「孳乳為犕，犕服古通」。金文編弟五

魏其矦盆 其 秦言之始竟 其 清銅竟

[漢]

其 祀三公山碑 其 韓仁銘 其 譙敏碑 其 西狹頌

其 華山廟碑 其 衡方碑 其 尹宙碑 其 樊敏碑 其 楊震碑

[隸]

說文:「箕,簸也,从竹甘象形,下其丌也。甘,古文箕省。𠀠,亦古文箕。㚡,亦古文箕。𠙴,籀文箕。匚,籀文箕。」居之切。古見咍:ㄐ一(ㄑ一)

按古文箕字象甘形,假為語詞。

羅振玉氏曰:「卜辭与許書古文合,乃象甘形,後段而為語詞,諸卜辭中其字亦異,其字初但作甘,後增丌,於是改象形為會意,後又加竹作箕,則更緐複矣。許君錄後起之字,箕,而附甘𠀠諸形於箕下者,以當時通用之字為主也。」增訂考釋中

其 前肆三七 其 前柒六

[骨]

其 名伯敦 其 格伯敦 其 陳侯因資敦 其 克盨

三

金 典 古鉢 匋 䈞 説文 古 𠔁 説文 小 典 華山廟碑 典 孔宙碑

典 韓仁銘 典 曹全碑 䈞 譙敏碑 典 孔彪碑 隸

説文「典，五帝之書也。从冊在丌上，尊閣之也。莊都説，典，大冊也。䈞，古文典从竹。」多殄切，古端文，ㄉㄧㄢˇ。

按古文典字象兩手奉冊形。

陳邦懷氏曰：「説文箕古文作𠔁，箕从丌而古文从廾，以此例之，典字从丌，而卜辭从廾作𢍏，其為典之古文，殆無疑矣。」殷契拾遺

假借為冊。

彝按克盨「王命尹氏友史趛典善夫克田人」，以典為冊。卜辭「爯冊」二字屢見，亦作「爯典」（前六菜），是亦叚典為冊。

奠 前弍二四　奠 同上二七　奠 前弍一五　奠 前陸五七　奠 後下二四　[骨]

奠 叔向敦　奠 叔上匜　奠 鄭虢叔鐘　奠 紳敦　奠 寳鼎　奠 㫚鼎　[金]

奠 古鉨　奠 古鉨　[匋]

奠 說文　[小]

奠 熹平石經　奠 祀三公山碑　[隸]

說文：「奠，置祭也，从酋。酋，酒也。下其丌也。礼有奠祭者。」堂練切，古定真 ㄉㄧㄢˋ

按古文奠字从酋从丌竝省，象尊有薦。

羅振玉氏曰：「从酋从丌並省，象尊有薦，乃奠字也。从酋之字，古金文多从酉，如隫从酉，鄭作奠之類。从丌之字古金文或省从一，如其字作丌从一，虢叔鐘、邾遣敦之類。」增訂考釋中

工 前肆四二　工 前叁二八　工 後上十　工 後下廿　[骨]

工 散盤　工 虢季子白盤　工 師寰敦　工 史獸鼎　[金]

工 古鉨　工 古鉨　[匋]

工 說文　[古]

工 石鼓　[大]

工 說文

工 相邦吕不韋戈 小 工 上林鼎 工 酈偏鼎 工 建武泉范 漢 工 武氏石闕銘 工 曹全碑 工 鄐閣頌 隸

説文：「工，巧飾也，象人有規榘也，与巫同意。𢒄，古文工从彡。」古紅切。古見鍾。ㄍㄨㄥ。

按古文工字象斧形，与功字攻字通。

吴其昌氏曰：「工字矢彝作工，史獸鼎作工，作工，師寰敦作工，皆象斧形。故知工字最初之夙義為伐木之斧之遺形也。以斧伐木，是人類原始之工作，故工之本義為斧，而引伸之第一義則衍為工作。周礼天官序官玉府賈疏云：『工謂作工』，是其證也。以斧伐木，是功役也，故工義又衍而為功。虢季子白盤『庸武于戎工』，即『庸武于戎功』也。史獸鼎『立工于成周』，即『立功於成周』也。書皋陶謨『天工人其代之』，漢厤律志引作『天功』。又『苗頑弗即工』，史記夏本紀引作『不即功』。又周礼肆師

「凡師不功」，鄭注「古者工与功同字」。是其證也。以斧伐木，是斷之折之之義也。師寰敦云「工首執訊」，此即虢季子白盤銘之「折首執訊」也。此又工之本義為斧之一證也。握斧在手，斯可以攻人矣。故攻从工，从攴，攴象手有所執也。叔弓鐘「汝肇敏于戎攻」，攻作攻，其所从之工正作斧形，尤為顯著。此工之本義為斧之又一證也。以斧伐木，而百物漸興，於是遂衍為今義。考工記云「審曲面勢，以飭五材，以辨民器，謂之百工」。又周礼大宰「五日工事之式」，鄭注「工作器物者」。又漢書食貨志「作巧成器曰工」。又何休注公羊傳成公元年云「巧心勞手以成器物曰工」。此又引伸之義也。引伸之義，愈衍而愈遠，以至於為巧飾，說文工巧飾也。為能事，大戴礼文王世子注為百官，廣雅釋詁工官也。為樂人，大戴礼保傅注而工之本

義，遂晦霾千載無人知矣。」金文名象疏證

葉玉森氏曰：「工工与古兄竝為一字。金文史獸鼎之工与工合，公伐郘鐘攻字偏旁作工，叀鼎作工，竝由古譌變。卜辭亦段工為攻。」集釋卷二

古 巫 後下四 巫 鐵一四三

𢓊 說文

巫 正始石經殘石

古 巫 詛楚文

大 巫 說文

小 巫 正始石經殘石

巫 正始石經殘石

巫 樊敏碑

隸

說文：「巫，祝也，女能事無形，以舞降神者也。象人兩褎舞形，与工同意。古者巫咸初作巫。𢓊，古文巫。」武扶切。古明魚。X

按古文巫字象人在神幄中兩手奉玉以事神。

羅振玉氏曰：「卜辭从冂，象巫在神幄中而兩手奉玉以事神。許君謂从𠈌象兩褎舞形，𠈌与舞形初不類矣。」增訂考釋中

後上一二
同上
【骨】
甘丹幣
古鉨
古鉨
古鉨
【匋】

正始石經殘石
【古】
說文
【小】
甘 承安宫鼎
池陽宫行鐙
【漢】
華山廟碑
孔宙碑
【隸】

說文「甘，美也，从口含一，一道也。」古三切，古見談，ㄍㄢ

按古文甘字与小篆同。

前弍九
前弍四三
後下四〇
【骨】
毛公鼎
頌鼎
散盤
虢季子白盤
不嬰敦

盂鼎
邾公華鐘
齊鎛
周公敦
子禾子釜
陳侯鼎
魚匕

者沪鐘
【金】
正始石經殘石
隸續正始石經
【古】
詛楚文
【大】

說文
正始石經殘石
【小】
杜鼎
錯鼎
【漢】
熹平石經
礼器碑

鄐閣頌
【隸】

說文「曰，詞也，从口乙声，亦象口出气也。」王伐切，古影月，ㄩㄝ

六

按古文曰字从口一，一象气出。

彝按羅振玉氏曰：「卜辭从一，不作乙。散盤亦作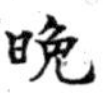。晚周礼器乃有象口出气形者。」增訂考釋中實則卜辭所从之一，亦象气出，乃指事字。後一譌作乚，遂有乙声之說矣。

 前弍三四

 同上四四

 前弍三八

 前肆四五

 前柒二五

 後上二三

 同上二四

 後下四三

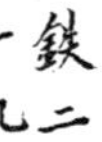 鐵二一九

 林弍六

 同上

骨

 說文

小

說文：「𣍘，告也。从曰从冊，冊亦声。」楚革切。古清錫。ㄘㄜ。

按古文𣍘字从口从冊，或又从示。

羅振玉氏曰：「卜辭此字从口，口之意与曰同。」增訂考釋中

商承祚氏曰：「从示以示𣍘於神也，今𣍘行而䄍廢矣。」類編弟五

䡛

前弍五

[骨]

趙曹鼎

[金]

古匋

古鈢

古鈢

古匋

[匋]

正始石經殘石

[古]

說文

正始石經殘石

[小]

曹氏竟

光和斛

[漢]

曹全碑

曹 淮源廟碑

曹 石門頌

曹 夏承碑

曹 華嶽廟殘碑

曹 礼器碑

曹 正始石經殘石

[隸]

說文「䡛，獄之兩曹也，在廷東，从棘，治事者，从曰。」昨牢切。古從幽。古幺

按古文䡛字从口、一曰从曰，棘声，參卷六棘字注丁山氏說。

羅振玉氏曰：「从口与从曰同意。」增訂考釋中

前柒三一

菁三

[骨]

毛公鼎

盂鼎

師奎父鼎

令鼎

應公鼎

大敦

[金]

說文

隸續正始石經

正始石經殘石

[古]

說文

[大]

說文

正始石經殘石

隸續正始石經

大騩權

廿六年詔權

廿六年詔十六斤权

廿六年精量

兩詔精量

秦鄞兵符

[小]

北海相景君銘

西狭頌

史晨皎碑

白石神君碑

[隸]

七

说文"乃,曳词之难也,象气之出难也","古文乃","𠄎籀文乃"

按古文乃字与小篆同,一曰象人侧立胸部乳房突出之形,乃奶之初文,郭沫若氏曰"谛案其字,自当为象形之文,唯所象之形,余以为当是人形,象人侧立,胸部有乳房突出,是则乃盖奶之初文矣,奶固俗字,然此等字非外来语,且当与民族而俱来,今知乃即奶之象形,则其字古矣。"金文余醳之余

寧
尧寧雁
足銵

丁鼎 寧女父

前贰一八

丁前叁二五 丁同上 丁前伍一八

金 隶续正

古 石鼓

骨 孟爵

盂爵 寧遺
敦 自

大 寧文

中宫雁
足銵

小寧
孔宙
碑阴

寧
魏王基
残碑

寧
石门颂
隶

说文"寍,願词也,从丏盗声","泥耕,3乙"古

按古文寧字从丂从盜省.

羅振玉氏曰「卜辭从盜省心从丂.盜母父丁鼎亦省心.与此同.卜辭此字皆訓安」.增訂考釋中

前弍二一　同上　鉄五　骨

兮仲敦　兮甲盤　兮仲鐘　豐兮敦　金

說文　小

青羊竟　壽如金石竟　湅石羊下竟　尚方竟五　漢

北海相景君銘　淮源廟碑　熹平石經　隸

說文「兮,語所稽也.从丂八,象气越亏也」.胡雞切.古匣佳,丅一

按古文兮字与小篆同.

前弍三二　前弍五　前肆二八　同上　前伍五　骨

頌鼎　無叀鼎　師餘敦　克鐘　大敦　頌敦　吴尊　豆閉敦　師遽敦　休盤　金

八

兮〔glyph〕說文 [小]

〔glyph〕銅華竟 [漢] 〔glyph〕孔宙碑 〔glyph〕孔彪碑 [隸]

说文「兮，语之餘也。从丂，八象声上越揚之形也。」户吴切，古匣魚。ɣx

按古文兮字与小篆同。孳乳爲評爲呼。

〔glyph〕前弍四 〔glyph〕同上四三 〔glyph〕前弍一 〔glyph〕同上二 〔glyph〕同上一一 〔glyph〕同上三六 〔glyph〕前捌一 〔glyph〕同上六 〔glyph〕同上一四 〔glyph〕菁一二

〔glyph〕同上 〔glyph〕後下四一 〔glyph〕同上四三 [骨]

〔glyph〕𢀛鼎 〔glyph〕周公敦 〔glyph〕戊辰敦 〔glyph〕太保敦 〔glyph〕祖子鼎

〔glyph〕朙敦 〔glyph〕毛公鼎 〔glyph〕散盤 〔glyph〕齊鎛 〔glyph〕静敦 〔glyph〕史獸鼎 〔glyph〕鄀公鉦 [金]

〔glyph〕古鉨 [匋]

〔glyph〕正始石經殘石 〔glyph〕隸續正始石經 [古]

〔glyph〕石鼓 [大]

〔glyph〕說文 〔glyph〕正始石經殘石 〔glyph〕隸續正始石經 [小]

〔glyph〕永嘉量 〔glyph〕光和斛 〔glyph〕又二 〔glyph〕交阯釜 〔glyph〕新興辟雍竟 [漢]

〔glyph〕子游殘碑 〔glyph〕魏王基殘碑 〔glyph〕衡方碑 [隸]

说文「亏，於也。象气之舒亏。从丂从一，一者其气平之也。」羽俱切，古影魚。ɣ

按古文亏字从于从丂，象气之舒亏。或又省丂。

前肆三五　同上三六　前柒一五　後下一

骨

匽侯旨鼎　匽侯鼎　殳季良父壺

國差𦉜

金

說文

古

說文

小

旨　白石神君碑

旨　衡方碑

隸

说文：「旨，美也。从甘匕声。𠤔，古文旨。」職雉切。古端微。出

按古文旨字从匕从口。

羅振玉氏曰：「卜辭从匕从口，所謂嘗其旨否矣。」增订考釋中。

前弍一　前肆一八　前伍一八　同上　新二〇〇

骨

沇兒鐘　子璋鐘

叔氏鐘　王孫鐘　叔𢦏敦　史喜鼎　聃敦

金

古匋　古匋

古匋　古匋　古鉢　古鉢　古鉢　古鉢

匋

𡔷　說文

古

喜　說文

小

袁氏竟二　至氏竟二

漢

喜　孔宙碑

喜　李壽石刻

隸

九

说文：「喜，樂也。从壴从口。歖，古文喜，从欠与歡同。」虛里切。古曉咍。ㄒㄧˇ

按古文喜字与小篆同。

彝按骨文金文喜字均从壴口。壴象鼓形，說見壴字注。人聞樂則喜，故从壴口會意。

通假作譆。

吳大澂氏曰：「䀴敹喜帝文王。」陳介祺說「喜帝即禧禘省文。」古籒補第五

壴 前伍二　壴 同上四　壴 後下二六　【骨】

壴 说文　【小】

说文：「壴，陳樂立而上見也。从屮从豆。」中句切。古端侯。ㄓㄨˋ

按古文壴字象鼓形。

彝按骨文壴字象鼓形。上屮象上建崇牙，中𠙵即鼓，下丄鼓架也。

一曰豆之有實者曰豈。

瞿潤緡氏曰：「豈，說文陳樂立而上見，非其誼，當為豆之有實者，為祭時所用，喜封彭嘉豐諸字皆从之。」殷契卜辭

彭 前肆七　彭 前伍三四　彭 同上　彭 同上　彭 同上　彭 同上　彭 前柒三　彭 後上九　骨

彭 珉鼎　彭 彭女甗　彭 彭女𣪕　彭 庚𣪕　金　彭 古鉩　彭 古鉩　匋

彭 說文　小　𧯛 元延乘輿鼎　漢　𧯛 禮器碑　彭 正始石經殘石　隸

說文「彭，鼓聲也，从壴彡聲。」薄庚切。古並陽。文ㄥ

按古文彭字从壴彡聲，彡古文彤字。

羅振玉氏曰：「說文解字：『彭，鼓聲也，从壴彡聲。』徐鉉曰：『當从形省乃得聲。』段先生刪聲字。卜辭从彡，或作⺀⺀，乃从彡曰之彡。」增訂考釋中

十

葉玉森氏曰：「羅氏釋卜辭彡彡彡為肜日之肜，又祭名彭，从彡得声，其說至碻。許書訓鬃為门內祭先祖所以彷徨，从示彭声。詩曰祝祭于鬃。按彭乃彡日祭礼之一，故从彡，鬃為彭之後起字。卜辭彭作彭彭諸形，豈乃鼓之初文，彡日用古樂祭先祖，當即鬃之本義。許君因鬃亦作祊，故訓彷徨，似迂盭矣。又前編四卷一葉，「貞今日 鈇乙亥 鈇彡壴」，彡壴即彭之分文，而彡日用鼓樂之義，益可徵矣。」殷契鉤沈

一曰从壴从三，彡表樂器之音波。

郭沫若氏謂彭字所从之彡彡等即表示樂器之音波，「鼓音為彭彭，骨文作彭者，即以点畫為音符也。」甲骨文字研究

前弍一二　前肆一一　同上　前伍一一　前捌二　後下一四　同上二八

骨

克鼎

鼓 鼓 師嫠敦 鼓 鼓 齊侯壺 鼓 沇兒鐘 【金】

鼓 說文 【大】 鼓 說文

【小】 鼓 礼器碑 【隸】

說文：「鼓，郭也。春分之音，萬物郭皮甲而出，故謂之鼓。从壴，支象其手擊之也。周礼六鼓：靁鼓八面，靈鼓六面，路鼓四面，鼖鼓、皋鼓、晉鼓皆兩面。𪔳，籒文鼓从古声。」工戶切。古見魚。ㄍㄨ

按古文鼓字从壴从支，以擊之。

【骨】 𢍺 說文 【小】

說文：「𢍺，礼器也。从廾持肉在豆上。讀若鐙同。」都縢切。古端登。ㄉㄥ

按古文𢍺字从兩手奉豆形，或又增示。

十一

羅振玉氏曰：「卜辭从兩手奉豆形，不从肉，由其文觀之，乃用爲烝祀字。」增訂考釋中

商承祚氏曰：「作䃿亦䄇字，从示象奉豆於神前。」類編第五

豊 前伍五　豊 前陸六一　豊 同上三九　豊 同上　豊 鐵二三八　豊 菁五　豊 後上十　豊 後下八　豊 同上二九

骨

豊 散盤　豊 右戲仲口父作醴鬲

金

豊 說文

小

說文：「豊，行禮之器也，从豆象形，讀與禮同。」盧啟切。古來微。

按古文豊字象二玉在器之形，或增从豆會意，與醴禮字通。

王國維氏曰：「殷虛卜辭有豊字，其文曰：『癸未卜貞醻豊。』後下八古玨同字，卜辭玨字作丰丯𡴂三體，則豊即豐矣。又有豊字前陸三九及豊字，後下二九豊文一字，卜辭豊後下四字或作豊，鐵一四三其證也。此二字即小

篆豐字所从之𧯛，凵𠙵一字，卜辭出或作𠙴或作𠙽，知𧯛可作𡔚𡔛矣。豐又其緐文。此諸字皆象二玉在器之形，古者行禮以玉，故說文曰：「豐，行禮之器。」其說古矣。惟許君不知丰字即珏字，故但以从豆象形解之。實則豐从珏在凵中，从豆乃會意字而非象形字也。盛玉以奉神人之器，謂之𧯛若豐，推之而奉神人之酒醴，亦謂之醴，又推之而奉神人之事，通謂之禮。其初當皆用𧯛若豐二字，卜辭之醻豐，醻字从酒，則豐當假為酒醴字。其分化為醴禮二字，蓋稍後矣。」觀堂集林卷六

商承祚氏曰：「卜辭借為酒醴字。」類編弟五

容庚氏曰：「孳乳為醴。」金文編弟五

前肆二九

明二〇三〇

骨

虞司寇壺
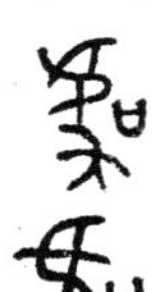
散盤

金

古鉨
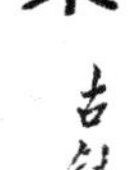
古鉨

十三

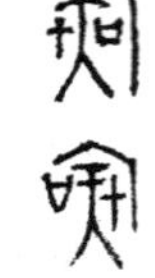 虞一新幣

匋

 石鼓

大

 說文

小

 彭嘉量

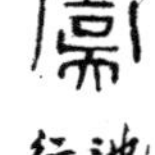 池陽宮行鐙

 臨虞宮高鐙

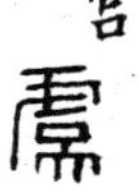 又二

漢

 熹平石經

 華山廟碑

 衡方碑

隸

說文「虞，騶虞也，白虎黑文，尾長於身，仁獸，食自死之肉，从虍吳声，詩曰：「于嗟乎騶虞。」五俱切，古疑魚。」

按古文虞字从虍从大，大乃人形，或又省虍。

葉玉森氏曰：「古之虞人乃掌田獵之官，獵時或被虎首以懾羣獸，故其字从虍从大，大乃人形。」說契

商承祚氏曰：「古文从虍之字多省虍，如處之作処，其例也。今卜辭有作吳，疑即虞字。吳方尊蓋虞作吳，亦省虍，与此同。」類編第五

 前肆四四

 同上

 同上四五

 同上

 前伍二九

 前陸六三

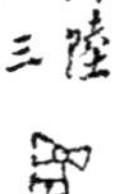 鐵二七一

 菁七

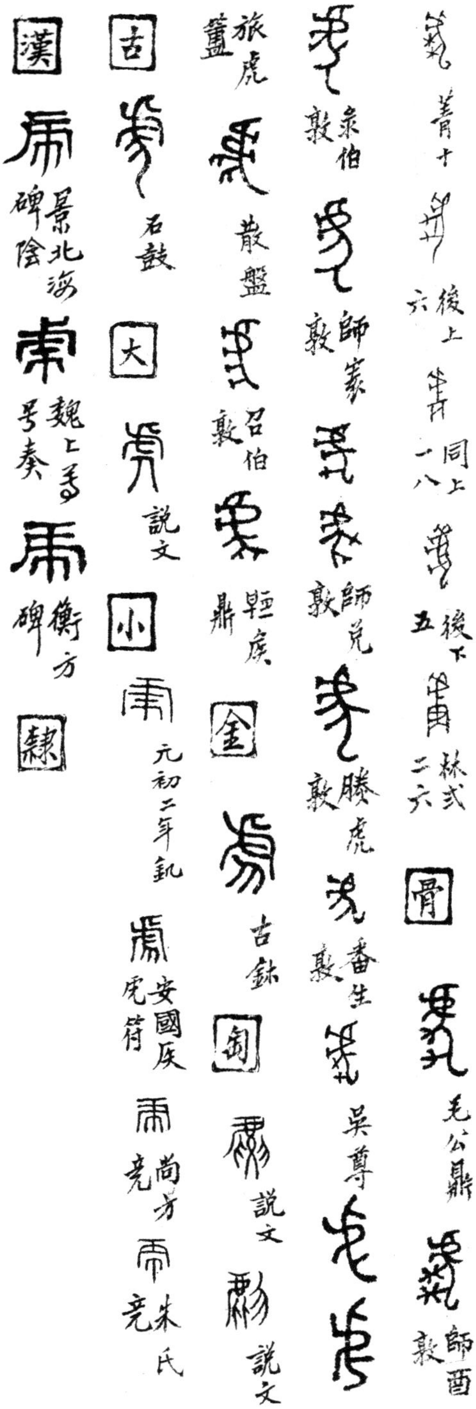

說文：「虎，山獸之君。从虍，虎足象人足，象形。[古文]，古文虎。[古文]，亦古文虎。」呼古切。古曉魚。

ㄏㄨˇ

按古文虎字象虎巨口修尾之形。

羅振玉氏曰：「卜辭象巨口修尾，身有文理，亦有作圓斑如豹狀者，而由其文辭觀之，仍爲虎字也。」增訂考釋中

 後下三 骨  说文 小

说文「虤，虎怒也，从二虎。」五閑切，古疑元，一ㄢ

按古文虤字从二虎顛倒怒而相鬥之狀

羅振玉氏曰：「卜辭从二虎顛倒怒而將相鬥之狀，篆文作兩虎並立，則失怒而相鬥之狀矣。唐李勣碑贙字尚从此，知唐人尚存其初形矣。」增订考釋中

 前陸四。 骨  说文 小

说文「𧇭，兩虎争声，从虤从曰。讀若憖。」語巾切，古疑真，一ㄣ

按古文𧇭字从虤从口。

羅振玉氏曰：「从口与从曰同意。」增订考釋中

前伍三 【骨】

说文 【小】

说文：「皿，飲食之用器也。象形。与豆同意。讀若猛。」武永切。古明陽。〔一〕

按古文皿字象器皿之形。

【骨】

前弍二〇　同上　同上三七　同上三八　同上　同上　前伍五　後上一八　同上

盂鼎　大鼎　白公盂　齊侯盂　王子申盞盂　鄀公𨥥

【金】

说文 【小】

说文：「盂，飯器也。从皿于声。」羽俱切。古影魚。〔二〕

按古文盂字与小篆同。

羅振玉氏曰：「卜辭或从𠬞从凵。𠬞亦于字。凵即皿省。」（《增訂考釋中》）

前肆五　前伍三七　同上三八　同上　同上一一　後下三　同上二四　鐵二二三　林弍二九

十四

同上

【骨】

歸夆敦

益公鐘

【金】

古鉨

【匋】

說文

【小】

日益壽合符

大上富貴竟

涑治銅竟

吾作竟二

【漢】

益 華山廟碑

益 李孟初神祠碑

【隸】

说文：「益，饒也。从水皿，皿益之意也。」伊昔切。古影錫。一。

按古文益字与小篆同，象皿水益出之狀。

羅振玉氏曰：「象皿水益出之狀，⋮⋮象水形。」增订考釋中。

前弍四四

同上

同上四五

同上

前捌五

同上

後下一三

同上

【骨】

盡 說文

盡 大騩权

盡 廿六年詔十六斤权

盡 廿六年詔廿斤权

【小】

盡 尹宙碑

盡 史晨奏銘

【隸】

说文：「盡，器中空也。从皿，𦘔声。」慈忍切。古從真。ㄐㄧㄣ

按古文盡字从又持木，从皿，象滌器形。

羅振玉氏曰：「从又持木，从皿，象滌器形，食盡器斯滌矣，故有終盡之

意。說文解字云：「从皿𣁋聲」，殆不然矣。增訂考釋中

前陸四二　同上六一　後下四一　骨

齊侯盂　夆叔盤　中子化盤　歸父盤　金

盥 說文　小

說文：「盥，澡手也，从𦥑水臨皿。春秋傳曰：『奉匜沃盥』」。古玩切，古見元，ㄍㄨㄢˇ

按古文盥字象仰掌就皿受沃之形。

羅振玉氏曰：「卜辭象仰掌就皿以受沃，是盥也。」增訂考釋中

前弍四七　前弍一一　前陸三七　同上　骨

古匋　古匋　古匋

古匋　古匋　古匋　古鉨　均古鉨文　匋

說文　旬邑权　兩詔橢量　元年詔版　小

去 青蓋竟　除兇去央鈴范　漢

去 北海相景君銘

去 白石神君碑　隸

十五

说文：「去，人相違也，从大凵声。」丘據切，古漢魚，く凵

按古文去字从大从𠙴。

彝按骨文去字从大从𠙴，大乃人形，𠙴象宮室或门户，人出相違，故得去義。从𠙴与从凵同，卜辞出字作⿱止𠙴或作⿱止凵可證，許说凵声，殆不然矣。

一曰象飯器之形，乃凵之本字。

商承祚氏曰：「此即说文训凵盧飯器之凵之本字，其或體作⿱竹去，尚存古義。飯器宜温，故凵以象器，大其蓋也。壺字之蓋，小篆亦作大形。金文及後借為人相違之去，遂奪本義而别構凵以代之，非其朔矣。」殷契佚存考釋

说文「血，祭所薦牲血也，从皿，一，象血形」。呼決切，古曉質，ㄒㄩㄝ。

按古文血字从皿从○，或又从丨。

羅振玉氏曰：「卜辭从○者，血在皿中，側視之則爲一，俯視之則成○矣」。增订考釋中

彝按金文从血之字如卹，作邾公釛鐘邾公華鐘追敦等形，均从一，与小篆同。

前肆一八 菁九 後上一五 後下二○ 骨

说文 小

说文：「甹，定息也，从血甹省声，讀若亭」。特丁切，古定耕，ㄊㄧㄥ。

按古文甹字从皿。

羅振玉氏曰：「卜辭从皿不从血，卜辭盌训安，与許書训甹爲定息谊

同，是許書以此爲安寍字，而以寍爲願詞，今卜辭曰：「今月鬼咢」，是咢与寍字誼同，當爲一字，其訓願詞者殆由安誼引伸之也。」增訂考釋中

井 後上一八　井 後下六　井 同上　井 同上三九　[骨]

井 周公𣪘　丼 散盤　丼 鄭井叔鐘　丼 免𣪘

丼 叔男父匜　井 毛公鼎　井 盂鼎　井 師虎𣪘　井 虢叔鐘　井 兮甲盤　[金]

井 說文　[小]

井 史晨後碑　开 仝上　[隸]

說文：「井，八家一井，象構韓形。●，罋之象也。古者伯益初作井。」子郢切。古精耕。ㄐㄧㄥˇ

按古文井字象構韓形，孳乳爲邢，爲刑。

彝按周公𣪘「邢侯」、毛公鼎「女毋敢弗帥用先王作明刑，俗」、盂鼎「今我隹即刑𠕓于玟王」、虢叔鐘「旅敢戔帥刑皇考威儀」、兮甲盤「敢不用命，則即刑𢦏伐」，均段井爲之。

前弍一二　前肆四　前陸四一　同上　同上　同上四三　前柒四〇　後下二五

同上四一　林弍一四　同上

骨　說文　古　阱　說文　穽　說文　小

說文：「阱，陷也。从𨸏从井，井亦声。穽，阱或从穴。𦏧，古文阱从水。」疾正切。古從耕。

按古文阱字象獸陷井中之形，从巛，餌也。

羅振玉氏曰：「卜辭象獸在井上，正是阱字。或从坎中有水，与井同意。又卜辭諸字均从鹿，知阱所以陷鹿屬者矣。」增订考釋中

葉玉森氏曰：「阱上或阱内之小点並象食物，盖餌也。羅氏謂象水，商氏謂表示土意，皆非。」集釋卷二

前伍一七　同上二一　前陸五　骨　盂鼎　頌敦　師寰敦　毛公鼎　散盤　金

正始石經殘石　古　石鼓　大　說文　正始石經殘石　小　新嘉量

十七

又二

说文："卽，卽食也。从皀卩声。"子力切。古精真。ㄐㄧˊ

按古文卽字象人就食之形。

羅振玉氏曰："卽象人就食。"增订考釋中

漢

卽 史晨碑

卽 孔龢碑

卽 石门颂

隶

前伍二四

前柒一八

前捌十

鐵一七八

鐵一六一

後下八

骨

頌鼎

師遽敦

鄭虢仲敦

楕伯敦

大敦

大鼎

散盤

敔尊

穿鼎

休盤

無叀鼎

金

正始石経殘石

古

石鼓

大

說文

正始石経殘石

小

既 孔宙碑

既 華山廟碑

既 鄐閣頌

既 張遷碑

隶

说文："既，小食也。从皀旡声。论语曰：'不勝食既。'"居未切。古見物。ㄐㄧˋ

按古文既字象人食既形。

羅振玉氏曰：「既象人食既，許君訓既爲小食，誼與形爲不協矣。」增訂

考釋中

前式九　同上二三　前肆一二　同上五四　同上八　前伍一　同上　同上八　鉄一四一　餘二

後上一九　同上二八　後下七　同上九　骨　毛公鼎　盂鼎　師兑敦　吳尊

录伯敦　魯侯角　鬯侯鼎　金　說文　小　劉熊碑　婁壽碑　隸

說文：「鬯，以秬釀鬱艸，芬芳攸服，以降神也，从凵，凵器也，中象米，匕所以扱之。易曰：不喪匕鬯。」丑諒切，古透陽。彳尤

按古文鬯字象米在器中。

吳大澂氏曰：「鬯象米在器中。」古籀補弟五

前伍五　同上　前式三　前式五　鉄八九　鉄二四一　後下七　同上　林式六　骨

十八

卜辭 史獸鼎 [金] 說文 [古] 說文 [小] 成山宮渠斗 名銅竟 尚方竟九

[漢] 夏承碑 孔龢碑 熹平石經 楊著碑 [隸]

說文：「爵，礼器也，象爵之形，中有鬯酒，又持之也，所以飲器象爵者，取其鳴節節足足也。古文爵象形。」即略切，古精覺。ㄐㄩㄝˊ

按古文爵字象爵之首。

羅振玉氏曰：「許君言象爵形者，謂所从之𠆪也。今觀卜辭諸爵字象爵之首，有冠毛，有目味，因冠毛以為柱，因目以為耳，因味以為足，厥形惟肖。許書所从之𠆪殆由𠂤轉寫之訛。其从鬯与又，則後人所益也。許君謂「飲器象爵」者，取其鳴節節足足也。」今證以卜辭，其字確象爵雀形，知許君所云為古先遺說，不見於諸經注，尚存于說文解

字中，許君網羅放佚之功誠巨矣」增訂考釋中

食 前陸三五　食 前捌八　食 同上　食 鐵二三九　食 後下二八　食 林式一〇　[骨]　食 食仲簋　食 敄共敦

食 仲義敦　食 伯矩簋　[金]　食 說文　[小]　食 長賈富竟　食 尚方竟　食 上大山竟　食 文二

食 朱氏竟　食 清銅竟　[漢]　食 礼器碑　食 白石神君碑　[隸]

說文：「食，亼米也，从食皀声，或説亼皀也」。乘力切，古定德尸。

按，「亼米」，大徐本作「一米」，據段注本改。

按古文食字象飯器形。

戴家祥氏曰：「上象器蓋，下即簋之初文，日用饔飧之具也」。釋皀

合 前柒三六　[骨]　合 召伯虎敦　合 陳侯因資敦　[金]　合 說文　[小]　合 上林鼎　[漢]

合 礼器碑　[隸]

说文："合,合口也。从亼从口。"候阁切。古

按古文合字象器盖相合之形。

余永梁氏曰："合象器盖相合之形。亼则器盖。篆变作亼,许君遂望篆

文而生'亼,三合也。从入一,象三合之形'之训,误矣。"殷虚文字续考

一曰象大物覆小物之形。

叶玉森氏曰："契文合字象,较大之物下覆一小物,则相合,即合字

朔义"说契

亼 前叁 亼 同上 亼 同上 亼 同上 亼 菁九

克鼎 师虎 吕伯 孟鼎 者汈钟

敦 谏敦 敦

祖楚 正始石经残石 隶续正始石经

文 大 金 骨 毛公鼎 正始石经残石 隶续正始石经

今 說文 今 白色杖 今 元年詔版 [小] 今 安陵鼎蓋 今 𩊠鍾 今 尚方竟六 今 中私府鐘

[漢] 今 華山廟碑 今 李孟初神祠碑 今 鄐閣頌 今 正始石經殘石 [隸]

說文：「今，是時也。从亼从乛。乛，古文及。」居音切，古見侵。ㄐㄧㄣ

按古文今字象物在覆下形。

葉玉森氏曰：「𠆢象一物下覆，一為所覆物之符號，物在覆下，表現在意，即今字朔誼。」說契

人一前式ㄟ同上 [甲] 入 孟鼎 入 毛公鼎 入 頌敦 入 宅敦 入 大鼎 入 魚匕 [金] 入 隸續正始石經

[古] 入 說文 [小] 入 日入千万殘鈴 入 日入千壺 [漢] 入 魏范式碑 入 石門頌 [隸]

說文：「入，內也。象从上俱下也。」人汁切，古泥緝。ㄖㄨˋ

按古文入字與小篆同。

前肆六 同上二一 前陸二四 同上 同上 同上三一 後下二三 【骨】

毛公鼎 散盤 周公𣪘 豆閉𣪘 師奎父鼎 𦤎伯壺 𦤎公鬲 子禾子釜 【金】

詛楚文 【大】 内 說文 【小】

内 壽成室鼎 内 光和斛 内 建昭行鐙 内 綏和雁足鐙 内

陽泉熏爐 【漢】 内 魯峻碑陰 内 熹平殘碑 【隸】

說文：「内，入也。从冂自外而入也。」奴對切。古泥物乃乀

按古文内字从止入冂。

葉玉森氏曰：「契文出作𡳿，𠙵為足形，凵為坎形，𠙵出凵故曰出。内与𡳿相反，殆内字。𠙵入冂故曰内，即納之初文。变作内，从内，復增𠆢形，乃愈繁缛，不若内象之簡明也。」說契

与納字通。

容庚氏曰：「內孳乳為納。克鼎出納朕命」詩烝民「出納王命」釋文「納本作內」金文編第五

矢

⊕ 前弍 五一 同上 ⊕ 前肆 ⊕ 同上 七 前伍 ⊕ 同上 ⊕ 鈇二 三一

$\dot{\uparrow}$ 同自 三一 $\dot{\uparrow}$ 虢季子白盤 $\dot{\uparrow}$ 公伐郘鼎 $\dot{\uparrow}$ 郘鼎 $\dot{\uparrow}$ 矢伯卣

金文 鉢古闈 骨 說文

夫

小 夫 孔宙碑 夫 魏上尊號奏 隸

說文「矢，弓弩矢也，从入，象鏑栝羽之形。古者夷牟初作矢」式視切，古音徹紐入聲

羅振玉氏曰：「象鏑幹栝之形，說文解字云从入，乃誤以鏑形為入字矣」增訂考釋中

按古文矢字象鏑幹栝之形

⊕ 前弍 八 ⊕ 前叁 三二 ⊕ 同上 ⊕ 同上 三一 ⊕ 前肆 一四 ⊕ 前伍 四二 ⊕ 同上 ⊕ 同上

二一

同上　同上　同上　同上四三　前陸三　菁一一　後上三〇　同上　後下二三　同上三六

【骨】

射監　射盤　䧹伯原鼎　靜敦　鄂侯鼎　门射甗

【金】

古鉨

【匋】

說文

【 】

石鼓

【大】

說文

【小】

新嘉量　律管　徐揚釖

【漢】

射　魏上尊號奏

【隸】

說文：「射，弓弩發於身而中於遠也，从矢从身，䠶，篆文射从寸，寸，法度也，亦手也」。食夜切，古定鐸尸亡

按古文射字象張弓注矢形。

羅振玉氏曰：「卜辭諸字皆為張弓注矢形，或左向，或右向，許書从身乃由弓形而譌，又誤橫矢為立矢，其从寸則从又之譌也。古金文及石鼓文並與此同」。增訂考釋中

前弍二　前伍九　前肆一八　同上二八

骨

盂鼎　作且乙敦　禽敦

齊侯盤　魯侯鬲　已侯鐘　齊侯女伯鬲　伯侯父盤　滕侯簋　鄀公鍼　胖侯匜

子侯卣　魯侯角　陳侯作嘉姬敦

金

古鉥　均古鉥　蔡侯戈　空首幣

匋

說文　正始石經殘石　隸續正始石經

古

詛楚文

大

說文　正始石經殘石　隸續正始石經

同上　廿六年詔十六斤权　旬邑权　廿六年詔廿斤权

小

祝阿侯鍾　范陽侯壺

棠是鼎　侯家　富平侯家錆　尚方竟六

漢

孔龢碑　礼器碑　曹全碑

正始石經殘石　楊著碑

隸

说文：「侯，春饗所䠶侯也。从人，从厂，象張布，矢在其中。天子䠶熊虎豹，服猛也；诸侯䠶熊豕虎；大夫䠶麋，麋惑也；士䠶鹿豕，爲田除害也。其祝曰：『毋若不寧侯，不朝於王所，故伉而䠶汝也。』矦，古文侯。」乎溝切，古匣侯。ㄏㄡ

二三

按古文侯字从矢、从人、从厂。

古幣文作[字形]者，吳「大澂氏曰：『象矢中侯形』」古籀補第五

前弍三三　同上　同上三四　同上　前弍一三

[骨]

宮作父癸敦　父丁罍　不𡢁敦

陳侯因資敦

[金]

高密戈　高陽劍三　平陽戈　高都幣　古匋　古匋

古鉨　古鉨　古鉨　古鉨　古鉨　古鉨　古鉨

[匋]

正始石經殘石

[古]

秦公敦

[大]

說文

[小]

步高宮高鐙　臨虞宮高鐙二

青蓋竟　許氏竟　吾作竟

[漢]

白石神君碑　華山廟碑　孔龢碑　禮器碑

[隸]

說文：「高，崇也，象臺觀高之形，从冂口，与倉舍同意。」古牢切，古見宵、ㄍㄠ

按古文高字亦象臺觀高之形。

前弍二　後上六　同上　攸上九

[骨]

亳鼎　亳鼎　父乙方鼎

[金]

古匋

古鉨

甸

說文

小

说文：「亳，京兆杜陵亭也。从高省，乇声。」旁各切。古並鐸。久亡。

按古文亳字亦从高省乇声。

羅振玉氏曰：「乙亳鼎作，父乙方鼎作，吳中丞謂是从止，案宅字卜辭亦作，晋邦盦作，仍从乇，乇声殆不誤，非从止也，从屮者，殆亳之異体。」增訂考釋中

前伍八

同上三〇

林弍九

前捌一〇

冨

毛公鼎

召伯虎敦

禽𦎧

𦎧鼎

國差𦉜

拍舟

周公敦

金

古鉨

古鉨

甸

石鼓

大

說文

小

𦎧京鈎

漢

说文：「𩫏，度也，民所度居也。从回，象城𩫏之重，兩亭相對也。或但从口。」古博切。古

二三

見鐸。
ㄍㄨㄛ.

按古文𩫖字象四屋相對，中函一庭之形。或省作二屋。与墉𩫏庸為一字。

又𦥑乳為郭。

王國維氏曰：「殷虛卜辭有字，象四屋相對，中函一庭之形。又有字，當即此字之省也。按古文變化往往緐簡任意，如奔字作𧽸，見石鼓文。或省作𣜩，見盂鼎之類是也。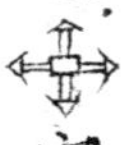字他無所見，字古金文或作，毛公鼎或作，齊國差甔或作，召伯虎敦或作，拍尊蓋小篆之字及字，皆由此變。說文𩫏部：『𩫏，度也，民所度居也。从回，象城𩫏之重兩亭相對也。或但从口。』又土部：『𩫖，古文墉。』又亯部：『𩫏，用也。从亯从自，自古鼻字知臭香所食也。段注以香為亯字之譌，是也。讀若庸。同。』是許君以𩫖𩫏為

二字、又以𩫖字分為二字。（古文墉、篆文郭）其實本是一字、為之変、猶
為之変形、其跡甚明。此二字只是古墉字。召伯虎敦之「僕
土田」、即魯頌之「土田附庸」、左氏傳之「土田陪敦」也。（古僕附陪三字同音、附作
僕作陪者、声之通、𩫏作敦者、字之誤也。）國差甔之「西寶甔」、即「西墉寶甔」也。又假借為
庸字、毛公鼎之「余非又昏」、即「余非庸又昏」也。故古文垣堵諸字、皆
从𩫏、說文垣籀文作䡕、堵籀文作𩫨、城籀文作𩫩、陴籀文作𩫱、徵之
古金文、則邵鐘之𩫨、散氏盤之𩫩、虢仲敦之𩫩、史頌鼎史頌敦之𩫱、
皆从作、故𩫏𩫖二字、為古文墉字蓋無可疑。又古者先有宮室、
而後有城郭、必先有宮室之垣墉、而後有城郭之垣墉、則凡从𩫖之
字、非取象於城郭、而取象於宮室也必矣。又及字上下所

从之介及介，实象屋形，（实宀广二部首即由此變，本一字也。）古文自有此部首，昔人釋為屋形，其更分析之，則△∧象屋，而下二直‖，象其垣墉，故高京亭諸字，兼取象於△及‖，而亯⿰亯者⿰亯亘諸字，但取象於屋下之二‖，以‖不足以象垣墉，故必以介介象之，義各有所當也。然則之為字，實象兩屋相對之形，而非象兩亭相對之形。則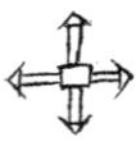字之為四屋相對之形，又可決也。又古者祭祀（除郊社外祭），必於屋下，被髮祭野，古人以為戎狄之俗，故亯字又引申為祭享之義。殷商卜文云「癸卯卜賓貞口唯于京」。（前編五卷九葉）又云「癸卯卜賓貞」。（同上三十葉）拍尊盉「拍作朕配平姬亯宮祀彝」。此數字其義略同於享，而其音當讀為庸。恐即說文亯字音訓之所自出。庸字作作，与享字之作作作，同取象於

廟形,不獨庸墉同声,可通假也,由此觀之,則并二字所象可知.

知四棟之屋,實起於制宮字以前,殆為宮室最古之制矣.

商承祚氏曰"許君之从合乃會甘傳寫之誤,予意卜辭凡从合字者,皆作合,如亳高京章之例是矣,可證許君之失,又高低之高,小篆作高,今隸作高,亦古文之存於今隸中者."類編弟五

京 說文
京 鈎章京
京 弩釦 京兆瓦
京 漢 京碑 礼器
京 孔彪碑 舉卿切古
隸
京 古缽
京 克擢
京 靜卣
京 靜敦
正始君
經殘石
古

說文"京,人所為絕高丘也,从高省,丨象高形,見陽,4乙."

按古文京字象高屋之形.

後上二一

骨

孟鼎

虞司寇壺

敦文

鄘侯敦

文乙殘敦

祀伯匜

甾仲艾匜

菥伯敦

豐兮敦

寍桐孟

仲辛父敦

仲𥜘父敦

齊鎛

雝伯原鼎

金

古鉩

匋

說文

古

說文

小

彭嘉星

又二

漢

享 張遷碑

享 史晨後碑

亨 華山廟碑

享 譙敏碑

享 靈台碑

隸

說文「亯，獻也。从高省，曰象進孰物形。孝經曰：『祭則鬼亯之。』亯，篆文亯。」許兩切。古

曉陽

丁七

按古文亯字象宗廟之形。

吳大澂氏曰「古亯字象宗廟之形」古籀補弟五

前弍二六

同上

同上

同上 五

前叁二四

前肆三四

同上

前陸二九

前捌一二

骨

不嬰敦

宗周鐘

寡子卣

齊侯敦

金

古鉩

匋

𦎫 说文 古 𦎫 说文 小

说文「𦎫，孰也。从亯从羊，讀若純。一曰鬻也。𦎫，篆文𦎫。」常倫切。古定文。ㄔㄨㄣˊ

按古文𦎫字与小篆同，假借為亯為敦。

羅振玉氏曰：「卜辭文曰『甲辰卜王貞于戊申𦎫』，又曰『壬辰卜大弗𦎫見』，厥義殆与亯同。許書『亯，獻也，从高省。曰，象孰物形』，夫許于亯注既曰『象孰物形』，又於𦎫注曰『孰也』，二義自相近。且是字从亯羊，會合二字觀之，無從得純熟之誼，疑古与亯是一字矣」。增订考釋中

陳邦懷氏曰：「羅氏謂卜辭𦎫誼与亯同，其说極碻。又謂𦎫亯是一字，未知是假借字也。考齊侯匜膳亯作膳𦎫，亦為假借字，与卜辭正同。知匜中𦎫字當讀如亯，而不讀純者，以与下句無彊為韵，後二句与

用之亦爲韵也。可證𦎫𩫖古非一字矣」殷虛書契考釋小箋

吳大澂氏曰「古文以爲敦字」古籀補第五

容庚氏曰「𦎫孳乳爲敦。詩閟宮『敦商之旅』箋『敦治也』不𡢁敦『女及戎大𦎫戟』也」金文編第五

 前弍二一

骨

 季良父盉

 季良父簠

 𩰫寇良父敦

 齊侯匜

 大師史良父敦

𠷎子𩰪

 尹氏匡

 格伯敦

金

 古匋

 古鉨

 古鍼鉨

匋

 說文

 說文

 說文

古

 說文

 大良造鞅方量

 大良造鞅戟

小

 五鳳尉斗

 蔡氏竟

漢

 張遷碑

 魯峻碑

 天鳳石刻

隸

說文「良，善也。从畗省亡声。古文良。亦古文良。亦古文良。」呂張切。古來陽。ㄌㄧㄤ

按古文良字所从未詳。

前肆一一　前伍六　佚九八三　簠正三〇
[骨]
農卣　陳猷釜　兮仲鐘　仝上

虢叔旅鐘　克鐘　楚公鐘　寶蕃鐘　免彝　免敦

大敢　魯伯稟鼎
[金]
古匋　古匋　古鉩　古鉩

古鉩　古鉩　古鉩
[匋]
隸續正　始石經
[古]
說文　說文

廩　隸續正　始石經
[小]
廩　隸續正　始石經
[隸]

說文："㐭，穀所振入也，宗廟粢盛，倉黄㐭而取之，故謂㐭。从入回，象屋形，中有戶牖。廩，或从广从禾。"力甚切，古泥侵，ㄌㄧㄣˇ。

按古文㐭字象倉㐭之形，金文或增从林，从米，从攴，与稟爲一字。

强運開氏曰："古廩稟爲一字……即㐭之古文……人象其頂，則象編艸爲圍之形。古人野處，倉㐭多就樹木陰翳處爲之，故又从林。今南方鄉間樹林內尚有編艸為圖，以貯稻穀者，㐭之為形，宛然似之。㐭為穀所振入，故或从禾，从㐭，後世宮室以興，故又从广。其或从攴从金从刀，則皆筆迹之小異耳。說文古籒三補

一曰樂器也，象鈴形，假借為倉廩字。

郭沫若氏謂㐭字乃樂器，其字正象鈴形。古人之鈴與鐘為同義語，故金文多有"㲽鐘"之語，㲽乃从林得聲，攴以擊之，與鼓殻同意。與㐭仍是一字，後叚借為倉廩字，其从米从禾作者，乃稟之本字。蓋从米从禾，从㐭或攴得聲也。甲骨文字研究

䆐 說文　𠶷 說文

㐭 前肆四一　㐭 後下七　𠶷 骨

𣄪 散盤　䆐 敦師𡩜　𣄪 同上

𡩜 壽成室鼎　䆐 元延乘輿鼎　䆐 綏和雁足鐙　䆐 陽泉　䆐 重廬

金　䆐 古鉢　䆐 古鉢　囷 小海宮　䆐 向空樂

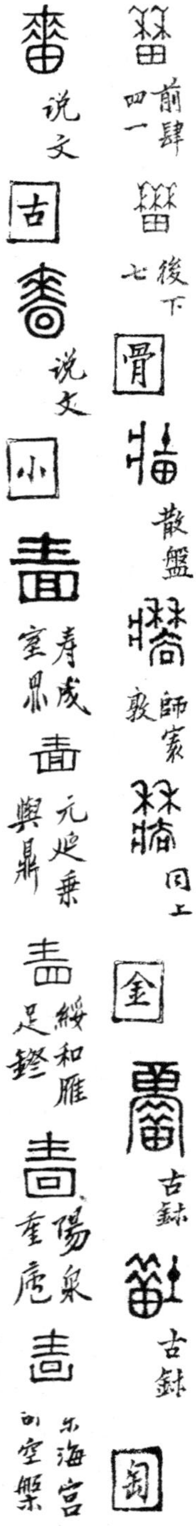

[漢] 嗇 張遷碑 嗇 熹平石經 [隸]

說文「嗇，愛濇也，从来从㐭，来者㐭而藏之，故田夫謂之嗇夫。嗇，古文嗇从田。」所力切，古心德，乙さ。

按古文嗇字从秝从田，与穡為一字。

羅振玉氏曰「嗇穡古一字。卜辭从田，与許書嗇之古文合，从二禾，与許書穡字从禾形合。穡訓收斂，从秝从田，禾在田可斂也。師寰敦穡作𤲃，亦从秝。左氏襄九年傳「其庶人力於農穡」注「種曰農，收曰穡」。田夫曰嗇夫，謂主乎收斂。又穡字礼记皆作嗇。此穡嗇一字之明證矣。其本義為斂穀，引申而為愛濇，初非有二字」增订考釋中

吳大澂氏曰「嗇穡古通」古籀補弟五

前弍二五 前弍八 同上 同上二一 同上二二 同上四〇 同上四二 前肆一四 菁九 [骨] 宗周鐘

趩鼎 宰甾簋 般甗 單伯鐘 [金] 古匋 古鉢 空首幣 [匋]

正始石經殘石 [古] 石鼓 [大] 說文 正始石經殘石 [小] 史晨奏銘 張遷碑 唐公房碑 [隸]

說文：「來，周所受瑞麥來麰，一來二縫，象芒朿之形。天所來也，故為行來之來。詩曰：『詒我來麰。』正來咍 ㄌㄞ 洛哀切。」古

按古文來字象麥之形。

羅振玉氏曰：「卜辭中諸來字皆象形，其穗或垂或否者，麥之莖強，與禾不同，或省作朩作朩，而皆假借為往來字。」增訂考釋中

葉玉森氏曰：「契文之來，从十象穗及莖，从象葉之披拂，个象根，疑為麥之本字。」說契

前肆四〇 同上 同上 同上 前弍一〇 骨

仲叡父盤 金 古鉢 匋

說文 小 新量斗 漢 史晨碑陰 西狭頌 隸

説文：「麥芒穀，秋種厚薶，故謂之麥。麥金也，金王而生，火王而死。从來有穗者，从夊。」莫獲切，古明德，冂ㄛ。

按古文麥字从𡗗象穗，从夂或夊，象其根也，與來當為一字。

彝按羅振玉氏曰：「此與來為一字，許君分為二字誤也。來象麥形，此从夊，即古降字，降字从之，殆象自天降下，示天降之義。」增訂考釋中其謂麥來一字至確，惟釋麥字之形，為許君「天所來也」之說所拘，似嫌迂曲，實則麥字只象麥形，上𡗗若𣎳象其穗，下夊若夂象其根也。

一曰金文麥字象打麥之形。

吴大澂氏曰：「古麥字象手打麥形，後人改从夊，失古義矣。」古籀補第五

前弌五

前肆五

前伍二五

前陸五一

後下一二

林弌一八

同上

林弌二六

前陸三九

前柒二八

鐵二二七

菁十

戩二二

明一五五八

骨

古鉨

匋

説文

正始石經殘石

隸續正始石經

古

秦公敦

大

説文

正始石經殘石

隸續正始石經

小

夏 上林鼎

漢

夏 孔宙碑

夏 曹全碑

夏 尹宙碑

隸

ㄒㄧㄚˋ

説文：「夏，中國之人也。从夊从頁从臼，臼兩手，夊兩足也。𡕥古文夏。」胡雅切，古匣魚。

按古文夏字象蟬形。

葉玉森氏曰：「古人造春夏秋冬四時之字，疑並取象于某時最著之物。卜辭未見夏字，援上今春之例，獵獲三則，今下一字並象形文，如

「今□其𦎫。」前編卷二第五葉「㱿賓貞由今□㱿」後編卷下第十二葉「今□其之降獲。」甲骨文字卷二第二十六葉三辭中之象形文，並狀緌首翼足，與蟬逼肖，疑卜辭叚蟬為夏，蟬乃最著之夏蟲，聞其聲即知為夏矣。」殷契鉤沈卷甲又曰：「小篆作□，誤□□為臼，誤□為頁，誤□為夊，猶略得其似，至許君乃謂象首及兩手兩足，為中國之人，一若外國之人首及手足與中國異數者然，誠強索解矣。」揅契枝譚卷甲

或又从㯻从日。

葉玉森氏曰：「按前編卷六第三十九葉『甲辰卜㱿貞今□貞不□』卷七第二十八葉『貞□吉曰方□今□風，受之又。』兩辭中□□二文，並冠今字，疑即藏龜第二百二十七葉『□』字之省文，□从㯻从日。說文、

「楙，木盛也，从林矛声」。夏為木盛之日，當即夏之別構，省作[illegible]，並冠以今字。孫籀高釋[illegible]為静，羅雪堂釋[illegible]為楙，似茲未諦。又殷虚文字第二十二葉「于𣆉酌受之又」，𣆉又[illegible]省，曰「于夏酌」即于夏時酌祭……造字之始，固以楙日為夏，[illegible]日為春，禾日為秋同例，後乃省日，即段楙為之，猶[illegible]省為[illegible]，再变作[illegible]从楙，尚知為楙省，更变作𣆉，省林，則古意幾泯矣」。殷契枝譚卷甲

董作賓氏曰：「葉君以楙日為夏字之別構，説甚可通，但無證據」。這里替他找到一個證據可以補充其説，这個證據，妙在要借重他所認為「古意幾泯」的𣆉字，新出土的三體石經春秋殘石有古文夏字，作是，从足从日。我疑心這足字就是矛字的訛变，试比較之：

明 甲骨文夏字.

ㄓ 甲骨文芽字. 昆 石經古文夏字.

昆 石經古文足字.

ㄓ 与 昆 二形相差極少，易於訛誤，因形訛為足，所以音也變从足声.

後世夏雅同音，而蟬形夏字又久假不歸，昪字也就漸:廢棄了.現在更綜合二說列為一表如下：

```
          夏
     ┌────┴────┐
    本字       借字
   獸(1)省木   萆(6)省變
   |
   棥(3)
   |
   曾(2)省林   茻(7)省變  芇(8)
   |
   明(4)訛變    蒆(9)
   |
   昆(5)        囊(10)
```

夏字的構造和演變，觀上表可見一般.从棥从日的曾字，可以説是

三一

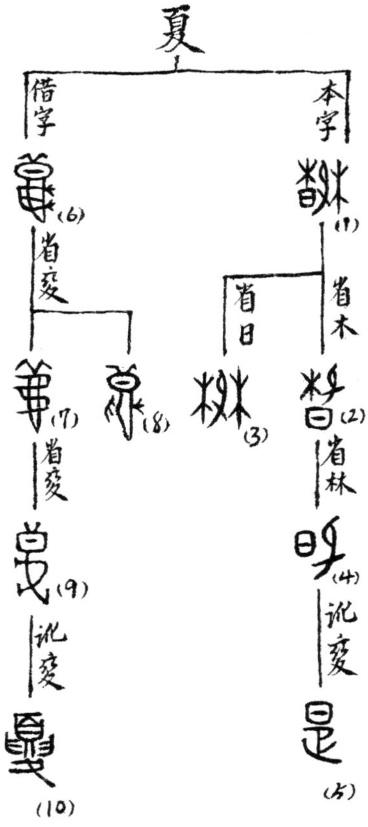

本字(1)，一省作𧖅(2)，再省作𣛭(3)，作𠰻(4)，又訛變作是(5)，這是一個系統，象蟬形的是借字(6)，省變至(7)，(9)已畧大体，訛變為夏(10)，便完全不象蟬形了。」卜辭中所見之殷曆

𦏲 前叄二〇 [骨]

𦏲 余義鐘 [金]

𦐑 說文 [古]

𦏶 說文 [小]

舞 華山廟碑 [隸]

說文：「舞，樂也，用足相背，从舛無声。𦐑，古文舞从羽亡。」文撫切，古明魚ㄨ

按古文舞字象人執羽以舞。

𦏲按古文舞字从大象人形，从二木，乃干羽之屬。王襄氏曰：「俎人𩰾之𩰾亞形父丁卣之𩰾，皆此字繇文。僕兒鐘之舞从辵作，乃後起之字也。」簠室殷契類纂弟五。其說是也。小篆从舛，殆又从辵之譌。

前陸一八　同上　同上　前柒二〇　後上二二　同上三三　菁十

[骨]

说文

小

夒 魏上尊号奏

隸

说文「夒，貪獸也，一曰母猴，似人，从頁，巳，止，夊，其手足」。奴刀切，古泥幽，ㄋㄠ

按古文夒字象人手足之形。

王國維氏曰：「按此字象人手足之形，说文『夒，貪獸也，一曰母猴，似人，从頁，巳，止，夊，其手足』，毛公鼎『我弗作先王羞』之羞，作克鼎『柔遠能㺃』之柔作，番生敦作而博古圖薛氏款識盄和鐘之『柔燮百邦』，晉姜鼎之『用康柔綏懷遠廷』柔，並作皆是字也。夒羞柔三字，古音同部，故相通假」。

前肆三一

前柒二五

同上二六

後下一

骨

黄韋俞文盤

金

说文

正始石經殘石

古

韋 说文

正始石經殘石

相邦呂不韋戟

小

韋 張遷碑

韋 礼器碑

隸

三二

说文：「韋，相背也。从舛口声。獸皮之韋，可以束枉戾相韋背，故借以爲皮韋。」

，古文韋。」宇非切。古影微。ㄨㄟ

按古文韋字从囗从二止相背。

彝按：古文韋字象二止相背，囗蓋宮室也。羅振玉氏謂「韋衛一字，从囗从𣥠象衆足守衛囗内之形。獸皮可束枉戾，故由守衛之誼而引申爲皮韋之韋。」（增訂考釋中，卷二衛字注。）参说嫌拘牽，仍不若判爲二字爲得。

前伍二五　後下一七

甲

虢季子白盤　賢鼎　格伯敦

金

古匋　古鉢

匋

说文

古

说文

小

永始乘輿鼎　南陵鍾　上大山竟　乘輿缶

漢

乘　郙閣頌

乘　魯峻碑陰

隸

说文：「乘，覆也。从入桀。桀，黠也。軍法曰乘。，古文乘从几。」食陵切。古定登。ㄔㄥ

按古文乘字象人乘木之形。

王國維氏曰：「此字象人乘木之形」。

陳邦懷氏曰：「王氏釋乘至碻。考⿱大木字所从之𣎴是古𣡌字。說文解字「𣡌，伐木餘也」下出𣎴文，許君曰：「古文𣡌从木無頭」。卜辭⿱大木字，从大象人乘木上，从𣎴象木無頭形，蓋伐木餘也。古者伐木人乘木上，爲乘之初誼，乘馬又車乘引申誼矣」。

中國文字形體變遷考釋卷六

葉鼎彝

 前弍一五 【骨】

 父丁爵

 木工鼎

 散盤 【金】

 古匋

 古鉨 【匋】

 說文 【小】

木 李孟初神祠碑

木 西狹頌 【隸】

說文：「木，冒也，冒地而生，東方之行，从屮，下象其根。」莫卜切，古明燭，ㄇㄨˋ。

按古文木字與小篆同。

 前肆一六

 林弍一八 【骨】

 說文 【小】

說文：「杏，果也，从木可省声。」何梗切，古匣陽，ㄒㄧㄥˋ。

按古文杏字从木从口。

一

龔按古文杏字从木从口，杏果也，从口則可食。戴侗六書故云：「唐本曰：从木从口。」今本說文作「从木可省声」，蓋傳寫之譌。

前弍八　後上一三　後下三七　[骨]

杞伯壺　杞伯敏　杞伯鼎　亳鼎　[金]

杞　說文　[小]

說文：「杞，枸杞也。从木己声。」墟里切。古溪咍。

按古文杞字从己在木下。

前弍七　同上　同上八　後上一二　同上一三　[骨]

尌中殷　[金]

石鼓　說文　[大]

說文　[小]

張遷碑　景北海碑陰　[隸]

說文：「樹，生植之總名。从木尌声。尌，籀文。」常句切。古定虞。

按古文樹字从力从查。

羅振玉氏曰：「樹与尌當是一字，樹之本誼為樹立，蓋植木為樹，引申之則凡樹他物使植立皆謂之樹。石鼓文𣪠字从又，以手植之也。卜辭从力，樹物使植立必用力，与又同意。許書凡含樹立之誼者，若尌若侸若豎，其字皆為樹之後起字。古文从木之字，或省从屮，於是壴乃変而為豈，既譌壴為壴，遂於壴旁增木，而又譌又為寸，於是樹之本誼不可知矣。」增訂考釋中

彝按羅氏説从力是也，惟未言从壴之意。樹字實象植木於豆形，豆殆盆缶之類，或又从来，則象植麦形，皆表植立之意，故木麦均可得任施也。

一曰从乂，乂耒也

二

葉玉森氏曰「卜辭尌所从之ㄆ乄竝象耒形，非从力，蓋尌藝亦用耒也」集釋卷一

 前柒二六  後下二六 骨

果 古鉥 果 古鉥 匋

果 說文 小

果 唐公房碑 隸

說文「果，木實也，从木，象果形在木之上」古火切，古歌，ㄍㄨㄛ

按古文果字象果生於木之形。

羅振玉氏曰「象果生於木之形，卜辭中婐字采字从此」增訂考釋中

 鐵七七  前肆三三  菁 骨

條 條叔黑臣匜 金

條 說文 小

條 白石神君碑 隸

說文「條，小枝也，从木攸声」徒遼切，古定幽，古ㄊ一ㄠ

按古文條字象枽枝猗儺形。

彝按此字葉玉森氏釋條，云「本春字省文，象枽枝猗儺形，條誼尤

頣.疑即條省」殷契鉤沈.𥦗疑當爲條字本文,後段爲春,乃增作,後又增从卜卜作,許君遂有「从攸声」之説矣.

菁十

骨

北征.藁 蒲

金

説文

小

説文:「稾,木枯也,从木高声.」苦浩切,古溪宵.𢆶

按古文稾字从森高声

羅振玉氏曰:「北征蒲有字,吴中丞釋爲周礼稾人之稾.此从森与从茻同」.增訂考釋中

前弍一九

骨

説文

小

説文:「𣏕,楝也.从木亾声.尔疋曰𣏕瘤謂之梁」.武方切,古明陽.𢆶九

按古文𣏕字从木旁亾.

三

后下二九 [骨]

说文 [小]

说文「栅，编树木也，从木从册，册亦声。」楚革切，古清锡，ㄓㄚˋ。

按古文栅字正象编树木之形。

叶玉森氏曰：「此字从三直木一横木，疑栅之象形文」

前弍三六　同上四三　前伍二七　前捌一一 [骨]

兮甲盘　虢季子白盘　睘伯盘

沇儿钟　般殷盘　中子化盘　归父盘　伯侯父盘 [金]

说文　正始石经残石 [古]

说文 [大]

说文　正始石经残石 [小]

阳泉熏卢　新承水槃　东海宫司空槃　尚浴府行烛槃 [汉]

正始石经残石 [隶]

说文「槃，承槃也，从木般声。鎜古文从金，盘籀文从皿。」薄官切，古並元，ㄆㄢˊ。

按古文槃字象槃形。

羅振玉氏曰：「卜辭作凡象形，傍有耳，以便手持，或省耳。古者槃与舟相類，故般庚之般从凡，或徑作凡，殆与凡同字。後世从舟与从凡同意也。又以古金文例之，般庚之般，亦般盂字矣。」增訂考釋中

通假作凡作般

郭沫若氏曰：「凡乃凡字，槃之初文也，象形。一作般，即後來之般字，字當作般，譌变而為从舟从殳，而杯槃字乃益之以木作槃，或益之以皿作盤，金文伯矦父盤作鎜，則从金，均槃字之緐文也。」甲骨文字研究

前伍一三

骨

说文

小

说文：「臬，射準的也，从木从自。」李陽冰曰：「自非声，从劓省。」五結切。古疑月。了一廿。

按古文臬字亦从木从自。

四

前伍一
菁九
後上十
同上
【骨】

邾公釪鐘
王孫鐘
沇兒鐘

姑□句鑃
齊鞄氏鐘
樂鼎
虘鐘
【金】

古鉢
古鉢
古鉢
【匋】

樂 説文
【小】

樂 大上富貴竟
樂 樂仲洗
樂 内者樂臥行鐙
樂 常樂貴竟
樂 朱氏竟
泉

三羊竟二
【漢】

樂 婁壽碑
樂 耿勳碑
【隸】

説文：「樂，五声八音總名，象鼓鞞，木，虡也。」五角切，古疑覺，ㄩㄝ。

按古文樂字象琴瑟形，从絲附木上。

羅振玉氏曰：「从絲附木上，琴瑟之象也，或增白，以象調弦之器，猶今彈琵琶阮咸者之有撥矣。虘鐘作𦅫，借濼為樂，亦从𦅫，許君謂象鼓鞞木虡者誤矣。」增訂考釋中

前伍三六
前柒四〇
鐵二四二
【骨】

趩尊
趞卣
【金】

采 说文 [小]

采 尚方竟十一 [漢]

采 白石神君碑 采 孔褒碑 [隸]

说文："采，捋取也。从木从爪。"倉宰切。古"清咍。ㄘㄞ"

按古文采字象取果於木之形，从爪果。

羅振玉氏曰："象取果于木之形，故从爪果，或省果从木，取果為采，引申而為樵采及凡采擇。"增订考釋中

休 前伍二六 休 同上 休 後上一二 休 同上 [骨]

休 毛公鼎 休 頌鼎 休 頌敦 休 大保敦 休 公伐郤鐘 休 貉子卣 休 師害敦 休 無㠱敦 休 遣叔敦 [金]

休 古鉨 休 古鉨 [匋]

休 说文 庥 说文 [小]

休 華嶽廟殘碑 休 魏范式碑 [隸]

说文："休，息也。从人依木。庥，休或从广。"許尤切。古"曉幽。ㄒㄧㄡ"

按古文休字与小篆同。

五

宴設 東 说 按

前叁二〇 前貳五 前陸二六 同上四六 骨 東 散盤 東 宗周鐘 東 克鐘

宴設 東 公違敦 東 王命明公尊 東 鑄公簋 東 周公敦 金 東 古匋 東 古

東 说文 小 東 河東鼎 東 杜陵东园壶 漢 東 曾峻碑 東 礼器碑

说文：「東，動也，从木。官溥说：『从日在木中。』得紅切。古端鐘。ㄉㄨㄥ

按古文東字即橐之本字，象實物囊中括其兩端之形。

徐中舒氏曰：「東古橐字，埤蒼曰：『無底曰橐，有底曰囊。』史記索隱引。倉

曰：「囊橐之無底者也，實物囊中，括其兩端，東形象之。鼎文重字从

，象人負囊形，橐以貯物，物後世謂之東西，東西者囊之轉

说文闕義箋引

丁山氏曰：「橐与東為双声，故古文借之為東方。」说文闕義箋

𣗥 後上一五 骨 𣗥 說文 小

說文：「𣗥，二東，𣍘从此。闕。」據下引丁山氏說讀若𣍘，則當昨牢切。古從幽。ㄘㄠ

段玉裁氏曰：「謂義與音皆闕也。」鍇曰：「按說文舊本無音。」鉉亦不著反語。

按古文𣗥字从二東。

丁山氏曰：「曰部：『𣍘，獄兩曹也。从𣗥，在庭東也。从曰，治事者也。』據段注本 吳穎芳曰：『𣗥乃治事之所，在庭東，故从東；兩曹故从二東。』王紹蘭曰：『兩曹謂東西曹，而曹从二東不及西，舉東亦該西，故云兩曹。魏志毛玠傳：「玠嘗為曹掾，時人憚之，咸欲省東曹，乃共白曰：『舊西曹為上，東曹為次。』太祖知其情，曰：『今日出於東，月盛於東，何以省東曹？』」以是知从

二東之棘，蓋取日出於東月盛於東之義。」段注校補語 山按曹之从棘，不

自曹魏始也。米部：「糟，酒滓也，从米曹声。醩，籀文从酉。」以醩例曹，戴侗

疑曹即嘈字，从曰棘声者是也。卜辭嘗云：「壬寅卜在醩，貞王伐于口

亾巛。」殷契卷二第五葉 曹字正从口，又云：「貞猶伐棘其𢦏。」後編上十五葉。曹又不从

口。此曹皆棘声之證也。……棘字之音，今知其讀若曹矣，其本義云何，

則非先知東字本義不可。……東本橐字，彝按詳上東字注 重之為棘，曰二橐。

雖然古之以二紀数，不盡言二也，玉二曰珏，錢二曰兩，鳥二曰雙，方言

飛鳥曰雙，廣疋雙二也 雙生曰孿，玄應音義引字林。 二人相對曰偶，釋名釋親屬 夫妻相偶

曰匹，白虎通匹偶也，与其妻為偶。 事二曰再，廣疋再二也。 再再亦謂之重。史记索隱重再也。 徐灝

曰：「楚辭招魂『分曹並進』，王逸注『曹偶也』。史记扁鵲倉公傳『曹偶可人』，

索隱曰：「曹偶猶言等輩也」，此當是曹之本義。山則謂曹之本義為嘈，曹偶之義，正合棘字。詩公劉「民造其曹」，周語「民所曹好，鮮其不濟也；民所曹惡，鮮其不廢也」，毛傳韋注竝訓曹為羣，斯又棘偶義之引伸。自造字原則言之，棘為之本義為曹偶，其形从二東也，殆無可疑。說文

闕義 箋

林 前式八　骨　林 辛林父敦　林 同敦　林 林𧈧彝　林 湯叔尊　金

林 說文　小　林 鄦偏鼎　林 上林鼎　林 又三林永始乘輿鼎　漢　林 張遷碑　隸

說文：「林，平土有叢木曰林，从二木。」力尋切，古來侵ㄌㄧㄣ

按古文林字与小篆同。

麓 前式二三　麓 前式二八　麓 後上一二　麓 同上一五　骨　麓 麓伯敦　金　麓 說文　古

七

说文

小

说文：麓，守山林吏也。从林鹿声。一曰林属於山为麓。春秋傳曰：沙麓崩。⿱林录，

古文从录。盧谷切，古来燭，ㄌㄨˋ。

按古文麓字从林彔声。彔古文录字，或又从二林。

後下三

骨

说文：森，木多皃。从林从木。讀若曾參之參。所今切，古心侵，ㄙㄣ。

说文

小

按古文森字与小篆同。

前弍六

前肆四一

後上一一

骨

说文

小

礼器碑

隶

说文：桑，蠶所食葉木。从叒木。息郎切，古心陽，ㄙㄤ。

按古文桑字象桑形。

羅振玉氏曰：「象桑形，許書作𣎵，殆由㞢而譌，漢人印章桑姓皆篆作𣎵，今隸桑或作𣎵，尚存古文遺意」增訂考釋中

𠂤 前弍九　𠂤 前伍一七　𠂤 同上一八　〔骨〕

𠂤 盂鼎　𠂤 大師事良父敦　𠂤 𠂤鼎　師 毛公鼎　師 散盤

師 師寰敦　師 大敦　師 師害敦　〔金〕

師 古鉥　師 古鉥　〔匋〕

𣎵 正始石經殘石　𣎵 隸續正始石經　𣎵 說文　〔古〕

師 詛楚文　師 石鼓　〔大〕

師 說文　〔小〕

師 初平五年洮　師 上林量　師 扶侯鐘　〔漢〕

師 尹宙碑　師 孔羨碑陰　師 孔龢碑　師 曹全碑　師 魯峻碑　〔隸〕

說文：「師，二千五百人為師，从帀从𠂤，𠂤四帀，衆意也。𣎵，古文師」，疎夷切，古心澂，尸

按古文師字作𠂤，未詳其義。

羅振玉氏曰：「即古文師字，金文與此同，許書訓小𠂤，非」，增訂考釋中

按參十四部官字注。

八

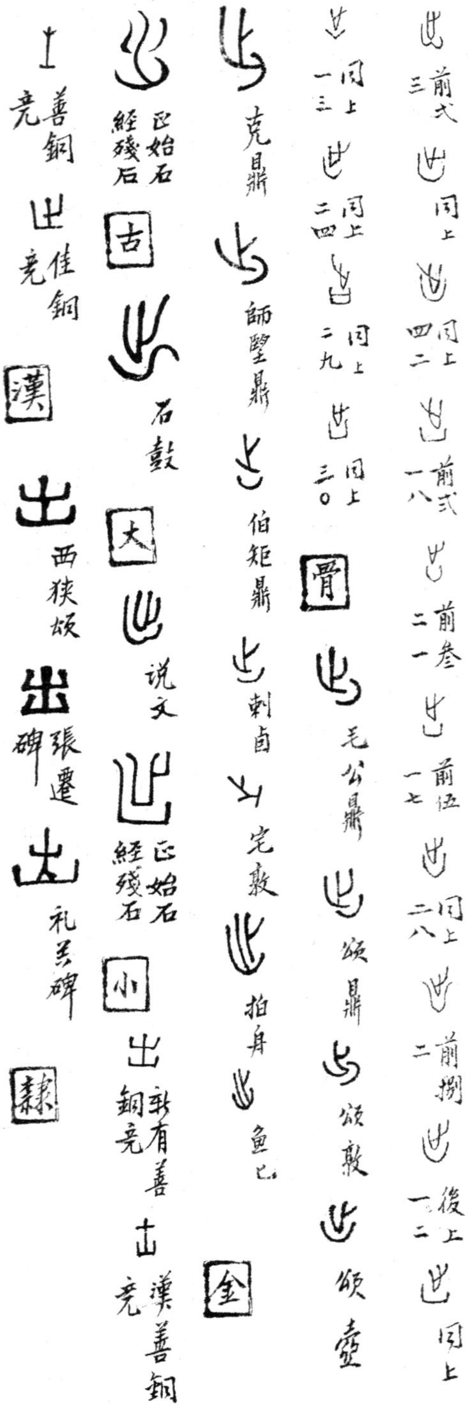

說文「出，進也，象艸木益滋上出達也」尺律切，古透物 ㄔㄨ

按古文出字从止从凵。

葉玉森氏曰「契文出作㞢，止為足形，凵為坎形，㞢出凵，故曰出」說契

一曰从止从凵，象納屨形。

吳大澂氏曰「出字从止，止足也，凵象納屨形，古禮入則解屨，出則納

屢」古籀補第九

前弍一三

同上

同上

同上

同上

同上

同上

同上一四

同上

同上

同上

同上

同上一五

同上

同上四五

後上五

同上二三

同上三二

骨

散盤

盂鼎

咢侯鼎

臾尊

鬲攸比鼎

娸鯉母敦

無㠱敦

[illegible]駁敦

宗周鐘

余秩鉦

南姬鬲

吳王姬鼎

金

古匋

古匋

古鉩

匋

說文

古

說文

南陵鍾

南皮侯家鍾

南皮侯家鼎

汝南郡鼎

漢

魯峻碑

孔褒碑

魯峻碑

沙南侯碑

隸

說文：「南，艸木至南方有枝任也。从𣎳羊声。𡴀，古文。」那含切。古泥侵：ㄋㄢˊ

按古文南字象樂器之形。

郭沫若氏謂由字之形象言，南殆鐘鎛之類之樂器，其證凡四，原文

九

文甚緐節畧如下：(一)卜辞有𣪊字，亦象形，乃象一手持槌以擊南，与
殸鼓二字同意。殸作[illegible]，鼓作[illegible]，即象持槌以擊殸擊鼓。故知𣪊与
殸鼓必係同類字。又[illegible]即殸形，壴即鼓形，則知𣪊南同字，而南与殸
鼓亦必為同類。(二)诗小疋鼓鐘：「以雅以南，以籥不僭。」雅籥均樂器，見周礼春官注。
則南亦自當為樂器。又礼记文王世子有「胥鼓南」之语，南既
言鼓，則顯係樂器之名。(三)國语周语：「王將鑄無射而為之大林。」單穆
公諫之謂鑄大鐘以鮮其繼。是則大林即是大鐘。古人之鐘亦可謂
之林，林与南一声之轉也。(四)金文[illegible][illegible][illegible]等字即古鈴字，象鈴之形，
當讀林声。詳見卷六亩字注。大鐘謂之大林者，乃大鈴也。南則又[illegible]之形音
之略变者耳。南既為鐘鎛之象形，其所以孳乳為南方之南，蓋因古

人陳鐘鎛於最南，大射儀禮云：「笙磬西面，其南笙鐘，其南鑮，鎛同，皆南陳。」又「頌磬東面，其南頌鐘，其南鑮，皆南陳。」故其字孳乳為南方之南。

甲骨文字研究

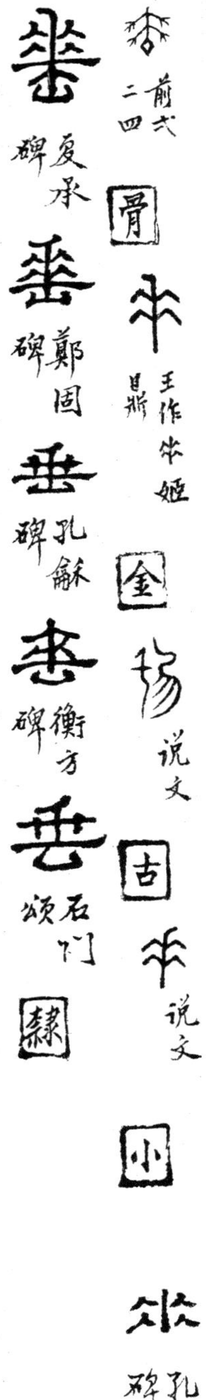

说文：「𠂹，艸木華葉𠂹，象形。古文。」是為切，古定歌。ㄔㄨㄟ

按古文𠂹字象枝葉果實下𠂹形。

葉玉森氏曰：「異體作。说文：「坙，遠邊也，从土𠂹声。」疑卜辭為坙之古文，象枝葉四坙下，从土与篆文同，或省土，仍坙象，許君解為遠邊乃坙之引伸誼也。」集釋卷一 龔按此字當為𠂹之本字，象枝葉果

十

賓下𠂹形，朶其枝葉，♢其果實也。葉氏誤以♢為从土，釋作垂字，而玩其語氣，似又誤垂為𠂹，乃謂許君以遠邊釋垂為引伸誼，豈垂之本誼為下𠂹貌。（𠂹為下垂，𠂹本字。）垂乃後起之字，遠邊之誼，即自其所从之𠂹声而得，是即其本誼也，字之从某得聲者，輒有某義，垂字从土𠂹声，𠂹為下𠂹，自可引伸得遠邊之義，後世假𠂹為垂，乃增从土作，又誤以垂為𠂹，乃又以陲為垂。説文「陲，危也，（从𨸏垂声）」而𠂹字遂廢。漢碑又多假訓「小口[illegible]」之[illegible]字為之。

林式二五

骨

不𩠄敦

大敦

舀鼎

召伯虎敦

金

古匋

匋

説文

小

東

礼器碑

隸

説文：「束，縛也，从口木，」書玉切，古透燭尸乂。

按古文束字象束矢形。

羅振玉氏曰："此字不槩敦作，象束矢形。"雪堂金石文字跋尾

一曰象囊形，象其系。

王國維氏曰："○象囊形，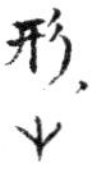象其系。"

前肆一二 同上五三 前柒二〇 骨

秦公敦 石鼓 说文 金

说文 小

说文："囿，苑有垣也。从囗有声。一曰禽獸曰囿。，籀文囿。"于救切。古影。咍。一部

按古文囿字象囗内有草木形。

葉玉森氏曰："觀囿作，知古代之囿，繚以牆垣，析其部居，蒔草与木，不相雜糅。"揅契枝譚

前弍三二 前弍八 前肆五五 鉄一九三 骨

御尊 辛巳敦 金

说文 小

十一

孔宙碑

隸

说文：「圃，種菜曰圃，从囗甫声。」博古切，古邦鱼，ㄆㄨ

按古文圃字象田中有蔬。

羅振玉氏曰：「卜辞象田中有蔬，乃圃之最初字，後又加囗形，已複矣。」增订考释中

吴大澂氏曰：「圃从屮在田，从囗象圃種菜形。」古籀補第六

前伍三八

骨

陈侯因資敦

金

说文

小

尹宙碑

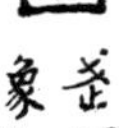

嵩梁祠画象题字

柳敏碑

隸

说文：「因，就也，从口大。」於真切，古影真，一ㄣ

按古文因字与小篆同。

 前弍四六  前肆二四  同上  同上二八  同上五二  同上四三  後上一六  後下一一 骨

 說文 小

說文「囚，繫也，从人在囗中。」似由切，古心幽，ㄑㄧㄡ

按古文囚字象人納於囚闌之形。

商承祚氏曰：「卜辭之井口，皆象囚闌之形，而納人其中。」類編第六

 前肆一六  同上  後下三 骨  說文 小

說文「圂，廁也，从囗，象豕在囗中也，會意。」胡困切，古匣文，ㄏㄨㄣ

按古文圂字象豕在笠中。

羅振玉氏曰：「从豕在囗中，乃豕笠也。或一豕或二豕者，笠中固不限豕數也。其从者，上象有庇覆，令人養豕，或僅圍以短垣，囗象之，或

有庇覆，冂象之，一其闌，所以防豕逸出者。」增订考釋中

前肆三〇 前伍一〇 同上 【甲】

戊寅鼎 俎子鼎 甲寅角 小子𠭘敦 庚贏卣

師遽敦 馭八卣 紳敦 辛巳敦 亞䑪 孟爵 敔叔敦 禹尊 剌鼎 【金】

古匋 古匋 【匋】

说文 【小】

貝 孔宙碑陰 【隸】

说文「貝，海介蟲也。居陸名猋，在水名蜬。象形。古者貨貝而寶龜，周而有錢，至秦廢貝行錢。」博蓋切。古邦月。ㄅㄟˋ

按古文貝字象貝形。

前肆二 前陸二一 後下一八 【甲】

頌鼎 頌壺 頌敦 格伯敦

兮甲盤 尹氏匜 【金】

说文 【小】

说文「貯，積也。从貝宁声。」直吕切。古定魚。ㄓㄨˇ

按古文貯字象内貝於宁中形。

羅振玉氏曰：「象内貝於宁中形，或貝在宁下，与許書作貯貝在宁旁意同。又宁貯古爲一字。说文于宁訓辨積物，貯訓積，初亦非有二義矣。」增订考釋中

前弍一　前弍七　同上　同上八　同上　同上九　同上十三　同上一六　同上一八

同上一九　同上三四　同上　同上四二　同上四〇　同上　前弍四五　前肆五〇　鐵二三八

後上二　同上三　同上六　同上七　同上　同上八　後下一六　同上十　同上二四

骨

虘鐘　邾公釛鐘　賀鼎　盂鼎　守敦　眔卣　史頌敦

叔賓父簋　王孫鐘　邾王鼎　姑口句鑃　鄭井叔鐘

金

古鉥　古鉥

匋

說文

古

賓 說文

小

賓 西狹頌

賓 魏封孔羨碑

隸

说文：「賓，所敬也，从貝𡧍声。𡧍古文。」必鄰切，古 邦真，ㄅㄧㄣ

按古文賓字从宀象屋形，从人从止，象人至屋下。

王國維氏曰：「卜辭賓字所从之宀宀与宀同意，皆象屋形。古文自有宀宀二部首，亯舍余諸字皆从之。又冂广二部首，即宀宀之省，亼部亦然，舍倉諸字从亼可证。𡧍上从屋，下从人从止，象人至屋下，其意為賓，各客二字从夊意皆如此。金文及小篆易从止為从貝者，乃後起之字，古者賓客至，必有物以贈之，其贈之之事謂之賓，故其字从貝，其義即礼經之儐字也。如大敦盖史頌敦畢卣貿鼎諸器之賓字从貝者其義皆為儐也，後世以賓為賓客字，而別造儐字以代賓字。實則𡧍乃賓之本字，賓則儐之本字也。賓之本字，其省者从宀从人，其譌變也，乃从中之一畫屬於人上，如虘鐘之賓作若此字从宀从丏，
蓋已非其朔。」觀堂集林卷一

一曰从宀㔾，㔾亦声。

郭沫若氏曰：「當係賓之最初字，蓋从宀㔾，㔾亦声，賓㔾脂真陰陽對轉也。从㔾在宀下，与宗同意，或从亼者，与宀同，其或一之，所以縣之，近時鄉人猶有祀飯瓢神者，當即古代之孑遺也。獻鐘二器其『用濼好賓』語，一作『用濼好宗』，又二編鐘一作賓一作宗，是賓宗同意之證。又卜辭称所祭之祖若妣為王賓，是則賓本所敬之神，其从止者，即示人自其下項礼也。」甲骨文字研究

 前肆四
 同上一〇
 同上一五
 前柒二一
 後下二四

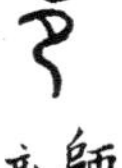 師酉敦
 公違敦
 召伯敦

十四

散盤
齊鎛
北伯敦
爵文
金
古匋
古鉢
古鉢

安邑二釿幣
梁邑幣
匋
說文
旬邑权
小
𢓊邑家鼎

衛步主鍾
漢
孔宙碑
礼器碑
魏上尊号奏
隸

說文「邑，國也，从口，先王之制，尊卑有大小，从卪。」於汲切，古影緝一。

按古文邑字从口从人。

羅振玉氏曰「說文解字邑从口从卪，案凡許書所謂卪字，考之卜辭及古金文皆作𠂉，象人跽形，邑為人所居，故从口从人，猶啚為倉廩所在，故从口从㐭。」增訂考釋中

前肆一七
菁九
骨
毛公鼎
齊鎛
克鼎
盂鼎

封敦
散盤
國差𦉜
金
古鉢
古鉢
古鉢
古鉢

古鉩　古鉩　古鉩　古鉩　齊建邦刀　同上　〔陶〕

說文　正始石經殘石　隸續正始石經　〔古〕　詛楚文　〔大〕　說文　相邦呂不韋戟

同上　〔小〕

邦　北海相景君銘

邦　郙閣碑

邦　魏王基殘碑

邦　圉令趙君碑　〔隸〕

說文：「邦，國也。从邑丰聲。𡵨，古文。」博江切，古邦鍾，勹九

按古文邦字从田丰聲，古與封為一字。

王國維氏曰：「古封邦一字。說文邦之古文作𡵨，从之田，與封字从㞢从土，均不合六書之指。㞢蓋丰之譌。殷虛卜辭云『貞勿求年於𡵨土』。前編四卷十一葉 𡵨从丰从田，即邦字。邦土即邦社，古社土同字。詩冢土即冢社，亦即祭法之國社。漢人諱邦，乃云國社矣。」史籀篇疏證

前肆一一前柒二一菁一【骨】齊鎛𨿕伯啚鼎【金】说文【小】

说文：「鄙，五酇為鄙。从邑，啚声。」兵美切。古邦咍。之。

按古文鄙字从口从㐭。

羅振玉氏曰：「啚為倉廩所在，故从口从㐭。」（增訂考釋中參上邑字注）

与啚為一字。

羅振玉氏曰：「此即都鄙之本字。说文解字以為啚嗇字，而以鄙為都鄙字。考古金文都鄙字亦不从邑，从邑者，後來所增也。」（增訂考釋中）按羅说是也。古金文都鄙字均不从邑，而说文㐭部啚字古文作，蓋即由上揭金文而少譌，知啚鄙古碻一字矣。段玉裁氏云：「鄙夫字古作啚。敍目云：『俗儒啚夫，翫其所習。』可證也。今則鄙行而啚廢矣。」（说文注，是只知鄙夫字古作啚，而不知古本無鄙字，凡鄙字古皆作啚也。

前肆四六　簠正卅

骨

古匋

匋

說文

小

郊 熹平石經

郊 曹全碑

隸

說文：「郊，距國百里為郊，从邑交声。」古肴切，古見宵。

按古文郊字與小篆同。

前肆二一　同上　同上　同上二二　同上　同上　同上　同上　同上　同上

骨

利彝

金

古匋　古鉢　古鉢

匋

說文

小

西鄉鼎　西鄉鈁

漢

孔宙碑

鄉 婁壽碑

鄉 尹宙碑

鄉 曾峻碑

鄉 曹全碑

隸

說文：「鄉，國離邑，民所封鄉也，嗇夫別治封圻之地，六鄉六卿治之，从䢼皀声。」許良切，古曉陽。丅一九

十六

按

古文鄉字从𠨍从皀，象饗食時賓主相嚮之狀，古与卿饗為一字。

羅振玉氏曰：卜辭从𠨍即人相嚮之嚮，詳唐風樓金石跋尾从皀，或从𠨍从豆，皆象饗食時賓主相嚮之狀，即饗字也，古公卿之卿，鄉黨之鄉，饗食之饗，皆為一字，後世析而為三，許君遂以鄉入𨛜部，卿入𠨍部，許君訓𠨍為事之制亦误，未知其為向背字也，饗入食部，而初形初義不可見矣。增訂考釋中

中國文字形體變遷考釋卷七

葉鼎彝

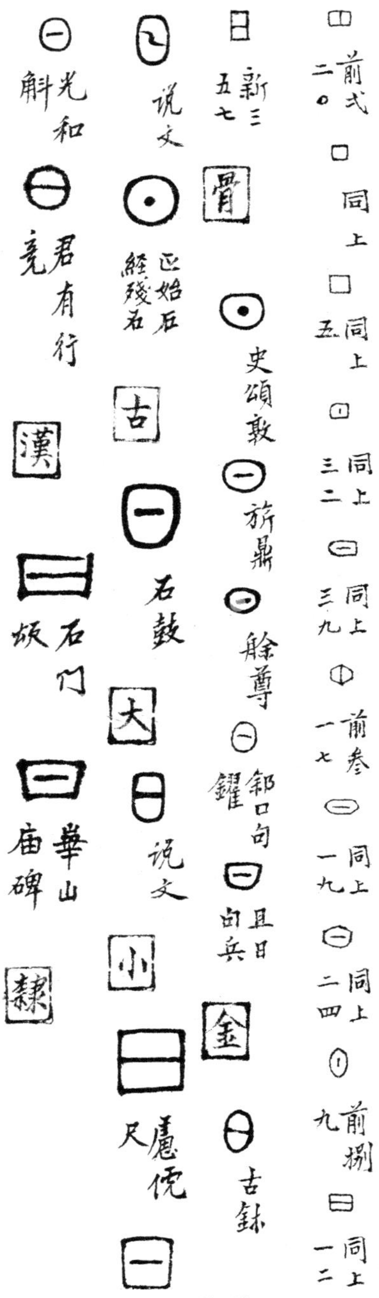

說文曰：「日，實也，太陽之精不虧，从囗一，象形。，古文象形。」人質切，古泥質日。

按古文日字象形。

羅振玉氏曰：「卜辭諸形或為多角形，或正方形，非日象如此，由刀筆

能為方不能為圓也」增訂考釋中

一曰从□象形，一，蓋所以幖識之。

葉玉森氏曰「按契文〇 丁 ⊙ ⊙ 𡆧 等字，竝為圓形，刀筆固優為之，予疑先哲因口〇（竝契文丁字初文，或以為方圓。契文亦叚口為日，但辭中罕見。）制造在前，恐日作圓形，与〇相溷，故改作正方長方形，又於形內注一小橫直之符号者，乃求别於口，厥後譌變為◇ ⬡ ⬯ 等形，亦遂注此分別符号。至从日之字，或變作 [illegible] [illegible] 日，如 [illegible] [illegible] 春 [illegible] 冬 又省變作 凵，如 [illegible] 魯是也」說契

[illegible] 前陸四三

骨

𣅀 古匋

旹 古鉩

匋

旹 說文

旹 正始石經殘石

古

𣅀 石鼓

大

時 說文

小

時 元康雁足鐙

時 尨氏竟

漢

時 孔宙碑

時 西狹頌

時 張遷碑

隸

說文「時，四時也，从日寺声。旹，古文時，从之日。」市之切，古定咍，尸

按古文時字与説文古文同。

前肆八 同上九 前柒四三 鉄一一〇 菁四 [骨]

古鉢 古鉢 古鉢 [匋]

正始石經殘石 [古] 昃説文 [小] 昃正始石經殘石 [隷]

説文：「昃，日在西方時側也，从日仄声。易曰：『日昃之離。』阻力切。古精德。ㄗㄜ。」

按古文昃字从日在人側。

羅振玉氏曰：「从日在人側，象日昃之形，即説文解字之昃。徐鉉云：『今俗別作昊，非是。』今以卜辭證之，作昊者，正是昃之古文矣。」增訂考釋中。

一曰从象人影側。

葉玉森氏曰：「羅氏釋昊是也，惟説仍未澈。予謂昊之初文為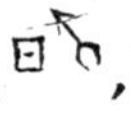，从象人影側，日昊則人影側也，非日在人側之意。変作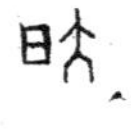。

二

古意失矣。昊度青曰昳昳日說契能平視。昊誼亦顯」

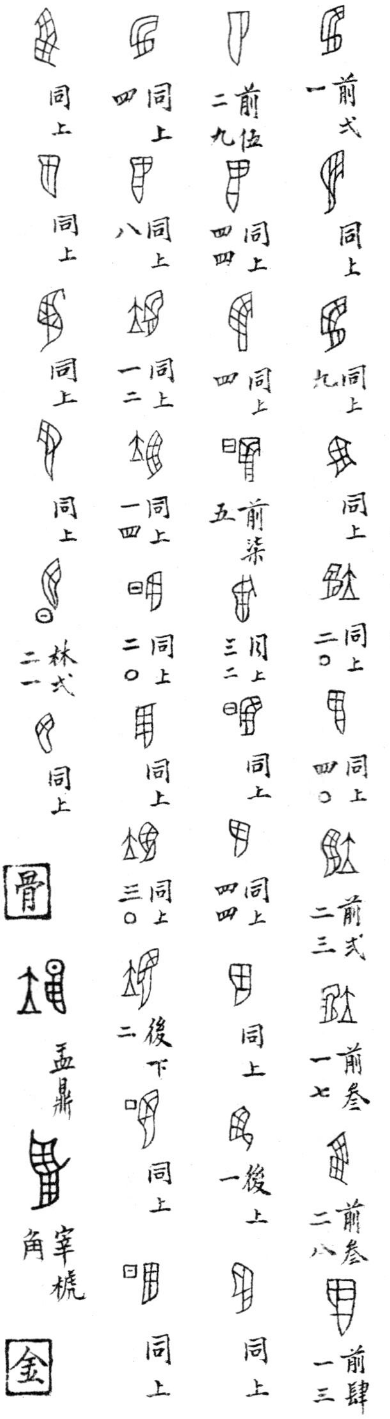

昱 說文 小

昱 魯峻碑 隸

說文：「昱，明日也。从日立聲。」余六切 古影緝。

按古文昱字象毛髮巤巤之形，乃巤之本字，假以為昱，與翌字通，又孳乳為翼。

王國維氏曰：「小盂鼎有字，與二字相似，其文云『雩若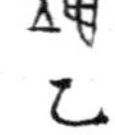乙亥』。

与書召诰『越若來三月』，漢書律歷志引逸武成『粤若來二月』，文例正同。而王莽傳載太保王舜奏云『公以八月載生魄庚子，奉使朝，用書越若翊辛丑，諸生庶民大和會』，王舜此奏，全摹仿康诰召诰，則召诰之『若翌日乙卯』『越翌日戊午』，今文尚書殆本作『越若翌乙卯』『越若翌戊午』，故舜奏仿之。然則小盂鼎之『粤若𦔲乙亥』，當釋為『粤若翌乙亥』無疑也。又其字从日从立，与说文训明日之昱正同，因悟卜辭諸體皆昱字也。羅叔言參事嘗以此说求之卜辭諸甲子中有此字者，無乎不合。惟卜辭諸昱字，雖什九指斥明日，亦有指第三日第四日者，視说文明日之训稍廣耳。又案此字卜或作田者，殆其最初之假借字。田即巤之初字。石鼓文『君子員邋』字作𨘢，从巤。说文囟部『巤毛巤也，象髮在囟上，及毛髮巤巤之形』，[illegible]但象毛髮巤巤之形，本一字也。古音巤立同声，今立在緝韵，巤在葉韵，此二部本自相近，故借巤為昱，後乃加日作[illegible]，為形声字，或更如小盂鼎作[illegible]，為一形二声之字，或又省日作[illegible]，則去形而但存其二声」。觀堂集林卷六

羅振玉氏曰：「段先生曰：『昱字古多假借翌字為之，釋言曰：「翌，明也」，是也。凡經傳子史翌日字皆昱日之假借，翌与昱同立声，故相假借。』其作翼者误也」。增訂考釋中

一曰象蟲翼之形，乃翼之本字，段以為昱翌字

葉玉森氏曰：「王氏説良信，惟昱翌均非本字，谛詧[illegible][illegible][illegible]三形竝象蟲翼，上有網膜，當古象形翼字，書武成金縢翼日之翼乃本字，昱翌

竝後起变作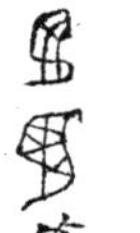等形，遂無从索解，又变从日，始當為翼日合文，後漸沿譌為翼，即昱之所由孳，再变从立，似象一人立於翼側，其會意為輔翼，即翌之所由孳，呂覽本味篇注「翼，羽飛也」，是翼亦含飛越之意，故契文之翼，亦多用如書召誥越三日、越五日越七日之越，但卜辞例畧去幾日，惟言翼某某甲子耳，殷虛書契前編卷七第三葉有「乙亥卜貞，翼乙亥酌系易日，乙亥酌允易日」文，所云「翼乙亥酌」者，當与言「來乙亥酌」同，即越至下一乙亥日始舉行酌祭也。罕梳角翼作，亦象蟲翼，非角字。说契

唐蘭氏曰：「此字當釋羽，象羽翼之形，翼之本字也，王先生釋䎘非是。䎘字上半与子字之古文召伯毀作宗周鐘作者正同象人

首之有毛髮，則二字不當相混也。羽古讀与異近，羽及異皆喻母字，声得相轉。春秋隱五年經「初獻六羽」，左傳釋之曰：「初獻六羽，始用六佾也。」羽佾亦同為喻母字，可以為證。故羽之孳乳為翼，从羽以異声矣。召誥「若翼日乙卯」，金縢「王翼日乃瘳」，則用其孳乳字。羅振玉反謂作翼者為误，失之矣。卜辭或作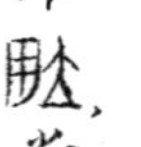，當釋為翌，作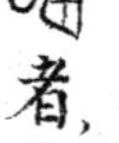者，當釋為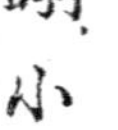，小盂鼎之，則當釋為昱，並从羽得声。至漢時翼声与立声相近，故說文翌、昱二字並从立声。江有诰谐声表云：「昱余六切，說文误作立声。」其實許君所用乃當時之音耳。又案詩周頌小序云：「絲衣，繹賓尸也。」毛傳云：「繹，又祭也。周曰繹，商謂之肜。」繹及肜亦均為喻母字也。殷契卜辭釋文

董作賓氏曰：「按羽翼逾越，古音可通，故翼實含有飛越之意，謂超過今日之日為翼」卜辭中所見之殷曆

菁六曰 巳始石經殘石
後下五

克鼎 敦 師酉𣪘 昌鼎 骨 說文 曶 詛楚文 大 說文 金 巳始石經殘石 古鉨 小 校官碑 國

昔 史晨奏銘 昔 郙閣頌 古 𨽻

說文昔，乾肉也，从殘肉，日以晞之，與俎同意，簪，籀文昔从肉。思積切，古

按古文昔字从卅日。

葉玉森氏曰：「契文昔从 乃象洪水，即古卅字，从日，古人殆不忘洪水之世，故制昔字取誼於洪水之日。」說契

吳度青氏曰：「昔从卅日，說至精，揚子法言所云『洪荒之世』，即古昔誼」.

五

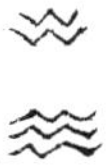

说契

引

 前伍五  同上  六同上 [骨]  爵文 [金]  古鉨 [匋]  说文 [古]

 说文 [小]

说文："㫃，旌旗之游，㫃蹇之皃。从屮曲而下垂，㫃相出入也。讀若偃。古人名㫃字子游。古文㫃字，象形，及象旌旗之游。"於幰切。古影元ㄧㄢ

按："从屮曲而下垂，㫃相出入也"十一字，段玉裁氏谓"當作'从屮，曲而下垂者游，从入，游相出入也'十五字"。说文注

按古文㫃字象形。

羅振玉氏曰："㫃字全爲象形，……屮象杠与首之飾，乁象游形。"段君以爲从入非也。盖篆形既失，初意乃全不可知矣。卜辭文有字，象四

游之形，疑亦㫃字。」增订考釋中

戩四七 骨 休盤 毛公鼎 頌鼎 頌敦 豆閉敦 旂鼎

旂作父戊鼎 旂姬鬲 盂鼎 冢盤 師咢父鼎 邾公釛鐘 齊侯壺 金 古鉥 匋

旂 說文 小

說文：「旂，旗有眾鈴以令眾也。从㫃斤声。」渠希切，古溪文。之一

按古文旂字象形。

彝按骨文旂字从㫃，殆象眾鈴之形，金文始从斤声。

前伍六 前柒三一 骨 番生敦 金 旜 說文 旜 說文 小

說文：「旜，旗曲柄也，所以旜表士眾。从㫃丹声。周礼曰：『通帛爲旜。』旜，旜或从亶。」諸延切，古端元。之二

六

按古文斿字从㫃从丹。

商承祚氏曰：「此字从㫃从丹，丹字从此，疑即斿字。丹与子形相近，殆傳寫失之」，類編第七。

甲骨

前弍二六

同上二九

同上

同上四一

鉄一三二

後上一三

同上一四

魚匕

金

師麻斿叔匡

匋

古匋

古鉨

古鉨

古鉨

古鉨

古

说文

正始石經殘石

石鼓

大

说文

正始石經殘石

小

淳尚方竟

漢

游 堂谿典嵩山石闕銘

游 武氏左右室画象题字

斿 孔彪碑

隷

遊 正始石經殘石

说文：「游，旌旗之流也。从㫃浮声。𨑖，古文游。」以周切。古影幽一。

按古文游字从子執旗形。

羅振玉氏曰：「从子執旗，全爲象形。从水者，後來所加，於是變象形爲

形声矣」增订考释中

後下三五 同二六 骨 召尊 金 古匋 匋 说文 小 旋 衡方碑 隶

说文「旋，周旋，旌旗之指麾也，从㫃从疋，疋，足也」似沿切，古心元

按古文旋字从㫃从足.

罗振玉氏曰：「旋，许书从疋，此从足，增亻者殆亦旋字」增订考释中

彝按足古文正字，与止同意.

前肆三二 前伍七 同上 同上八 前柒三八 菁一一 後下三八 同上二六 同上四二

骨 散盘 遹鼎 犀伯鼎 商丘叔簠 鄭同媿鼎 鄀公簠 虢叔盂

免簠 滕侯簠 仲𣪘簠 中伯簠 曾伯簠 陈公子甗 郘叔𣪘 𩖭侯鼎 金

说文 隶续正始石经 古 说文 小 杨叔恭残碑 隶续正始石经 隶

七

说文：「旅，軍之五百人爲旅，从㫃从从，从，俱也。𣄚，古文旅，古文以爲魯衛之魯。」力舉切，古「來魚，ㄌㄩˇ」

按古文旅字从二人在旗下。

羅振玉氏曰：「卜辭从㫃从人，从九，許書从止者，皆㫃之變形。卜辭又作㫃象人執旂，古者有事以旂致民，故作執旂形，亦得知旅誼矣。許書从乂即从之譌。」增訂考釋中

前弌二　同上八　同上二二　前肆三一　同上三二　鐵九〇　後下四　同上五　同上二五　骨

毛公鼎　師酉敦　王命明公尊　事族敦　金　不易戈　匋

石鼓　大　说文　小　礼器碑　尹宙碑　隸

说文：「族，矢鋒也。束之族族也。从㫃从矢。」昨木切，古「從燭，ㄗㄨˊ」

按古文族字与小篆同。

羅振玉氏曰：「从㫃从矢，㫃所之下，矢所集也。」增订考釋中

一曰象交脛人在旗下。

葉玉森氏曰：「契文族字象交脛人在旗下，乃从㫃从交，非矢。族字之原，應創造於酋長時代，古之酋長，必俘虜異族之人，而歸屬於旗下，以擴張其部众，故族从交脛人在旗下，交脛人即俘虜也。族之朔谊當训屬，國語齊語注，後乃引申為衆，莊子養生主篇注，為衆，莊子在宥篇引司馬注，為類，書堯典傳，復段借為矢鋒。」説契

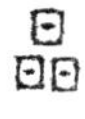
佚五〇六

骨

麓伯星父敦

金

古鉨

古鉨

匋

说文

古

说文

说文

小

星 華山庙碑

隸

八

说文「曐，萬物之精，上爲列星，从晶生声。一曰象形，从口，古口復注中，故与日同。𠻞，古文星。星，曐或省。」桑經切，古心耕。ㄒㄧㄥ

按古文星字象列星之形。

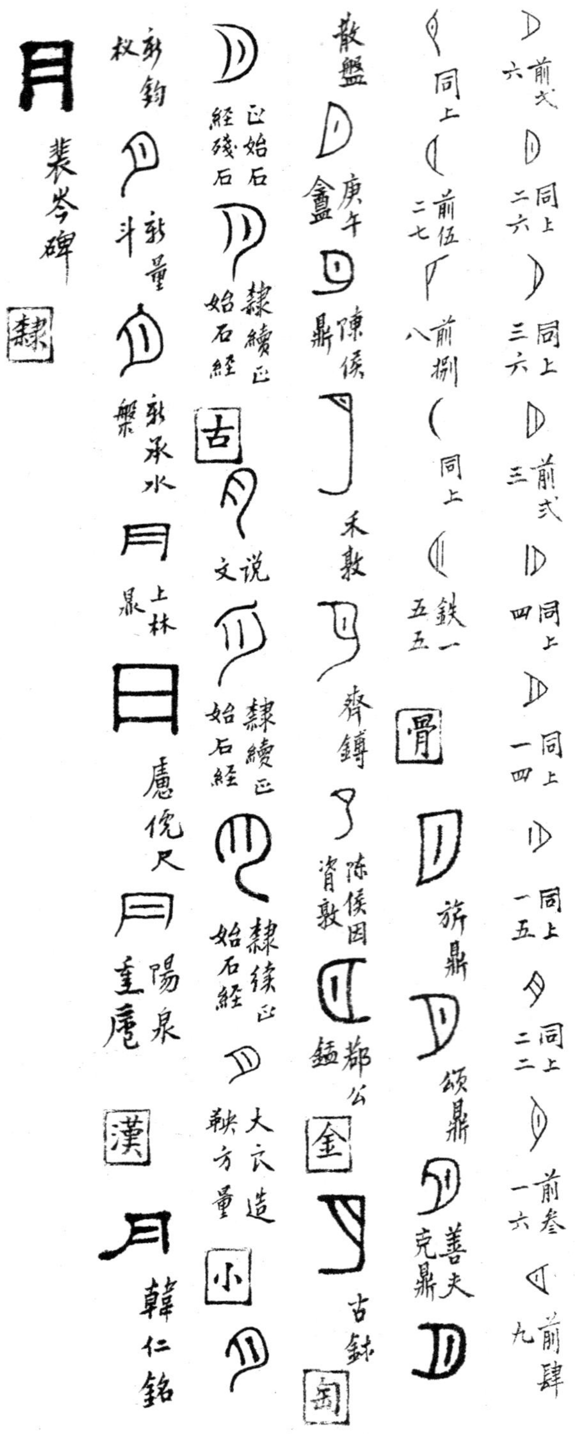

前弍六
同上二六
同上三六
前弍三
同上四
同上一四
同上一五
同上二二
前叁一六
前肆九
同上
前伍二七
前捌八
同上
鉄一五五
骨
旂鼎
颂鼎
善夫克鼎
散盤
庚午盦
陳侯鼎
禾敦
齊鎛
陈侯因資敦
鄀公鍼
金
古鉩
匋
正始石經殘石
隸續正始石經
古
说文
隸續正始石經
隸續正始石經
大良造鞅方量
小
新鈞权
新量斗
新承水槃
上林鼎
慮傂尺
陽泉熏鑪
漢
韓仁銘
裴岑碑
隸

说文「月，闕也，太陰之精，象形。」魚厥切，古疑月。ㄩㄝˋ

按古文月字象月之形，与夕字通。容庚氏曰：「卜辭月夕二字通用，金文尚然，如曆鼎『用夙夕鬻享』，夕亦作月」（殷契卜辭釋文）董作賓氏曰：「契文前後期月夕二字互易其形，在武丁時爲前期，月作D，夕作D，帝乙以後則又月作D，夕作D。容氏謂甲骨文字月夕通用猶未詳考耳」（同上）

骨

前弍二

金

盂鼎　周公敦　召伯敦　毛公鼎　散盤　令鼎

者沪鐘　免敦　南公有司鼎

鉨

古鉨　古鉨　古鉨

古

正始石經殘石　隸續正始石經　詛楚文

大

正始石經殘石　隸續正始石經

漢

說文　旬邑权　兩詔楕量　元年詔版

新嘉量　陽泉熏廬

九

長冢袁竟

漢

有 華山廟碑

有 衡方碑

隸

説文：「有，不宜有也。春秋傳曰：『日月有食之』。从月又聲。」云九切，古影咍一

按古文有字作又，金文則从又持肉。

容庚氏曰：「有从又持肉，會意。説文从月，非。」金文編第七

前肆四六

骨

説文

小

説文：「䶮，兼有也。从有龍聲。讀若聾。」盧紅切，古來鍾。ㄌㄨㄥ

按古文䶮字从又从龍，象人手持龍頭形。

段玉裁氏曰：「今牢籠字當作此。籠行而䶮廢矣。」説文注

前肆一〇

前柒三二

後下一七

同上二〇

骨

虢叔鐘

王命明公尊

叔向敦

沇兒鐘

毛公鼎

王孫鐘

明我鼎

明我壺

金

古鉨

均古鉨

明字刀

匋

说文 古

秦公敦 大

说文

大良造鞅方量

廿六年詔权

廿六年詔十六斤权

大騩权 小

明 大常行鐙

明 秋兴辟雍亮

漢

明 孔龢碑

明 石门颂

明 劉熊碑

明 楊震碑

隸

说文「朙，照也。从月从囧。古文明从日。」武兵切，古明陽。门一乙

按古文明字从月从日，或亦从囧。

後上一一 骨

说文 小

说文「囧，窻牖麗廔闓明，象形。讀若獷。賈侍中说讀与明同。」俱永切，古見陽。㞢乙

按古文囧字亦象形。

後下三〇 骨

師望鼎

魯侯角

鄉公釬鐘

邾公華鐘

叉𢽽鼎

金

説文

正始石經殘石

古

说文

诅楚文

大

说文

正始石經殘石

小

盟 正始石經殘石

盟 魏范式碑

隸

十

说文"盟,周礼曰'国有疑则盟,诸侯再相与会,十二岁一盟,北面诏天之司慎司命'。盟,杀牲歃血,朱盘玉敦,以立牛耳。从囧从血。盟,篆文从明。古文从明。"武兵切,古从明,明,阳,门厶。

按古文盟字象以皿盛血。

商承祚氏曰:"象以皿盛血,歃之意也。囧作☉,刀笔之便耳。"颖编第七

前陆一五 同上一六 前捌二 骨 毛公鼎 历鼎 叔部

孟鼎 叔姓敦 魟侯鼎 师酉敦 师伯敦 师袤敦 师虎敦 师赞敦 金

说文酒 说文古 小 夙 夙 北海相景君铭 史晨奏铭 隶

说文"夙,早敬也,从丮持事虽夕不休,早敬者也。㝎,古文夙从人丙。㝎,亦古文夙,从人丙。"宿从此,息逐切,古心幽,乙X。

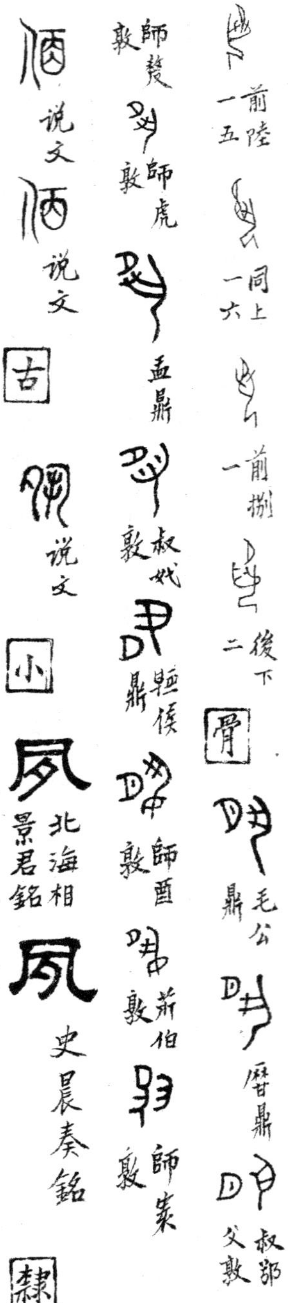

按古文夙字从夕丮。

羅振玉氏曰：「卜辭从夕丮，与許書之夙正同。篆文之丮，卜辭及古金文皆作㚇，象執事形」（增订考釋中）

一曰象人執事於月下。

胡光瑋氏曰：「象人執事于月下，侵月而起，故其誼為早」（说文古文考）

一曰象兩手捧月形。

葉玉森氏曰：「夙乃嚮明之時，殘月在天，惟仰而可見。夙興之人，喜見殘月，故兩手向空，作捧月狀」（说契）

前弍四五　同上四六　前弍二五　同上　後下三　[骨]

不嬰敦　公伐郘鼎　宗周鐘　觴仲多壺　[金]

说文　[古]

秦公敦　石鼓　诅楚文　[大]

说文　[小]

君有行竞

多 剑氏竞　多 毛氏竞二　多 凤皇竞　漢

多 孔彪碑　隸

说文：「多，重也，从重夕，夕者相繹也，故為多。重夕為多，重日為疊。竹，古文多」得何切，古端歌，ㄉㄨㄛ

按古文多字与小篆同，一曰从二肉，會意。

毌 前伍三九　毌 鐵二六　毌 鐵一　毌 林式三　毌 同上二六　毌 後下三七　骨

毌 说文　小

貫 曹全碑　隸

说文：「毌，穿物持之也，从一横貫，象寶貨之形，讀若冠」古丸切，古見元，ㄍㄨㄢ

按古文毌字从回，象寶貨，中口象孔，丨以貫之。

孫詒讓氏曰：「回為寶貨有空好之形，以丨貫之，從横小異，而於貫穿寶貨之義，則尤明碻」名原上

段玉裁氏曰：「古貫穿用此字，今貫行而毌廢矣。……後有串字，有弗字，皆毌之變也。」說文注

 前弍三二
 後下二二
 同上
骨
 圅皇父匜
 毛公鼎
 不嬰敦
金
 古鉨
匋

 說文
 說文
小

說文：「圅，舌也，象形，舌體马马，从马，马亦声。肣，俗圅从肉今。」胡男切，古匣陽，丁马

按古文圅字象圅矢形。

王國維氏曰：「此字象倒矢在圅中，一作立矢形。古者盛矢之器有二種，皆倒載之，射時所用者為箙，矢括与笴之半皆露於外，以便於抽矢，諸字象之。藏矢所用者為圅，則全矢皆藏其中，字象之。……圅本藏矢之器，引伸而為他容器之名。周礼『伊耆氏共其杖咸』，鄭注：『咸讀

十二

為凾也，故凾者含也，緘也，囗象凾形，ㄋ其緘處。

前弍二八　同上一一　前肆一　前伍一七　同上三九　前陸四一　同上五八　同上　同上　同上六一

同上四〇　菁一一　後下二二　同上七　同上四二　鉄一九三　骨

盂鼎　毛公鼎　金

𠧪 說文　大

卣 說文　小

說文："卣，艸木實垂卣卣然，象形，讀若調。𠧪，籀文三卣為卣。"徒遼切，古定幽。

按古文卣字象器皿形，與逌為一字。

王國維氏曰："說文卣逌分為二字，其逌字注云：'从卣乃声'。今此卣字作，則知从乚作者，乃从即皿字之省，說文以為从乃，失之矣。"戩壽堂殷虛文字考釋

彝按：書洛誥"以秬鬯二卣"，詩大雅江漢"秬鬯一卣"，毛傳"卣，器也"，爾雅

釋器「卣中尊也」卣即𠧪，隸變作卣。其器上有提梁，殆酒器之屬。甲骨金文卣
字均象其形，或又增从皿作。

前弍一九

同上

骨

古鉥

匋

说文

古

石鼓

大

说文

正始石經殘石

小

栗
正始石經殘石

栗
孔褒碑

隸

说文「𣡌，木也，从木，其實下垂，故从卣。𠧪，古文𣡌，从西从二卣。徐巡説木
至西方戰𣡌。」力質切，古來質，幻一。
按古文𣡌字象𣡌實在木上。
羅振玉氏曰：「案許書卣之籀文作𠧪，栗之籀文亦从𠧪，栗之古文从
𠧪者，殆亦从𠧪之譌矣。」增訂考釋中
段玉裁氏曰：「隸變作栗者，竊取古文从西之意。」说文注

後上一八

骨

说文

大

说文

小

栗 西狭颂

栗 曹全碑

隸

说文："㮚，嘉穀實也。从鹵从米。孔子曰：'㮚之爲言續也。'𣡌，籀文㮚。"相玉切。古ㄙㄨˋ

按古文㮚字象手持禾形，ㄋ、丷均象粟穗粟粒之形。

前弌一五

同上

前柒一四

林弌二五

骨

歸父盤

齊鎛

齊侯匜

齊癸姜敦

齊陳曼簠

陳侯因資敦

伯姜齊鬲

永宮鬲

作齊鬲

齊婦鬲

金

古匋

古匋

古鉨

古鉨

古鉨

古鉨

齊刀

匋

正始石經殘石

隸續正始石經

古

说文

正始石經殘石

大良造鞅方量

小

光和斛二

漢

齊 正始石經殘石

齊 隸續正始石經

齊 張遷碑

齊 淮源廟碑

齊 景北海碑陰

隸

说文："齊，禾麥吐穗上平也。象形。"徂兮切。古從微。ㄑㄧˊ

按古文齊字象禾麥參差形。

前伍三
後上六
骨
鼎文
卣文
父己鼎
毛公鼎
孟鼎

大祝禽鼎
虢文公鼎
大鼎
釐鼎
舍父鼎
函皇父敦
戲叔鼎

屖伯鼎
拾鼎
伯旅鼎
晅侯鼎
䓣公鼎
吳王姬鼎
俾鼎
䓣子鼎

趠亥鼎
邾討鼎
昶仲鬲
番君鬲
雝伯原鼎
金
古匋
匋

說文
小
𩛥偏鼎
上林鼎
又二
椅包家鼎
衛鼎
中水鼎

第七平陽鼎
聲車宮鼎二
河東鼎
置鼎
漢
曹全碑
北海景君銘

郙閣碑
吳宝鼎甎
晉孫夫人碑
隸

說文：「鼎，三足兩耳，和五味之寶器也。昔禹收九牧之金，鑄鼎荊山之下，入山林川澤，螭魅蝄蜽莫能逢之，以協承天休。易卦巽木於下者為鼎，象析木以炊也。籀文以鼎為貞字。」都挺切，古端耕。ㄉㄧㄥˇ

按古文鼎字象兩耳腹足之形，与貞字通。

前叁二七　同上　前捌五　鉄一一　前陸二〇　同上二〇　佚四四三　菁一一　後下四三

冑

克鼎　克簋　周公敦　大保敦　曾伯簠　陳侯因資敦　邾人鐘

德克敦　公伐郐鼎　公伐郐鐘　散盤　芇伯敦

金

古鉨

匋

说文　说文　正始石經殘石　隸續正始石經

古

诅楚文

大

说文

正始石經殘石　隸續正始石經

小

克　廣漢郡书刀三

漢

克　張遷碑

克　尹宙碑

克　華山廟碑

隸

说文：「克，肩也，象屋下刻木之形。，古文克。，亦古文克。」苦得切。古溪德。ㄎㄜˋ

按古文克字象人戴胄形。

羅振玉氏曰：「象人戴胄形，古金文胄作 盂鼎 豦彝 及作 ，伯晨鼎 克本訓勝，許訓肩，殆引申之誼矣。」增訂考釋中一曰象人戴胄持干戈形，乃古文𠧝字，亦即克之異文。

葉玉森氏曰：「𣪠盤从克从攴，詩清人序『高克好利』，釋文本作克，𠧝即古文𠧝，契文𠧝……字，予竝斷定為𠧝，象一人戴胄持干或戈形，从𠙴𠙴，竝象胄，Y丨Ψ，其胄上之飾……初誼本訓殺，書牧誓『弗禦克奔以役西土』鄭注訓勝，尔足釋詁引伸為能，書堯典允恭克讓傳」說契

吳大澂氏曰：「从寸从攴，皆克之異文。」古籀補第七

𢑱按克之初文當為𠅞，象人戴胄形，後又增戈作𠧝，変而為𠧝，若𠧝矣。其實皆一字也。

前叁二九

前肆三九

林式一八

後上二三

骨

曶鼎

禾敦

邾公釛鐘

留鐘

金

古鉨

匋

隸續正始石經

古

說文

小

秦量斗

漢

熹平石經

十五

禾

黽池五瑞圖題字 隸

说文："禾，嘉穀也，二月始生，八月而孰，得時之中，故謂之禾。禾，木也，木王而生，金王而死，从木，从𠂹省。𠂹象其穗。"戶戈切。古匣歌。厂ㄜ

按古文禾字象形，孳乳為龢。

羅振玉氏曰："上象穗与葉，下象莖与根，許君云：'从木从𠂹省'，誤以象形為會意矣。"（增訂考釋中）

前式三二 骨

子和子釜 金

古鉢 匋

说文 古

詛楚文 大

说文 小

稷

白石神君碑 隸

说文："稷，齋也，五穀之長，从禾畟声。稅，古文稷省。"子力切。古精德。ㄐㄧˋ

按古文稷字从禾兄。

陳邦懷氏曰：「此字从禾从兄，當是說文解字稷之古文。……說文稷古文作稅，段注『兇蓋即古畟字』。按稅即卜辭之秜，後世傳寫致譌兄爲兇，段氏謂兇蓋即畟之古文，未免坿會。許君說稷爲五穀之長，又說兄曰長也，然則秜从兄，蓋取禾兄會意，知古文稷字當从兄矣。」（殷虛書契考釋小箋）

葉玉森氏曰：「按呂覽云『善耘者長其兄而去其弟，不善耘者長其弟而去其兄』，注『兄，嘉禾也，弟，莠蔓也』，是亦禾兄之證，但不專指稷耳。」（集釋）

卷二

後下二〇

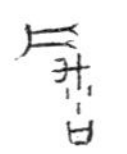
同上二一

骨

曾伯簠

陳公子甗

史免匿

稻嫘敦

叔家父匿

金

說文

小

稻
白石神君碑

隸

十六

說文「稻徐也，从禾舀聲，徒皓切，古定幽，分公

按古文稻字象人持杵打稻形，下承以臼也。

葉玉森氏曰：「按卄象杵，口象臼，川川象米挹出臼傍，跽者作雙手舉

杵狀，叔家父𪭝稻作🔲，🔲象雙手舉杵而畧去杵形，川象溢出之

米，𠃜象臼」

𥞫 前弋一三　𥞫 同上二〇　𥞫 同上二一　𥞫 同上二三　𥞫 後上二四

𥞫 同上二五　𥞫 同上三七　𥞫 後上一

🔲 骨　𥞫 敦煌丁　𥞫 鼎 毛公　𥞫 頌鼎　𥞫 克鐘　𥞫 師遽敦

🔲 金　𥞫 古鉢　𥞫 古鉢　🔲 匋　𥞫 石鼓

楠 說文　𥞫 說文小篆　𥞫 鎬橐泉　𥞫 河東康宮昭台扁

🔲 漢　𥞫 舉山廟碑　𥞫 十三字殘碑

康 鄐閣頌 🔲 隸

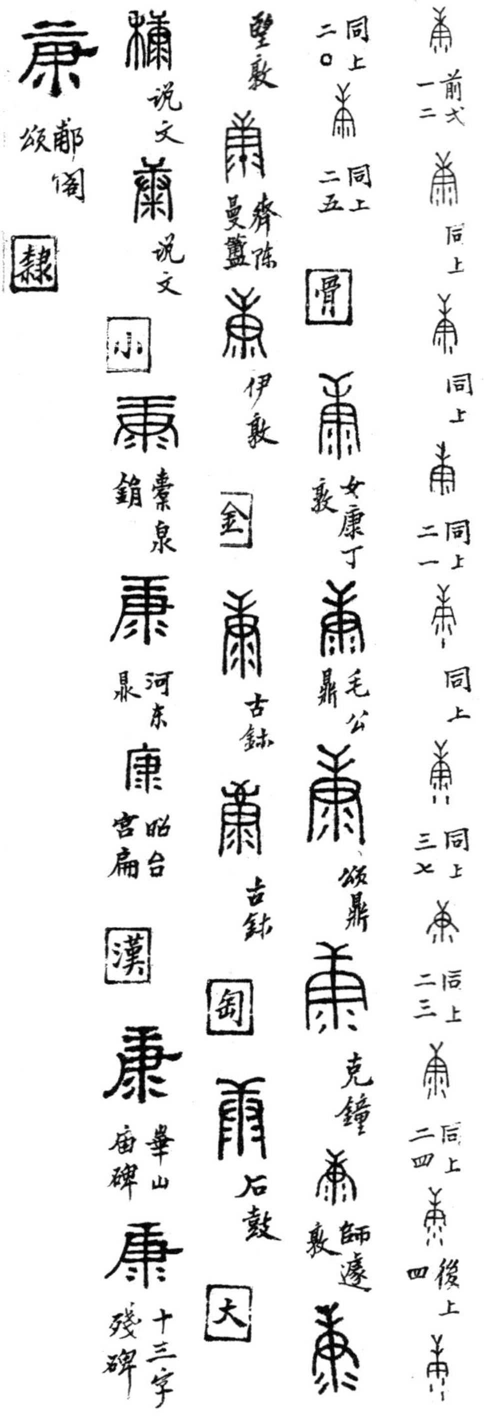

說文：「穅，穀皮也，从禾从米庚声。康，穅或省。」苦岡切。古溪陽。丂九

按古文穅字从米庚声。

羅振玉氏曰：「此字与許書或體畧同，穀皮非米，以⺌象其碎屑之形，故或作⺌，或作⺍，或作丷，無定形。」增訂考釋中

一曰从庚，庚亦声。⺌盖音波也。庚乃樂器。

郭沫若氏曰：「康字訓安樂，訓和静，訓廣大，訓空虚。只空虚一義於穀皮稍可牽及，其他均大相逕庭，無由引申。余意此康字必以和樂為其本義，故殷周帝王即以其字為名號。穅乃後起字，盖从和康声，古人同音通用，不必康即是穅也。大凡和樂字古多假借樂器以為表示。如和本小笙，樂本絃樂之象。又如喜字从壴，古鼓字，象形。龢字从龠，

十七

雅字亦本樂器之名，然則康字蓋从庚，庚亦声也，庚下之点撇，蓋猶彭之作𢾓若𢾓，言之作𠮦若𠮦也。

彝按郭氏釋庚為樂器之名，詳見卷十四庚字注。

前弍五〇　同上　前叁二九　同上　同上三〇　同上　前肆七　同上　同上四〇

前陸六四　前柒四三　後上二一　同上　同上二二　同上二四　後下三三　同上　同上六

骨

頌壺　善夫克鼎　畢鮮敦　豐兮敦　公伐郐鼎　䣄侯鼎　㠱伯敦

齊𡆧姜敦　姞氏敦　鄀公鉦　鄦侯敦　剌鼎　齊侯壺　鄀公釪鐘

鄀公華鐘　鄀公牼鐘　夆叔盤　𦮽伯多父敦　仲敦　者沪鐘　仲𨥫簋　同敦

伯其父簠　仲皇父盉　𢆶鼎　無㠱敦　王人甗　𣲷敦　師昆鼎　杞伯壺

杞伯匜　𡆧仲艾匜　㱃鼎　番君鬲　白者君匜　格伯敦

金

古鉢　古鉢

匋

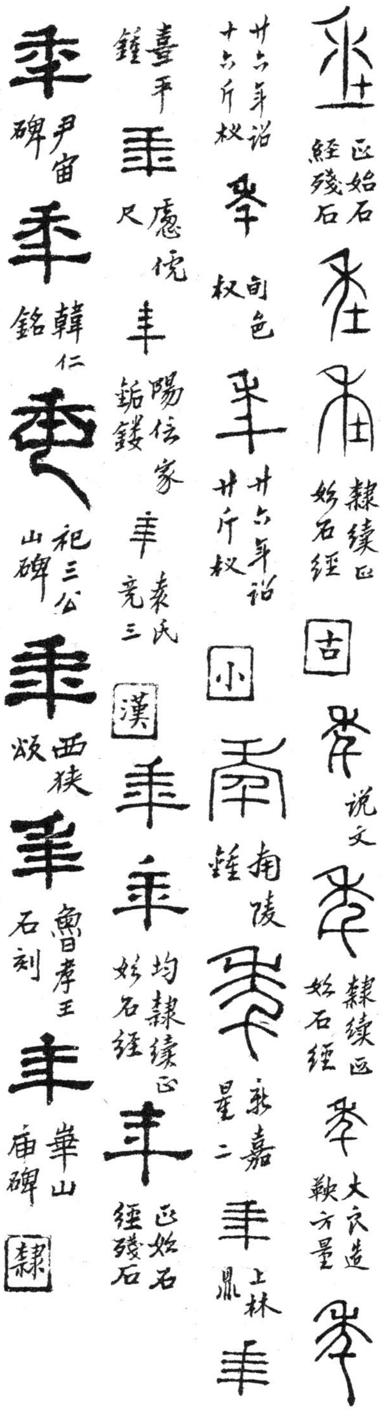

說文：年，穀孰也。从禾千声。春秋傳曰：「大有年。」奴顛切，古泥真。ㄋㄧㄢˊ

按古文年字象禾下見根形，一曰从人戴禾。

葉玉森氏曰：「契文季字竝不从千，似狀禾下見根形，禾孰則刈其根，根見則一年盡，即季之初誼。猶豳風於十月曰改歲，蓋言農事畢以禾孰紀歲功之成也。又疑从人戴禾，初民習部力彊，禾稼既刈，則捆為大束以首戴之而歸。仍許書穀孰為年之意。」說契

八

一曰从禾人声，或壬声。

董作賓氏曰：「按金文卜辭皆从人，不從千，金文有从壬者，作齊侯壺知當爲人或壬声，从千乃壬之省変，卜辭中从人作，也有省作禾的，意義則確爲穀熟」，卜辭所見之殷曆

 前捌一〇

 同上一一

 同上一三

 戩三六

骨

 古鉨

 古鉨

 古鉨

 古鉨

古鉨  古鉨

 古鉨

 古鉨

 古鉨

 古鉨

 古鉨

匋

 隶续匹 姑石经

古

 说文

大

 说文

小

 千秋 壺

 秋風 起竟

 光和 斛

漢

秋 隶续匹 姑石经

秋 孔龢碑

秋 刘君 殘碑

龝 楊著 碑

隶

说文：「秌，禾穀孰也，从禾龜省声。龝，籀文不省」七由切，古清幽，之耳

按古文秌字从禾，象禾穀成孰，从日。

葉玉森氏曰：「藏龜之餘」乙巳卜今東月有事，殷虛文字第三十六葉，「庚申缺今東月缺事」，今下一字，並从日在禾中，依今春今夏例推之，當即秋之初文，卜辭以𠧪象春，以東象秋，一狀枝條初生，一狀禾穀成熟，並繫以日，為紀時標識，古人造字之始，取義正同，篆變从火，許君謂龜省声，失其恉已。殷契鉤沈

董作賓氏曰：「籀文所从之龜，不見于說文，廣韻龜音焦，謂『灼龜卜兆而焦也』，疑龜為後起之形声字，籀文所从當是龜声，龜有丘鳩二音，皆近於秋，故增龜於秋以標其音，秋之从火，林義光先生在文源中卷四第十葉講得甚好」，按火為龜省，不顯龜字形不古，非秋字所宜取声，當作秌象禾穗成實可收之形，这個解說雖屬臆斷，却很近理，禾旁

十九

之字，禾多在左，此字篆文獨在右，而穀穗又本左傾，火字亦象穀穗，且於秋訓禾穀孰之義尤切合，如此說，則火字不過禾穗之緐飾，从火从禾，仍是禾字了。古印鉥文中有从禾从日从火之字：，這很可以溝通了秋秉兩形的關係，而使彼此互相聯合。卜辭中所見之殷曆

说文：秦，伯益之後所封國，地宜禾，从禾舂省。一曰秦，禾名。，籀文秦从

秝。匠鄰切。古從真 ㄑㄧㄣˊ

按古文秦字象抱杵舂禾之狀。徐中舒氏説。見史言所集刊第二本第一分耒耜考。

前叁二九　同上　同上　同上　前肆三〇　同上三九　同上　同上　同上

同上　同上　同上　同上四〇　同上　同上五三　前伍五　前柒二六　鉄二〇六

鉄二一九　鉄二四八　後上一八　同上二〇　同上三一　同上　同上　後下六　同上二八

同上四〇　同上　同上

骨

仲叡父盤

金

説文

小

秦量斗

漢

白石神君碑　孔宙碑　熹平石經

隸

説文。黍。禾屬而黏者也。以大暑而穜。故謂之黍。从禾雨省聲。孔子曰。黍可為酒。禾入水也。舒呂切。古遇魚 ㄕㄨˇ

按古文黍字象黍之形。或增从水。

羅振玉氏曰，「卜辭或省水，黍為散穗，与稻不同，故作之狀以象之」增訂考釋中

前肆四一　後下三　同上二三　骨

周般匜　金

米　说文　小

米　孔龢碑　米　曹全碑　隸

说文「米，粟實也。象禾實之形」莫禮切，古明微。

按古文米字象米粒瑣碎之形。

前肆四一　同上四二　同上　後下七　骨

義楚耑　郘王耑　郘王義楚耑　金

说文　小

说文「耑，物初生之題也。上象生形，下象其根也」多官切，古端元。ㄉㄨㄢ

按古文耑字增从水。

羅振玉氏曰：「卜辭耑字增川象水形，水可養植物者也。上从屮，象植物初茁漸生歧葉之狀，形似止字而稍異，許君止字注云：『象艸木出有址。』乃因形似致譌矣。」（增訂考釋中）

二

骨 前弍三〇 前肆一五 前柒三八 同上 後上二二 後下四二

金 頌壺 寡子卣 鑒家鬲 趠叔敦 毛公鼎 克鼎 令鼎 伯家父敦 伯家父鬲 不嬰敦 家敦 頌鼎

匋 古鉨 古鉨 古鉨

古 說文 說文

小 說文 隸續石經 始石經

漢 衛尐主鍾 曲成家行鐙 侯家𠂔 駱氏竟

隸 衡方碑 孔龢碑 三公山神碑陰

說文：「家，居也，从宀，豭省聲。𡨦，古文家。」古牙切，古見魚。ㄐㄧㄚ

按古文家字从宀从豕。

段玉裁氏曰："按此字爲一大疑案。豭省声讀家，学者但見其从豕而已。从豕之字多矣，安見其爲豭省耶？何以不云段声，而紆回至此耶？竊謂此篆本義乃豕之凥也，引申段借以爲人之凥，字義之轉移多如此。牢，牛之凥也，引申段借爲所以拘罪之陛牢，庸有異乎？豢豕之生子最多，故人凥聚处借用其字，久而忘其字之本義，使引申之義得冒據之。蓋自古而然，許書之作也，盡正其失，而猶未免此，且曲爲之説，是千慮之一失也。家篆當入豕部。"説文注

吴大澂氏曰："古家字从宀从豕。凡祭，士以羊豕，古者庶士庶人無廟，祭於寢。陳豕於屋下而祭也。"古籀補第七。

羅振玉氏曰："或从豕，或从亥。亥亦豕也。古金文亦多作宀下豕形。"增訂

考釋

中

葉玉森氏曰:"按家為初民常畜,許君訓豬曰豭居,豵曰豭聚,家字从豕,當寓聚族而居之意,說契

𠨍 前肆一四 𠨍 同上一五 𠨍 冒

𠨍 說文 古 內 敦 秦公 冒 內 定敦 舟 晉邦盦 金 氏冗 幣陽 氏 古鈢 囪

說文宅,所託也,从宀乇聲.𠨍古文宅,㡿亦古文宅.場伯切.古

按古文宅字與小篆同.

𠨍 前叄三三 𠨍 鉄五 𠨍 鉄一七六 冒 𠨍 頌鼎 𠨍 迅伯敦 𠨍 伯㝨 𠨍

無重鼎 室 仲殷父敦 室 豆閉敦 金 囧 古鈢 囧 空首幣 囧 空首幣 囧 古鉩

室 詛楚文 大 室 說文 小 室 寿成室 漢 室 孔宙碑 室 曹全碑 隸

三

说文：室，實也，从宀从至，至所止也。式質切，古定質。ㄕ
按古文室字亦从宀从至。

后上二四 骨
虢季子白盤 金
詛楚文
石鼓 大
说文 小

承安宫鼎二
杜宣鼎 漢
尹宙碑
礼器碑側
張迁碑 隸

说文：宣，天子宣室也，从宀亘声。须缘切，古心元。ㄒㄩㄢ
按古文宣字亦从宀亘声。

前弍二〇
同上
同上
前肆一九 骨
向卣
叔向父敦
向盦 金
古匋

空首幣
亦古幣文 匋
说文 小
北海相景君銘 隸

说文：向，北出牖也，从宀从口。诗曰：塞向墐户。许谅切，古曉陽。ㄒㄧㄤ
按古文向字与小篆同。

羅振玉氏曰：「口象北出牖，或从日，乃由口而譌，口日形近，古文往往不別。」增訂考釋中

後上九

【骨】

賀鼎

安父鼎

國差𦉜

褱卣

簷鼎

嫚妊車軎

平安君鼎

陳猷釜

【金】

古匋

均古匋文

古鉢

古鉢

古鉢

古鉢

古鉢

古鉢

古鉢

安陽幣

古幣文

安陽刀

安邑二釿幣

安臧幣

安臧幣

齊刀

古鉢

古鉢

【匋】

石鼓

【大】

說文

旬邑權

廿六年詔權

兩詔橢量

廿六年詔廿斤權

【小】

南陵鍾

安陵鼎蓋

長安鋗

富貴安樂竟

光和斛

日有熹竟二

安

陽泉熏爐

安 泰言之紀竟

【漢】

安

延光碑

安

禮器碑

【隸】

說文：「安，靜也。从女在宀下。」烏寒切。古影元。

三

按古文安字亦从宀从女，或又於女下增从乚，未详。

前陸三一　後下一八

骨

虢季子白盤　虢敦　伯仲父敦　祈鼎

伯卣　杞伯敦　取膚匜　伯魚鼎　楚公鐘

祀伯匜　南姬鬲　同敦　𠫑氏鼎　叡𦣞妊敦　虢季氏敦　格伯作晉姬敦

宰峀敦　番君鬲　量侯敦　周𡨦匜　周憲鼎　白者君匜　邛君壺　仲盤　父舟室敦

金

說文

隸續石經

古

說文

小

爰承碑

礼器碑

張遷碑

隸

說文："寳，珍也。从宀从王从貝缶声。寚，古文寳省貝。"博皓切。古邦幽。

按古文寳字从宀从王从貝，或又从朋。

羅振玉氏曰："貝与玉在宀内，寳之誼已明，或从珏，即朋字。……"古金文

及篆文又增缶」增訂考釋中

一曰从玉从貝从冖从古。

聞宥氏曰：「金文寶字从玉从貝从冖从古，蓋玉若貝之古者，則覆而寶之，故字从古，後有省橫畫作𠙴者，乃漸譌為缶，而許書遂列為形声矣。」殷虛文字孳乳研究，載東方雜誌第二十五卷第三号。

宰 佚五一八

骨

宰 頌鼎　宰 散盤　宰 宰椃角　宰 師嫠𣪘　宰 邾太宰簠　宰 師遽尊

金

宰 說文

小

宰 泰言之始竟　宰 泰言之紀竟

漢

宰 正始石經殘石　宰 孔龢碑

隸

說文：「宰，辠人在屋下執事者，从宀从辛。辛，辠也。」作亥切，古精咍，丫丏

按古文宰字从宀从辛，辛兵器也。

吳其昌氏曰：「宰之義乃為屋下有辛類兵器，惟辛為兵刃之器，故宰

之義為宰殺為宰割」金文名象延證兵器篇

 鐵二二九  後下二  同上  同上一五 [骨]  鋞叔敦  叔宿敦 [金]  古匋 [匋]

 説文 [小] 宿 西狭頌 宿 熹平石經 [隸]

説文：「宿，止也。从宀佰声。佰，古文夙。」息逐切。古心幽。ㄒㄩˋ。

按古文宿字从人在㐁旁。㐁象席形。金文又增从宀。

羅振玉氏曰：「説文解字：『宿，止也。从宀佰声。佰，古文夙。』又夙注古文作佰佰。案古金文及卜辞夙字皆从夕从丮，疑佰佰為古文宿字，非夙也。卜辞从人在㐁旁，或人在㐁上，皆示止意。古之自外入者，至席而止也。」增订考释中。

与夙字通。

羅振玉氏曰：「許書从㐭丙，乃由囚傳寫之譌。古宿夙通用，周書『寤儆戒維宿』，注『宿古文夙』，其證矣。」容庚金文編第七引

容庚氏曰：「案左傳季武子名宿，國語作夙，檀弓作季孫夙，亦一證也。」金文編第七。

骨

前弍三〇

後下三

同上二九

金

𦶏卣

師遽尊

大

說文

小

說文

隸

寑 尹宙碑

寑 史晨奏銘

寝 吳谷朗碑

說文：「寑，卧也。从宀，㑴聲。籀文寑省。」七荏切，古清侵，ㄑㄧㄣˇ

按古文寑字从宀从帚。

葉玉森氏曰：「契文多借帚為歸，竝契文寑，从宀从帚，當為帰屋之誼。古人日入而息，帰屋以寑，汔可小休，即寑之初誼。許書所出籀

文，从宀从㚇，已譌変矣。」説契

前肆三〇

同上

同上

鉄九六

鉄七八

[骨]

于氏叔子盤

鄀王鼎

師遽敦

利鼎

仲義父鼎

[金]

古鉢

古鉢

[匋]

説文

[小]

説文：「客，寄也，从宀各声。」苦格切，古溪鐸。丂さ

按古文客字从宀从各，或又増人。

羅振玉氏曰：「説文解字客从各，各即格之古文。古金文多与許書同，此从㒳，即各旁増人者，象衆客至而有迓之者。客自外來，故各从𠙵，象足跡由外而内，从口者，自名也。或省口。」増訂考釋中

叚借爲各。格

按師遽敦「王在周客新宮」，利鼎「王客於般宮」，均叚借爲各。格

佚一〇八六
新二三九
骨
趠亥鼎
北子宋盤
金
古匋
古鉨
古鉨
古鉨
不易戈
古鉨
空首幣
匋
正始石經殘石
隸續正始石經
古
說文
小
永元雁足鐙
漢
正始石經殘石
礼器碑
隸

說文：「宋，居也，从宀从木，讀若送。」蘇統切，古心冬。乙ㄨㄥ

按古文宋字与小篆同。

前弍二二
前肆一八
同上一八
前捌一五
同上
後下二七
同上五
骨
盂鼎
善夫克鼎
仲追父敦
追伯敦
季良父簠
金
古鉨
坶古鉨文
空首幣
匋
正始石經殘石
古
詛楚文
秦公敦
大
說文
小
元延鈁
漢
正始石經殘石
華山廟碑
袁氏石闕銘
隸

說文：「宗，尊祖廟也，从宀从示。」作冬切，古精冬。ㄗㄨㄥ

二六

按古文宗字亦从宀从示。

郭沫若氏曰：「宗即祀生殖神象之地」。甲骨文字研究

按參卷一示字注。

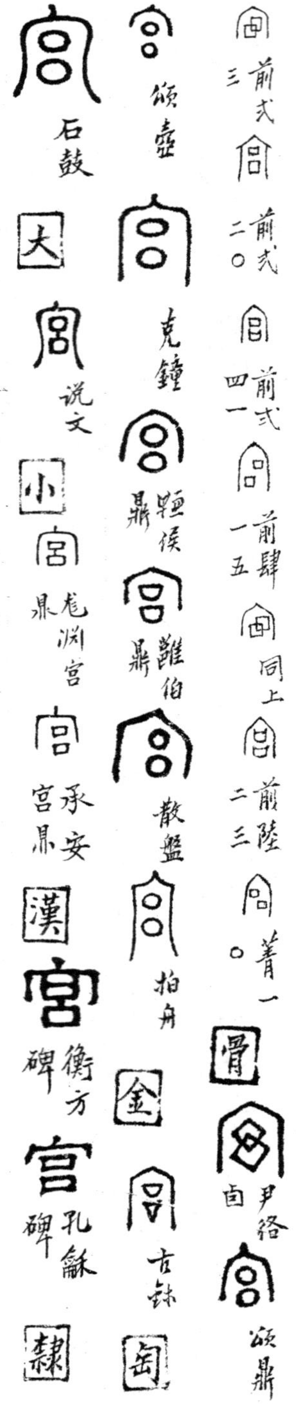

說文：「宫，室也。从宀，躳省声。」居戎切。古文見冬。从ㄨ人

按古文宫字从宀从吕或从𠁣，象數室相連形。

羅振玉氏曰：「从吕从吕，象有數室之狀；从𠁣，象此室達於彼室之狀，皆象形也。說文解字謂『从躳省声』，誤以象形為形声矣。謂躳从宫省

則可耳」增訂考釋中

吕 林弍五

骨 吕 辝子卣 吕 吕鼎 吕 吕王鬲

金 吕 古鉨 吕 古鉨

匋 吕 說文

古

膂 說文 吕 吕不韋戟

小 吕 大吕鐘

漢 吕 西狹頌 吕 礼器碑

隸

說文「吕，晉骨也，象形，昔太岳為禹心吕之臣，故封吕侯，膂，篆文吕从肉从旅，力舉切，古」來魚，分凵

按古文吕字象脊骨之形。

彝按甲骨金文吕字中均不相連，吕不韋戟大吕鐘猶如是作，知許書之作吕，為傳寫之譌矣。

說文

小

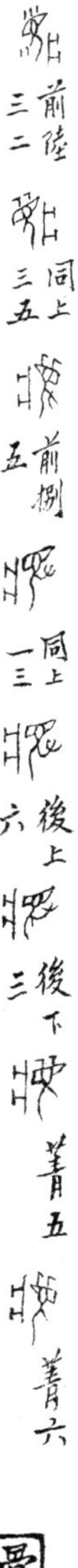

前陸三二 同上三五 前捌五 同上一三 後上六 後下三 菁五 菁六

骨

二七

说文：「㝱，寐而有覺也。从宀从爿夢声。周礼：『以日月星辰占六㝱之吉凶。一曰正㝱，二曰咢㝱，三曰思㝱，四曰悟㝱，五曰喜㝱，六曰懼㝱。』」莫鳳切。古明登、口公

按古文㝱字从爿从瞢，瞢亦声。

丁山氏曰：「说文：『㝱，寐而有覺也。从宀从爿夢声。』又曰：『夢，不明也。从夕瞢省声。瞢，目不明也。从𦭝从旬。𦭝，目不正也。从丫从目。蔑从𦭝从戍。』而金文或从[illegible]作[illegible]，兑卣；或从[illegible]作[illegible]，師遽敦；或从[illegible]作[illegible]，[illegible]生敦。卜辞或从[illegible]作[illegible]，殷契一第四十九葉；或从[illegible]作[illegible]，殷契六第七葉；或从[illegible]作[illegible]，殷契五第三十九葉。以蔑之偏傍変化測[illegible]殷契八第五葉。右之[illegible]，可斷其為瞢之最初形，其左爿可斷其為爿之最初形。许君言『爿，倚也。人有疾病象倚箸之形』。墨經言：『夢，卧而以為然也。』倚箸而卧，神有所遇，恍兮忽兮，其

見有物，則寢从日从夢，夢亦声。形誼已著，奚用从宀戠？夢从夢，不明之誼，亦足，奚用从夕戠？窃疑夢瞢古今字，𤸫即寢之初形矣。」釋𤸫，載史言所集刊第一本第二分。

前陸二九 同上 前弍五 骨 說文 小

說文：「寐，卧也。从寢省未声。」蜜二切。古明物ㄇㄟ

按古文寐字从寢省木声。

商承祚氏曰：「羅師釋寐，从寢省木声。」類編第七

一曰从山从人从木。

葉玉森氏曰：「古人以木為枕，之異體作，人或女在室内就枕，即謂之宿寐，寐或木亦声耳。」集釋卷二

鐵二

鐵二六

鐵一二一

前肆一八

前伍一四

前柒三三

戩三四

[骨]

说文

[小]

说文："爿，倚也，人有疾病，象倚箸之形。"女戹切。古泥質。ㄔㄨㄤˊ

按古文爿字象人輾轉臥榻之形。

董作賓氏曰："考爿从丬从爿，象病兩手無力而下垂，輾轉於臥榻之狀，當為疒之本字。"商代龜卜之推測

后下三五

[骨]

毛公鼎

上官鼎

[金]

古匋

古匋

古鉩

古鉩

古鉩

古鉩

古鉩

古鉩

[匋]

说文

[古]

说文

[大]

说文

甸邑权

两诏椭量

元年诏版

[小]

譙敏碑

尹宙碑

鄐閣頌

祀三公山碑

[隶]

说文："疾，病也，从疒矢声。𤕫古文疾，𤻮籀文疾。"秦悉切。古從質。ㄐㄧˊ

按古文𤕫字象矢箸人肌下。

羅振玉氏曰：「案疾古训急，詩召旻箋，左氏襄十一年傳注，训速，國語周語及齊語注，史记樂書正義，荀子臣道篇注，最速者莫如矢，故从人旁矢，矢着人斯為疾患，故引申而训患，淮南説山训注，及管子小問注，训苦，荀子大略篇注，其公大著疒，殆為後起之字，於初形已失矣。」增订考釋中

前弍一二 同上二五 同上三七 前肆四 同上一〇 同上一八 同上三二 前陸三八 前捌六 林弍六 骨

古鉨 匋

説文 小

説文：「疥，搔也，从疒介声。」古拜切，古見月ㄐㄧㄝ

按古文疥字象人在牀傍有疥甲形。

董作賓氏曰：「从爿从介，當為疥字，象人臥牀上，身傍有疥甲之形。疥疾古多有之，礼月令：『仲冬行春令，民多疥癘。』周礼天官疾醫：『夏時有

痒疥之疾」是其例也」。商代邑卜之推测。

彝按：甲骨文作(glyph)若(glyph)，此字疑从疒介声，与小篆同。

菁一〇　後下一〇　[骨]　不娶敦　郑同媿鼎　姞口句罐　散盘　[金]　古鉢　古鉢　[匋]

隸續正始石經　[古]　詛楚文　石鼓　[大]　说文　[小]　秋嘉量

光和斛　尨氏竟三　善同竟二　[漢]　曹全碑　張遷碑　[隸]

说文「同，合會也。从冃从口」。徒紅切。古文定鍾，古文乙

段玉裁氏曰：「口皆在所覆之下，是同之意也」。说文注

按古文同从月从口。

按冃乃古文凡，盘字，同字从此，未详其義。

前陸三八　後下八　[骨]　古匋　[匋]　说文　正始石經殘石　[古]　说文　[大]　说文

说文：「网，庖犧所結繩以漁。从冂，下象网交文。罔，网或从亡。𦉼，网或从糸。冈，古文网。𦊓，籀文网」文紡切，古明陽。ㄨㄤ

按古文网字象張网形。

说文：「羅，以絲罟鳥也。从网从維。古者芒氏初作羅。」魯何切，古來歌。ㄌㄨㄛ

按古文羅字从隹在畢中，与離爲一字。

羅振玉氏曰：「卜辭从隹在畢中，篆書增維，於誼轉晦。又古羅離爲一字，離从隹从离声，古金文禽作，王伐鄀侯鼎。下从畢，知禼即畢，而移畢中之隹於旁，又於畢上加屮，許君遂以爲离声。方言『離謂之羅』，始

以離羅為二字，後人遂以為黃倉庚之名，及别離字，而離之本誼晦矣」。增訂考釋中

 前弍一一
 前肆五〇
 前伍一四
 同上
 前陸三五
 後下一七
骨

 説文
大

罝 説文
𦋺 説文
小

説文：「罝，兔网也。从网且声。罝，罝或从糸。𦋺，籀文从虘」。子邪切，古精魚，ㄐㄩ

按古文罝字从网兔。

商承祚氏曰：「尔足釋器：『兔罟谓之罝』。此从网兔，當為罝之初字。説文从网且声，且殆兔之譌，又誤象形為形声矣」。類編第七

 前柒五
骨
 師兑敦
金
 説文
小
 中斧
漢
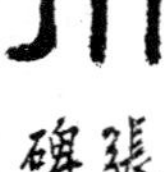 張遷碑
隸

説文：「巾，佩巾也。从冂，丨象系也」。居銀切，古見文，ㄐㄧㄣ

按古文巾字象佩巾下垂之形.

後下一九
骨

说文
小

幕
張遷碑
隸

说文:「幕,帷在上曰幕,覆食案亦曰幕.从巾莫声.」慕各切.古明魚.ㄇㄨˋ

按古文幕字象巾覆尊上,乃冪之本字.

羅振玉氏曰:「象巾覆尊上,乃禮注覆尊巾之冪之本字.後世用幕則借字也.今則借字行而本字廢矣.」增订考釋中

前弍二五

同上二八

同上三〇

前伍一二

前陸六

前捌三

同上一四

骨

女帚卣

毋寅卣

比敦

金

说文

小

说文:「帚,糞也.从又持巾埽冂内.古者少康初作箕帚秫酒.少康,杜康也.葬長垣.」支手切.古端幽.ㄓㄡˇ

按古文帚字象帚形，或增从冂，其架也，假借為帰為婦。

羅振玉氏曰：「卜辭帚字从木象帚形，木其柄末所以卓立者，与金文戈字之朩同意。其从冂者，象置帚之架，埽畢而置帚於架上倒卓之形。許君所謂从又乃ヨ之譌，从巾乃木之譌，謂冂為门内乃架形之譌，亦因形失而致誤也。凡卜辭中帚字皆假為歸。」增訂考釋中

吳大澂氏曰：「古文以帚為帰。」古籀補第七

容庚氏曰：「埽乳為婦。」金文編第七

甲骨  後下三〇

古  說文

小  說文

隸 席 夏承碑

說文：「席，籍也。禮，天子諸侯席有黼繡純飾。从巾庶省声。㕑，古文席从石省。」

祥易切，古心鐸，T一。

按古文席字象席之形。

前弍一二 骨 大敦 召伯虎敦 鱼匕 舍父鼎 金 古鉨 古鉨 匋

石鼓 大 说文 小 白石神君碑 隸

说文："帛，繒也。从巾白声。"旁陌切，古並鐸ㄅㄛ。

按古文帛字与小篆同。

前弍五 同上七 骨 盂鼎 虢季子白盘 格伯敦 伯侯父盘 金 古鉨 古鉨 匋

说文 正始石经残石 隸续正始石经 隸续正始石经 古 说文 小 角王巨壹竟 精白竟

漢 白 白君神君碑 白 曹全碑 隸

说文："白，西方色也。陰用事，物色白。从入合二，二陰数。"古文白。旁陌切，古並鐸ㄅㄛ。

按古文白字象日将出形。

三二

朱駿聲氏曰：「青黃赤黑皆舉一事以形之，白字何獨爲會意，入二意亦紆曲不憭，蔣驥曰：『字从日，上象日未出初生微光。』按日未出地平時，先露其光，恒白，今蘇俗昧爽曰『東方發白』是也。字當从日丨指事。」說文通訓定声卷

龔按朱說近是，惟云从日丨，仍據小篆立說，甲骨金文白字上均作銳形，盖象日將出時微露之狀，篆文遂譌作丨也。

叚借爲伯。

 後上一〇

 林式二四

骨

 詛楚文

大

 說文

小

敝 尚方竟五

漢

敝 史晨奏銘

隸

說文：「敝，帗也，一曰敗衣，从攴从㡀，㡀亦声。」毗祭切，古並月。

按古文敝字从攴从㡀省。

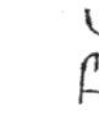
前肆三八

[骨]

頌鼎 頌敦 頌壺 師奎父鼎 寰盤

休盤

[金]

說文

[小]

說文：「黹，箴縷所紩衣。从㡀，丵省。」陟几切。古端微。之

按古文黹字象衣之緣飾形。

强運開氏曰：「各器銘文皆曰『玄衣黹屯』，吳書釋作帶裳，蓋誤。容庚氏金文編釋為黹字，以字形案之是也。運開按黹屯即黼純，說文『黹，鍼縷所紩衣也。从㡀，丵省。象刺文也。』王國維以為即㒳己相背之黻字，似尚不塙。蓋黹屯連文，黹實黼之省字。書顧命『篾席黼純』，註『黑白雜繒緣之。』儀礼士冠礼『服纁裳純衣』，註『純衣絲衣也。』又『既夕緇純』，是則

「玄衣背屯」者，即玄衣黼純，「謂衣之有緣飾者也」。说文古籀三補

中國文字形體變遷考釋卷八

葉鼎彝

前弍一八　前肆三八　同上三二　同上三三　前弍一五　前伍一八　同上三九　前陸三八　林弍七　林弍一一

人作父己卣　人作父戊卣　散盤

骨

兮甲盤　盂鼎　齊鎛　王孫鐘　王人甗　古鉨

金

匋

正始石經殘石　說文

古

說文

大

說文　新郪兵符

小

新嘉量二

銷鼎　銅華竟　又二人尚方竟二

漢

孔龢碑　礼器碑

隸

說文：「人，天地之性最貴者也。此籀文，象臂脛之形。」如鄰切，古泥真，日紐。

按說文八篇下有儿部，云：「儿，仁人也，古文奇字人也，象形。孔子曰：在人下，故詰屈。段玉裁氏曰：「同字而必異部者，異其所从之字也。其説是也。

按古文人字象人跽形与卩為一字。

羅振玉氏曰：「𠆢亦人字，象跽形，命令等字从之，許書之卩，今隸作卩，乃由𠆢而譌。」增訂考釋中

容庚氏曰：「説文：『卩，此籀文象臂脛之形。』『𠆢，古文奇字卩也，象形。』『卩，瑞信也，象相合之形。』此三字實為一字。卩象人側立之形，卩象人跽伏之形，𠆢則其筆畫小異者也。説文訓卩為瑞信，故从卩之字，説解均誤。」金文編第八

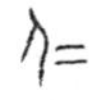
前弍一九

骨

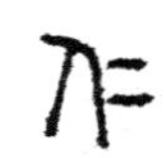
古鉩

古鉩

古鉩

古鉩反文

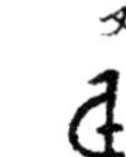
古鉩

古鉩

匋

说文　说文　古　说文　小　仁　䢃苑仁　漢　仁　夏承碑　隸

说文："仁，親也。从人从二。忎，古文仁从千心。𡰥，古文仁或从尸。"如鄰切。古泥真。日

按古文仁字与小篆同。

按说文古文𡰥疑是夷字，误出此。

前伍二七　同上　骨　说文　古　说文　小　企　鲁峻碑　隸

说文："企，舉踵也。从人止声。𧾷，古文企从足。"去智切。古溪哈。

按古文企字与小篆同。

前弍八　同上　同上　同上　同上　骨　散盤　令鼎　子仲匜　金　古鉨　匋

正始石經殘石　古　说文　正始石經殘石　小　夏承碑　華山廟碑　礼器碑陰　隸

说文："仲，中也。从人从中，中亦声。"直衆切。古定冬。

二

按古文仲字不从人，其義未詳。

羅振玉氏曰：「此伯仲之仲，古伯仲但作白中，然与中正之中非一字。

彝按說見卷一中字注。後人加人以示别，許書列之人部者，非初形矣。」增订考釋中

 前伍四〇  菁一一  後上二二  同上  後下二一 骨

 史懋壺  伊敦 金  古鉩 匋

 說文  隸續始石經 古  說文 小 伊 衡方碑 隸

一

說文：「伊，殷聖人阿衡，尹治天下者，从人从尹。 古文伊从古文死。」於脂切。古影微。

按古文伊字与小篆同。

參卷三尹字注。

 後下二一 骨  說文 小

说文：「佝，疾也，从人句声」，辩闰切，古心真，ㄒㄩㄣ

按古文佝字与小篆同。

骨

前肆二一　同上三一　前伍三九　同上

小

僚 说文

隶

僚 吴谷朗碑　寮 谯敏碑　寮 曹峻碑　寮 衡方碑　僚 曹全碑　僚 仝上

说文：「僚，好皃，从人尞声」，力小切，古来宵，ㄌ一ㄠ

按古文僚字从山尞声，或又段尞为之。

罗振玉氏曰：「尔雅释诂『寮，官也』，释文『字又作僚』，左氏传文七年、穀梁传庄十年、国语鲁语注並云『同官曰寮』，仪礼士冠礼注『同官为僚』，是寮古通僚。说文有僚无寮，于僚训好皃，而卜辞、毛公鼎、番生敦皆有寮字。今人每以文字不见于许书者为俗书，是不然矣。卜辞又省山作尞，

三

漢祝睦碑「尞屬欽熙」魏元丕碑「酬咨羣尞」是漢魏間尚段尞為寮也」

增订考釋中

 前肆三〇

骨

 王孫鐘

 杜伯簋

 𫢸伯敦

 叔𡚱敦

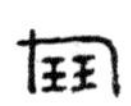 鋞叔敦

 倗伯敦

 倗仲敦

 格伯敦

 倗尊

金

 說文

小

說文：「倗，輔也，从人朋声，讀若陪位」步崩切，古並登，夂

按古文倗字与小篆同，一曰从人从朋。

羅振玉氏曰：「貝五為朋，故友倗字从之，後世友朋字皆段朋貝字為之」增订考釋中。

容庚氏曰：「金文以為倗友之倗」金文編第七

 佚六三

骨

 古鉢

匋

 石鼓

大

 說文

小

何 何文鐘 漢

何 魯峻碑 隸

說文："何，儋也。从人可声。"胡歌切，古歌，ㄏㄜ

按古文何字象人負擔之形。

商承祚氏曰："唐蘭氏釋何，謂象人負擔之形。"殷契佚存

前伍一八 前陸二八 前柒四〇 同上 前弍四三 鐵一七二 鐵一一五 後下九 骨

侸 說文 小

說文："侸，立也。从人豆声。讀若樹。"常句切，古定虞，ㄕㄨˋ

按古文侸字从人壴声。或又从女。

羅振玉氏曰："案以讀若樹觀之，則當从壴声。此作尌者，从人从壴，古从木之字或省从屮，如焚亦从艸作𤆃，杞亦从屮作芑，農亦从艸，故壴

四

亦作壴，知壴即樹也。故或省人，此為後世僕豎之豎字。卜辭又或从女，殆与从人之尌同。」增订考釋中。

段玉裁氏曰：「按侸玉篇作⿰亻壴，云今作樹。廣韵曰：『⿰亻壴同尌』，蓋樹行而侸尌豎廢，并⿰亻壴亦廢矣。」說文注

商承祚氏曰：「今以卜辭觀之，則⿰亻壴又侸豎之初字也。」類篇第八

前柒三七

後下三六

骨

或者鼎

偁卣敦

金

說文

小

說文：「偁，揚也。从人，爯声。」處陵切。古透登，彳人

按古文偁字从人从爯省。

羅振玉氏曰：「此从爯省。知者，卜辭中爯亦省作冊矣。又此字疑与爯為一字。」增订考釋中

一四 从人从𠕁，𠕁古舉字。

陳邦懷氏曰：「偁字所从之𠕁，爲古舉字。彝按參卷四角字注，爾疋釋言『偁舉也』。郭注引尚書『偁爾戈』，偁有舉意，故其文从古舉字。」殷虛書契考釋小箋

骨

前弍二七　後上三〇　後下三　新六〇

金

㝅鼎　盂鼎　頌敦　伯魚敦　矢伯卣

齊鎛　禾敦　叔上匜　昶伯匜　鄀口句鑃　姑口句鑃　戱卣　父丁斝

伯㬰卣　量侯敦　姑氏敦　仲𨱑簋　秦公敦　石鼓

大

說文

小

袁氏竟　光和斛　東海宮司空槃　延熹鍾

漢

楊叔恭殘碑　礼器碑

石門頌　婁壽碑

隸

說文：「作，起也。从人从乍。」則洛切。古精鐸。

按古文作字象人有所狃據形，与乍字通。

五

郭沫若氏曰「作乃㓞形之變，㓞即丮之初字，說文「丮，持也，象手有所丮據也，讀若戟」戟音与作同部，秦風無衣正以澤戟作三字為韵，是㓞之与戟，形音誼俱相若也，作字量侯敦作迮，正象人有所丮據，姞氏敦作⿰乍攴，从攴，此与後世通行之作字从人者，同為形之複矣，作或段為則」甲骨文字研究

又曰「乍乃象人伸脚而坐，有所操作之形，即作之初字，量侯毁作迮，从木，其形尤箸」金文餘釋之餘

後下七

骨

傳尊

傳卣

散盤

金

說文

小

說文「傳，遽也，从人專声」直巒切，古定元，彳乂弓

按古文傳字亦从人專声。

前弍八　前叁二九　前肆三　前弍一八　前陸六　同上　同上二三　後下九　後下一三

後下二六　同上　林弍五　【骨】　大保敦　不𡢁敦　迮伯敦　𢦏取敦

虢季子白盤　禽敦　公伐郘鼎　公伐郘鐘　貞敦　【金】　空首幣　【匋】

正始石經殘石　隸續正始石經　【古】　詛楚文　【大】　說文　正始石經殘石　【小】　曹全碑　【隸】

說文：「伐，擊也，从人持戈，一曰敗也。」房越切，古並月，ㄈY˙

按古文伐字亦从人持戈。

菁六　【骨】　師寰敦　迮伯敦　貞敦　盂鼎　卯敦　曶鼎　【金】

說文　【小】

說文：「俘，軍所獲也，从人孚声。春秋傳曰：以為俘聝。」芳無切，古滂幽，ㄈㄨ˙

按古文俘字从彳从孚。

六

羅振玉氏曰：「此从行省，不从人，古金文作（貞敦）（師寰敦）省彳。吳中丞謂字乃从爪从大，中●象貝，作兩手攫貝形。疑小篆从子非是。今證以卜辭，正是从子，古金文从者亦子字，吳說失之。」（增訂考釋中）

彝按羅氏據卜辭斥吳說之失是也。惟其說仍未晰。骨文从卜即彳若亍若辵（骨文从彳亍辵，每可互通，詳卷二从彳辵諸字），不必从行省也。金文作亦非省彳，乃孚之本字。說文：「孚，卵孚也。从爪从子。一曰信也。」容庚氏曰：「孚与寽金文字形相同，皆象兩手取物，孚孳乳為捊，說文云『引取也』。易鄭荀董范虞本『君子以捊多益寡』。虞注『取也』。寽孳乳為捋，說文云『取易也』。詩芣苢『薄言捋之』，傳『取也』。捊捋同从手同訓取，則孚寽殆為一字。孳乳為俘。」（金文編第三）其說甚當。惟言「象兩手取物形」仍沿吳誤。字當仍从爪从子，从爪从子，取誼昭然，故孚之本義當訓取，通假以為俘字，許訓「卵孚」，殆後起之義，骨文从彳从孚，乃俘之專字，行有所孚，是「軍所獲也」，小篆从人，蓋从匕之譌。

骨

前式一九　前伍一三　同上一六　前柒三八　同上　後上一八

金

从鼎　宰椃角

說文　小

說文：「从，相聽也，从二人」，疾容切，古從鍾，ㄘㄨㄥ

按古文从字象二人依次而立之形。

骨

前肆四七　後下二四

金

寿成室鼎　陶陵鼎　雍棫陽鼎

古

隸續匜始石經　說文　旬邑权　廿六年詔权

漢

祀三公山碑　史晨碑

隸

小

說文：「幷，相從也，从从幵聲，一曰从持二為幷」，府盈切，古邦耕，ㄅㄧㄥ

按古文𢀜字从二，与许書後说同。

前八·式　前肆一一　前伍一三　後下三〇

骨

鬲攸比鼎　鬲比盨　郙比父豆

金

说文

古

说文

小

山陽邸鐙

漢

魯峻碑　史晨奏銘

隷

说文：「比，密也。二人爲从，反从爲比。𠤏古文比。」毗至切，古並微部。

按古文比字与小篆同。

前八·式　前肆七　後下二四

骨

吳尊　傳卣　北子甗　𨚵伯鬲　𨚵伯卣

𨚵伯𣪘　小銅柱

金

北屈幣　古鉥　古鉥　古匋　古匋

匋

说文

小

徐揚鼎

漢

礼器碑　史晨碑

隷

说文：「北，菲也。从二人相背。」博墨切，古幫德部。

按古文北字与小篆同。

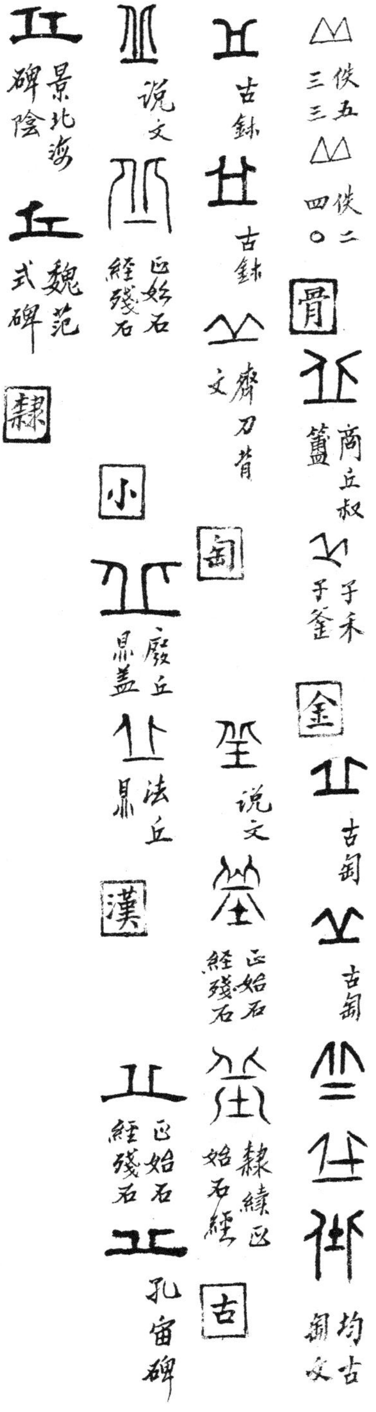

說文：「丠，土之高也，非人所爲也，从北从一，一，地也，人居在丠南，故从北，中邦之居，在崐崘東南，一曰四方高中央下爲丠，象形。𡊧，古文从土。」去鳩切，古溪咍。

くーヌ

按古文丠字象兩峯之形。

商承祚氏曰：「丘爲高阜，似山而低，故甲骨文作兩峯以象意。金文子禾子釜作丠，將形寫失，商丘文簠再誤爲丠，說文遂有丶北之訓矣。」

殷契佚存

式一八

後上一六

後下二二

同上二七

同上三三

骨

師袁

匋

古匋

古匋

古鉩

古鉩

古鉩

古鉩

詛楚文

大

說文

大良造鞅方量

小

元始鈁

眾

吾作竟三

漢

眾

嵩山石闕銘

眾

孔褒碑

眾

耿勳碑

隸

說文：「眾，多也，从乑目，眾意。」之仲切，古端冬。

按古文與小篆同。

前陸五五

後下六

同上三九

骨

𡈼

說文

小

說文：「𡈼，善也，从人士，士事也，一曰象物出地挺生也。」他鼎切，古透耕。

按古文𡈼字象土上生物形，與許書後說同。

商承祚氏曰"象土上生物形,与许书第二说相符"類編第八。

按此字从人从土,象人立土上形,商说疑誤。

[古文字形] 史族 師聖敦 師虎敦 無東鼎 師虎敦 毀伯 集篆

囧 望 說文 古 望 說文 小 望 从史晨 望 淮源 隸 庙碑

說文"望月滿与日相望以朝君也,从月从臣从壬,壬,朝庭也。望,古文望省。"

按古文望字象人挺立地上眺望形,从目从人从土。

葉玉森氏曰"象一人挺立地上或土上眺望形,从目非从臣,許書誤

無放切,古明陽×尤

为从臣,乃有朝君之解"集釋卷一

九

前弍一〇　同上三二　前肆一〇　前伍一〇　同上一一　前陸二九　同上三四　前柒二　後上一一　同上二〇

同上　同上　林弍六

【骨】

盂鼎　頌敦　趩尊　袁盤　𩕬侯鼎

【金】

說文

【小】

鄦車宮鼎二　衣永元尉斗　銅華竟　又四

【漢】

衣武梁祠畫象題字　衣魏上尊號奏

【隸】

說文：「衣，依也，上曰衣，下曰裳，象覆二人之形。」於稀切，古影微一

按古文衣字象襟衽左右掩覆形。

羅振玉氏曰：「案衣無覆二人之理，段先生謂覆二人則貴賤皆覆，其言亦紆回不可通，此蓋象襟衽左右掩覆之形。」詳訂考釋中。

前叁二九　前肆五〇　前伍一四　同上四〇　前柒六　同上三七　後下八　同上　林弍一二

【骨】

君夫敦　鑄侯鐘　齊鎛　晉鼎　𦎫伯敦　又卣

【金】

古鉩

【匋】

求 说文 [古] 求 石鼓 求 诅楚文 [大] 裘 说文 [小] 求 華山庙碑 求 淮源庙碑

求 張遷碑 [隸]

说文：“裘，皮衣也，从衣求声。一曰象形，与衰同意。求，古文省衣。”巨鸠切，古溪幽，ㄑㄧㄡˊ

按古文裘字象裘形，或又象獸皮。

羅振玉氏曰：“卜辭作𧘝，象裘形，當為裘之初字。許君裘字注：‘古者衣裘，故以毛為表。’段先生曰：‘古者衣裘，謂未有麻絲，衣羽皮也。衣皮時毛在外，故裘之制毛在外。’今觀卜辭与又卣裘字，毛亦在外，可為許說左證。卜辭中又有作求者，王君國維謂亦裘字，其說甚確。蓋𧘝為已製裘為裘時之形，求則尚為獸皮而未製時之形。字形畧屈曲，象其柔委之狀。……求既為獸皮而未製衣，是含求得之誼，故引申而為求

十

匀之求。

彝按「」字譌變而為又卣之，再變而為说文之。说文古文之盖又由譌變者也。

骨

前肆五二 前柒三五 前弍二 後下三〇 同上三五 同上

夆叔盘

金

季良父壶 齊鏄 歸父盘 古鉨 古鉨

匋

詛楚文

大

说文

小

尚方竟 又七 又八 袁氏竟三

漢

淮源庙碑 進敛碑 武梁祠画象题字 孔宙碑 曹全碑

隸

说文：「老，考也，七十曰老。从人毛匕，言須髮變白也。」盧皓切。古來幽。分幺

按古文老字象人傴僂持杖形，与考字通。

葉玉森氏曰：「象一老人戴髮傴僂扶杖形，乃老之初文，形誼明白

如繪……金文譌變从止，从𠃊，即小篆从匕所由譌」雪契枝譚

商承祚氏曰：「……乃考字，古考老孝本通，金文同。」類編弟八

後下二〇 骨

說文 小

說文：「耋，年八十曰耋。从老省，从至。」徒結切，古定質。ㄉㄧㄝˊ

按古文耋字从老，从至，不省。

前弍二六 前伍六 前柒二一 同上二四 骨

父丁卣 父戊爵 父壬尊 父舟敦

敔觶 金

石鼓 大

說文 小

魏上尊號奏 隸

說文：「舟，船也。古者共鼓、貨狄，刳木為舟，剡木為楫，以濟不通，象形。」職流切，古端幽。ㄓㄡ

按古文舟字象形。

羅振玉氏曰：「予意朕當以訓兆爲初誼，故象兩手奉火形而从舟火所以作龜致兆，舟所以承龜，訓我者殆後起之義矣。」增訂考釋中

葉玉森氏曰：「朕与釁古訓同，釁塗隙也，𠬞象兩手奉火以釁舟之縫，此爲初誼，後舟縫亦曰朕，戴東原考工記圖人注 猶凡隙亦曰釁也。」左桓八年注、契說

十二

骨

前叁二七　前肆四　同上　同上四八　前捌一四　菁一一　後上二〇

金

毛公鼎　盂鼎　周公敦　者沪編鐘　寧鼎

善夫克鼎　曶鼎　豆閉敦　豐兮敦　尌仲敦

仲辛父敦　戜叔朕鼎　朕尊　魯伯鬲　鄭友父鬲　八十屮　齊侯敦　秦公敦

大

䑞 說文

小

朕 熹平石經

朕 魏封孔羨碑

隸

說文：「䑞，我也。闕。」直禁切，古定登㞢

按：古文䑞字从舟从𠬞，𠬞象兩手奉火形。

前叁二七　前肆四　同上　同上四六　前捌一四　菁一　後上二〇

骨

毛公鼎

善夫克鼎　舀鼎　豆閉敦　豐兮敦　封仲敦　穸鼎　者沔編鐘　周公敦　盂鼎

仲辛父敦　戈叔朕鼎　朕尊　魯伯鬲　鄭友父鬲　齊侯敦

金

秦公敦

大

說文

小

朕　熹平石經　朕　魏封孔羨碑

隸

說文："𦨈，我也。闕。"直禁切，古定登ㄓㄣˋ

按、古文𦨈字从舟从𠬞，𠬞象兩手奉火形。

羅振玉氏曰："予意朕當以训兆為初誼，故象兩手奉火形而从舟火所以作龜致兆，舟所以承龜，训我者殆後起之義矣。"增訂考釋中

葉玉森氏曰："朕与𦥷古训同，𦥷塗隙也，𠬞象兩手奉火以𦥷舟之縫。此為初誼，後舟縫亦曰朕，戴東原考工記圅人注猶凡隙亦曰𦥷也。左桓八年注"說契

一曰

从舟灷声。

段玉裁氏曰：此说解既阙，而妄人補我也二字，未知許説字之例也。按朕在舟部，其解當曰舟縫也，从舟灷声。何以知為舟縫也，考工記函人曰：視其朕，欲其直也。戴先生曰：舟之縫理曰朕，故札續之縫亦謂之朕，所以補許書之佚文也。本訓舟縫，引伸為凡縫之偁，凡言朕兆者，謂其幾甚微，如舟之縫，如龜之坼也。目部瞽字下云：目但有朕也，謂目但有縫也。釋詁曰：朕，我也。此如卬吾台余之為我，皆取其音不取其義……云从舟灷声者，人部佚字亦云灷声，今説文雖無灷字，然論例當有之。凡勝騰滕賸黱皆以朕為声，則朕古音當在六部矣。

説文注

前弍一五　同上　同上　同上一六　同上四八　同上　同上四九　前肆一六　後上二一　後下三

同上二七

［骨］

般甗　利鼎　兮甲槃　睥侯盤　史頌盤　仲叡父盤

蘇甫人盤　余昊盤　休盤　齊陳曼簠

［金］

说文

［古］

说文

［小］

秦官鼎　陽泉熏爐

［漢］

般 礼器碑側　般 魯峻碑陰　般 熹平石經　般 晉太公呂望表

［隸］

说文：般，辟也。象舟之旋，从舟从殳。殳，所以旋也。𣪘，古文般从支。北潘切。古幫元。ㄅㄢ

按古文般字从攴从凡，凡古文槃字。

詳見卷六槃字注。

前弍一五　同上一六　前伍一一　同上一三　同上二三　後下四一　新一〇三　新三四零

［骨］

祖子鼎

毛公鼎　盂鼎　兮甲盤　公伐郤鐘　曾伯簠　不嬰敦　番生敦　召尊

［金］

古匋　古鉢

［匋］

正始石經殘石

［古］

秦公敦

［大］

说文　说文　正始石經殘石

［小］

方氏鼎蓋

十三

方 新嘉量

方 尚方故治竟

方 熹平三年竟

［漢］

方 正始石經殘石

方 熹平石經

方 礼器碑

［隸］

說文："方，併船也，象兩舟省總頭形。汸，或从水。"府良切。古文方字象耒之形。封幫陽。

按古文方字象耒之形。

徐中舒氏曰："方象耒的形製……故當訓為'一番土謂之坺'之坺，初無方圓之意。（古匡即方圓字）即方之象耒，上短橫（如番生敦等）象柄首橫木，下長橫即足所蹈履處，旁兩短畫或即飾文，小篆力作𠀑，即其遺形。古者秉耒而耕，刺土曰推，起土曰方，方或借伐發墢等字為之……甲骨銅器中方字，全無象兩舟總頭之意。蓋方可訓併，而不可訓併船。尔足釋水'大夫方舟'，李注'竝兩船曰方舟'，莊子山木篇'方舟而濟於河'，釋文司馬注'方竝也'。古者耦耕，故方有竝意。"耒耜考

一曰象架上懸刀形

葉玉森氏曰：「其字作𠂇𠂇，疑象架上懸刀形，並不肖兩舟總頭，省作𠂇，架形微失」。說契

骨

前柒四〇　後下四　沇兒鐘　居敦　居簠　小臣兒卣

金

易兒鼎　余義編鐘　說文

小

魯峻碑陰

隸

說文：「兒，孺子也，从儿，象小兒頭囟未合」。汝移切，古泥佳，ㄦ

按古文兒字从人从𦥑，亦象頭囟未合之形。

骨

前弍二七　同上二八　前弍一七　前伍四三　前柒三一

金

不𡢁𣪘

大

石鼓

小

說文

隸

夏承碑　堂溪典嵩山石闕銘　子游殘碑

說文：「允，信也，从儿㠯聲」。樂準切，古影文，ㄩㄣ

十四

按古文兄字象人回顧形。

羅振玉氏曰：「卜辭兄字象人回顧形，殆言行相顧之意。」（增訂考釋中）

佚下九

骨

師兄敦

金

古匋

匋

說文

小

陽泉熏盧

漢

鄐閣頌

隸

說文：「兑，說也，从儿，㕣声。」大外切，古來月，ㄉㄨㄟˋ

按古文兑字从人从口从八，八象述說時口上有气也。

前弍三八

同上

同上

同上三九

同上四〇

同上

同上

同上四一

同上

前弍二三

前肆二六

前伍四

後上七

同上

同上

同上

同上

同上

後下二六

骨

剌卣

父季良父壺

蔡姞敦

齊鎛

兄日句兵

書兄癸斝

王孫鐘

史喪兄敦

金

古鉢

匋

正始石經殘石

古

說文

正始石經殘石

小

宜弟兄充

漢

衡方碑

隸

说文「兄，長也，从儿从口」许榮切，古曉陽，ㄒㄩㄥ

按古文兄字与小篆同，金文或又从生。

吳大澂氏曰「先生為兄，故从生，生先生二字省文也」，古籀補第八

骨

前弍一五　同上一八　同上二八　前肆二七　前伍二四　前柒三〇　後上五　同上一八　同上三九

後下二六

金

毛公鼎　盂鼎　宗周鐘　虢季子白盤

師嫠敦　令鼎　揚敦　余義鐘　古鉨

匋

大

詛楚文

說文

小

先 魯駿碑

先 孔龢碑

隸

先 仝上

说文「先，前進也，从儿从之」穌前切，古心文，ㄒㄧㄢ

按古文先字从止在人前。

前弍二七　同上二九　同上　前肆三四　同上四五　同上八　前伍三一　前柒三二　同上三三

十五

菁一
骨
珮鼎
宗周鐘
賢觥
匽侯鼎
菥伯毀
金
古鉢
匋

見 說文
小
見日之光竟二
久不相見竟
君有行竟
上大山竟
漢
見 史晨奏銘
隸

說文：「見，視也。从儿从目。」古甸切，古見元。ㄐㄧㄢˋ

按古文見字与小篆同。

前弍一八
後下七
菁一
同上
骨
余義鐘
沇兒鐘
飲壺
金

說文
說文
古
說文
小
泰山竟
上大山竟二
又一
尚方竟二
又七

又八
又十一
漢
飲 史晨奏銘
飲 北海相景君銘
隸

說文：「㱃，歠也。从欠酓声。，古文㱃，从今水。，古文㱃，从今食。」於錦切，古影侵。ㄧㄣˇ

按古文㱃字象人就酒器而飲。

葉玉森氏曰：「从，竝象戴冑之人俯首向下形，从酉，即酒，从，乃别構，小点象酒滴形，當為許書歠字篆文从今即□□之譌，从□即亼之譌，契文亦変作□，与許書所出古文第二體略同。」说契彝按骨文歠字象人就酒器而飲，从亼乃人形，从□□若□並象酒器，□□若A，均酒器之蓋也，葉说象戴胄之人疑誤。

□ 前肆三三 □ 前伍二五 □ 後下四

骨

□ 说文

古

□ 说文

小

说文：「旡，歠食气屰不得息曰旡，从反欠。□，古文旡。」居未切，古見物。ㄐㄧˋ

按古文旡字象人食既仰首之形。

彝按骨文既字作□□，象人食既仰首形，所从之旡与此同，不从反欠也。说文古文□乃由□傳寫之譌。

中國文字形體變遷考釋卷九

葉鼎彝

菁四 後下一五 新二四八 骨

說文 小

朱爵玄武竟 漢

面 西狹頌 隸

說文「面，顏前也，从百象人面形」彌箭切，古明元，ㄇㄧㄢ

按古文面字从目象人面形。

彝按面之最顯著者莫如目，故骨文从目，小篆从百，殆目之譌。

前陸七 同上一七 骨

㳄鼎 頌壺 虢季子白盤 師酉敦 克鼎

周公敦 曶鼎 無㠱敦 友敦 豦敦 大鼎 䢼侯鼎 彔伯敦 師嫠敦 休盤 㝬鼎

金 說文 古 說文 旬邑权 廿六年詔十六斤权 小 孔宙碑 孔龢碑 隸

一

說文「𦣻,古文百也.巛象髮,髮謂之鬒,鬒即巛也」.書九切.古透幽尸彳.

按說文𦣻部前有百部,云「頭也,象形」.此乃小篆首字,段玉裁氏曰:「不見𦣻於百篆之次者,以有从𦣻之篆,不得不出之爲部首也.今字則古文行而小篆廢矣」.注說文.

按古文首字象首戴髮形.

葉玉森氏曰:「此疑𦣻之古象形文.金文𦣻字竝象𦣻戴髮形.卜辭亦省髮形作 ⊙」.集釋卷六

前弍 ⊗ 同上 ⊗ 前肆 ⊗ 同上 ⊗ 同上 三八
改篡 ⊕ 戒者 利鼎 師害敦 友敦 麥尊 [骨]
旂作父戊鼎 袁敦 聃鼎 𩰲侯鼎 毛公鼎 鄭 虢文公鼎 [金] 古鉢 文陽幣 [刮]
旂鼎

正始石經殘石

隸續正始石經

古 文 說文

小 文 孝文廟甗鍑

漢 文 孔龢碑

文 史晨後碑

隸

說文：文，錯畫也，象交文。無分切，古明文。ㄨㄣ

按古文文字象文身之形。

彝按古文文字蓋象文身之形，文象人，ㄩ ㄨ 其文也。

前弍四四　同上四九　同上二七　前柒一〇　同上三二　前捌一四　後上一七

骨

父辛卣　盂鼎　頌鼎　公代郘鼎　大鼎　師嫠敦　雝伯鼎

金

大保敦

說文

小

壽成室鼎　令 建武泉范　令 二年酒鋗　永始乘輿鼎

漢

令 張遷碑　令

韓仁銘　令 孔龢碑

隸

說文：令，發號也，从亼卩。力正切，古來真。ㄌㄧㄥ

二

按古文令字从亼人，与命為一字。

羅振玉氏曰：「案古文令从亼人，集眾人而命令之，故古文令与命為一字一誼，許書訓卩為瑞信，不知古文卩字象人跽形，即人字也，凡許書从卩之字解皆误。」增订考釋中

徐中舒氏曰：「古命令字不分，凡銅器中从口与不从口之字多互通，如唯隹、台吕等是。」遙敦考釋，載史言所集刊第三本第二分。

前陸五

林式二四

同上

骨

说文

小

说文：「㔾，二卩也。巽从此。闕。」士戀切，古從元。丁山引

段玉裁氏曰：「謂闕其讀若未聞也。大徐云士戀切者，取饌僎僎等字之音義為之。廣韵亦云：『卪具也，士戀切。』」说文注

按古文卪字从二人跽而相从之狀，卽古文巽字。

羅振玉氏曰：「案易雜卦傳『巽伏也』，又爲順，漢書王莽傳下集注。爲讓，書堯典馬注。爲恭，論語子罕集解。故从二人跽而相从之狀，卽古文巽字也」。增订考釋中

 前肆四六  後下九  林式二四 【骨】

 說文  說文 【小】

 西狹頌 【隸】

說文：「归，按也，从反印。抑，俗从手」。於棘切，古影質，一。

按古文归字从爪从人跽形，古与印爲一字。

羅振玉氏曰：「說文解字：『归，按也，从反印。俗从手。』又印注：『執政所持信也，从爪卩。』卜辭字从爪从人跽形，象以手抑人而使之跽，其誼如許書之抑，其形則如許書之印。抑训按，許書及礼記內則注、淮南精神训注並同。訓屈，史記劉敬叔孫通傳集解。訓枉，國語晉語注。訓止，楚辭招魂注。与字形正合，引申之則訓安，方言

三

十三及廣雅釋詁一訓治，廣雅釋詁三訓慎密，詩賓之初筵注，及凡譏抑之偁，予意許書印抑二字古爲一字，後世之印信，古者謂之璽節，初無印之名，而卜辭及古金文則已有此字，曾伯霥簠云："克狄淮夷，印燮繁邑，"抑亦訓安訓治，印燮猶言安和矣，印之本訓既爲按抑，後世執政以印施治，乃假按印之印字爲之，反印爲抑，殆出晚季，所以別於印信字也，古文每多反書，而卜辭及金文印字皆正書，無一反書如許書者，則印與抑之非有二字二誼明矣。」增訂考釋中

餘二 骨

说文 小

说文："肕，事之制也，从卩㔾，闕。"去京切，古溪陽，ㄑㄧㄥ

段玉裁氏曰："此闕謂闕其音也，其義其形既憭矣，而讀若某則未聞

也,今说文去京切,玉篇廣韵皆云说文音卿,此盖淺人肊以卿讀讀
之卿用卯爲義形不爲声形也,玉篇子兮切,取卪字平声讀之,廣韵
子禮切取卪上声讀之,盖其音必有所受矣,按子兮切古精佳子禮

切古精微.

按古文卯字从二人相向

羅振玉氏曰:"从二人相向,鄉字从此,亦从卯,知卯即卯矣,此爲嚮背
之嚮字,卯象二人相背,許君謂爲事之制者非也。" 增訂考釋中

卯 前式 二三 卯 七 前肆 卯 同上 一五 卯 後上 一三

師望鼎 㬎 麻伯敦 𤔲 師害敦 卿 子禾子釜

卿 毛公鼎 卿 孟鼎 卿卿 善夫克鼎

骨 金

師𡨋鼎 㬎 方辟 辟 龙氏 辟 我鼎辟 辟 雍竞

辟 正始石 辟 隸續正 辟 说文 小 石 兵鈞 始正経

四

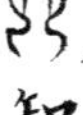

漢

辟 正始石經殘石

辟 叉承碑

辟 曹全碑

隸

說文「辟法也,从卩从辛,節制其辠也,从口,用法者也」必益切,古並錫 ㄅㄧˋ

按古文辟字从辛从人,

羅振玉氏曰:「古文辟从辛人,辟法也,人有辛則加以法也,古金文作辟,增○,乃璧之本字,从○辟声,而借為训法之辟,许書从口,又由○而譌也」增订考釋中

前弍七 同上一九 同上二五 同上三八 同上 前肆七 同上二九 前伍一三 同上一五 同上一八

同上三三 前陸五 同上六六 前柒二六 同上三七 後上二二 林弍一四 林弍一九

骨

說文

小

說文

旬 旬邑权

小

旬 張遷碑

旬 北海相景君銘

隸

說文「旬,徧也,十日為旬,从勹日,𠣜,古文」詳遵切,古心真 ㄒㄩㄣˊ

按古文旬字象周匝循環之形，

王國維氏曰：「使夷敦云：『金十銞』，屭敖敦蓋云：『金十銞』。考說文鈞之古文作𨥂，是銞銞即𨥂字，勹即旬字矣。卜辭又有『勹之二日』語（見鐵雲藏龜弟六葉），亦可證。予徧搜卜辭，凡云『貞旬亾旧』者，皆以癸日卜。殷人蓋以自甲至癸日為一旬，而於此旬之末卜下旬之吉凶。云『旬亾旧』者，猶易言『旬无咎』矣。日自甲至癸而一徧，故旬之誼引申為徧。尔足釋詁：『宣、旬，徧也』。說文訓裹之勹，實即此字，後世不識，乃讀包，殊不知勹乃旬之初字。軍字从勹从車，亦會意兼形声也。」（戩壽堂殷虛文字考釋）

董作賓氏曰：「按旬亘字皆象周匝循環之形，故以十干一周為一旬。商人每旬必卜，卜必於旬之末日。」卜辭中所見之殷曆

五

一曰从十。

商承祚氏曰：「十日為一旬，故从丨，十其初體疑當作ㄙ，由十至十也。後譌為，遂无義可說」殷契佚存

甲骨 前弍二八

小  說文

說文：「勹，覆也。从勹覆人。」薄皓切，古並幽。ㄅㄠ

按古文勹字从人在〇中。

甲骨  前肆一八  同上  同上  後下三

金  陳肪簋  盂鼎  梁伯戈

古  說文

小 鬼 說文

隸 鬼 曹全碑

說文：「鬼，人所歸為鬼。从人，象鬼頭，鬼陰气賊害，从厶。䰟，古文从示。」居偉切，古見微。ㄍㄨㄟ

按古文鬼字从由从人，人而鬼頭也，或又从示。

葉玉森氏曰：「按𤰞象鬼跽向神，古代神話，殆謂人死為鬼，必受制於神也」說契

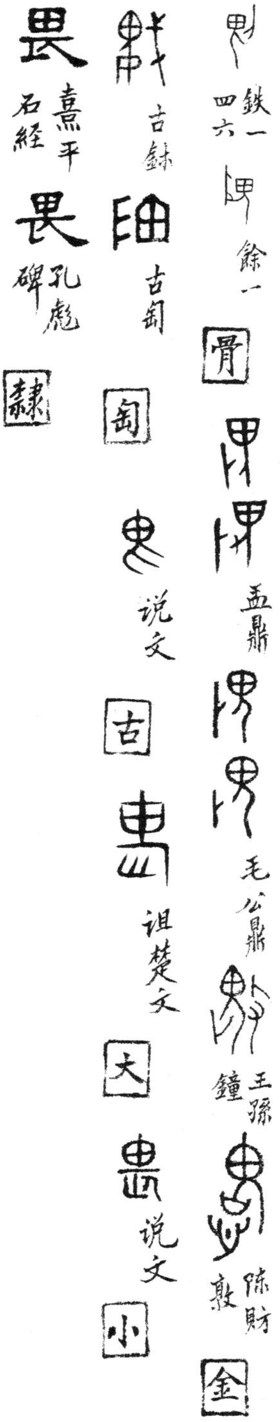

說文：「畏，惡也，从甶虎省，鬼頭而虎爪，可畏也。𢀢古文省」於胃切，古影元，ㄨㄟ

按古文畏字从鬼手持棒形。

羅振玉氏曰：「古金文作𤰞𤰞盂鼎，从𤰞及手形，或省手形从卜，當是支省，此則从鬼手持卜，鬼而持支，可畏孰甚？古金文或作𢁿王孫鐘，既从卜又

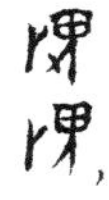

加文，初形已失矣」增订考釋中

 前柒七 骨

 说文 小

说文：「嵒，山巖也，从山品，讀若吟」五咸切，古泥盍，ㄋ一ㄝ(ㄋ)

按古文嵒字与小篆同。

 前伍一二  前柒三〇  鐵一二  後上九 骨

 说文 小

说文：「龐，高屋也，从广龍声」薄江切，古並鍾，ㄅㄨㄥ

按古文龐字与小篆同。

 前弍四三  同上  同上  前肆一〇  前柒四二 骨

 说文 古

 说文 大

 说文 小

磬 熹平石經 磬 礼器碑 隸

说文：「磬，樂石也，从石，殸象縣虡之形，殳，擊之也，古者毋句氏作磬」殸，籀文

省。磬，古文从巠。苦定切，古溪耕，くㄥ

按古文磬字从手持槌以擊磬。

羅振玉氏曰：「卜辭諸字从屮象虡，厂象磬，又持卜所以擊之，形意已具。其从石者乃後人所加，重複甚矣。」增订考釋中

前弌七
同上八
後上一九

甲骨

𢽴長鼎

金

庶長畫戈
古鉥
古鉥

古鉥
古鉥
古鉥
古鉥
古鉥
古鉥
古鉥

匋

说文
说文

古

诅楚文

大

说文

小

秦嘉量二

南陵鍾
𥂁長相思竟
見日之光竟
長樂未央竟
長㝠壺
長生宜子竟
君有行竟

吾作竟
王長子鼎

漢

西狭颂
杨淮表紀
礼器碑

隸

说文：長，久遠也。从兀从匕。兀者，高遠意也。久則變化。亾声。𠑼者，倒亡也。𠑹。

七

古文長，兲，亦古文長」直良切，古定陽，出九

按古文長字象人髮長之形，

余永梁氏曰：「長實象形，象人髮長皃，引申為長久之義。長部肆或从髟，即長為髮長之明證。許君所解，皆望文生訓，非朔誼也」殷虛文字續考，載國學論叢第一卷第四号。

葉玉森氏曰：「余氏謂上象髮長形，至塙。髮長之人則年長，故先哲制長字，与老之構造法同，譌變作𠂩，則髮形晦矣」集釋卷二。

前弍二五

同上五一

同上

前伍二五

同上

戩三

新九八

骨

毛公鼎

盂鼎

克鼎

䡅侯鼎

量侯敦

齊鎛

余杯鉦

師嫠敦

金

空首幣

匋

石鼓

大

說文

說文

小

子游殘碑

隸

说文：「勿，州里所建旗，象其柄，有三游，雜帛，幅半異，所以趣民，故遽稱勿勿。㫚，勿或从㫃。」文弗切，古明物。ㄨ

按古文勿字用為否定词，字形未详。

胡光瑋氏曰：「〔勿〕或作〔勿〕，余緣文義釋為勿翦勿伐之勿，在卜辞与〔勿〕異字，〔勿〕為物之省，其義為雜色牛。」甲骨文例

商承祚氏曰：「案卜辞之〔勿〕〔勿〕，确為勿字，乃物之省，物从此，乃牛色之專用字，与不之〔勿〕有别。後世合〔勿〕〔勿〕為一，而以〔勿〕為物，以〔勿〕為勿矣。」殷契佚存

说文：「冄，毛冄冄也，象形。」而琰切，古泥谈。ㄖㄢ

八

按古文豕字象毛柔弱下垂之形。

前伍五　同上　前陸四七　前柒三　同上四一　同上一　鐵一四二　鐵一三八　鐵六二

後上三九　後上四〇　骨

戊辰敦　圅皇父敦　金

古鉨　匋

說文　古　石鼓　大　說文　小　孔龢碑　隸

說文：「豕，彘也。竭其尾，故謂之豕。象毛足而後有尾。讀与豨同。按今世字誤以豕為彘，以彘為豕。何以明之？為啄琢从豕，蠡从彘，皆取其声，以是明之。」

按徐鉉等曰：「此語未詳，或後人所加。」古文。式視切，古透微。尸

按古文豕字象形。

羅振玉氏曰：「豕与犬之形，象其或左或右，卜辞中凡象形字第肖其形，使人一見可別，不拘拘於筆畫也。有从彡者，象剛鬣，或腹下加一

未知何義」增訂考釋中

 前陸四七  餘六  後下三六 骨

 說文 小

說文：「豢，以穀圈養豕也。从豕𢍰声。」胡慣切，古匣元。ㄏㄨㄢˋ

按古文豢字从𠬞豕。

羅振玉氏曰：「卜辭从从𠬞，以穀飼豕，故从𠬞，豕腹有子，象孕豕也。樂記注：『以穀食犬豕曰豢。』月令注：『養犬豕曰豢。』故卜辭或从犬作。此字殆即豢字。初从𠬞豕，乃會意字，許云从豕𢍰声，則形声字也。」增訂考釋中

 前弍三一 骨

 王出尊 金

 說文 小

說文：「豩，二豕也。豳从此。闕。」伯貧切，又呼關切。古邦文。ㄅㄧㄣ

段玉裁氏曰：「謂其義其音皆闕也。二豕乃兼頑鈍之物，故古有讀若頑者。」說文注

按

古文豩字从三豕。

丁山氏據甲骨金文無豨字，定豕豨古爲一字，遂謂「二豕之豩，即豨屬之豲。豩豨古一字也。豨下許君引古文尚書曰：『豨類於上帝。』今本作肆，史記封禪書引作遂。豨與遂、肆古音相近，豩之古音宜近於肆。……尚書古文既借以爲肆，其義亦必與肆通。詩大明『肆發大商』，皇矣『是伐是肆』，傳皆謂『疾也』，箋則云『突犯也』。禮記表記『安肆日偷』，鄭玄亦曰：『肆猶放恣也。』」二虎相爭謂之虤，二犬相齧謂之犾，三鹿超行謂之麤，三馬並馳謂之驫。凡重疊獸名之字爲字者，皆寓有行動意，聚數

豕于一圈，凡鬥恒不解，出之則豨豨而走，豕豕而突，荐食無饜，肆其踐毀，放恣也者，殆即豩之本義……今豩下云「二豕也」，疑非許書原本，當全闕，闕者闕其音義也」。說文闕義箋

前弍三一 前肆五一 同上 同上 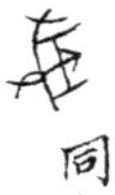同上 同上 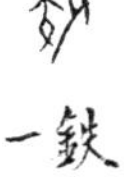鉄二一〇 菁一 後上一八 [骨]

彘邑幣 皆彘邑幣文 古鉩 [匋] 說文 [小]

說文：「彘，豕也，後蹏廢謂之彘，从彑矢声，从二匕，彘足与鹿足同」。直例切，古定微，㞢

按古文彘字从豕身箸矢。

羅振玉氏曰：「从豕声箸矢，乃彘字也，彘殆野豕，非射不可，亦猶雉之不可生得與？其貫乚者亦矢形」。增訂考釋中

一曰矢亦声。

葉玉森氏曰「或貫矢或置矢於側，殆亦以矢為声，与雉同」集釋卷一

说文「豚，小豕也，从彖省，象形，从又持肉，以給祠祀。豚，篆文从肉豕」徒魂切。古定文。

ㄊㄨㄣˊ

按古文豚字从豕从口。

葉玉森氏曰「按豚字所从之A夕，竝口字，小豕好鳴，故从口」集釋卷三

一曰从豕肉。

孫詒讓氏曰「左从D，即肉字，右从𠂇，即豕之省」契文舉例下

羅振玉氏曰「卜辞从豕肉，會意字也，……古金文有从又者，许書作豚，

亦有所本矣」（揅订考释中）

前肆五三 骨

说文 小

说文「豸，獸長脊，行豸豸然，欲有所司殺形」池爾切，古定錫部

按古文豸字象獸長脊形。

前弍四九　前柒一一　後上二一　林弍二八 骨

毛公鼎　不嬰敦　仲師父鼎

𠭯鼎　齊鎛　郝遣敦　孟鼎　克鼎　公伐郐鼎　䣄侯鼎

旂鼎　大敦　静尊　鄂侯鼎　買敦　䜌卣　宅敦　耆敦　小子䣄敦

伯其父盨　伯家父敦 金

古鉩　古鉩　空首幣 匋

正始石經殘石 古

正始石經殘石

说文 小

尨氏亮三

漢

易 華山廟碑

易 石門頌 隸

说文「易，蜥易，蝘蜓，守宮也，象形。秘書說：『日月爲易，象陰陽也。』一曰从勿」羊益

十

切，古影錫，ㄧ

按古文易字象形，孳乳為錫。

葉玉森氏曰：「按孫氏釋彡為易，王氏國維謂易日為祭名，並塙。金文叚易為錫。」集釋卷一

前弍三一

前肆四四

同上

同上

後下五

骨

師湯父鼎

金

說文

小

吳郡趙忠兖

精白兖

昭明兖

漢

鄦閣頌

孔龢碑

蒼頡廟碑

隸

說文：「象，長鼻牙，南越大獸，三年一乳，象耳牙四足之形。」徐兩切，古心陽，ㄒㄧㄤ

按古文象字象形。

羅振玉氏曰：「今觀篆文但見長鼻及足尾，不見耳牙之狀。卜辭亦但象長鼻，蓋象之尤異於他畜者其鼻矣。又象為南越大獸，此後世事，

古代則黄河南北亦有之，爲字从手牽象，説見三部爲字。則象爲尋常服御之物，今殷墟遺物有鏤象牙禮器，又有象齒甚多。非伸出口外之二長牙，乃口中之齒卜用之骨有絕大者，殆亦象骨，又卜辭卜田獵有獲象之語，知古者中原有象，至殷世尚盛也。王氏國維曰：「呂氏春秋古樂篇：『商人服象爲虐於東夷，周公乃以師逐之，至於江南。』此殷代有象之塙證矣。従此訂

考釋中

十二

葉鼎彝

前弍一九 前叁三一 前肆四五 同上四六 同上 同上 同上 同上四七 同上

前柒五 菁三 鐵三〇 後下五 同上 同上六 同上一八 同上四二 林弍一五 同上

【骨】

玑鼎 毛公鼎 克鐘 盂鼎 師奎父鼎 貿鼎

公伐郐鼎 戊寅鼎 敔盤 虢季子白盤 右走馬嘉壺 史頌敦 守敦

無㠱敦 格伯敦 大敦 趩敦

【金】

古匋 古匋 古鉩

均古鉩文 古匋 馬服幣 古鉩

古鉩 矛文

【匋】

说文

【古】

说文 石鼓

【大】

说文

【小】

一

馬 萬歲宮高鐙 漢

馬 書全碑 隸

說文「馬，怒也，武也。象馬頭髦尾四足之形。𩣺，古文。𩣺，籀文馬，与𩣺同，有髦。」莫下切，古明魚，ㄇㄚˇ

按古文馬字象形

徐中舒氏曰：「甲骨文凡関於禽獸的象形字，多作側視形，只能顯其一面，因此四足的獸只畫其兩足……馬字正當的解釋是尾三足二，甲骨銅器中畫獸尾多作个形，象尾毛分張之形。」再論小屯与仰韶

前肆四七 骨

說文 小

說文「驪，馬深黑色，从馬麗声。」呂支切，古來歌，ㄌ一ˊ

按古文驪字从馬利声。

羅振玉氏曰：「从馬利声，殆是許書之驪字。廣韵：『䮑同驪』，漢書西域傳：『西与犁靬條支接』注：『犁讀驪同』。古利麗同音，故䮑字後亦从麗作與？」

增訂考釋中

 前肆四七 骨

 說文 小

說文：「駁，馬色不純，从馬爻声。」北角切，古邦宵．ㄅㄛ．

按古文駁字与小篆同。

徐鉉等曰：「爻非声，疑象駁文。」按徐說是也，駁字从馬从爻會意。

 前肆四七  同上  前弍五 骨

 說文 小

說文：「騽，馬豪骭也，从馬習声。」似入切，古心緝．ㄒㄧ．

按古文騽字从馬㗊声，㗊古文友字。

羅振玉氏曰：「卜辭从𦐔，𦐔古文友字，疑許謂𦐔為習矣。」增訂考釋中

敺 前弍四二 敺 同八 敺 前伍四一 [骨] 敺 敺 師寰敦 [金] 敺 說文 [古] 敺 石鼓 [大]

驅 說文 [小] 驅 譙敏碑 [隸]

說文：「驅，馬馳，从馬區聲。敺，古文驅从攴。」豈俱切。古溪侯。ㄑㄩ

按古文驅字从攴从馬。

彝按：骨文从𠥓若𠥓，疑均為馬字之變體，古鉥文馬字形與師寰敦此尤近，參前馬字。譌而為𠥓若𠥓，說文古文再譌而為區，小篆遂从區得聲，誤以會意為形聲矣，然从馬尚得古文遺意也。

鐵一九三　同上九九　餘一三　後上一五　同上　後下五　同上一九

【骨】

貉子卣

【金】

古鉨　古鉨　古鉨　古鉨

【匋】

石鼓

【大】

说文

【小】

逢氏祠祥瑞圖題字　孔宙碑　開通褒道石刻

【隸】

说文："鹿，獸也。象頭角四足之形。鳥鹿足相似，从匕。"盧谷切。古ㄌㄨˋ

按古文鹿字象形。

羅振玉氏曰："或立或寢，或左或右，或回顧，或側視，皆象鹿形。"增订考釋中。

前弍一九　同上　同上　同上　前弍三一　前柒四一

【骨】

说文

【小】

麟 孔宙碑陰　麟 禮器碑

【隸】

说文："麟，大牝鹿也。从鹿粦声。"力珍切。古ㄌㄧㄣ

按古文麟字象獨角獸形。

三

董作賓氏釋麟，云象一角，披尾、大頭、足形，獲白麟解，載安陽發掘報告第二期。

𤉡 前肆四八 𤉡 前柒二八 𤉡 後下三五 麟 說文 麐 石鼓 [大] 麠 說文 [小]

說文"麠，麐也，從鹿囷省聲。麐，籀文不省。"居筠切。古晃文 𤉡

按古文麐字從 𤉡 囷省聲。

羅振玉氏曰："卜辭從 𤉡 不從鹿，然則麐殆似鹿而無角者與"增訂考釋中。

𤉡 前貳一二 𤉡 同上三三 𤉡 前肆四七 𤉡 同上 𤉡 鐵三後上一二 麠 說文 [小]

說文"麑，狻麑，獸也，從鹿兒聲。"五雞切。古疑佳了。

按古文麑字象形，或又從兒在鹿後。

羅振玉氏曰："象鹿子隨母形，殆即許書之麑字"說文解字訓麑為狻麑，而別有麛字，訓鹿子。然麑之為字明明從鹿，會合鹿兒之誼，正是

鹿子矣。卜辞以有角無角别鹿母子，故卜辞中之𪊨字，似鹿無角，緣是亦得知為麑字矣。」增訂考釋中

說文：「麗，旅行也。鹿之性見食急則必旅行，从鹿丽声。禮麗皮納聘，蓋鹿皮也。丽，古文。𠀤，籀文麗字。」郎計切，古來歌，歌。

按古文麗字从二耒，或增从二犬。

徐中舒氏曰：「丽从兩耒，麗从兩耒兩犬。金文从三犬，齊侯鎛鐘又變从試，其所从耒形与甲骨金文䎝字合，小篆作丽，古文作丽，即耒形筆误，麗从來母，

四

卽从耒声……丽象两耒並耕形，古者耦耕，故丽有耦意，故儷得训為伉儷」耒耜考

前捌一〇　林式二六

骨

说文

小

说文：「麤，行超遠也，从三鹿」倉胡切，古清魚，ㄘㄨ

按古文麤字从二鹿，

前肆五二　前柒五

骨

古鉩

匋

石鼓

大

说文

小

玄兔虎符

漢

说文：「兔，獸名，象踞，後其尾形，兔頭与㲋頭同」湯故切，古透魚，ㄉㄨ

按古文兔字象形，

羅振玉氏曰：「長耳而厥尾，象兔形」增订考釋中

前式二六　同上四五　同上四六　前式二三　前肆五二　前陸四七　前柒一　同上　同上二五

 前捌四  鐵一四二 骨  員鼎 金  说文 小 犬 孔龢碑 隸

说文「犬，狗之有縣蹏者也，象形，孔子曰：『視犬之字，如畫狗也』」苦泫切，古溪元，ㄑㄩㄢ

按古文犬字象形。

 前肆五二 骨  说文 小

说文「尨，犬之多毛者，从犬从彡，詩曰：『無使尨也吠』」莫江切，古明鍾，ㄇㄤ

按古文尨字象犬腹下修毛垂狀。

羅振玉氏曰「象犬腹下修毛垂狀，當為尨字，今篆彡在背上，犬非剛鬣，若在背，則彡狀不可見矣」增訂考釋中

 前伍四七  鐵一九六 骨  说文 小

说文「臭，禽走臭而知其迹者犬也，从犬从自」尺救切，古透幽，ㄔㄡ

按古文臭字亦从犬从自。

前弍一一　同上一七　同上三二　同上三四　同上　同上三五　前弍三一　同上三二　同上

同上　前肆三六　前陸二六　前伍四二　前捌四　同上七　同上一二　後上一二

骨

獲　古鉥

匋

獲　说文

小

獲　居攝鐘

漢

獲　魏王基殘碑

獲　史晨奏銘

獲　魯相謁孔廟碑

獲　㠯氏左右室画象题字

隸

说文：「獲，獵所獲也。从犬蒦声。」胡伯切。古匣鐸。ㄏㄨㄛˋ

按古文獲字从隹从又。

羅振玉氏曰：「卜辭从隹从又，象捕鳥在手之形，与許書訓鳥一枚之隻字同形。」增訂考釋中

前陸一一　同上　同上

骨

獸　说文

獸　说文

小

说文：獘，頓仆也，从犬敝声。春秋傳曰：与犬，犬獘。斃，或从死。毗祭切，古並月，ㄅㄧˋ

按古文獘字从敝从犬，未详其義。

前捌一一　佚二七五　佚二七三

骨

虢季子白盤　不嬰敦　召伯虎敦　𩛥父甗

史獸鼎　茾伯敦　齊陳曼簠　召伯敦　伯貞甗　陳公子甗　尌仲甗　筍父甗

仲𨾊父甗　𡧊甗　師麻甗　鄭大師甗

金

古鉥　古鉥

匋

石鼓

大

说文

小

曹全碑　史晨後碑

隸

说文：獻，宗廟犬名羹獻，犬肥者以獻之。从犬鬳声。許建切，古曉元，ㄒㄧㄢˋ

按古文獻字从虎从鼎，或从鬲。

商承祚氏曰：即獻，金文𩛥公甗作　与此近似，鬲即鼎省，獻本作甗或甗，从虎从鼎，或从虎从鬲，見金文。後求其便於結構，將虎移於鼎

六

或鬲之上，而以虎字之下體寫為犬形，遂成獻与獻矣。金文十之八九皆如是。

以傳世古獻證之，三足之股皆作虎目，即此字取義。復以字形言，从鼎者，取器之上象，从鬲者，取器之下形也。獻上為鼎，下為鬲，甗即獻乃合二器而成。之本體，後誤寫作獻，乃用為進獻字，復別構甗為器名，非其朔矣。殷契佚存

後下一四

骨

古鉥

匋

说文

古

说文

小

说文："狴，狾犬也，从犬㞷声。□古文从心。"巨王切，古溪陽，丂尤

按古文狴字亦从犬㞷声。

前柒一二

同上一八

鉄八一

鉄八七

後上一五

後下三六

同上四二

林式一五

骨

毛公鼎

宗周鐘

王孫鐘

陳猷釜

金

古鉥

古鉥

古鉥

匋

 正始石經殘石

古

 石鼓

大

 說文

 正始石經殘石

小

 熹平石經

 史晨奏銘

 華山廟碑

 張遷碑

隸

說文：「猶，玃屬。从犬酋聲。一曰隴西謂犬子爲猷。」以周切。古影幽。

按古文猶字亦从犬酋聲。

羅振玉氏曰：「說文解字有猶無猷，當爲一字。石鼓文毛公鼎均有猷，……此从犬从、象酒盈尊，殆即許書之酋字。卜辭中亦有酋字作、藏龜之餘，與猷字所从同。古金文猷字則从，與許書同矣。」增訂考釋中。

商承祚氏曰：「从由作猷，疑亦猶字之省。」類編第十

 後下三

 遺六

 後下三一

骨

 說文

小

說文：「猴，夒也。从犬侯聲。」乎溝切。古匣侯。

按古文猴字象形。

 前陸四八  前弍二七  同上  同上二八  同上二九  同上  同上三二  前肆三六  後下四一 【骨】

 說文 【小】

狼 永和六年洗 狼 永初元年堂狼造作洗 【漢】

狼 武氏祠祥瑞圖題字 狼 礼器碑 【隷】

說文：「狼，似犬，銳頭白頰，高前廣後，从犬良聲。」魯當切，古來陽，ㄌㄤ

按古文狼字亦从犬良聲，或省从亡聲。

羅振玉氏曰：「或从亡者，殆良之省。許君謂良从亡聲，故知亦狼字。」增訂考釋中

 前伍四七  鐵一〇四 【骨】

 說文 【小】

說文：「㹜，兩犬相齧也。从二犬。」語斤切，古疑文，ㄧㄣ

按古文㹜字亦从二犬。

前弍三　前肆一五　菁一〇　【骨】

獄 說文　【小】

說文：「獄，司空也，从㹜臣声。」息兹切，古心咍，ㄙ。

按古文獄字从㹜从臣，未詳其義。

前弍三三　同上　前陸五〇　同上　前柒一四　前捌一二　【骨】

鄦鼎編　【金】

說文　【小】

鼠 唐公房碑　【隸】

說文：「鼠，穴蟲之總名也，象形。」書呂切，古透魚，尸ㄨ。

按古文鼠字象形，⺌⺌象米粒。

葉玉森氏曰：「⺌⺌並象米粒，鼠善疑，將食米仍却顧疑怯，古人造字，既狀其形，並狀其性，加小點仍為鼠，猶加帶索形仍為羊也。」殷契鉤沈

後上九　【骨】

宗周鐘　虢叔鐘　虢叔編鐘　𤼈狄鐘　善鼎

八

耆虎簋

師酉敦

旅虎簋

金

诅楚文

大

说文

小

熊 白石神君碑

熊 礼器碑

隶

说文：「熊，兽似豕，山居冬蛰。从能，炎省声。」羽弓切。古影谈。ㄒㄩㄥ

按古文熊字象形。

彝按甲骨金文下从若，疑象其掌。熊之可取者，莫如掌也。

前伍一四

同上

同上

前捌三

林弍一一

同上二一

骨

说文

小

火 衡方碑

隶

说文：「火，燬也。南方之行，炎而上。象形。」呼果切。古晓微。ㄏㄨㄛ

按古文火字象火光上炎。

前弍二

同上二四

前弍九

前肆二一

前陆六四

前柒三

铁二二二

後上二二

同上二四

同上

同上

同上

同上

同上二五

林弍三〇

骨

伯獎尊

伯獎尊

金

燓 說文 燎崋山廟碑 燈魏受禪表 燅魏元丕碑 隸

說文"燓,燒祭天也,从火从棥棥,古文慎字,祭天所以慎也,來宵切,古力照切,古文

按古文尞字从木杠火上,川象火燄,段借為尞

羅振玉氏曰"卜辭从木在火上,木傍諸點,象火燄上騰之狀,卜辭又有大史尞卿事尞尞字一作燓一作燚,毛公鼎大史尞卿事尞尞字作燚,均从米从火,許君云从眷者非也,漢韓勅碑陰遼作遼史晨後碑作遼,並从木,衡方魯峻兩碑尞字亦然,是隸書尚存古文遺意矣,卜辭或又省火作米,或更省作米",釋中

按參卷八僚字注,增訂考

燚前肆二〇 燓同上 燚半同上 燚半同上 燓同上 燓司上 燓鐵二三〇 燓米林弌八

骨

盂鼎

同上

大師虘作烝尊豆

段敦

金

说文

小

烝
魏受禪表

隸

说文「烝，火气上行也，从火丞声」煑仍切，古端登，出人

按古文烝字从禾从米在豆中，廾以進之，

羅振玉氏曰「卜辭从禾从米在豆中，廾以進之，盂鼎与此同而省禾，春秋緐露四祭，冬曰烝，烝者以十月進初稻也，与卜辞从禾之旨正符，此為烝之初誼，引申之而為進，許君训火气上行，亦引申之誼」增訂考釋中。

前伍三三

同上

同上

前陸二〇

後上二一

後下一五

同上

同上二二

骨

说文

小

说文「烄，交木然也，从火交声」古巧切，古見宵，ㄐ一ㄠˇ

按古文烄字从交在火上。

葉玉森氏曰「象投交脛人於火上，丷象火燄，即許書之烄」擘契枝譚

 前伍八

 後下四一

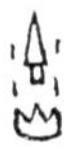 同上三七

骨

熹 说文

小

熹 延熹鐘

熹 熹平鍾

漢

熹 孔宙碑

熹 魯峻碑

熹 孔宙碑

熹 祀三公山碑

隶

说文「熹，炙也，从火喜声」許其切，古曉咍，ㄒ一

按古文熹字从火从喜省声。

商承祚氏曰「卜辭从喜省声，丷象火上然，作者又疑之省」類編第十

 前伍三二

骨

烄 说文

小

烄 曹全碑

隶

十

说文：「𤆎，火餘也，从火聿声，一曰薪也。」徐刃切，古

徐鉉等曰：「聿非声，疑从𦘒省，今俗别作燼，非是。」

按古文𤆎字从又持丨，以撥餘火，象形，羅振玉說：增訂考釋中。

 前弌三三

 後下九

 同上

 同上四

骨

㸋 说文

小

焚 魏受禪表

隸

说文：「㸋，燒田也，从火棥，棥亦声。」附袁切，古並元。ㄈㄢˊ

按段玉裁氏改小篆㸋為焚，改「从火棥，棥亦声」為「从火林」，謂：「玉篇廣韵有焚無㸋，焚，符分切，至集韻乃合焚㸋為一字，而集韻廿二元固單出㸋字，符袁切，竊谓棥声在十四部，焚声在十三部，份古文作彬，解云：『焚省声』，是許書當有焚字，況經傳焚字不可枚舉，而未見有㸋，知火部㸋即焚之譌。」元應書引说文：『焚，燒田也』，字从火，燒林意也。凡

四見，然則唐初本有焚無樊，不獨篇韻可證也。」說文注

按古文樊字从火从林，或又从草。

羅振玉氏曰：「卜辭亦从林不从楙，可為段說左證，或又从草，於燒田之誼更明。」增訂考釋中

 後下八 骨

𤆎 說文

灾 隸續正始石經 古

災 說文 大

烖 說文

灾 說文

烖 隸續正始石經 小

烖 隸續正始石經

灾 白石神君碑

災 鄭固碑 隸

說文：「烖，天火曰烖。从火𢦏聲。灾或从宀火。𤆎古文从才。災籀文从巛。」祖才切。古精咍。卩另

按古文烖字从火在聲。

余永梁氏曰：「按此烖字，与古文同。……殷虛古文才与在為一字，此是

十一

其證。王藻鄭注：「古文緇字或从糸傍才。」又周礼媒氏注：「古緇以才為声。」然則緇字古文當是紂字，与此災古文从才正同也。」（殷虛文字續考）

又曰：「依王靜安先生指事之說，巛當是指事字，巛象水形，一則指事也。……巛演变為形声時，于水害曰𡿧，……于兵害从戈曰𢦏，于火害从火曰𤆍。而火𤆍之字後变為災，裁諸體，由象形而指事形声，六書發展之次第，於此得一有力之證矣。」（新獲卜辭寫本後記跋，載安陽發掘報告第一期）

说文：「光，明也，从火在人上，光明意也。炗，古文。灮，古文」古皇切，古 見陽，巜乂九

按古文光字亦从火在人上。

骨 炎 後上一三 炎 後下九

小 炎 说文

隸 炎 耿勳碑

说文：「炎，火光上也，从重火」于廉切，古 影談，一ㄢ

按古文炎字亦从重火。

骨 赤 鐵一〇 赤 後下一八

金 赤 師嫠敦 赤 鄦公華鐘 赤 曾鼎 赤 䣄侯鼎 赤 師虎敦 赤 頌鼎 赤 頌敦

古 烾 说文 赤 说文

小 赤 角王巨虘竟 赤 袁氏竟 赤 至氏竟

匋 赤 古鉩 赤 古鉩 赤 赤 共屯赤金圜幣

漢 赤 史晨奏銘

隸 赤 景北海碑陰

说文：「赤，南方色也，从大从火。烾，古文从炎土」昌石切，古 透鐸，彳ˋ

十二

按古文赤字亦从大从火.

按說文大部後別有亣部,云:"亣,籒文大改古文,亦象人形."段玉裁氏曰:"本是一字,而凡字偏旁或从古或从籒不一,許為字書,乃不得不析為二部,猶人儿本一字必析為二部也."說文注

按說文大部云:"大,天大地大人亦大,故大象人形.古文大也."他達切.古文.

說文大良造鞅方量量二平合 永平

隸續正始石經

大孔龢碑 隸

大克鼎 朱氏

大瞿

古 大 石鼓 大 說文

亣

大司戌 古鉢

大鉢 古鉢

大鉢 古鉢

匋

大魏 权

金 大 孟鼎

大祝禽鼎

大 䏍者女 端鼎 毛公鼎 散盤 大歸父盤

大子仲匜

隸續正始石經

胃 大保敦

前 三 大 同上 四 大 同上 六 大 前肆 七 大 後上 二六 大 後下 一八

按古文大字象人正立之形。

容庚氏曰：「大象人正立之形。大亣為一字，說文分二部，金文祇作大。如奚羼二字，說文皆从亣，而金文則从大。」金文編第十

說文：「夾，持也。从大俠二人。」古狎切。古見盍。4〜7。

按古文夾字象人兩腋下夾物形。

葉玉森氏曰：「按𡗜之異體孔多。……余舊釋夾，謂从大，象人形，兩腋下所夾之物，可任意狀之，而夾意自顯，故变態獨多。夾，輔也。倉頡篇在旁

也，名釋立。有妃意，新矢奭有辭曰："奭左右于乃寮，以乃友事。奭字正當釋夾，謂夾輔左右也。"集釋卷一

奭按此字骨文異釋頗多，羅振玉氏釋奭，謂即赫字。郭沫若氏釋母，謂象人形而特大其二乳。葉氏釋夾較允，今從之。

夾 八 八 新三 八一

宗周鐘 無叀鼎 競卣 襲卣 虢仲盨 曾伯簋 甲 師蒙 敦 豐兮敦 卣

師酉敦 使夷敦 金

夷 曹全碑 衡方碑 頌石汉

夷 說文 小 夷 王氏 克 束 克二 漢

說文："夷，平也，从大从弓。東方之人也。"以脂切。古影微。

按古文夷字象人曲躬蹲居形，與尸為一字。

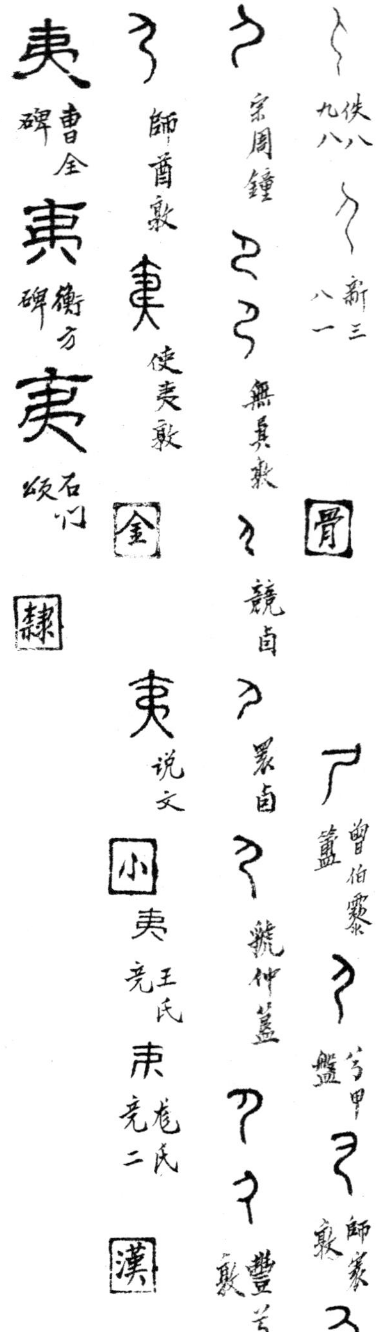

吴大澂氏曰：「古夷字作□，即今之尸字也。古尸字作□，即今之死字也。兮田盤「至于淮=𡰥=」乃淮夷二字重文，非夷字作𡰥也……夷為東方之人，尸字与入字相似，象人曲躬蹲居形。白虎通：「夷者，僔夷無禮義」，論语原壤「夷俟」，集解引馬注：「夷，踞也。東夷之民蹲居無禮義」，別其非中國之人，故□与亻相類而不同……疑古者从尸之字皆當从夷。許書解尾字為西南夷所飾系尾，此从夷之證也。孝經「仲尼居」，釋文「𡰥古夷字也」，經文居字不當作𡰥，疑尻字之误。漢書樊噲傳注：「𡰥讀与夷同」，漢儒或見故書夷字重文作□，误以為古夷字本作□，許書又以𡰥為仁字古文，更不可解也。自後人以尸為陳□之□，而尸与夷相混。周禮凌人：「大喪共夷槃冰」，注：「夷之言尸也，實冰於槃中，置之尸牀之下，所以寒尸。尸之槃曰夷槃，牀曰夷牀，衾曰夷衾，移尸曰夷於堂皆依尸而為言者也。儀礼士喪礼"士有冰用夷槃可也"注"夷槃承尸之槃"又"床笫夷衾"注"夷衾覆尸之衾"凡此夷字皆當讀尸。或故書本作尸，而漢儒誤釋為夷，或當時夷尸二字通用，古文尸字，隸書皆改作夷，均未可知。然則漢初去古未遠，必知有尸字即夷字者，故改尸為夷也。使夷敦𠁨字与小篆夷字相近，是晚周已有變了為夷者，不自漢人始矣。"字說"

古鉢 前式 毛公鼎 詛楚文 亦 武榮
五二 敦召伯 𠁨 碑
𠂇 前肆 敦卯 𠄃 隸
古鉢 一六 者汙 說文
𠆢 骨 編鐘 大 亦
麥 𠂇 𠁨 小 魏封孔
古鉢 金 羡碑
大 亦
古鉢

说文："亦，人之臂亦也。从大，象兩亦之形。"羊益切，古影鐸。

按古文亦字与小篆同。

前弍四五

同上

同上四八

後下四

[骨]

天王尊

同卣

散伯敦

散盤

[金]

说文

[小]

说文："夨，傾頭也。从大，象形。"阻力切，古精德。卩世

按古文夨字象傾頭形。

後下四

[骨]

鼎文

[金]

说文

[小]

夏承碑

鄭固碑

石门頌

壶氏石闕銘

[隸]

说文："夭，屈也。从大，象形。"於兆切，古影宵。一云

按古文夭字从大，象兩手一上一下形。

十五

羅振玉氏曰：「夭屈之夭，許書作夭，与古文傾頭之矢形頗混，相此作夭石鼓文从夭諸字皆作夭，与此同，古金文亦然，無作夭者。」增訂考釋中。彝按夭之本義當訓少壯，詩隰有萇楚傳曰：「夭，少也。」桃夭傳曰：「夭夭桃之少壯也。」月令注曰：「少長曰夭。」引申而訓盛，訓和舒。詩凱風傳曰：「夭夭盛皃也。」論語「子之燕居，申申如也，夭夭如也。」集解引馬曰：「申申夭夭，和舒之貌。」骨文夭字从大，象人兩手一上一下之形，正示人少壯時歡樂舞蹈之意。字形譌變作夭，許君乃有夭屈之訓矣。

骨 交 前肆三〇

金 交 交君簠　交 古鉩　交 古鉩

匋

小 交 說文　交 交阯釜　交 上大山竟二

漢 交 尹宙碑

隸

說文：「交，交脛也，从大，象交形。」古爻切，古見宵。ㄐㄧㄠ

按古文亦从大象交脛之形.

前伍五

骨

鄧孟壺

周䉠壺

虞司寇壺

師望壺

魯侯壺

觴仲多壺

呂王壺

中伯壺

杞伯壺

盛季壺

㠯壺

苎婺壺

齊侯壺

子姞壺

天姬壺

番匊生壺

孟上父壺

司寇良父壺

圅皇父敦

伯壺

楚井壺

金

說文

小

平陽子家壺

杜陵東園壺

閔色家壺

駘蕩宮壺

漢

禮器碑

三公山碑

隸

說文:「壺,昆吾圜器也,象形,从大,象其蓋也.」戶吳切,古匣魚,厂乂

按古文壺字象形.

羅振玉氏曰:「上有蓋,旁有耳,壺之象也.」增訂考釋中

前式二二

前伍四〇

後上二

後下二九

林式一九

骨

杜伯盨

孟爵

十六

彔伯敦

毛公鼎

番生敦

吳尊

師兌敦

静敦

中義父鼎

【金】

石鼓

【大】

说文

【小】

说文：「𠦬，疾也，从夲卉声。拜从此。」呼骨切。古曉。物。ㄏㄨˋ

按古文𠦬字象祭器之形。

商承祚氏曰：「立厂先生谓𣎵疑即说文𠦬字，亦即金文𩞁字所从之𣎵。其作𣠔或𣡌，矢尊及彝𧙗字偏旁。乃其緐文。又与賁同。案唐说其形是也。殷契佚存第三十二版『甲申卜亘𡿺𣎵于大甲』，𣎵又𠤎𣎵，与金文可為佐證。但𠦬祭尊唐氏谓即矢尊之𧙗祭，于經典無徵，殆佚禮也。復从字形觀之，小木架大木卓立地上，木末出二岐，似可以懸物，定殷礼懸牲而祭谓之𣎵，即覲礼、尔足所谓升懸異词而同祭歟」。（福氏所藏甲骨文字考釋）

前肆一八

[骨]

说文

说文

[古]

说文

[小]

奏 華山廟碑

奏 石门頌

[隸]

说文："奏，進也。从夲从𠬞从屮，屮上進之義。𡙇，古文。𡴐亦古文。"則候切，古精侯，ㄗㄡ

按古文奏字从𠬞从𣎵，未详其義。

前弍三

前弍四二

前陸一九

同上

後下三三

[骨]

丙申角

[金]

隸續正始石經

[古]

说文

[小]

奚 張遷碑

奚 子游殘碑

[隸]

说文："奚，大腹也。从大，𦃃省声。𦃃，籀文系字。"胡雞切，古匣佳，ㄒ一

按古文奚字从手持索，以拘罪人。

羅振玉氏曰："予意罪隸為奚之本義，故从手持索，以拘罪人，其从女者，与从大同。周官有女奚，猶奴之从女矣。"增訂考釋中

前弍二〇

前肆二五

後下一

[骨]

夫 盂鼎

夫 善夫克鼎

夫 散盤

夫 𨟻侯鼎

夫 大𣪕

十七

克簋

金

古鉨

古鉨

古鉨

古鉨

匋

说文

小

荀少夫鼎

代大夫人家壺

夫 寿成室鼎

漢

夫 史晨奏銘

夫 曹全碑

隸

说文：夫，丈夫也，从大，一以象簪也，周制以八寸為尺，十尺為丈，人長八尺，故曰丈夫。甫無切，古幫魚，ㄈㄨ

按古文夫字亦从大从一。

前陸八

前肆三七

前贰二二

骨

颂鼎

毛公鼎

休盤

金

古鉨

匋

说文

廿六年诏十六斤权

廿六年诏廿斤权

两诏椭量

大良造鞅方量

小

永始乘舆鼎

立 北海相景君銘

立 孔龢碑

隸

说文：立，住也，从大立一之上。力入切，古來緝，ㄌㄧ

按古文立字从大，象人立地上形。

竝 前伍二五
竝 前陸五〇
竝 後下三五
骨

竝 譙敏碑
竝 西狭颂
竝 曹全碑
隸

说文：竝，併也，从二立。蒲迥切，古並陽，ㄅ一ㄥ

按古文竝字亦从二立。

竝 说文
小

竝 五凤尉斗
竝 杜陵东园壶
漢

十八

中國文字形體變遷考釋卷十一

葉鼎彝

前弍四
前肆一二
同上一三
後下三
骨
同敦
魚匕
金
古鉨
匋
石鼓
大
說文
小
中水鼎
南陵鍾
永承水槃
漢
水 礼器碑
水 西狹頌
隸

說文：「水，準也。北方之行。象眾水並流，中有微陽之气也。」式軌切。古透微。ㄕㄨㄟˇ

按古文水字象水流之形。

前弍二六
後上二二
菁四
林弍二〇
戩七
骨
說文
小
博邑家鼎
河 河东鼎
漢
河 尹宙碑
隸

一

说文：「河，河水出焞煌塞外昆侖山，發原注海。从水可声。」乎歌切。古匣歌。厂ㄜ

按古文河字从水丂声。郭沫若氏说。卜辭通纂

 新一

骨

 虢季子白盤

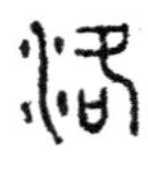 大師虘豆

金

 石鼓

大

 说文

小

洛 魏上尊號奏

隸

说文：「洛，洛水，出左馮翊歸德北夷界中，東南入渭。从水各声。」盧各切。古鐸。ㄌㄨㄛ

按古文洛字亦从水各声。叚借爲格，或又叚各爲之。

董作賓氏曰：「卜辭中水旁多作⺄，如淮。或作⺌，象水滴，如沚。此

兼从⺄、⺌。」新獲卜辭寫本後記，載安陽發掘報告第一期。

容庚氏曰：「大師虘豆『用邵洛朕文且考』，洛叚爲格。」金文編第十一

彝按：石鼓文「大車出各」，各叚爲洛。

福三七 【骨】 正始石經殘石 【古】 说文 【小】 汝陰侯鼎 汝南郡鼎 【漢】

汝 礼器碑 【隸】

说文：「汝，汝水，出宏農盧氏，還歸山東入淮。从水女声。」人渚切，古泥魚。ㄖㄨ

按古文汝字与小篆同。

前式七 同上一六 同上二四 同上三六 【骨】 散盤 兮甲盤 師寰簋 曾伯簠 【金】 古鉨 【匋】 说文 【小】 淮 史晨後碑 【隸】

说文：「淮，淮水，出南陽平氏桐柏大復山，東南入海。从水隹声。」户乖切，古匣微。ㄏㄨㄞ

按古文淮字与小篆同。

羅振玉氏曰：「从乚即水省。卜辭从水之字，多省作乚。说文解字：『攸，行水也，从亻从水省，从攴。』是许君時乚為水省之誼，尚未失矣。」殷虛書契考釋

二

 前肆一三

骨

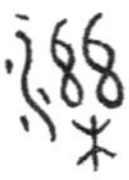 盧鐘

金

 古鉢

匋

 说文

小

说文「濼，齊魯間水也，从水樂声。春秋傳曰『公會齊侯于濼。』」盧谷切，古来覺，ㄌㄨㄛˋ。

按古文濼字亦从水樂声，叚借為樂。

羅振玉氏曰「盧鐘借用為喜樂字。」增訂考釋中

 前陸三二 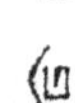 同上  同上六〇  後下三

骨

 齊侯壺

金

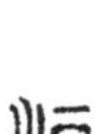 说文

小

说文「洹，洹水，在齊魯間，从水亘声。」羽元切，古影元，ㄏㄨㄢˊ。

按古文洹字亦从水亘声。

羅振玉氏曰「卜辭从亘，与許書同，但省下一耳。」增訂考釋中

 佚六七八

骨

 说文

小

说文「洚，水不遵道，一曰下也，从水夅声。」户工切，又下江切，古匣冬，ㄐㄧㄤˋ。

按古文洚字从水从夅，古文夅字。

衍 前肆一二　衍 前捌三　衍 同上五　衍 同上一四　衍 同上一五　衍 後下四二　骨

衍 枯衍毁　金

衍 古鉩　匋

衍 説文　小

衍 曹全碑陰　衍 北海相景君銘　隸

説文「衍，水朝宗于海也。从水从行。」以淺切。古影元。ㄧㄢˇ

按古文衍字从川从行。

羅振玉氏曰：「卜辭从川，示百川之歸海，誼彌顯矣。或省行作彳，或又省川作巜，或變川作巛，古金文朝字从此。」增订考釋中

沖 後下三六　骨

沖 古鉩　匋

沖 説文　小

説文「沖，涌摇也。从水中聲。讀若動。」直弓切。古定冬。ㄔㄨㄥ

按古文沖字亦从水中声。

後上一五

骨

说文

古

石鼓

大

说文

说文

小

龙渊宫鼎

漢

淵 孔褒碑

淵 夏承碑

淵 鄐閣颂

淵 曹全碑

淵 北海相景君銘

淵 石门颂

隸

说文「淵，回水也，从水象形，左右，岸也，中象水皃。𣶒，淵或省水。古文从囗水」

乌元切，古影真，山弓

按古文淵字从囗从川

前弍四七

同上三八

前伍二三

前陸二五

同上三六

後下三八

同上

林弍五

骨

说文

小

说文「沚，小渚曰沚，从水止声。诗曰『于沼于沚』。诸市切，古端咍，止」

按古文沚字亦从水止声。

前肆一三

骨

古鉢反文

匋

说文

小

汜 孔彪碑

汜 張遷碑陰

隸

说文："汜，水别復入水也。一曰：汜，窮瀆也。从水巳声。詩曰：江有汜。"詳里切。古心咍。ㄙˋ

按古文汜字亦从水巳声。

前弍五

前弍六

骨

说文

小

说文："潢，積水也。从水黄声。"乎光切。古匣陽。ㄏㄨㄤˊ

按古文潢字亦从水黄声。

前捌七

後上一四

骨

说文

小

说文："湄，水艸交為湄。从水眉声。"武悲切。古明微。ㄇㄟˊ

按古文湄字亦从水眉声。

前弍一一

前伍三一

同上

同上

骨

古鉩

匋

石鼓

大

说文

说文

小

四

说文：「砅，履石渡水也。从水从石。詩曰：『深則砅。』濿，砅或从厲。」力制切。古來月。ㄌㄧˋ

按古文砅字从水从萬。

羅振玉氏曰：「从水从萬。石鼓文：『澫有小魚。』殆即許書之砅字。砅或作濿，考勉勵之勵，粗糲之糲，蚌蠣之蠣，許書皆从萬作勱糲蠣，以此例之，知澫即濿矣。说文勱注讀与厲同，段先生曰：「厲澫為淺水，故有小
亦萬声，漢時如此讀，亦其證也。」
魚。許訓履石渡水，亦謂淺水矣。」殷虛書契考釋

葉玉森氏曰：「象萬游水中，或在水次。」集釋卷二

 前弍三  前伍三六  同上  鐵一六九  林弍一六 骨

 说文 小

说文：「濩，雨流霤下皃。从水蒦声。」胡郭切。古匣鐸。ㄏㄨㄛˋ

按古文濩字从水隻声。

羅振玉氏曰：「卜辭中為樂名，即大濩也，或从水隻声，或省又隻省声。」

增订考釋中

前弍六

骨

说文

小

说文：「瀧，雨瀧瀧皃。从水龍声。」力公切 古來鐘，分文

按古文瀧字亦从水龍声。

葉玉森氏曰：「契文之 前四三陸　鉄一六三 並龍之最簡象形文，与 相似，則 乃从水从龍，即古瀧字。」殷契鉤沈

前弍二四　鉄四二　後上二三　同上　同上　後下四　前陸二三　鉄一九二　後下四一　同上三二

林弍一四　同上

骨

詛楚文

大

说文

小

新嘉量二

漢

沈 淮源廟碑

沈 白石神君碑

沉 淮源廟碑

隸

五

说文「沈，陵上滈水也，从水冘声。一曰濁黕也」直深切，又尸甚切。古定侵，彳ㄣ（尸ㄣ）

按古文沈字象沈牛或羊於水中。

羅振玉氏曰：「此象沈牛于水中，殆即貍沈之沈字，此為本字，周礼作沈，乃借字也，又據礼經『祡燎所以事天，貍沈以礼山川』而徵之卜辭一則曰『賁于妣乙，一宰貍二宰』（卷一第三十二葉）二則曰『貞賁于土，三小宰，卯二牛，沈十牛』（第二十四葉）三則曰『乙巳卜囗貞賁于妣乙五牛沈十牛』（卷二第九葉）是賁与貍沈在商代通用於人鬼，既有宗廟之事，又索之于陰陽，商之祀礼可謂繁重矣」殷虛書契考釋

商承祚氏曰「沈牛曰𣲗，沈羊曰𣲞」類編第十一

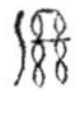

前弍三

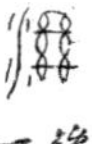

後上一三

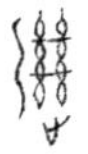

後下二七

骨

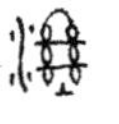

史懋壺

散盤

金

石鼓

大

 说文 小

说文：「溼，幽溼也，从水，一所以覆也，覆而有土故溼也，㬎省声」失入切，古透緝，尸。

按古文溼字从水，从𢇁，𢇁，古文𢇍字，从止与隰为一字。

叶玉森氏曰：「从水从𢇁，即𢇍，表水绝流处，从止，足所止也，足止水绝流处，溼隰之义并显，故古文溼隰为一字，史懋壶从水从𢇍从土，其义为水绝流处之土，亦溼隰塙詁，散盘则从水从𢇍，尤为皦然，卜辞亦作[illegible]，地名也」殷契鉤沈。

吴大澂氏曰：「散氏盘溼田当读作隰田，古文溼隰为一字」古籀补第十一

 前弍一〇  前陸六  後上一一 骨

 说文 小

说文：「洒，滌也，从水西声，古文为灑埽字」先礼切，古心文，乙ク丨

六

按古文洒字从水从古文西字。

 後下一二

骨

 鲁伯匜

 鲁伯盘

 殷榖盘

金

 说文

古

 说文

小

说文："沫，洒面也，从水未声。，古文沫从頁。"荒内切，古晓物。ㄇㄟ。

按古文沫字象人散髮就皿洒面之形。

羅振玉氏曰："卜辞象人散髮就皿洒面之狀，鲁伯愈父匜作亦象人就皿水擢髮形，許書作沫，乃後起之字，今隸作頮，从廾，与卜辞从𠬝同意，尚存古文遺意矣。"增订考释中

与沫為一字。

吴大澂氏曰："古沫字从頁从，从皿注水。許氏说："沫，洒面也，古文从

頁作湏，又頁部「頮，昧前也，讀若昧」，疑亦沬之古文。許云「沬，濯髮也」，疑古沬沐爲一字。（古籀補第十一）

前弍五一

同上

菁五

後下三〇

骨

說文

小

桂宮行鐙

漢

說文：「浴，洒身也，从水谷声。」余蜀切，古影燭，ㄩˋ。

按古文浴字象人浴於皿中形。

羅振玉氏曰：「注水於般，而人在中，浴之象也。」（增訂考釋中）

前肆二五

前伍三一

骨

說文

小

說文：「澡，洒手也，从水喿声。」子皓切，古精宵，ㄗㄠˇ。

按古文澡字从手从水。

七

羅振玉氏曰：「卜辭从川象水，从又象手，又在水中，是澡也。」（增訂考釋中）

前肆一一　前陸三五　同上　同上　同上　前柒四二　同上　後上九　後下二八　骨

洗 說文　小

洗 熹平石經　洗 曹全碑　隸

說文：「洗，洒足也。从水先声。」穌典切，古心文：ㄒㄧ

按古文洗字象洒足般中，水也，或省。

前弍五三　前肆一　前伍二九　前陸二六　前柒三九　林弍二九　骨

散盤　效卣　金

古鉨　戈文　匋

石鼓　格伯敦

說文　大

說文　小

涉 西狹頌　涉 耿勳碑　隸

說文：「𣻏，徒行厲水也。从𣻏从步。涉，篆文从水。」時攝切，古定盍：ㄕㄜ。

按古文涉字象兩足渡水形。

吴大澂氏曰：「涉从兩止，中隔一水，止，足跡也，屮，亦止之变體，小篆頻字从此」。古籀補第十一

商承祚氏曰：「許書篆文从水步，与此正同，無从二水者。」類編第十一

甽 前肆一二

骨

甽 说文

𡿨 说文

古

畎 说文

小

说文：「𡿨，水小流也。周礼：『匠人為溝洫，梠廣五寸，二梠為耦，一耦之伐，廣尺深尺謂之𡿨，倍𡿨謂之遂，倍遂曰溝，倍溝曰洫，倍洫曰巜。』甽，古文𡿨从田从川。畎，篆文𡿨从田犬声。六畎為一畝。」姑泫切。古見元。

按古文𡿨字从田从川。

商承祚氏曰：「周礼考工记匠人：『廣尺深尺謂之甽。』前漢溝洫志：『一晦之甽。』後漢章帝紀：『或起甽畝。』其字皆从川，卜辞作甽，与許書之古文

及周礼漢書合。故知甽乃巜之初字，而畎益後起字矣。」類編第十一

骨 前肆一三　前捌六　同上一二　後下一九　同上四二

骨 說文

小 菑川鼎　菑川太子家卮

漢 礼器碑陰　嵩山太室闕銘

隸

說文：「川，貫穿通流水也。虞書曰：『濬く巜距川。』言深く巜之水會為川也。」昌緣切，古透文，ㄔㄨㄢ。

按古文川字象有畔岸而水在中。羅振玉說，增訂考釋中

骨 後下三二　菁一

小 說文

說文：「𡿺，水流𡿺𡿺也。从川列省声。」良薛切，古來月，ㄌㄧㄝ。

按古文𡿺字从水从歺。

陳邦懷氏曰：「此即說文解字𡿺之古文，許君說𡿺字曰：『水流𡿺𡿺也。』」

从巛卣省声。彝按：小徐本如是作。卜辭泉不从巛者，猶卜辭从水之字或从乚也。彝按：乚爲水省，非乚字，蓋卜辭泉本从水，小篆譌作巛也。其从水在卣下，不比⿱巛月字从巛在卣上者，猶卜辭从水之字，或左或右也。泉字从卣不省，其爲⿱巛月之古文審矣。集韵五質有⿱巛月字，注云：「水流皃，从卣」。殷虛書契考釋小箋

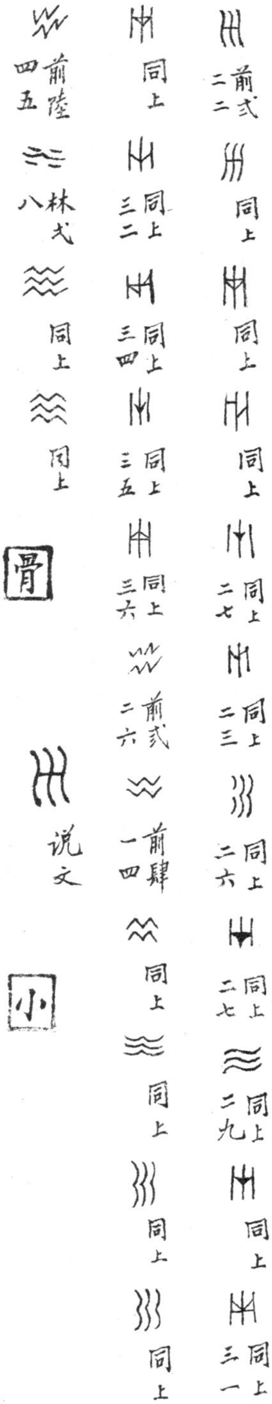

說文：「𡿧，害也，从一雝川。春秋傳曰：川雝爲澤凶。」祖才切，古精咍。卩歹

按古文𡿧字象洪水泛濫形，或从一指事，或从水在声。

羅振玉氏曰：「作≋等狀者，象横流汎濫也。」增訂考釋中。

九

余永梁氏曰「巛當是指事字巛象水形，一則指事也。」巛演變而爲形聲。時于水害曰巛。新獲卜辭寫本後記跋

龔按參卷十災字卷十二戈字注

巛 前肆一三

𠧪 散盤

巛巛 周公敦 巛 扁比盨

白州利 𠧪

戈 巛 說文

李孟初 古

神祠碑 巛巛 說文

北海相 小

景君銘 巛巛 斜

隸 金 巛 古鉢 平州 𠧪 古鉢 尸宙 幣

漢 巛巛 碑

說文「巛，水中可居曰州，周遶其旁，從重川。昔帝堯遭洪水，民居水中高土，故曰九州。詩曰『在河之州』一曰州，疇也。各疇其土而生之。巛，古文州。」職流切古

端出彳

按古文巛字旁象川流，中央象土地

前肆一七　前陸一四　鉄二〇三　菁一一　後下三　同上　同上三九　林式二〇

骨

說文　大良造鞅方量

小

泉 南陵鍾　泉 橐泉銷　泉 美陽高泉宮鼎蓋　泉 陽泉熏廬

湶 袁氏竟三　泉 上大山竟三

漢

泉 武梁祠画象題字　泉 曹全碑　湶 石門頌

隸

說文：「泉，水原也。象水流出成川形。」疾緣切。古從元。ㄑㄩㄢ

按古文泉字象从石罅涓涓流出之狀。羅振玉氏說。增訂考釋中

前肆一一　戩二二　殷二　前式一九　前式九　前肆一〇　同上一一　同上一三　前伍一九　鉄九九

餘一六　林式一一　同上二三

骨

毛公鼎　善夫克鼎　頌鼎　季念鼎　豚卣　大保敦

量侯敦　伯疑父敦　不嬰敦　邰伯敦　流兒鐘　子璋鐘　鄀公鍼

𦋛氏叔子盤　楚子簠　齊陳曼簠　公代郕鼎　姑口句鑃　楚公鐘　鄦侯敦

𥨚鼎　𨝘伯匜　中伯壺　鄭友父鬲　鄭討鼎　杞伯壺　鄦子簠

金

十

正始石經殘石

古

说文

小

永嘉量二

侍邑家鼎

永始乘輿鼎

隸

永初鍾

永建升

永元雁足鐙

漢

白石神君碑

孔宙碑

孔彪碑

武梁祠画象題字

隸

说文：「永，長也，象水巠理之長。诗曰：『江之永矣。』」于憬切，古影陽。

按古文永字象水之長流，金文或从羊，与羕為一字。

葉玉森氏曰：「孫詒讓釋𠂢之一體為永字，予疑增水象者乃繇文，仍當讀永」。集釋卷一

容庚氏曰：「或从羊，诗漢廣『江之羕矣』，毛诗作永，又说文永与羕同训水長，羕殆永之或體」。金文編第十一

前貳五

前肆一二

後下三

骨

格伯簋

金

古鉩

匋

说文

小

谷口鼎

漢

唐公房碑

曹全碑

吳谷朗碑

隸

说文：「谷，泉出通川爲谷，从水半見出於口。」古祿切，古見燭，ㄍㄨˇ。

按古文谷字亦象水半見于口之形。

鐵一三　前肆五一　前陸五一　林弍一〇　明一三七三

骨

頌鼎　善夫克鼎　不𡢁敦

頌敦　殳季良父壺　追敦　邾人鐘

金

古鉨

匋

说文　正始石經殘石　均隸續正始石經

古

说文　均隸續正始石經

大良造鞅方量

小

隸續正始石經　唐公房碑　石門頌

隸

说文：「𠔿，四時盡也，从仌从夂。夂，古文終字。古文冬从日。」都宗切，古端冬，ㄉㄨㄥ。

按古文冬字象枝垂葉落，或餘一二敗葉碩果之形，或增从日，叚借爲終。

葉玉森氏曰：「古金文冬作邾人鐘頌鼎頌敦，予謂象枝欹葉落，或餘一二敗葉碩果之形，望而知爲冬象。……文契文有字，……按契文果

十一

作𣎵、𠔿，正象枝折下垂，墜二碩果，填實之則成𠔿。文契文亦變作𠔿（殷虛卜辭第一千三百七十三版及一千七百八十九版𠔿字兩見）。並為金文𠔿所由譌，蓋冬字也……予既悟𠔿為冬，因思春从𣎵从日，夏从楙从日，秋从禾从日，冬亦必有从某从日之字，旋悟𠔿即𠔿之緐變，从𣎵象木枝摧折，墜二碩果，从日，与春夏字例茲同」。（孳契枝譚）

董作賓氏曰[三]：新出三體石經古文冬作𠔿，知𠔿係𠔿訛變，而𠔿又𠔿的訛變了，𠔿即𠔿，為𣎵的省文，是从𠔿从日之𠔿，實自𠔿省變而來了」（卜辭中所見之殷曆）

彝按葉玉森氏釋骨文春夏秋冬四字，諸家或从或否，頗多異說，本編姑从葉釋。

前弍八　前弍一一　同上三四　前弍一七　同上　同上　同上　同上一八　同上一九　同上二〇　前肆九

同上　前陸六四　菁十　骨

楚公鐘　金

古匋　古鉨　匋

說文　古

石鼓　大

說文　小

騶氏竟　尨氏竟二　漢

曹全碑　隸

說文：「雨，水从雲下也。一，象天，冂，象雲，水霝其間也。」王矩切，古影魚。

按古文雨字象雨點自上下降形，冂雲也。

前柒二三　後下二五　前弍一九　同上　前陸一　同上　後下一　林弍二　同上一〇　骨

霻　說文　小

張遷碑　隸

說文：「霻，凝雨說物者。从雨彗声。」相絕切，古心月。

按古文霻字象雪片雜雨之形。

葉玉森氏曰：「象雪片凝華形，変作，从雨爲緐文，復変作，从二又

十二

即羽之譌，羅雪堂謂象手可掇取，似非朔誼，再變作䨜，古意益晦，許書䨜字訓水音，疑即誤認説契雪之古文以制篆者。」

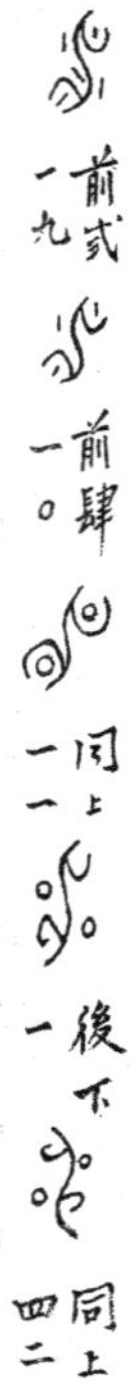

前弍一九　前肆一〇　同上一一　後下一　同上四二

骨

説文：「雹，雨冰也，从雨包声。䨔，古文雹。」蒲角切，古並幽 ㄅㄛ

説文

古

説文

小

按古文雹字象雲雹中雜冰塊之形。

葉玉森氏曰：「雹字从𠃑即申，象電燿曲折形，乃初文電字。許書虹字下出籀文蚺，謂申電也可證。·象冰点，口日象冰塊，釋雹似無可疑。」殷契鉤沈

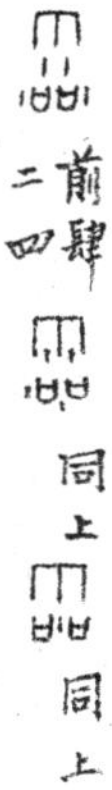

前肆二四　同上　同上

骨

頌鼎　善夫克鼎　鄀公鈃鐘　追敦

歸父盤

金

古匋　古鉨

匋

説文

小

魏受禪表

隸

说文：「霝，雨零也，从雨，㗊象零形。诗曰：『霝雨其濛』。」郎丁切，古來耕，ㄌㄥ

按古文霝字从雨从㗊。

 前肆九　骨　霖 说文　小　霖 郙閣頌　隸

说文：「霖，雨三日已往，从雨林声。」力尋切，古來侵，ㄌ一ㄣ

按古文霖字亦从雨林声。

按骨文林旁之丨丨丨，从上冂，盖雨字也

 前陸四九　 前柒一一　骨　霾 说文　小

说文：「霾，風雨土也，从雨貍声。诗曰：『終風且霾』。」莫皆切，古明咍，ㄇㄞ

按古文霾字从雨从貍。

葉玉森氏曰：「此疑从雨从貍，象形。」集釋卷六

十三

雩 前伍三九 雩 後下八 雩 同上一三

[骨]

雩 孟鼎 雩 散盤 雩 毛公鼎

雩 靜敦 雩 𦱔伯敦

[金]

雩 古鉩 雩 古鉩

[匋]

雩 說文 䨁 說文

[小]

說文：「雩，夏祭樂于赤帝，以祈甘雨也，从雨于声。䨁，或从羽，雩羽舞也。」羽俱切，古影魚。山

按古文雩字亦从雨于声，与粵為一字

葉玉森氏曰：「契文作雩雩，变作雩，雩乃于之繁文，並从雨从于，卜辭屢見雩示之文，蓋祈雨之祭也。金文假雩為粵」。說契

容庚氏曰：「雩經典皆作粵，爾疋釋詁『粵曰也』，又於也。王國維曰：小篆作粵，猶霸之譌為雩矣。」金文編第十一

魚 前肆五五 魚 同上 魚 同上 魚 同上五六 魚 前伍三八 魚 後下六

[骨]

魚 魚父乙鼎 魚

父乙鼎　魚父癸鼎　魚尊　伯魚敦　魚父丁鼎　魚父丙爵　毛公鼎

犀伯鼎　番生敦　穌㫃妊鼎　井鼎　金

古匋　古鉥　古鉥　匋

石鼓　大

說文　小

丙午神鉤　柚珍奇鉤　漢

魚　孔宙碑　隸

说文：「魚，水蟲也，象形，魚尾与燕尾相似。」語俱切，古

按古文魚字象形。

前弍二五　前伍四四　同上　同上　同上　同上　同上四五　同上　同上　同上　同上　同上

前陸五〇　前柒一三　鉄二三一　餘一一　同上　後上二八　同上三一　同上　後下三五　骨

遹敦　金

說文　古

石鼓　大

說文　小

官鉨

孝文廟甗鍑　漢

漁　𦬒氏祠祥瑞圖題字　隸

说文：「瀟，捕魚也，从鱻从水，漁篆文瀟从魚。」語居切，古

十四

按古文灋字从魚从水，或从又持絲从魚。

羅振玉氏曰："卜辭从魚从水者，与許書篆文同。或从水中四魚，其文曰："王漁"，知亦爲漁字矣。或又作魰，从又持絲，从魚，象漁釣形。石鼓文漁字作灋，周礼漁人作𩵮人，均从又，則魰爲漁無疑。許君以魰爲𩵋之古文，殆不然矣。其作𩺰者，文曰"在圃漁"。故知亦爲漁字。或又作手持网，或省水，徑作魚。"增订考释中

前伍二

同上二八

前陸四三

同上

同上

同上四四

同上

同上

同上

同上

前柒一二

【骨】

說文

【小】

燕 魏上尊号奏

【隸】

說文："燕，元鳥也，籋口，布翄，枝尾，象形。"於甸切。古影元。ㄧㄢ

按古文燕字象形。

孫詒讓氏曰：「上从口，象籥口，下从林，象布敚，从人，象枝尾，与甲文隹鳥字敚形相近，於形最精，敚上箸口者，象其身也，後定象形字，变為从廿口北火，皆以近似之字易之，此篆書整齊之通弊也。」名原上

前肆二九　同上五三　同上五四　同上　同上　前伍三八　同上　前陸四三　同上五九　同上

鐵一六三　鐵一〇五　鐵六二　菁一一　後上九　同上三〇　後下六

骨

王孫鐘

邵鐘

金

古鉨　古鉨　古鉨　龍伯戟

匋

說文

小

秦嘉量　又二

龍　駘蕩宮高鐙

漢

龍　魯峻碑

龍　禮器碑

龍　白石神君碑

龍　楊震碑

隸

說文：「龍，鱗蟲之長，能幽能明，能細能巨，能短能長，春分而登天，秋分而潛淵，从肉飛之形，童省聲。」力鐘切，古來鐘，ㄌㄨㄥˊ

按骨文龍字象夗轉飛動之皃，从冃象其首从𢆉若且，蓋肉冠也。

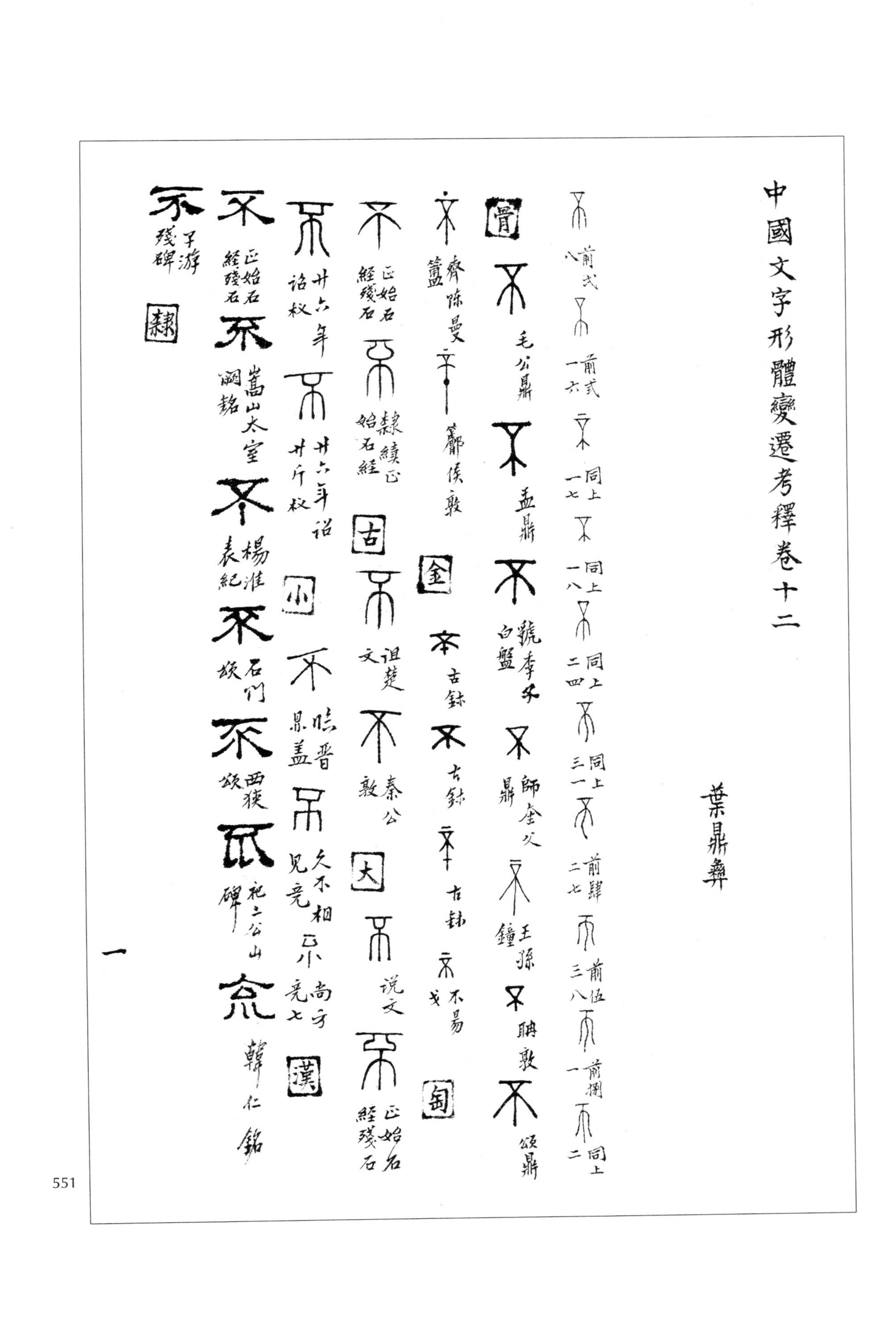

中國文字形體變遷考釋卷十二

葉鼎彝

前弍八
前弍一六
同上一七
同上一八
同上二四
同上三一
前肆二七
前伍三八
前捌一
同上二

骨

毛公鼎
盂鼎
虢季子白盤
師奎父鼎
王孫鐘
聃敦
頌鼎

齊陳曼簠
鄀侯敦

金

古鉨
古鉨
古鉨
不易戈

匋

正始石經殘石
隸續正始石經

古

詛楚文
秦公敦

大

說文
正始石經殘石

廿六年詔權
廿六年詔斤權

小

晧晉鼎蓋
久不相見竟
尚方竟七

漢

正始石經殘石
嵩山太室闕銘
楊淮表紀
石門頌
西狹頌
祀三公山碑
韓仁銘

子游殘碑

隸

一

說文：「不，鳥飛上翔不下來也。从一，一猶天也，象形。方久切。古音哈。ㄅㄨ。」

按古文不字象花萼形，孽乳為丕。

郭沫若氏曰：「不者房也，象子房猶帶餘蕊……房熟則盛大，故不引申為丕，為不是者，乃叚借也。」甲骨文字研究

容庚氏曰：「不孳乳為丕，毛公鼎『丕顯文武』書文侯之命作『丕顯文武』」金文編弟十二

按參卷一帝字注。

前弍
二〇

前弍
一五

同上

林弍

說文

骨
孟鼎
郜公鐘
齊
散盤

小
寿威
建昭雁
竞
至氏

正始石經殘石

熹平石經

鄭固碑
禮器碑
孔龢碑

金

漢

隸

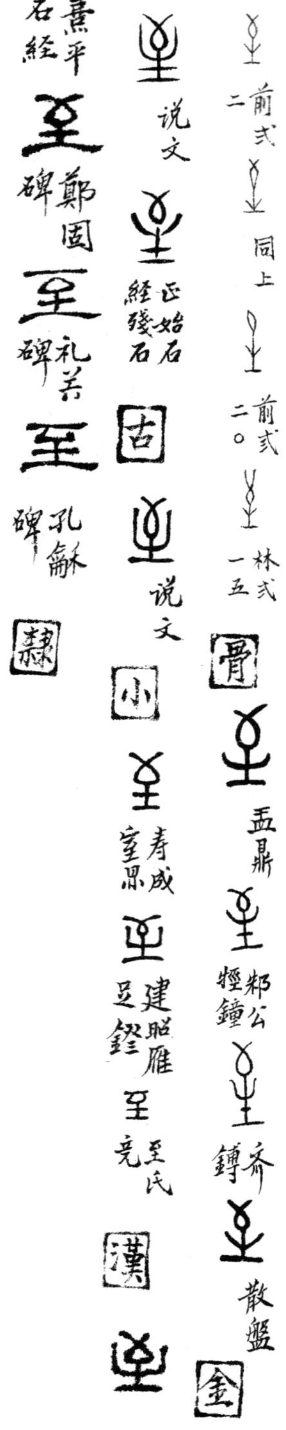

说文：「至，鳥飛从高下至地也。从一，一猶地也，象形。不上去而至下來也。㞢，古文至。」脂利切。古端質。㞢

按古文至字象矢至地形。

羅振玉氏曰：「考古金文如散氏盤及同敦，至並作□，从□，實象矢形，……乃矢之倒文，一象地，□象矢遠來降至地之形，非象鳥形也。」

二

说文「𠧧，鳥在巢上，象形。日在西方而鳥棲，故因以爲東西之西。棲，西或从木妻。卤，古文西。卤，籀文西。」先稽切。古心文丅

按古文西字象鳥巢形。

王國維氏曰「甶甶二形，正象鳥巢。王復齋鐘鼎款識有箕單卣，其文作𠧧象鳥在巢下，而以畢掩取之。又箕單父丙爵有?字，則省鳥存巢。手執干戈鼎之?字，則省巢存鳥。可知甶字實象鳥巢。……若说文训𠧧之甶字，則古作甶，与甶有别矣。」觀堂集林卷六

羅振玉氏曰「卜辞诸文正象鳥巢狀，巢字篆文作巢，从𦥑乃甶傳寫之譌，亦正是巢形也。日既西落，鳥已入巢，故不復如篆文於巢上更作鳥形矣。」增訂考釋中

前肆一五 同上 同上一六 骨 㪅鼎 散盤 師酉敦 金 古鉢 古鉢 匋

說文 小 大吉丑羊 臨晉鼎盖 漢 張遷碑 曹全碑 隸

說文：「門，聞也。从二戶，象形。」莫奔切，古明文。ㄇㄣ

按古文門字象兩扉形。

羅振玉氏曰：「象兩扉形，⟨ ⟩象加鍵，⟨ ⟩象上有楣也。」增訂考釋中

前弍二八 前伍二七 前陸六 前柒二六 後上九 骨 說文 小

說文：「掔，固也。从手臤声，讀若詩『赤舃掔掔』。」苦閑切，古溪真。ㄑㄧㄢ

按古文掔字从兩手引臣。

葉玉森氏曰：「按史记楚世家『肉袒掔羊』，是掔与牽同。契文从臣，臣俘虜也，从兩手，兩手引臣，即牽之本誼。掔牽為古今文。」說契

三

前肆三　後下一七

骨

貉子卣　曾𡚬伯鼎　易叔盨　毛公鼎　穿鼎

輕侯鼎　克盨　召伯敦　宅敦　叉卣　頌敦　同卣

師奎父鼎　克鼎　善鼎　紳敦　保永母壺　大敦　追敦　趩尊

大鼎　師酉敦　師嫠敦　邾公釛鐘　令鼎　丁揚卣　揚鼎

揚敦　楕妃敦　陳侯因資敦

金

古鉨　古鉨　古鉨

匋

說文

古

說文

小

揚

綏和雁足鐙　徐揚釓　精白竟

漢

揚

孔宙碑

隸

說文「揚，飛舉也。从手昜声。敭，古文。」与章切　古影陽　元

按古文揚字从日在丅上，与昜為字。一

彝按骨文揚字从日在丅上，人見日則歡樂飛舉也。古昜揚當為一

字。說文「昜，開也。从日一勿，一曰飛揚，一曰長也，一曰彊者眾皃」飛揚

之意正与揚訓飛舉合，其初形當作早，變而為昜，从彡，象飛揚之形，即小篆从勿之所由譌，後又增从丮若王，象人奉玉以朝日。小篆揚字从手，殆即由丮譌變者。

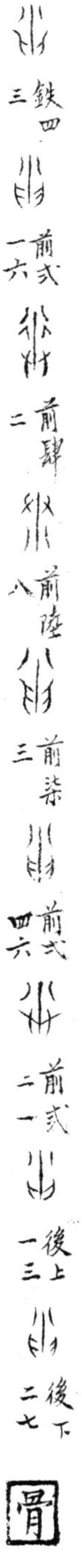

鐵四三　前弍一六　前肆二　前陸八　前柒三　前弍四六　前弍二一　後上一三　後下二七

骨

撞　說文　小

說文：「撞，卂擣也，从手童聲。」宅江切。古文（定鍾，彳攴左）

按古文撞字从兩手持杵，从八，示分破也。

郭沫若氏曰：「按□象兩手持杵形，其義与舂字所从之□同，又舂亦可省作□，如毛公鼎二惷字均作□，則□固舂之初字也。□与□之別，在倒提杵末，有作勢前進之意，疑即撞之初字，說文云：『撞，卂持

四

也。此正象丮持之形，从八作者，當示分破之意，亦有从行作者，殆即是衝，衝撞古當爲一字」。甲骨文字研究

 前陸一二  後下一五  同上  同上四二 骨

 说文  说文 小

说文「拲，兩手同械也，从手从共，共亦声。周礼『上皋梏拲而桎』。桊，拲或从木」。居竦切。古見鍾。从

按古文拲字从奴从木，或又从。

羅振玉氏曰「卜辭作，象兩手絷木形，當是許書之桊字。孟子『拱把之桐梓』，拱字當如此作。训兩手同械者，殆引申之義矣」。增订考釋中

 後上一五 骨

 说文 小

说文「扜，指麾也，从手亏声」。億俱切。古曉魚。山

按古文扜字亦从手于声。

前捌九　前肆二五　骨

盂文　女甪卣　女子鼎　射盬　寧女鼎

女康丁敦　女帚卣　令鼎　者女觥　毛公鼎　不嬰敦　克鼎

齊侯匜　蔡大師鼎　卯敦　䡅侯鼎　鄧公敦　者㲋鐘　齊侯盤　金

古匋　匋

正始石經殘石　古

说文　正始石經殘石　小

汝陰侯鼎　三年充　漢

女　正始石經殘石

女　華山廟碑　女　熹平石經　隸

说文："女，婦人也。王育说。"尼吕切，古泥魚。

按古文女字象兩手交覆跽伏之形，或从一，其笄也。

前伍一七　同上　後下一〇　同上三八　骨

揚鼎　金

说文　古

说文　小

妻　晉孫夫人碑

妻　武梁祠畫象題字　隸

五

说文：「妻，婦与夫齊者也，从女，从屮，从又，又，持事，妻職也，㞒，古文妻从尚女，尚，古文貴字。」七稽切，古清微，くー

按古文妻字象女首戴髮，以手總之。

葉玉森氏曰：「契文从女首戴髮，从又或二又，蓋手總女髮，即妻之初誼。總髮者使成髻，施笄也。揚鼎「叔⿱妻皿」，⿱妻皿之偏旁作作，石鼓陵之偏旁作，上从，疑即象古笄形，笄之初文當作幵，髻上飾耳。其數為三，幵象厥形，舉二以概三，直插於髻，非橫施如經師說也。」说契

前肆二四

同上

骨

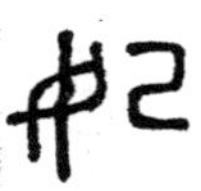
虢文公鼎

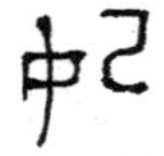
穌甫人匜

番匊生壺

召口父匜

筍伯簋

金

说文

小

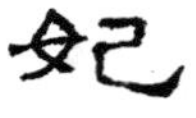
礼器碑

隸

説文「妃，匹也，从女己声」，芳非切，古滂微。

按古文妃字从女从巳。

前捌十四 骨

穌冶妊鼎

叡孖妊𣪘

格伯𣪘

辥侯匜

龔妊甗

金

妊 説文 小

説文「妊，孕也，从女从壬，壬亦声」，如甚切，古泥侵。

按古文妊字亦从女从壬。

商承祚氏曰「案壬卜辞作工，则此为妊字无疑」。類編第十二

前弍二八 同上 同上 同上 同上 同上二九 同上 同上 同上 同上三〇

同上 同上 同上 同上三一 同上 前肆一八 後上六 後下四二 骨

龔鬲 父己母癸卣 母辛卣 毛公鼎 頌鼎 鄭始鬲 齊鎛

六

仲戲父敦　禾敦　妣鋰母敦　母父丁尊　國差鑰

【金】

古鉢　古鉢

【匋】

说文　新郪兵符

【小】

母二泉范　表氏竟

【漢】

史晨後碑

【隸】

说文："母，牧也。从女象裹子形。一曰象乳子也。"莫后切。古明咍。ㄇㄨˇ

按古文母字从女，中二点象乳形，与毋為一字。

前弍三　同上八　同上三○　同上三一　同上三二　同上　同上　同上　同上　同上　同上

同上　同上三六　同上三七　同上　同上三八　同上　前陸二七　後上二

【骨】

妣辛敦

木工鼎　戈妣辛鼎　妣己觚　作羲妣鬲　召仲作生妣鬲　陳侯午敦　齊侯敦　齊鎛

【金】

说文

【大】

说文

【小】

妣　鄭固碑

【隸】

说文："妣，殁母也。从女比声。妣，籀文妣省。"卑履切。古邦微。ㄅㄧˇ

按古文妣字象牝器形。

郭沫若氏曰："余謂⊥𠤎即祖妣之省也……卜辭祖妣字有下列諸形：

祖 且 且 且 A，妣 𠤎 ㄅ 𠤎 ㄅ 是則且實牡器之象形，故可省為⊥，匕乃

匕柶字之引申，蓋以牝器似匕，故以匕為妣若牝也。"甲骨文字研究

骨

孟鼎

寳桐盂

金

說文

小

說文："妹，女弟也。从女未声。"莫佩切，古明物：ㄇㄟ

按古文妹字亦从女未声，段借為昧。

羅振玉氏曰："妹从女，此从母者，古文母与女通用。卜辭中此字為地名，殆即酒誥之妹邦矣。又借為昧爽字。"殷虛書契考釋

王國維氏曰："卜辭妹作𡜏，从女从朩。卜辭十二辰之未亦多作朩，知

七

⿱木女即妹矣」戩壽堂殷虛書契考釋。

一曰从木从女，或又从未从女。

葉玉森氏曰：「按契文作⿱木女、⿰女木，[illegible]偏旁之上象木近女首，下象木在女旁。古以木爲枕，女子雞鳴而起，時方枕臥，東方未明，故卜辭用如昧爽之昧。妹固昧之初文……至别構作⿰米女⿰米女，从米象木上有小枝，乃木末形，似爲末之初文，古末未音同，當爲一字，後人以未專紀時或作語詞，乃别制末字，训女弟之妹。應从女从末，蓋末有小誼，呂覽精諭篇注：妹固女之小者，但契文每段妹爲昧，故盂鼎「妹辰」亦沿其譌。」説契

[illegible] 前弍二五　[illegible] 前肆二六　骨

[illegible] 説文　小

説文：「姪，兄之女也，从女至声。」徒結切，古定質，出。

按古文姪字亦从女至声。

前弍二四 前弍一一 前肆二六 同上四一 前柒一四 鉄二七一 後下三四 骨

古鉨 匋

说文 古

说文 小

奴 魏受禅表 隸

说文："奴，奴婢，皆古之辠人也。周礼曰：'其奴男子入于辠隸，女子入於舂槀。'从女从又。㚢，古文奴从人。"乃都切，古泥魚。

按古文奴字从手執女，一曰从女持耒。

葉玉森氏曰："㚢所从之𠂇為耒形，先哲造奴字，盖取女持耒之誼，古代役女子為農奴，于兹可信。譌変作㚢，乃似从又矣。"集釋卷一

前弍一一 骨

说文 小

说文："娀，帝高辛之妃，偰母號也。从女戎声。詩曰：'有娀方將。'"息弓切，古心冬。

八

按古文娥字从戎在女上，下形上声。

商承祚氏曰：「案甲卜辭作丨，故知此為娥字」。類編弟十二

 前肆五二

 鉄二六四

骨

 说文

小

说文：「娥，帝堯之女，舜妻娥皇字也。秦晋謂好曰娙娥。从女我声」。五何切。古疑歌：七

按古文娥字从我在女上，下形上声。

羅振玉氏曰：「从女从玨，玨古文我，知即娥字矣」。增订考釋中

 前叁三四

骨

 说文

小

说文：「娞，女字也，从女衣声，讀若衣」。於稀切。古影微一

按古文娞字亦从女衣声。

 菁三

骨

 说文

小

说文：「媚，説也。从女眉声。」美秘切。古明微。ㄇㄟˋ

按古文媚字亦从女眉声。

前弍四三　前伍一二　前柒二七　同上三〇　骨

虘鐘　𠭯編鐘　杜伯簋　金

古匋　匋

石鼓　大

说文　小

好畤鼎　青蓋竟　三羊竟　漢

好　北海相景君銘

好　曹全碑　隸

说文：「好，美也。从女子。」呼皓切。古曉幽。ㄏㄠˇ

按古文好字亦从女子。

前肆八　後下三五　骨

说文　小

说文：「㛂，弱長皃。从女冄声。」而琰切。古泥談。ㄖㄢˇ

按古文㛂字亦从女冄声。

九

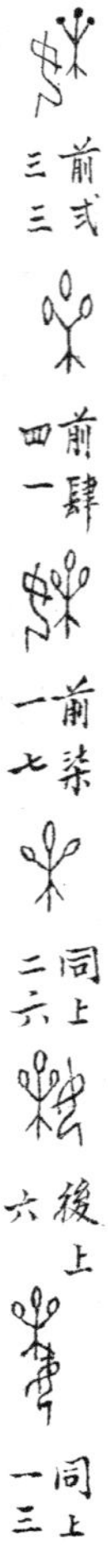

前弍三三 前肆四一 前柒一七 同上二六 後上六 同上一三

骨

說文

小

說文：「婐，婗也。一曰女侍曰婐。讀若騧，或若委。从女果聲。孟軻曰：『舜爲天子，二女婐。』」烏果切。古影歌。ㄌㄨㄛˇ

按古文婐字亦从女果聲，或段果字爲之。

羅振玉氏曰：「从女从，殆爲果字，象果實在樹之形。許君云『象果形在木上』，世固無此碩果矣。卜辭或省女作，與孟子『二女果』同。說文『婐，婐婗也。一曰女侍曰婐』，孟子『二女果』，趙注『果，侍也』。今卜辭曰『貞帚即婦之婐之子』，曰『貞帚果』，曰『貞帚婐于母口』，與許君二說及孟子趙注合，與許君第一說異，然可知孟子之果與許君之婐固爲一字矣。」增訂考釋中

前弍四五 前肆三二 前柒一二 骨 说文 小

说文："姘，静也，从女井声。"疾正切，古從耕。

按古文姘字亦从女井声。

羅振玉氏曰："卜辞中数見姘字，其文皆曰帚姘，殆与婦婐意相若矣。"

增订考釋中

前陸二八 骨 说文 小

说文："媕，女有心媕媕也，从女弇声。"衣檢切，古影談。

按古文媕字亦从女弇声。

前伍三〇 同上 前陸三七 鉄七二 鉄一六三 骨 古鉢 古鉢 匋

叵始石經殘石 隸續叵始石經 古 石鼓 大 说文 两诏楕量 元年诏版 小

十

如 新嘉量
如 与天无极竟
如 寿如金石竟
【漢】
如 西狭颂
如 鲁峻碑
【隸】

说文：“如，从随也。从女从口。”人诸切，古泥鱼，ㄖㄨ

按古文如字与小篆同。

嬪 前肆三一
嬪 前柒二〇
嬪 同上二七
嬪 同上
嬪 同上三〇
嬪 铁二七〇
【骨】
嬪 说文
【小】

说文：“嬪，服也。从女賓声。”符真切，古並真，ㄆㄧㄣ

按古文嬪字亦从女賓声，段借为賓。

羅振玉氏曰：“卜辞云‘貞嬪婦好’，与尧典‘嬪于虞’、大雅‘嬪于京’誼同。又云‘王嬪[illegible]’，則又借嬪為賓矣。”增訂考釋中

乂 前弍四四
【骨】
乂 说文
刈 说文
【小】
乂 白石神君碑
刈 校官碑
【隸】

说文：“乂，芟艸也。从丿从乀相交。刈，乂或从刀。”魚廢切，古疑月，ㄧˋ

按古文又字与小篆同。

前式二 同上八 同上三七 前式二七 前伍一八 前柒二 同上三 前捌一二

骨

毛公鼎 旂作父鼎 不嬰敦 大敦 闌弗生觶 師寰敦

金

正始石經殘石

古

說文 正始石經殘石

小

帚胡宮行鐙

漢

北海相景君銘

隸

說文：弗，撟也。从丿、从乀、从韋省。分勿切。古「韍」物。ㄈㄨ。

彝按：卜辭言弗与言不同意。又卜辭有字，前一一陸羅振玉氏釋第，謂象矢帶繳之形。考釋中此但省矢形耳。

按古文弗字所從未詳。

菁一

骨

盂鼎 向卣 歒敦 盄仲敦 器作氏卣 辛鼎 克鼎 毛公鼎 虢叔鐘 邾公牼鐘 格伯敦 散盤 彔伯敦 𤔲土𤔲敦

十一

鄀公釪鐘 攻吳監 義仲鼎 大鼎 鄀公華鐘 鄀公鉦 姑口句鑃 金

秦公敦 詛楚文 大 說文 小

說文：「氒，木本，从氏，大於末，讀若厥。」居月切，古見月，ㄐㄩㄝ。

按古文氒字象矢桰形。

郭沫若氏曰：「余謂氒乃矢桰字之初文也。說文：『桰，隱木也，从木昏声。一曰矢桰隱弦處。』桰从昏声，昏又从氒省声，故桰氒同音。矢桰隱弦處之桰，此氒字也。古矢桰形近始由羅振玉所發現，其貞松堂集古遺文卷十二二十七箸彔矢桰三器，均有左字，今攈其第二器如次：

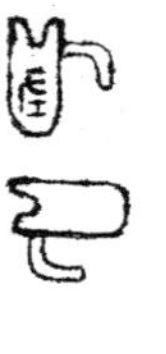

(上係原圖，下乃摹其另一面而横置者)羅氏曰：「形如戈鏃而小，旁有小鉤下俯，予初不能定其名，嗣讀釋名釋兵言『矢末曰桰，桰會也，与

弦會也，栝旁曰叉，形似叉也」乃知此物確為矢栝，此考至塙，知此請
圖前器無字之面而橫置之，非即古氒字所象之形耶」餘 金文餘釋之
又曰「矢在弦上乃橫置，故氒取其橫，紀鐘之氒、吳監之氒，首栝彖均
合一点，蓋弦之斷面」同上

戓段槩厥字為之，
容庚氏曰「莊子『若厥株拘』列子作『若槩株駒』殷敬順曰『槩說文作氒』
是知氒為槩之古文，亦為厥之古文。敦煌本隸古定尚書厥皆作氒，
史記引尚書多改作其」金文編第十二

骨

前三一　同上三八　後上二二　後下八　同上四二　前捌三

師奎父鼎　宅敦

金

休盤　𩁹侯鼎　寰盤　不𡢁敦

不易戈　蔡侯戈　高密戈　陳金戈

十二

陳窒節戈　平陽戈　陳貝節戈　郘戈　右濯戈　郙艁戈　楚戈　大行子果戈

差切戈　陳丽子造戈　平阿右戈　白手戈　陵右戈　戈邑幣　匋

说文　小　魏元丕碑　隸

说文："戈，平頭戟也。从弋，一横之。象形。"古禾切。古見歌。

按古文戈字象形。

羅振玉氏曰："案戈全爲象形，丨象柲，一象戈，非从弋也。古金文或作戈形，已失矣。许君於象形字，諸多云从某者，因字形失而误會也。"增訂考釋中

前一·一·捌　骨　盂鼎　不𡢁敦　虢季子白盤　鄭伯鼎　金　古鉥　匋

说文　小　壓戎郡虎符　漢　張遷碑　孔宙碑　隸

說文「戜，兵也，从戈从甲」。如融切，古泥冬。ㄖㄨㄥ

按古文戎字从戈从十，十，古文甲字。

羅振玉氏曰：「卜辭与古金文从戈从十，十古文甲字，今隸戎字尚从古文甲，亦古文多存於今隸之一證矣」。增訂考釋中

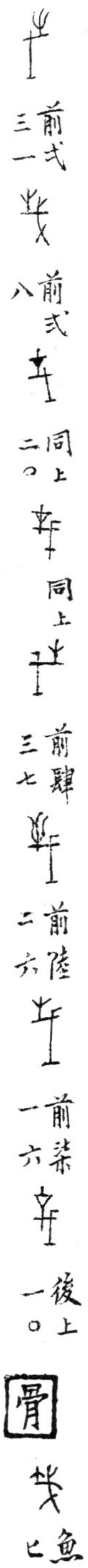

前弍三一　前弍八　同上二〇　同上　前肆三七　前陸二六　前柒一六　後上一〇

骨

魚匕

戎叔鼎　戎叔鬲　鬲比盨

金

說文

小

說文「𢦏，傷也，从戈才聲」。祖才切，古精咍。ㄗㄞ

按古文𢦏字亦从戈才聲。

商承祚氏曰：「甲骨文有巛𢦏𢦏，从水从戈从火，以其義言之，水災曰巛，兵災曰𢦏，火災曰災。後孳乳為裁」。說文「天火曰烖」。灾，烖之或體。災，烖之籀文。𤆎，烖之古文。

即卜辞之夔。菑，说文「不耕田也」，甾，菑之或體，甾，秦繹山刻石。「結構任意，體多誤合矣」。福氏所藏甲骨文字考釋

按互参卷十𢦏字卷十一巛字注

前肆一〇 [骨]

㦰 说文 [小]

说文：「㦰，絕也，一曰田器，从从持戈，古文讀若咸，一曰讀若詩云『攕攕女手』」。

子廉切，古精談，ㄐㄧㄢ

按古文㦰字与小篆同。

前弍一七　同上　同上　同上一八　同上　同上二一　同上　同上　同上

同上二二　前陸二三　同上　鉄六七

[骨]

毛公鼎　戊辰敦　虢季子白盤　宗周鐘

散盤　武生鼎　曾伯簠　格伯敦

[金]

古匋　古鉢

古鉨

古鉨

武安幣

皆室首幣文

匋

正始石經殘石

古

秦公敦

大

說文

小

孝武廟鼎

建武平合

建武泉笵

上黨武庫戈

漢

正始石經殘石

西狹頌

景北海碑陰

隸

說文：「武，楚莊王曰：『夫武定功戢兵，故止戈為武。』文甫切，古明魚。」

按古文武字从行从止从戈，

余永梁氏曰：「按此武之初文，从行，从止，从戈，操戈行於道，趆二武也，踵武伐武乃武之古誼，後省行作武，宣二年左傳：「楚子曰：『夫文止戈為武。』謂止兵為武，以象形為會意，乃望文之訓，非朔誼也。」（殷契文字續考）

前肆四

同上

後上二九

骨

趩尊

免簠

豆閉敦

格伯敦

金

古匋

古鉨

古鉨

古鉨

匋

石鼓

大

說文

小

十四

说文：「戠，闕。从戈从音。」之弋切，古端德，㞢

按说文繫傳「闕」下無「从戈从音」，有「職从此，古職字，古之職役皆執干戈」十四字。段玉裁氏謂「蓋後人箋记之語，非許语也。其義其音，蓋皆闕矣。攷周易朋盍簪，虞翻本簪作戠，云戠聚會也。舊讀作撍作宗。釋文云，荀作撍，京作宗，陰宏道云，張揖字诂庚撍同字。按此戠當以音為声，故与簪声、建声為伍。然尚書「厥土赤埴」，古文作「赤戠」，是戠固在古音第一部也。一部内意亦从音，音未必非声，蓋七部与一部合韵之理」。

按古文戠字从戈从言，与識織幟三字並通。

林義光氏曰：「戠从戈，古作戠，从言，即題識本字，言在戈上者，戈有識

也」文源

吴大澂氏曰「古戠字与識織幟三字並通，趩尊，鍚趩戠衣，戠當釋織」古籀補第十二

羅振玉氏曰「古金文識幟諸字皆如此作，趩尊鍚趩戠衣文作戠，格伯敦作戠，吴中丞以為識字，一从音，与許書同，一从言，与卜辭同，古从音从言，殆通用不别」增訂考釋中

前肆三七

前陸三八

骨

戔 說文

小

戔 校官碑

隸

說文「戔，賊也，从二戈，周書曰『戔戔巧言』」昨千切，古從元·ㄐㄧㄢ

按古文戔字从二戈相向

羅振玉氏曰「卜辭从二戈相向，當為戰爭之戰，乃戰之初字，兵刃相

接戰之意昭然可見，訓賊者，乃由戰誼引申之黷，並無厭，斯爲變矣。」

增訂考釋中

前弍一六　前肆一三　同上一五　同上三七　前柒一一　骨

虢季子白盤　金

戉　說文　小

說文：戉，斧也。从戈乚聲。司馬法曰：夏執玄戉，殷執白戚，周左杖黃戉，右秉白髦。王伐切，古也影月，廿世。

按古文戉字象形。

前弍一六　前弍三〇　前肆三一　前伍二六　後上一三　同上一六　後下一二　林弍二八　骨　叔我鼎

盂鼎　毛公鼎　宗周鐘　師寰敦　白伯敦　毛公鼏　不𡢁敦

善鼎　鬲攸比鼎　散盤　曾伯簠　齊鎛氏鐘　叔向敦　邾公釛鐘　王孫鐘　姑口句鑃　金

說文 我 匜始石經殘石 華山廟碑 我 北海相景君銘 我 衡方碑 我 鄭固碑 戩 孔宙碑 我 張遷碑 我 魏封孔羨碑 古 我 詛楚文 因 我 說文 我 匜始石經殘石 小 隸

說文"我，施身自謂也。或說我，頃頓也。从戈从手。手或說古垂字。一曰古殺字。我，古文我。五可切。古音疑歌部。"

按古文我字象兵器形。

葉玉森氏曰："契文我从戈从王，疑象足形。填實之則成王。足形尤顯復變作王，已誨。復變作手，則誤為手形，与許書我下所出古文从手相近。又變作手，則愈誨矣。我既斷定我之戈上為足形乃妄測其義。疑足形乃戈上附着之兵。如戌戉類而有鈷鋒。五若趾，象三指舉三以概五，猶比、止亦象三指。其音當与我近，乃假為訓象。"

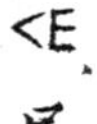

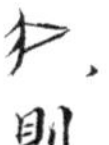

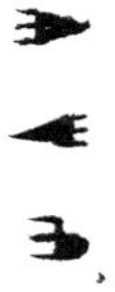

予之我，猶篆文予本杼之初文，Ⅹ象杼，丿象引出之絲，予杼古同音，
乃叚借為訓我之予也」說契

𦍌 後下一三　𦍌 同上　骨　羲 齊鎛　義 虢季子白盤　義 仲義父鼎　義 義仲鼎　義 仲義父鼎

義 郑義羌父簋　義 王孫鐘　義 叔向敦　義 虢叔鐘　金　義 古匋　義 古鉢　義 古鉢　匋

義 說文　羛 說文　小　義 義陽是鐘　義 元康雁足鐙　漢　義 魯峻碑　義 礼器碑

義 華山廟碑　義 白石神君碑　義 曹全碑　義 史晨奏銘　義 石門頌　隸

說文：「義，己之威儀也，从我羊。羛，墨翟書義从弗。」宜奇切，古疑歌一

段玉裁氏曰：「威儀出於己，故从我。……从羊者，与善美同意」

按古文義字亦从我从羊，𦏧乳為儀。

容庚氏曰：「𦏧乳為儀，周礼大司徒注：故書儀為義」金文編第十二

前弍二　同上　前弍二〇　同上　前弍二六　同上　前肆二〇　同上　同上　同上三二　骨

亾 毛公鼎　亾 辛鼎　亾 宗周鐘　亾 師望鼎　亾 叔氏鐘　亾 大保敦　金

古鉥　匋

亾 說文　小

亾 曹全碑　亾 衡方碑　隸

說文：「亾，逃也。从入从乚。」武方切。古明陽。×九

按古文亾字所从未詳，一曰象橫隔膜形，乃肓之初文。

郭沫若氏謂亾乃肓之初文，肓今人偁為橫隔膜。「亾即象其形也。乚象橫隔膜之切面，人者示与心囊相連。」金文餘釋之餘

胡光瑋氏曰：「亡不弗勿毋等，皆用為否定及禁止之詞，其讀皆為脣音，且多冠于語端，蓋以脣音發端于語為便故也。」甲骨文例

孳乳為罔。

容庚氏曰「亾經典通作無，又孳乳為罔，尔疋『罔，無也』」。金文編第十二

前肆九　前伍三一　前柒二〇　後下二四　骨

師全父鼎　頌鼎　頌敦　頌壺

克鐘　不𡢁敦　杜伯簋　己侯敦　封仲敦　麓伯敦　追敦　𢦏者鼎　旻季良父壺　金

說文　小

說文「匄，气也，逯安說亡人為匄」。古代切，古見月，从万

按古文匄字从亡人，与逯安说合，或假介為之。

容庚氏曰「匄，師全父鼎『用匄眉壽』，經典皆叚介為之，詩七月『以介眉壽』」。金文編第十二

前式二三　同上　骨

医　說文　小

說文「医，盛弓弩矢器也，从匸从矢，國語曰『兵不解医』」。於計切，古影微一

按古文医字从矢从乚。

羅振玉氏曰：「段君據廣韵改注文盛爲藏，謂此器可隱藏兵器也。案齊語『兵不解医』作『解翳』，韋昭注：『翳所以蔽兵也。』翳爲医假借字。蓋医乃蔽矢之器，猶禦兵之盾然。乚象其形，韋注誼較明白。段君以爲隱藏兵器者，尚未當也。」增訂考釋中

匚 前伍二　コ 同上三

骨　匚 說文

大　匚 說文

小

說文：「匚，受物之器。象形。讀若方。匚，籀文匚。」府良切，古帮陽。ㄈㄤ

按古文匚字象藏主方函形。

唐蘭氏曰：「案匚爲祭名，即祊祭也。說文：『匚，受物之器。象形。讀若方。匚，籀文，亦象形。』匚即匚字。又說文『鬃，門内祭先祖所以彷徨，从示彭声。

祊，或从方声。匚即祊，亦即鬃矣。鲁语：「上甲微能率契者也，商人報焉。」韋昭注：「報，報德之祭也。」卜辭載殷先世有⊞匚乙匚丙匚丁四人，羅叔言及王靜安先生謂即史记之上甲、報丁、報丙、報乙是也。王先生又謂：「報乙、報丙、報丁稱報者，殆亦取上甲微之報以爲義，自是後世追號，非殷人本稱。當時但稱匚乙匚丙匚丁而已。上甲之甲字在口中，報乙、報丙、報丁之乙丙丁三字在匚中，自是一例。意壇墠或郊宗石室之制，殷人已有行之者歟。」蘭謂王說報乙、報丙、報丁，即取報上甲微之意是也。謂報爲後世追號，當時稱匚乙匚丙匚丁非也。報即鬃祊二字之雙声，報祭即祊祭。鐵雲藏龜拾遺一葉七版云：「貞其㞢匚于⊞家其口」，當讀爲「貞其㞢祊于上甲牢其口」，即報于上甲也。報乙、報丙、報丁即匚乙、匚丙、匚丁也。蓋殷人祊祭上甲于門內，故甲字从□，而乙丙丁三人配兩旁焉，故从匚或匸，以象之也。□匚皆象方形，金文國或作囗可證，則於門內為藏主方匰以祭也，故尔疋即以閍為門矣。後世讀祊如報，則謂之報。韋昭傳會為報德之祭，誤矣。國語又云「凡郊禘祖宗報，此五者，國之典祀也」，則報祭為極重之典禮，而其他經傳乃無聞焉。常見者為祊鬃二字。礼器云「為祊乎外」，郊特牲云「祊之於東方」，又云「索祭祝于祊」，楚茨云「祝祭於鬃」，然則礼之祊即詩之鬃，亦即國語之報矣。左襄二十四年傳「以守宗祊」，宗祊即卜辭示壬、示癸之示，而在室內者亦即史记主壬主癸之主也。祊即匚，則即說文訓宗廟主之祏，故左莊十四年傳云「典司宗祏」，宗祏與宗祊同也。

殷契卜辭

前弍三八　同上
骨　說文
古　說文
小　元始鈁
由　尚方竟
漢

由

衡方碑
隸

說文：「甾，東楚名缶曰甾，象形。𠙹，古文。」側詞切。按應以周切。古影幽一

按古文由字亦象形，即由字。

王國維氏曰：「說文从由之字二十有餘，而獨無由字，自李少溫以後說之者近十家，顧皆不足厭人意，甚或有可閱笑者。余讀敦煌所出漢人書急就殘簡，而知說文甾字即由字。急就第二章由廣國，顏本宋太宗本趙文敏真草二本皆作由，惟葉石林本作田。漢簡由作甾，其三直皆上出，与說文甾字正同。今案說文甾字注曰：『東楚名缶曰甾，象形。』凡甾之屬皆从甾。原本玉篇引說文舊音，音側字反，大徐音側詞切，皆甾之音，則以甾甾

為一字，自六朝以來然矣。然甾菑決非一字，甾為草部菑字重文，从田巛声，於今隸形雖相似，其音義又有何涉乎？考此字古文本作甾，篆文亦或如之，其變而為隸書也，乃屈曲其三直，遂成甾字，後人不知其為古文甾字之變，以其形似甾，遂以甾之音讀之，實則此音毫無根據也。然則甾之為由，亦有證乎？曰有，說文甹注字云「从丂从由」。畚生敦蓋有此字作甹，毛公鼎加口作粤，卜辭有陴（後上一四）字，爵文有𤰇字，皆从甹若畀，是篆文从由作者，古文从甾作，是甾由為一之証一也。盧字說文从𧆣，𧆣又从由，而盧氏涅金之盧作𥁕，盧氏幣作𥁕，是篆文从甾之字，晚周古文亦从由作，是甾由為一之證二也。又盧字篆文从甾，晚周古文从由，更溯之春秋以前之古文，則

乃从卣作，取盧子商盤盧作盧，弘尊有膚字，作膚，从盧，膚鼎之
膚字从盧，鄘庚敦之膚字从盧，其所从之𠧪，皆从卣作，卣者，古文
卣字也，卣字古文作卣，盂鼎作迺，毛公鼎作迺，伯晨鼎作迺，彔伯敦及吴尊
蓋，石鼓文迺字亦作迺，而殷虛卜辭盛鬯之卣則作迺，前弍一八作卣
同上陸四一知迺所从之乚乚，即乚之省，又知說文𠧪盧二字，一从由，一
从𠙹，即卣与卣之變，實一字而繇簡異也，卣為尊屬，惟缶亦然，許君
云：東楚名缶曰甾，与卣同音，蓋三代遺語也，本義既爾，假借之義亦
然，釋詁：由，自也，而迺亦訓自，新序雜事篇：國君驕士曰：君非我無迺
富貴，士驕君曰：國非士無迺安强，君臣不合，國是無迺定矣，此三迺
字，義皆与由同，廣疋：由，用也，而古書迺迪二字，亦皆訓用，經傳迺多

作攸。《尔足》："攸，所也。迪，道也。"漢人釋經多本此訓。近高郵王氏《經義述聞》与《經傳釋词》，始歷舉《詩》《書》以明攸迪二字古皆訓用，其論篤矣。余意逌迪本一字，古卣由同音同義，故逌或从由作迪，轉譌為迪，亦猶逌之譌為迺也。《書·多方》："不克終日勸于帝之迪。"迪馬融本作攸，是逌迪一字之證。然則卣由二字，其音同，其義同，其引申假借之義亦無不同。卣之變化當為由，不當為甾，是由甾為一之證三也。更以声音證之，由缶二字本同部，故東楚名缶為由。《方言》："五，䍃，罌也。淮汝之閒謂之䍃。"䍃，郭璞音由，曹憲《廣疋》音同。淮汝之閒地隣東楚，恐許君所云東楚名缶曰甾，即本《方言》為說。蓋由䍃古今字，楊子雲用今字，許用古字耳。許於缶部亦出䍃字，云："瓦器也。"許書同音同義之字分見

二

二部者甚多，此亦其一也。以形言之則如彼，以音言之則如此，由之爲由，更無他疑。況漢人所書由字正如此，足以解千載之惑乎。觀堂集林卷六

骨

前伍八

同上七

同上

金

父庚卣

同卣

虢季子白盤

靜卣

不嬰敦

匽侯鼎

師湯父鼎

豆閉敦

古鉢

匋

石鼓

大

說文

小

禮器碑

隸

說文：「弓，以近窮遠，象形。古者揮作弓。周禮六弓：王弓、弧弓，以射甲革甚質；夾弓、庾弓，以射干侯鳥獸；唐弓、大弓，以授學射者。」居戎切。古止見登〢乂𠃋

按古文弓字象形。

按象張弓形，象弛弓形。

前弍二二 前伍六 同上一五 同上 同上

[骨]

毛公鼎 頌鼎 頌敦

守敦 頌壺 貴弘觥

[金]

秦公敦

[大]

說文

[小]

弘 孔彪碑

弘 孔龢碑

[隸]

說文：「弘，弓声也。从弓厶声。厶，古文肱字。」胡肱切，古匣登。ㄏㄨㄥˊ

按古文弘字从弓从丿，指事。

前伍八 同上 同上 同上 同上丸

[骨]

彈 說文

弜 說文

[小]

彈 曹全碑

彈 孔彪碑

[隸]

說文：「彈，行丸也。从弓單声。弜，彈或从弓持丸。」徒案切，古定元。ㄊㄢˊ

按段玉裁氏從佩觿集韵改弜為弓，改注文作「或說彈从弓持丸如此」。

三

按古文彈字从弓持丸。

 前肆四　 同上二九　 同上三一　 前伍一七　 同上一五　骨

 戊辰敦　金

 說文　小

說文：「弜，彊也。从二弓。」其兩切，古溪陽，ㄐㄧㄤ

按繫傳下有「闕」字，段玉裁氏云：「謂其讀若不聞也。」

按古文弜字象弓檠之形，乃柲之本字。

王國維氏曰：「弜者柲之本字。既夕礼有柲，注：『柲，弓檠，弛則縛之於弓裏，備損傷。』詩云：『竹柲緄縢。』今文柲作柴，案今毛詩作閉。柲所以輔弓，形略如弓，故从二弓。其音當讀如弼，或作柲，作柴，作閉，皆同音假借也。弜之本義為弓檠，引申之則為輔，為重。又引申之則為彊。」觀堂集林卷六

釋弜

前伍三六
前柒四
同上七
鉄二
林式一二
同上
骨
且乙尊
金

古鉢
匋
説文
大
説文
説文
小
朱龜碑
隸

説文「系，繫也，从糸丿声。繫𦃃系或从毄處。𢇍籀文系，从爪絲」。胡計切，古亟佳，丁一

按古文系字从爪持絲。

後下一四
骨
叔向敦
杞伯敦
公伐郤鼎
楢妃敦
格伯敦

兮仲鐘
叒父鬲
格伯作晉姬敦
鄦公針
妣理母敦
楚公鐘
叔單鼎

鄦討鼎
金
古匋
古鉢
古鉢
古鉢
古鉢
古鉢

古鉢
古鉢
古鉢
古鉢
匋

正始石經殘石
隸續石經
仝上
古
詛楚文
大
説文
小

永嘉量二
宜子孫尉斗
永初鐘
漢
夏承碑
尹宙碑
張遷碑陰

三

孫

校官碑

隸

說文：孫，子之子曰孫。从子从系。系，續也。思魂切。古

心 文 乙×

按古文孫字从子从系。

中國文字形體變遷考釋卷十三

葉鼎彝

 前弍三 骨

 說文 骨

糸 說文 小

說文「糸，細絲也，象束絲之形，讀若覛。𢇁古文糸。」莫狄切，古明錫，ㄇㄧˋ

按古文糸字象束絲之形。

羅振玉氏曰：「象束餘之緒，或在上端，或在下端，無定形。」增訂考釋中

 前伍一一

 同上 骨

𢇍 說文 古

絕 說文 小

絕 精白竞

絕 刘氏竞 漢

絕 曹全碑 隸

絕 鄐閣頌

說文「絕，斷絲也。从糸从刀从卩。𢇍古文絕，象不連體絕二絲。」情雪切，古從月，ㄐㄩㄝˊ

按古文絕字象絕絲之形。

葉玉森氏曰：「从88，即二絲，∧象絲系，一或三象斷絕形」。殷契鉤沈

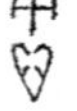 後下二一

【骨】

賡 說文

【古】

續 說文

【小】

續 尹續有槃

【漢】

續 曹全碑

續 鄘閣頌

【隸】

說文：「續，連也，从糸賣聲。賡，古文續从庚貝」。似足切，古心幽。丁山。

按古文續字亦从庚貝。

羅振玉氏曰：「說文解字續古文作賡，案爾足釋詁『賡，續也』，詩大東『西有長庚』，傳『庚，續也』。庚訓更，亦訓續，猶亂亦訓治矣。庚賡同音，賡與續殆非一字也」。增訂考釋中

 前弍二四

 前伍三六

 後下二三

【骨】

 格伯簋

【金】

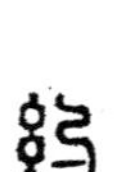 說文

【小】

約 西狹頌

約 譙敏碑 隸

説文：「約，纏束也。从糸勺声。」於略切，古影覺，ㄩㄝ。

按古文約字象繩約束形。吳大澂說。說文古籀補

 新三二五  新口 骨

編 說文 小

編 魏封孔羨碑

編 晉莫龍編軾 隸

説文：「編，次簡也。从糸扁声。」布玄切，古邦真，ㄅㄧㄢ

按古文編字象人持韋編形。

董作賓氏曰：「編字从𠂆，象人形，从乙，象皮韋所以編聯龜版，使之成冊也。編為後起之形声字，从糸，已失古者韋編之義。第二文形稍省变，从𠂆从乙，人省一臂，乙猶是皮韋之形耳。」商代龜卜之推測

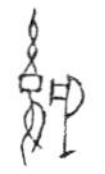 前弍一六  前陸三三  鉄二五三  鉄七五  林弍五  同上 骨

二

繫 說文 小

繫 魏上尊號奏 隸

說文：「繫，繫䋁也。一曰惡絮。从糸毄聲。」古詣切。古見錫。工一

按古文繫字象罪人攣手懾以斧鉞之形。

葉玉森氏曰：「象索繫子或女之首，反攣其手，臨以斧鉞之形，疑即古文繫字。許書作繫，从𣪠或𣪠之譌變，从糸即糸，復易𠂎為殳……古文系繫殆通用，許書系之或體𣪠亦譌變。」集釋卷一

 前伍一九  菁一〇 骨

 蔡姞敦  戒者鼎  鄭井叔鐘 金

綏 說文 小

綏 綏和雁足鐙 漢

綏 北海相景君銘 綏 孔宙碑 隸

說文：「綏，車中把也。从糸从妥。」息遺切。古心微。ㄙㄨㄟ

按古文綏字从爪从女。

羅振玉氏曰，「古綏字作妥，古金文与卜辭並同，説文解字有綏無妥，而今隸反有之，雖古今殊釋，然可見古文之存于今隸者爲不少也。」增訂考釋中

容庚氏曰，「尔疋釋詁，『妥，安止也。』説文奪佚，偏旁有之，儀禮士相見禮『妥而後傳言』注，『古文妥爲綏。』」金文編第十三

按妥字段玉裁氏補入女部，謂「妥，安也，从爪女，妥与安同意。」注云，「説文失此字，偏旁用之，今補。」又云，「知妥与安同意者，安，女居於室，妥，女近於手，好，女与子妃，皆以男女，人之大欲存焉，故从之會意。」説文注

前弍六

前伍一

後上一〇

後下七

骨

董臤㽙鼎

父乙卣

鄃伯卣

周公敦

邵敦

季啄父敦

旂鼎

向卣

佳彝

三

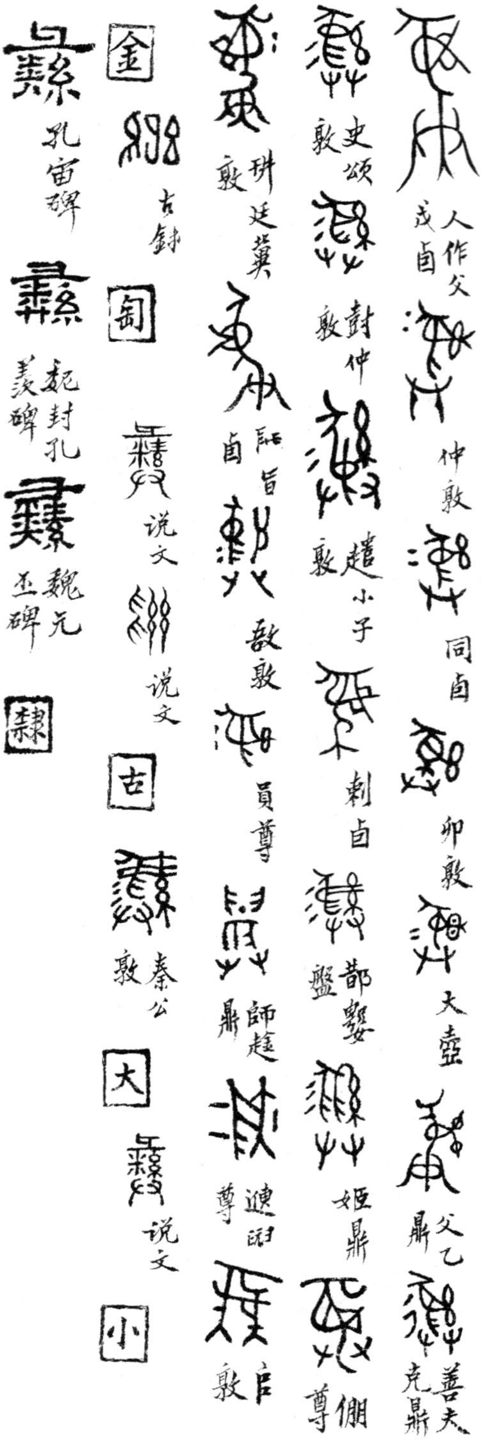

說文：「彝，宗廟常器也。从糸，糸綦也。廾持米器中實也。彑声。此与爵相似。周礼六彝：雞彝、鳥彝、黄彝、虎彝、蟲彝、斝彝，以待祼將之禮。，皆古文彝。」

以脂切，古
影月一

按古文彝字从雞从廾。

楊沂孫氏曰：「古彝字从雞从廾。象冠翼尾距形，手執雞者，守時

之迆敀馳陁杝施六字，仍讀它音，而沱字今經典皆作池，可證。徐鉉曰：「沱沼之沱，今别作池，非是。」蓋不知也即它也。許氏説也，「女陰也」，望文生訓，形意俱乖，昔人益嘗疑之矣。金文編第十三

又孳乳爲佗。

容庚氏曰：「孳乳爲佗，詩君子偕老『委委佗佗』，傳『佗佗者，德平易也』。尔疋釋訓『委委佗佗美也』，釋文亦作『褘褘它它』，太平御覽引作『委委蛇蛇』。」金文編第十三

段玉裁氏曰：「按此字本義不行，凡衛，訓將衛也，達，訓先導也，皆不用本字而用率，又或用帥。」說文注

前弍二四

鉄四六

[骨]

鱼匕

[金]

說文

[小]

虫
石门颂

[隸]

說文：「虫，一名蝮，博三寸，首大如擘指，象其臥形，物之微細，或行或飛，（二字據段本增）或毛或蠃，或介或鱗，以虫為象。」許偉切，古曉微。ㄏㄨㄟˇ

按古文虫字象博首宛身之形。

前捌三

鉄二一七

鉄五

後上九

後下二七

[骨]

石鼓

[大]

說文

[小]

蜀大吉利洗

二年酒鎗

熹平三年竟

[漢]

蜀
孔龢碑

蜀
曹全碑

蜀
晉蜀師瓢

[隸]

說文：「蜀，葵中蠶也，从虫，上目象蜀頭形，中象其身蜎蜎。詩曰：『蜎蜎者蜀。』」市玉切，古定燭。ㄕㄨˇ

按古文蜀字上象其目，下象身之蜎蜎。

葉玉森氏曰：「古文蜀本作罒，上象葵蠶之目，下象身之蜎蜎，从虫乃後起字。許書引詩『蜎蜎者蜀』，今本作蠋，更譌變矣。」殷契鉤沈

商承祚氏曰：「篆文之勹已是蟲形，後又增虫，形誼皆複。又有从二虫者，疑亦蜀字。」類篇第十三

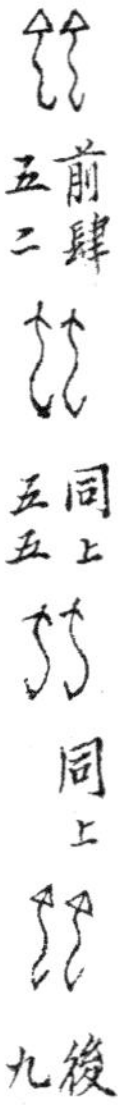
前肆五二　同上五五　同上　後上九

骨

魚匕

金

說文

小

說文：「䖵，蟲之總名也。从二虫。讀若昆。」古魂切，古見文，ㄎㄨㄣ

按古文䖵字亦从二虫。

前陸四二　鐵一二

骨

蠱 說文

小

蠱 唐公房碑

隸

說文：「蠱，腹中蟲也。春秋傳曰：『皿蟲為蠱』，晦淫之所生也。梟桀死之鬼亦為

蠱，从蟲从皿，皿物之用也。公戶切。古「見魚」

按古文蠱字从蛊从皿。

前弍一一　同上一三　同上四七　同上五二　同上　前弍二四　前弍二八　前肆一五　同上五

前伍三　前柒九　前捌一一　同上　後上二　同上二〇　同上　同上二二　同上

骨

芇伯敦　取它人鼎　齊侯盂　夆叔盤　取膚匜　甫人匜　胖侯匜

師伯匜　召口父匜　黃仲匜　周窐匜　鄭伯匜　長湯匜　王婦匜　𠙹仲艾匜

白者君匜

金

說文　說文

小

虵　它蛇辟兵鈎

漢

虵　石門頌

隸

說文：「它，虫也。从虫而長，象冤曲垂尾形。上古艸居患它，故相問無它乎。蛇，它或从虫。」託何切。古「透歌」

按古文它字从止下它。

羅振玉氏曰：「卜辭从止也，即足下它，或增从彳，其文皆曰『亡𧊒』，或曰『不𧊒』，殆即它字，上古相问以無它，故卜辭中、凡貞祭於先祖，尚用不它亾它之遺言，殆相沿以為無事故之通偁矣」。增訂考釋中

葉玉森氏曰：「羅氏釋它可信，惟𧊒止于它首，究為何誼？疑古人足觸它首則驚呼有它，故𧊒止于它首以示戒，且因它之形，不僅象它，故着此特徵也。其从彳者，即佗字所由孳生歟？」集釋卷一

与虫也為一字。

羅振玉氏曰：「案它与虫殆為一字，後人誤析為二，又竝二字而為蛇、尤重複無理。許君於虫部外別立它部，不免沿其誤矣」。增訂考釋中

容庚氏曰：「它也為一字，形狀相似，誤析為二，後人別構音讀。然从也

之迆敀馳阤杝施六字、仍讀它音、而沱字今經典皆作池可證、徐鉉曰「沱沼之沱、今別作池、非是」、蓋不知也即它也、許氏說「也、女陰也」、望文生訓、形意俱乖、昔人蓋嘗疑之矣」、金文編第十三

又孳乳為佗、

容庚氏曰「孳乳為佗、詩君子偕老「委委佗佗」、傳「佗佗者、德平易也」、尒疋釋訓「委委佗佗、美也」、釋文亦作「褘褘它它」、太平御覽引作「委委蛇蛇」、金文編第十三

说文「龜，舊也，外骨内肉者也，从它，龜頭与它頭同，天地之性，廣肩無雄，龜鼈之類，以它爲雄，象足甲尾之形，古文龜」居追切，古見哈ㄍㄨㄟ

按古文龜字象形，

羅振玉氏曰：卜辭諸龜字皆象昂首被甲短尾之狀，或僅見其前足者，後足隱甲中也，其增水者，殆亦龜字，增訂考釋中

前肆五六

骨

说文

大

说文

小

说文：「黽，鼃黽也，从它，象形，黽頭与它頭同，籀文黽」莫杏切，古帮陽ㄇㄧㄣ

按古文黽字象形，

按骨文黽字象四足而無尾，即今之蛙也，籀文小篆之，又兩足之訛變，

 後下三三 骨  邵鐘 金  說文 小

說文：「鼉，水蟲，似蜥易長大，从黽單声。」徒何切，古定元。ㄊㄨㄛˊ

按古文鼉字亦从黽單声

商承祚氏曰：「單字古金作嘼，与此形近」。類編第十三

二 前弍一 骨 二 盂鼎 二 散盤 弍 緻寬君鉼 金 弍 說文 二 正始石經殘石 古 二 秦公敦

大 二 說文 小 二 永嘉量 二 上林鼎 弍 光和斛 漢 二 礼器碑 隸

說文：「二，地之數也，从偶。弍，古文。」而至切，古泥微，ㄦˋ

按古文二字从兩畫。

說詳卷一一字注。

 前柒一一  鉄一九九  後上九 骨 亖 咎鼎 金 亖 古鉨 亖 古鉨 匋

亙 说文 [古] 𢛳 说文 [小] 恒 郙阁颂 [隶]

说文："恒，常也。从心从舟在二之間上下一心，以舟施恒也。亙，古文恒从月。詩曰：'如月之恒。'"胡登切，古匣登，ㄏㄥ

按古文恒字从二从月，或增从弓。

王國維氏曰："𠄨即恒字。案許君既云古文恒从月，復引詩以釋从月之意，而今本古文乃作亙，从二从古文外，蓋傳寫之譌，字當作亘。又説文木部：'𣓌，竟也，从木恆声。亙，古文𣓌。'案古从月之字，後或變而从舟，殷虛卜辭朝莫之朝作𣋼，从日月在茻間，与莫字从日在茻間同意，而篆文作𦩍，不从月而从舟，以此例之，亙本當作亘。智鼎有𢛳字，从心从亘，与篆文之恆从亙者同，即恆之初字，可知亙亘一字。卜辭

八

亙字，从二从☽，卜辭月字或作D，或作☽，其為𠄢亙二字或恆字之省無疑。其作𠄢者，詩小雅「如月之恆」，毛傳「恆，弦也」，弦本弓上物，故字又从弓。（觀堂集林卷九殷卜辭中所見先公先王考）

 前陸六〇  前柒一二  前弍二四  同上二六 骨

 说文 小

说文：「亘，求亘也，从二从回，回，古文回，象亘回形，上下所求物也。」须缘切，古心元。

按古文亘字象亘回之形。

容庚氏曰：「己己實乃一字，猶𣎆之与𣎆，不之与禾，丅之与亍……洹一作洍，一作𣶃，其明證也。」（殷契卜辭）

按金文从亘之字作，虢季子白盤宣字所从；，陳侯因資敦趄字偏旁；，虢季子白盤趄字偏旁；，齊侯壺洹字偏旁。或从二，或省。

 前伍一〇  前陸六一  前柒一二  林式一二 【骨】

土 盂鼎 丄 散盤 丄 宗周鐘 土 寬兒鼎 【金】

丄 正始石經殘石 【古】

土 說文 【小】

土 新嘉量 土 又二 土 土軍侯高燭豆 【漢】

土 衡方碑

土 史晨奏銘 【隸】

說文：「土，地之吐生萬物者也，二象地之上，（大徐本作下，據段注改）地之中，丨，（丨據段注增）物出形也。」它魯切，古透魚，ㄊㄨˇ

按古文土字象土塊堆積地上形。

王國維氏曰：「土字作者，下一象地，上0，象土壤也。」

一曰象牡器之形，与社為一字。

郭沫若氏曰：土且實同為牡器之象形，土字古金文作丄，卜辭作，与且字形近，由音而言，土且復同在魚部，而土為古社字，祀於內者

為祖，祀于外者為社，土与社二而一者也」甲骨文字研究

前伍一二 同上 【骨】

子璋鐘 【金】

古匋 古鉥 【匋】

说文 【小】

基 華山庙碑

基 石门颂

基 魯相谒孔庙碑 【隸】

说文：「基，牆始也。从土其声」，居之切，古見咍。

按古文基字亦从土其声，段借為期。

按子璋鐘「𩁹壽無基」，段基為期。

前伍三一 同上三二 同上 前陸六三 前捌六 後下八 同上 同上 殷八五 【骨】

埽 说文 【小】

说文：「埽，棄也。从土从帚」，穌老切，古心幽。

按古文埽字从又持帚。

董作賓氏曰：「从手持帚，从⺌象塵垢」新獲卜辭寫本後記

前弍九

前弍四

同上

同上六

同上一〇

前肆三一

前柒三三

鉄七六

骨

盂鼎

旂鼎

克鐘

趞卣

子𤇾觥

毛公鼎

䣄侯鼎

金

古鉨

古鉨

匋

正始石經殘石

均隸續正始石經

古

秦公敦

大

説文

正始石經殘石

陽陵兵符

隸續正始石經

小

新嘉量

袁氏竟

漢

隸續正始石經

夏承碑

吳宝𤰈甎

華山廟碑

史晨奏銘

隸

説文：「在，存也。从土才声。」昨代切，古從咍。

按古文在字象草木初出土之形，即才之初文。

彝按説文：「才，艸木之初也。从丨上貫一，將生枝葉也。一，地也。」骨文中

十

金文才，均象草木初出，即古文才字，然多叚以為在。盂鼎「王在宗周」頌鼎「王在周康邵宮」師遽敦「王在周客新宮」均叚才為之。

後上二十六 同上

胄 康侯封鼎 康侯封 古鉢 散盤 召伯敦 中專鐘

金 古鉢 古鉢 古鉢 古鉢 古鉢

坓 說文 古 坩 說文 犬 對 說文 小 圭 雒陽武庫鐘 坓 開封行鐘 漢 匋

封 史晨奏銘 隸

說文：「對，爵諸侯之土也。从之从土从寸，守其制度也。公侯百里，伯七十里，子男五十里。」坓，古文對省。坩，籀文从丰。府容切。古帮鐘己乙。

按古文對字象以林木為界之形，或从土丰聲，与邦為一字。

郭沫若氏曰：「對乃古人之經界，周官大司徒之職，制其畿疆而溝對

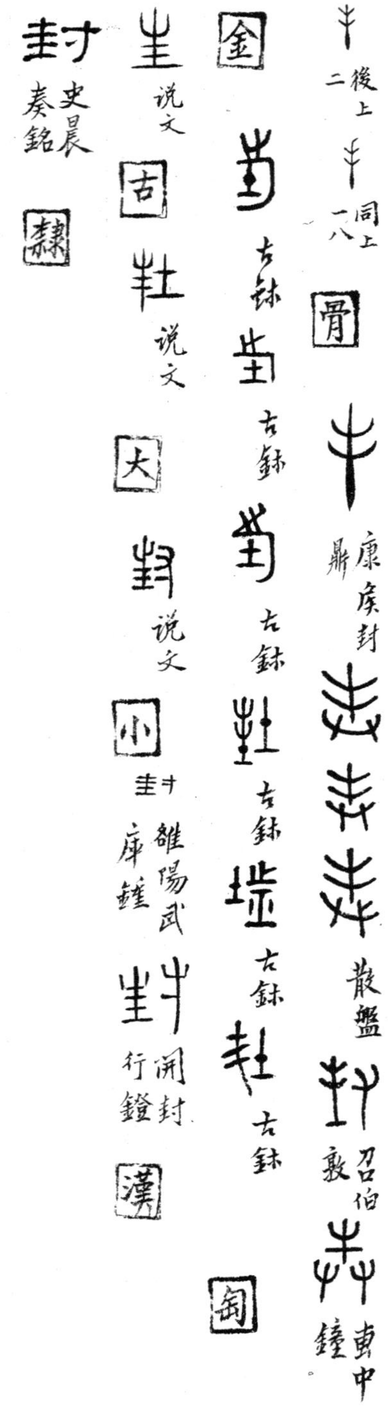

之鄭注「溝穿地為阻固也，對起土界也」此較許書爵諸侯之土為近古矣。然余謂起土築界，猶是後起之事。地官：「封人掌詔王之社壝為畿封而樹之。凡封國設其社稷之壝，封其四疆，造都邑之封域者，亦如之」是則古之畿封，實以樹為之也，此習於今猶存，然其事之起乃遠在太古。太古之民，多利用自然林木，以為族與族間之畛域，西方斈者所偁境界林是也。封之初字即丰，周金康侯丰乍寶鼎，即武王之弟之康叔封，亦即許書訓草盛豐豐之丰，與古文對省之𡉚，如毛公鼎「𤔲余小子弗彶，邦□將害曷吉」與辥我邦我家，二邦字乍□，「圓我邦我家」字乍□，即丰𡉚為一之證，丰即以林木為界之象形，𡉚乃形声字，从土丰声，从土即起土界之意矣」甲骨文字研究

按封邦古爲一字參卷六邦字注

後下一八 後下二四 骨 堇伯鼎  堇臤鼎 頌敦 頌鼎 女夒敦

宗周鐘 齊侯壺 毛公鼎 召伯虎敦 金 說文 說文 古 說文 小

說文：「堇，黏土也，从土，从黄省。皆古文堇。」巨斤切，古漢文4—4′

按古文堇字从黄从火。

吳大澂氏曰：「古堇字从黄从火，古文火字，或从八，亦火之省文，或从同。」古籀補第十三

孳乳爲覲爲勤。

按女夒敦「女夒堇於王」，頌敦「反入堇章」，均假堇爲覲。又宗周鐘「王肇遹省文武堇疆土」，齊陳曼簠「肇堇經德」，均假堇爲勤。

艱 前伍四〇　艱 同上　艱 同上四一　艱 同上　艱 後上三〇　艱 同上　骨

艱 不嬰敦　金　囏 說文　大　艱 說文　小　艱 毛公鼎　艱 同上

艱 石門頌　隸　艱 祀三公山碑

說文：「艱，土難治也，从堇艮聲。囏，籀文艱从喜。」古閑切，古見文·4-3

按古文艱字从壴从黄，未詳其義。

埜 前肆三三　埜 後下三　骨　埜 克鼎　金　埜 古鉩　野 司寇矛　匋

壄 說文　古　野 說文　小　野 石神君碑　野 楊叔恭殘碑　墅 魯峻碑　墅 曹全碑　隸

說文：「野，郊外也，从里予聲。壄，古文野从里省，从林。」羊者切，古影魚一世

按古文野字从林从土。

羅振玉氏曰：「說文解字野从里予聲，古文作壄，从里省从林，則許書

之古文亦當作埜，不从予声。許於古文下並不言予声也。今增予字，殆後人傳寫之失。許書本不誤，而後人寫失者多矣。玉篇埜（林部）壄（土部）並注古文野，殆埜為顧氏原文所見許書尚不誤，壄則宋重脩時所增也。增訂考釋中

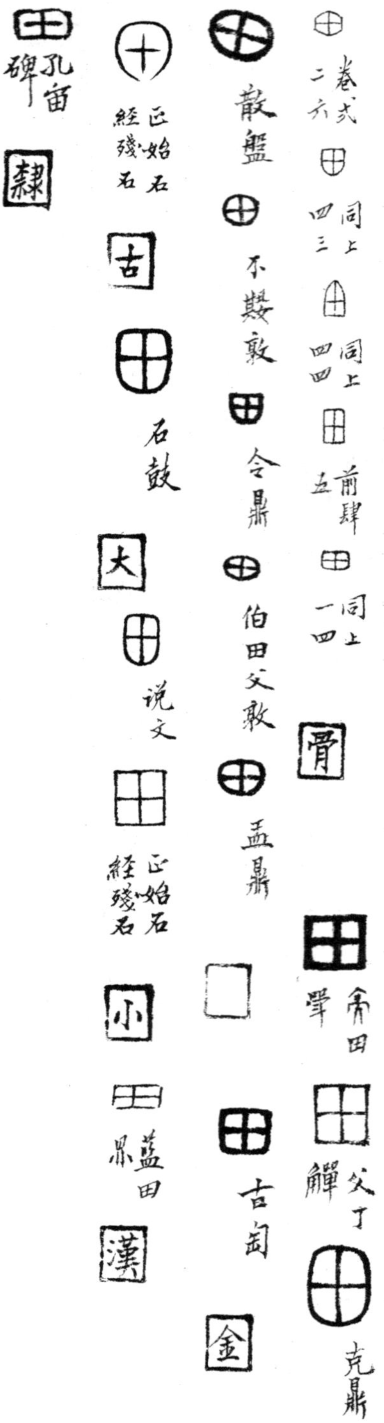

说文：田，陳也，樹穀曰田，象四口十，阡陌之制也。待年切，古定真，玄一弓

按古文田字象畛塗縱横之形。

按阡陌之制，非殷商之所宜有也。

前肆一二　前柒三八　骨

寡兄鼎　金

说文　说文　小

北海相景君銘　華山廟碑　隸

说文：「𤰈，耕治之田也，从田象耕屈之形。𠃬，疇或省。」直由切，古定幽。

按古文𤰈字不从田，与许书或體同。

前肆二八　後下四　骨

盂鼎　頌鼎　頌敦　追敦

宗周鐘　克鼎　金

秦公敦　大

说文　小

说文：「畯，農夫也，从田夋声。」子峻切，古精文。

按古文畯字从田从允，与俊通。

吴大澂氏曰：「古畯字从田从允，与俊通。」古籀補第十三

㽘 後下二

骨

盂鼎 散盤 辛鼎 虢季子白盤 史頌敦

陳公子甗 鄭公華鐘 齊侯敦 宗周鐘 仲辛父敦 齊侯匜 鄀公鎾

叔單鼎 王子啟彊尊 余冉鉦 番君鬲

金

古匋 古鉥

匋

隸續石經

古

秦公敦

大

說文 說文 隸續石經

小

吾作竟

漢

白石神君碑 華山廟碑

隸

說文：「畺，界也。从畕，三，其界畫也。疆，畺或从彊土。」居良切。古見陽十九

按古文畺字从畕从弓。

吳大澂氏曰：「古疆字从畕从弓，一者，田界也。儀禮鄉射禮：『侯道五十弓。』疏云：『六尺為步，弓之古制六尺，與步相應。』此古者以弓紀步之証。後世量地之弓，周人有用之者。一曰象田間之水道也。」古籀補第十三

葉玉森氏曰：「金文从一，或二三三，並象界畫，篆文或體从三，契文作㽘㽘从畕，不作界畫，蓋兩田相比已自有界，从弓，知古代本用弓紀步，且不止起於殷代也。」說契

丁山氏曰：「㽘為正字，緐演為㽘㽘㽘彊，彊右有三畫者為後起字，省弓為畺，畺之形又起于彊形之後，畺非古於彊也。」說文闕義箋

又曰：「疑畺字出壁中古文，彊為商周閒通用之字，疆為周末新字，蓋其時彊已借為強弱字，乃別从土作疆，以為疆界專字，其實畺彊疆一名，惟彊為疆界疆場之正字耳。」同上

古与畕為一字。

羅振玉氏曰：「此从畕，象二田相比，界畫之義已明，知畕与畺為一字

十四

「兵」增訂考釋中

前弍二四　前肆四六

【骨】

黃仲匜　曾伯簠　師𡨦父鼎　買敦

毛公鼎　叔單鼎　頌敦　趩尊　寰盤　師兌敦　師𩛥敦　弔黃敦

叔家父敦　休盤　趙曹鼎

【金】

古鉥　古鉥　古鉥

【匋】

說文

【古】

黃　說文

【小】

黃　新嘉量二

黃　光和斛

黃　黃十黃鏜

黃　黃羊亮

【漢】

黃　西狹頌

黃　魯峻碑

黃　晉山陰瓢

黃　四老坐神炸机

【隸】

說文「黃，地之色也。从田从炗，炗亦声。炗，古文光。炗，古文黃。」乎光切，古匣陽。ㄏㄨㄤ

按古文黃字象佩玉之形。

郭沫若氏曰：「細案黃字結構，當為象形之文，無形声可說。更參以金文凡言錫佩者，無慮四五十例，而均用黃字，毫無例外。然則黃字實古玉佩之象形也明甚。由字形瞻之，中有環狀之物，當係佩之體，即雙珩所合成。禮經解：「行步則有環佩之聲。」玉藻：「孔子去魯，佩象環五寸。」蓋以象牙之珩為環，其徑五寸。列女傳貞順篇：「鳴玉環佩。」曹大家注云：「玉環佩佩玉有環。」此皆佩玉有環之證。上有佩衿，以繫於帶，爾雅所謂佩衿謂之褑者也。（方言、廣韻褑皆作衿。）下則正旒三道，中央所懸之衝牙為磬形，故有若旒四者，省其左右之雙璜，故復旒二矣。是故黃即佩玉，自殷代以來所舊有，後假為黃白字，卒至假借義行而本義廢，乃造珩若璜以代之。（甲骨文字研究）

𡥈乳為橫。

按毛公鼎「朱市蔥橫」，段黃為之。今經典作衡。禮玉藻：「一命縕韍幽衡。」

注「衡佩玉之横也」

前捌七　鉄一三二　林式二二　【骨】　叔男父　匜　趩小子敦　齊侯敦　𡢁侯盦　【金】

男　说文　【小】　男　三羊竟　駱男虎符　【漢】　男　鄭固碑　【隸】

说文「男，丈夫也，从田从力，言男用力於田也」那含切，古泥侵ㄋㄢ

按古文男字从力田。

徐中舒氏曰「男从力田，力字即象耒形，惟省去下端歧出形，力耒古同來母，於声亦通」耒耜考

鉄六二　後下一　同上五　前弍七　同上一四　同上一七　前肆二　同上三一　前陸六一　後上三　同上一九　同上三六　【骨】

叶　说文　【古】　𢆅　说文　叶　说文　【小】　協　魏范式碑　【隸】

说文「協，眾之同和也，从劦从十，叶古文協从曰十，叶或从口」胡頰切，古匣盍，ㄒㄧㄝ

按古文協字从三力，或从口从劦

徐中舒氏曰：「此字从三力，或从口从劦声，當讀為荔，荔亦耒毋，銅器从口作……此為殷代祭名，其義當与協同，當即大合祭之祫，協有合力之意，古本与合相通，如詩江漢『洽此四國』，礼記孔子閒居引作『協此四國』，詩正月『洽比其鄰』，左傳襄二十九年引作『協比其鄰』，書堯典『協和萬邦』『協時月正日』，史記五帝本紀引作『合和萬國』『合時月正日』，皆其明證」。未耜考

中國文字形體變遷考釋卷十四

葉鼎彝

鑊 说文 小

 前陸四五  同上  後下一四  同上三一 骨

說文「鑊，鑴也。从金蒦声」胡郭切，古匣鐸。ㄏㄨㄛ。

按古文鑊字从鬲蒦声。

羅振玉氏曰「此从鬲蒦声，殆即許書之鑊，或加∴，象水形，所以煮也。蒦即獲字，或省蒦作隹」增订考釋中

 前捌三  前肆二八 骨  毛公鼎 金  吉匋   梁充釿幣 匋

鋝 说文 鍰 说文 小

一

説文：「鍰，鋝也。从金爰声。虞書曰：『罰百鍰。』」戶關切。古：匣元。ㄏㄨㄢ

按古文鍰字从貝从爰，金文省貝，与鋝為一字。

羅振玉氏曰：「說文解字：『鍰，鋝也。从金爰声。』又出鋝，注『十一銖二十分銖之十三也。从金寽声。周礼曰：「重三鋝。」北方以二十兩為三鋝。』鄭注考工記曰：『許叔重說文解字云：「鋝，鍰也。」』是許書鍰鋝二字互注。今卜辭有䁽字，殆即从金之鍰。鍰為重量之名，誼亦為罰金。古者貨貝而寶龜，至周而有錢，至秦廢貝行泉，故从貝从金一也。又篆文从寽之字古文皆作彐，知鍰鋝本一字，後世誤析為二矣。」增訂考釋中

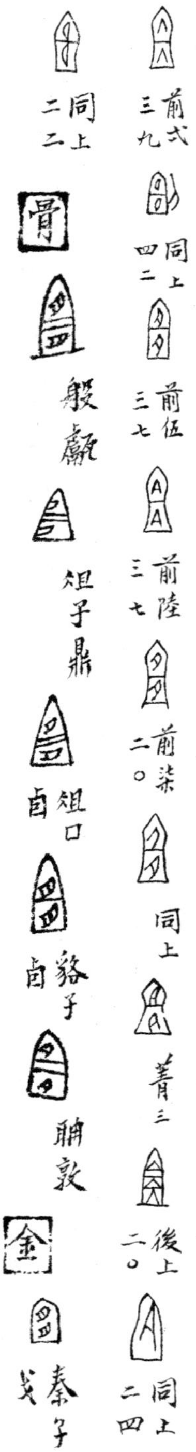

匋  秦公敦 大 俎 說文 小 俎 魏封孔羨碑 隸

說文「俎，礼俎，从半肉在且上。」側吕切，古精魚。ㄗㄨˇ

按古文俎字象置肉於且上之形，或增从刀。

羅振玉氏曰「卜辭正象置肉於且上之形。」增訂考釋中

王國維氏曰「象兩房一拒兩肉之形。」觀堂集林卷三說俎

商承祚氏曰「从刀者，疑亦俎字，象操刀割肉也。」類編第十四

古与宜為一字

容庚氏曰「俎宜為一字，儀礼鄉飲酒礼『賓辭以俎』注『俎者，肴之貴者。』

詩女曰雞鳴『与子宜之』傳『宜，肴也。』又尔疋釋言李注『宜，飲酒之肴也。』

俎宜同訓肴，可為一字之証。又廣雅釋器『俎，几也。』一切經音義引字

書」俎肉几也，置肉於几，有安之誼，故引伸而爲訓安之宜，古璽宜民和眾作，漢封泥宜春左園作，尚存俎形之意，與許氏从宀一从多省之說異。金文編第十四

前伍五 後下七 同上 骨 說文 小

說文「斝，玉爵也，夏曰琖，殷曰斝，周曰爵，从吅从斗冂象形，與爵同意，或說斝受六升」古雅切，古見魚，ㄐㄧㄚˇ

按古文斝字象形，或从夂以持之

羅振玉氏曰「案斝从吅，不見與爵同之狀，从冂亦不能象斝形，今卜辭斝字从𠀠，上象柱，下象足，似爵而腹加碩，甚得斝狀，知許書从吅作者，乃由𠀠而譌，卜辭从㕚象手持之，許書所从之斗，殆又由此轉

譌者也。又古彝文（金文家稱雙矢彝）有□字与此正同，但省以耳，其形亦象二柱三足一耳，而無流与尾，与傳世古斝形狀吻合，可為卜辭□字之證。又古散字作𢽳，与□字形頗相似，故後人誤認斝為散。韓詩說諸飲器有斝無散，大於角者，惟斝而已。故諸經中散字，疑皆斝字之譌。〔增訂考釋中〕

三

説文「車，輿輪之總名，夏后時奚仲所造，象形，戟籀文車」尺遮切，古透魚，ㄔㄜ

按古文車字象从前後視形，

羅振玉氏曰：「卜辭諸車字皆象從前後視形，或有箱，或有轅，或僅作兩輪，亦得知為車矣」增訂考釋中

容庚氏曰：「象輪轂轅軏之形，説文籀文从戋，乃傳寫之譌」金文編第十四

王國維氏曰：「古者戈建於車上，故畫車形乃并畫所建之戈，説文車之籀文作戟，即从此字出」

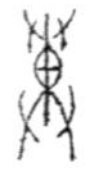
前伍·六

骨

祖楚文

大

説文

小

南陵鍾

車 永始乘輿鼎

輿 永始三年乘輿鼎

漢

礼器碑

隸

説文「輿，車輿也，从車舁声」以諸切，古影魚，ㄩ

按古文輿字象衆手造車之形。

羅振玉氏曰：「案考工記『輿人為車』，此象衆手造車之形。軾較軫軹轛皆輿事，而獨象輪者，車之所以載者在輪，且可象，它皆不可象，舉輪則造車之事可概見矣。」增訂考釋中

前肆二七

菁十

後下四

周

頌鼎

無叀鼎

師奎父鼎
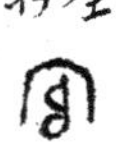
戒鬲

上官登

□

古鉩

古鉩

古鉩

古鉩

古鉩

空首幣

金

說文

小

大官鼎

王后中官鼎

漢

校官碑殽

尹宙碑

礼器碑

隸

說文：「官，吏事君也。从宀从𠂤，𠂤猶衆也。此與師同意。」古丸切，古見元·ㄍㄨㄢ

按古文官字亦从宀从𠂤。

羅振玉氏曰：「說文解字『官，从宀从𠂤，𠂤猶衆也，此與師同』，其言至明

四

晰。古師字作𠂤，而許君於部首之𠂤，乃云小𨸏，得之於此，而失之於彼，何也。」增訂考釋中

三著 【骨】 說文 【古】 說文 【小】 阜 魯峻碑 【隸】

說文：「𨸏，大陸，山無石者，象形。𨸐，古文。」房九切，古音並幽。ㄈㄨˋ

按古文𨸏字象形。

葉玉森氏曰：「从丨象土山高陗，从彡象阪級，故階陵陟降諸字从之。」說契

前陸二〇　同上三〇　同上五五　前柒九　【骨】

陵 散盤　陵叔鼎　陳猷釜　不𡢁簋 【金】

古匋　古鉥　古鉥　古鉥　古鉥　古鉥 【匋】

陵 說文　陵 陽陵兵符 【漢】

南陵鍾　雲陽鼎　安陵鼎蓋　陵 杜陵東園壺

陶陵鼎

[漢]

陵 景北海碑陰

陵 礼器碑

陵 鲁峻碑

[隸]

说文：「陵，大𠂤也，从𠂤夌声。」力膺切，古來登，ㄌㄥ

按古文陵字象人梯而升高。

羅振玉氏曰：「案陵訓㮚，廣雅釋詁四 訓上，漢書司馬相如傳集注 訓升，文選西京賦薛注 故此字象人梯而升高，一足在地，一足已階而升。」增订考释中

陽 前伍四二

[骨]

陽 虢季子白盤

陽 農卣

[金]

陽 高陽四劍

陽 平陽戈

陽 古匋

陽 古匋

陽 古匋

陽 古匋

陽 古匋

陽 古鉥

陽 古鉥

陽 古鉥

陽 陽 陽 古鉥文均

陽

陽 山陽幣

陽 陽 陽 陽 陽 陽 皆平陽幣文

陽 宅陽幣

陽 陽邑幣

陽 晋陽幣

陽 高陽左戈

[匋]

陽 石鼓

[大]

陽 说文

[小]

陽 郦偏鼎

陽 上林鼎

陽 雍棫陽鼎

[漢]

陽 礼器碑

陽 鲁峻碑

陽 礼器碑

[隸]

五

说文「陽，高明也。从𨸏昜声。」与章切，古影陽一尢

按古文陽字亦从𨸏昜声。段借為揚。

按《農卣》“對陽王休”，借陽為揚。

後下二二　同上二六

骨

说文

小

说文「陮，隗高也。从𨸏隹声。」都皋切，古端微。

按古文陮字亦从𨸏隹声。

前伍三〇　前柒三二　後下一一　同上

骨

散盤　毛伯彝

金

古匋　古鉥

匋

说文　正始石經殘石

古

说文

小

正始石經殘石　淮源廟碑　孔宙碑

隸

说文「陟，登也。从𨸏从步。𨺩，古文陟。」竹力切，古端德。

按古文陟字从𠂤从二足迹向上。

羅振玉氏曰「案从阜示山陵形，从歨象二足由下而上，此字之意，但

示二足上行，不復別左右足」增訂考釋中

前伍二一　菁三

骨

毛公鼎　盂鼎

金

隊 說文　隊 新郪兵符

小

說文「隊，從高隊也，从𠂤㒸声」徒對切，古定微，ㄉㄨㄟˋ

按古文隊字象人由𠂤巔下隊，或从子，葉玉森氏說，說契

前貳二四　同上二七　前肆三九　同上　前伍三〇　前柒三八　後上三〇　後下一一　鉄一九

骨

大保敦　䎽敦　散盤　宗周鐘　函皇父敦　𤔲狄鐘　虢叔鐘　降𠂤敦

金

古鉨　帝降矛

匋

說文

小

降 礼器碑　降 西狭頌　降 楊震碑

隸

說文「降，下也，从𠂤夅声」古巷切，古見冬，ㄐㄧㄤˋ

六

按古文降字从𨸏从二足跡向下.

吳大澂氏曰:「古降字从𨸏从二足跡形,陟降二字相對,二止前行為陟,倒行為降.後人但知止為足跡,不知A A皆足跡也.自A變為ㄓ,A變為夂,舛變為䍫,古義亾,而夂夂䍫等字皆失其解矣.」古籀補第十四

羅振玉氏曰:「从𨸏示山陵形,夅象兩足由上而下,此字之意亦但示二足下行,故左右足亦或別或否.」增訂考釋中

前弍八

同上
骨

史頌敦
金

說文
大

說文
小

說文:「隉,城上女牆俾倪也,从𨸏卑聲.𩫖,籒文隉从𩫖.」符支切,古佳,支一

按古文隉字亦从𨸏卑聲,段借為俾.

羅振玉氏曰:「史頌敦作,借為俾,其所从之卑亦卑字,乃从甲 甲部

从亖亖即吳中丞以爲夋从冊，非也」。增訂考釋中

亖 前式一　亖 同上

[晉]

亖 毛公鼎　亖 盂鼎　亖 虢季子白盤　亖 國差𦉜　四 大梁鼎　四 郘鐘　四 陳侯簋

[金]

𠬝 古鉩　𠬝 古鉩　亖 古鉩　四 明刀背文

[匋]

𠬝 説文　亖 正始石經殘石　𠬝 隸續正始石經

[古]

亖 説文　四 石鼓

[大]

四 説文　四 正始石經殘石　四 隸續正始石經

[小]

四 南陵鍾　四 西倂鼎　亖 新中尚方鍾

[漢]

四 正始石經殘石　四 北海相景君銘　四 張遷碑　四 祀三公山碑　𠬝 仙集題字

[隸]

説文：「四，陰數也。象四分之形。𠬝，古文四。亖，籀文四。」息利切，古心物。

丁山氏曰：「竊疑積畫爲亖者，數名之本字，後之作四者，皆借呬爲之。

按古文四字从四畫。

……四从口，象口形，或作𦉭𦉭者，兼口舌气象之也，其中之八，蓋猶只

下从八，象气上引；丂上从八，象气越于。郘鐘八下之一，盖猶日音之从一，以象舌形，气蘊舌上而不能出諸口，非呬而何？说文口部：「呬，東夷謂息曰呬。从口四声。诗曰：『犬夷呬矣。』」犬夷呬矣，今左傳引作「喙矣」。廣雅：「喙，息也。」國語：「余病喙矣。」韋注：「喙，短气皃。」以呬義证四形，冥然若合符節。則四、呬一字，可以斷言。数名古誼

前肆三

同上三三
【骨】

宁未盉
【金】

说文
【小】

说文：「宁，辨積物也。象形。」直吕切。古定魚。

按古文宁字象形。

羅振玉氏曰：「象形。上下及两旁有搘柱，中空可貯物。」增訂考釋中

前式八

前肆一八

前伍二

後下二七
【骨】

丙申角

亜𠂤敦

延簋

亞觥
【金】

亞 古匋 匋 石鼓 大 說文 小 亞 史晨奏銘 隸

說文：「亞，醜也。象人局背之形。賈侍中說，以為次第也。」衣駕切。古影魚。一丫

按古文亞字象道路之形。

彝按古文亞字實象道路之形。說文有字，注云：「宮中道。从囗，象宮垣道上之形。」其下所从，即為亞形，可証也。

前肆五〇 同上五 骨 旅鼎 齊鎛 散盤 呂鼎 伯仲父敦 鄺侯敦

仲五父敦 金 古匋 古鉢 明刀背 匋 說文 正始石經殘石 古

說文 正始石經殘石 大良造鞅方量 漢 五 尨淵宮鼎 上林鼎二 眹薔鼎 新嘉量

陽泉熏爐 漢 正始石經殘石 魯孝王石刻 熹平石經 夏承碑 五 西狹頌 隸

說文：「五，五行也。从二，陰陽在天地間交午也。X，古文五省。」疑古切。古疑魚。X

八

按古文五字象交午形．

参卷一一字注．

一曰象收繩器形．

丁山氏以為五之本義為收繩器，引申之則曰交午又与亙為一字，五屬喉音疑紐，亙屬牙音匣紐，古音牙喉常相互轉至从夕，蓋取兩繩相交意，兩繩相交謂之亙，從橫相交謂之五，至說文云「可以收繩」故立繩与器而象之Ⅹ則象器之尚未收繩也，故見其交橫之幅，數名古誼．

克鐘 介 師奎 介 番鴹生
介 父鼎 介 壺 介 陳侯因
〔金〕資敦

介 前弍 ∧ 同上 八 前弍 ∩ 同上 ∧ 前柒 ∩ 後下
一八 ∧ 一 ∩ 二三 ∧ 二 八 四三 ∩ 九 林弍

六 古鉥 六 明刀背 兀 文 数字
〔匋〕

介 正始石 中 隸練正 中 始石經
經殘石

古 六 石鼓
〔大〕中 說文 介 正始石 中 隸練正
經殘石 石經

旬邑权 廿六年詔十六斤权 廿六年詔廿斤权 〔小〕 壽成室鼎 雲陽鼎 樊鼎 菑川鼎二

新嘉量 六 平壹鍾 〔漢〕 六 正始石經殘石 六 魯孝王石刻 六 孔宙碑 〔隸〕

說文："六，易之數，陰變於六，正於八，从入从八。"力竹切，古來幽，分X。

按古文六字未詳所从，一曰借入為之。

丁山氏曰："古借入為六，六之声紐今同來，入之声紐今同日，釋名釋言語："入，内也，内使還也。"是入内古音同隸泥紐，泥來同為舌音，依章太炎先生雙声旁紐解之，（新方言一音表）十六入古雙声也……蓋六与入殷以前無別，自周人尚文，因入之下依而變其形為六，以別於出入之人，于是鼎彝銘識中無由見入借為六之跡。"數名古誼

十 前式一 〔骨〕 十 盂鼎 十 乙敦 十 伊敦 十 大梁鼎 十 大梁月 〔金〕

九

七 隸續正始石經 古 十 秦公敦 大 说文 隸續正始石經 小 十 楊鼎 十 上林鼎 十

第七平陽鼎 十 梁鍾 十 西狀鍾 十 上林行鐙 十 雍鼎 七 光和斛 七 又二 七 坂伯鍾 七 晉壽升 七 東海宮司空槃

漢 七 曹全碑 七 孔龢碑 七 華山廟碑 隸

说文：「七，陽之正也，从一，微陰从中衺出也。」親吉切，古清質，くー。

按古文七字所从未詳，一曰象扒物為二自中切斷形。

丁山氏曰：「七古通作十者，扒物為二，自中切斷之象也。」数名古誼

九 前弍六 九 同上二三 同上二二 前弍一 同上一六 同上二七 前肆六 同上 同上 九 同上三七

同上四〇 前陸四二 後上二〇 同上二四 骨 孟鼎 善夫克鼎 陳公子甗 克鍾

無叀鼎 師趛鼎 不嬰敦 九 散盤 宰鼎 曾伯簠 口𠂤敦 齊鎛 者沔鍾

宅敦 鄭公敦 金 古鉥 九鐵氏幣背文 尖首刀紀数字 齊刀範紀数字 匋 九 说文

小

九 上林鼎 九 杜鼎 九 新嘉量 九 乘輿壺

漢

九 孔龢碑 九 張遷碑

隸

說文：「九，陽之變也，象其屈曲究盡之形」。舉有切，古見幽。ㄐㄧㄡˇ

按古文九字象兩曲線詰詘糾互之形。

詳卷一一一字注。

一曰象臂節形，即肘之本字。

丁山氏曰：「九本肘字，象臂節形。……臂節可屈可伸，故有糾屈意。守紂从肘省，製者字皆九製之誤」。數名古誼

前式三〇 後下一九 林式二

骨

頌鼎 史頌敦 伯田父敦 鑄公簠 無異敦 曾伯簠 公伐郐鼎 王孫鐘 𨰻叔匜 都公鐘 辛鼎 仲𠭯父敦 虢季子白盤 畢鮮敦 仲敦 齊𡚸姜敦 楚公鐘

十

倗尊

齊侯匜

祀伯匜

富鼎

杞伯盉

史頌鬲

己侯敦

鬲攸比鼎

量侯敦

善夫克鼎

啬敦

仲鉌簋

中伯壺

鄀公釪鐘

王婦匜

姞氏敦

散伯敦

金

古鉨

均古鉨文

匋

正始石經殘石

古

秦公敦

詛楚文

大

說文

正始石經殘石

小

新嘉量二

美金扁壺

日入千美殘鈴

宜弟兄竟

日入大万鍾

巨万鈎

漢

曹全碑

白石神君碑

尹宙碑

張遷碑

隸

說文：「萬，蟲也，从厹，象形。」無販切，古明月。

按古文萬字象蝎形。

羅振玉氏曰：「卜辭及古金文等形，均象蝎，不从厹。金文中或作，石鼓文始作，失初状矣。段先生玉裁云：「从厹，盖其蟲四

足像獸」依後来字形爲说，失之彌遠」，增订考釋中

段玉裁氏曰：「段借爲十千数名，而十千無正字，遂久叚不帰，孰者昧

其本義矣。唐人十千作万，故廣韵万与萬别」，说文注

说文：「獸，守備者，从嘼从犬」，舒救切，古透幽部

按古文獸字从犬从戰省，古与狩爲一字。

羅振玉氏曰：「说文解字：「獸，守備者，从嘼从犬」，又「狩，犬田也，从犬守声」

案古獸狩實一字，左氏襄四年傳「獸臣司原」，注「獸臣虞人」，周礼「獸人之職所掌皆王田之事」，詩車攻「搏獸於敖」，後漢書安帝注，紀引作「薄狩于敖」，漢張遷碑「帝游上林，問禽狩所有」，石门頌「惡蟲蔽狩」，皆獸狩通用，其文先獸鼎作，員鼎作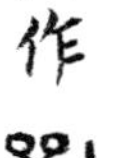，此从从丫，並与单同，古者以田狩習戰陳，故字从戰省，以犬助田狩，故字从犬，禽与獸初誼皆訓田獵，此獸狩一字之证，引申之而二足而羽為禽，四足而毛為獸，許君訓獸為守備者，非初誼矣」。增訂考釋中

一曰从犬从单，单捕兽器也。

葉玉森氏曰「卜辞之獸，即古狩字，从犬从单，乃象捕兽器，其形似叉有幹，○○象叉上附着之銛鋒，似鏃，口在叉下，盖以繫捕獲之物者。从

丫丫乃省变。

一曰从犬从單。

丁山氏曰："獸本从單，時或省而从干，蓋單干古本不別，義箋"說文闕。

十 前弍 十 同上 一 同上 田 同上 田 前弍 田 前弍 田 同上 田 同上
十五 十 二〇 三六 二四 二三 二八 二九

十 甲寅 十 甲庚 田 芳甲 田 甲晨 田 寧遺
角 杠觶 盤爵 甲司敢作 骨

命 说文 中 中兵符 中 祖楚文 大 中 说文 甲 華山庙碑 甲 正始石經殘石 金 無重鼎
正始石經殘石 阳陵 甲勘 甲鼎 古 小 漢 甲 楊叔恭殘碑 隸 象敦

說文："甲，東方之孟，陽气萌動，从木戴孚甲之象。一曰人頭空為甲，甲象人頭。"古文甲，始於十，見於千，成於木之象。古押切，古

按古文甲字象魚鱗

見下丁字注。

羅振玉氏曰：田字卽小篆甲字所從出，卜辭田字十外加口，固以示別，与区囚回同例，然疑亦用以別於數名之十字（古七）而加口作田。既又嫌於田疇之田，而稍變之。秦陽陵虎符甲兵之字作甲，變口爲冂，更譌冂爲冂，譌十爲丁，如說文甲字，而初形全失，反不如隸書甲字尚存古文面目也。

王國維觀堂集林卷九殷卜辭中所見先公先王考附录

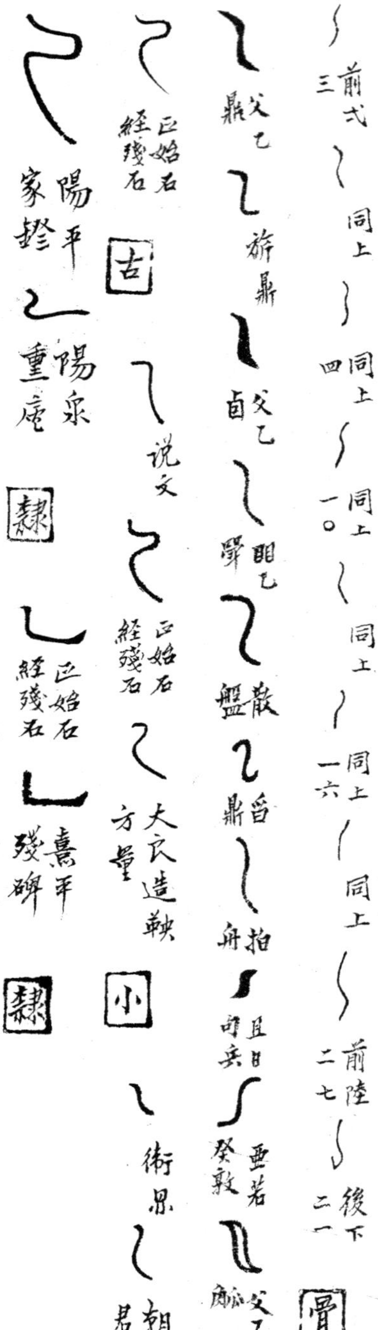

说文：「乙，象春艸木冤曲而出，陰气尚彊，其出乙乙也，与丨同意，乙承甲，象
人頸」，於筆切，古
影質，一。
按古文乙字象魚腸，
見下丁字注，
一曰象刀形。
吴其昌氏曰：「乙字古金文皆象刀形，礼记月令『其日甲乙』，鄭注『乙之
言軋也』，又廣雅釋言『乙，軋也』，後漢書公孫述傳章懷注同。釋名釋天亦云『乙，軋也』，
既知乙训為軋，然則軋字究作何解耶？史记匈奴傳漢書匈奴傳注，
记匈奴之刑典，並云『其法有罪，小者軋，大者死』，顏籀注引服虔曰：『軋，
刀刻其面也』，案服说是也，刀刻其面為軋，而軋又為乙，以衣衣食食

古代以名詞爲動詞之公例律之，則乙之爲刀，至爲顯白。惟乙義爲刀，故乙即（軌）又爲以刀刻画之称也。」金文名象疏証

前弍一一　同上　同上五　新三一　新三五

【骨】

說文

【小】

礼器碑　衡方碑

【隸】

說文「尤，異也。从乙又声。」羽求切。古影咍。

按古文尤字象手欲上伸而礙於一。

丁山氏曰：「文象手欲上伸而礙於一，猶巛之从一雝川，朩之从朩而橫止以一也。」殷契亡文說，載史言所集刊第一本第一分。

前弍五　同上　同上　前弍八　同上一三　前肆一　後下二五　同上　同上二六　同上四一　同上一

林弍一

【骨】

丹丙爵　冈父丙鼎　兄日兵　亥且丙觶　陳且丙觶　天君鼎　叙鼎　敔敦

甗庚鼎　齋庚敦　子禾子釜　遹鼎

【金】

古匋

【匋】

石鼓

【大】丙 說文　正始石經殘石

【小】 建武泉范　丙 熹平三年竟

【漢】 孔龢碑

【隸】

說文：「丙，位南方，萬物成炳然，陰气初起，陽气將虧，從一入冂，一者，陽也，丙承乙，象人肩。」兵永切，古韻幫陽。ㄅㄧㄥ

按古文丙字象魚尾。

見下丁字注

【骨】 前弍四　同上三三　前弍八　前捌一四　後上七

【金】 虢季子白盤　王孫鐘　歸父盤　𡩜桐盂　文丁鼎　善鼎　史頌敦　邵鐘　國差𦉜

【匋】 古鉨　古鉨　古鉨

【古】 正始石經殘石　說文　正始石經殘石

【漢】 建初元年鐖　日有憙竟

【漢】 魯峻碑

【隸】 吳寶鼎甎

說文：「丁，夏時萬物皆丁實，象形。丁承丙，象人心。」當經切，古韻端耕。ㄉㄧㄥ

十四

按古文丁字象釘形。

朱駿声氏曰：「丁鐕也，象形，今俗以釘為之，其質用金或竹若木」。又曰：「以丁入物亦曰丁，说文作朾，橦也，俗字亦作打，又作[illegible]，字林『[illegible]設幕』。」按从丁登声。说文通训定声

徐灝氏曰：「许云夏時萬物皆丁實，蓋以為象果實形，然果實未有偁丁者，疑丁即今之釘字，象鐵弋形，鐘鼎古文作●，象其鋪首，个則下垂之形也，丁之垂尾作个，自其顛渾視之則為●。说文解字注箋

一曰象魚睛形。

郭沫若氏曰：「按甲乙丙丁四字為一系統，此最古之象形文字，尔疋釋魚：曰『魚枕謂之丁，魚腸謂之乙，魚尾謂之丙』。乙之象魚腸，丙之象

魚尾，可無庸說。魚枕者，郭注云：「枕在魚頭骨中，形似篆書丁字，可作印。」此以篆文為說，自非其朔。余按枕或係字之訛，而丁則當係睛之古字。睛古籍中罕見，許書亦不載，惟淮南主術訓有「達視不能見其睛，借明於鑑以照之，則分寸可得而察」。注曰：「睛，目瞳子也。」丁之古文既象目瞳子，丁睛古音同在耕部，後世猶有「目不識丁」之成語，則當是「達視不能見其睛」之古語也。如丁為睛為瞳子，則魚枕亦勉強有說，蓋以魚睛大而又在頭兩傍也。要之乙丙丁均為魚身之物，此必其最初義。蓋字既象形，而義又廢棄，亟其為古字古訓之証。甲亦魚身之物也，魚鱗謂之甲，此義於今猶活，尔疋之舉乙丙丁而不舉甲者，亦正以甲義猶存，無須釋及耳。魚鱗之象形何以作十，此殆示其四鱗合一之處也.骨文魚字作若典,均以十為魚鱗之象形.現行隸書作魚,亦猶存其遺意.又甲之別義,如草木之孚甲戎器之甲冑皆得由魚鱗引申知,故魚鱗為甲,亦必甲之最古義.甲骨文字研究釋干支

一曰象人顛頂.

葉玉森氏曰:"先哲造丁字果取象於鐕,似當作中೯个形方顯不應僅象鋪首.予疑寶象人顛頂也.故貨賣等字如是作,丁顛頂並一声之轉.素問云,是生大丁段丁為釘,故後儒多以釘訓丁.集釋卷一

國且戌卣 父戊鼎 骨

前貳 同上 前肆 同上 前伍 林戈
同上 戊 同上 戊 同上 戊 一
七 卅 戊 四〇 一六 十
同上 同上 前伍
戊 戊 牛
八 卅 一二 牛 一
五

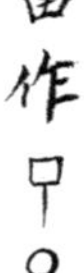

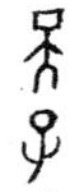

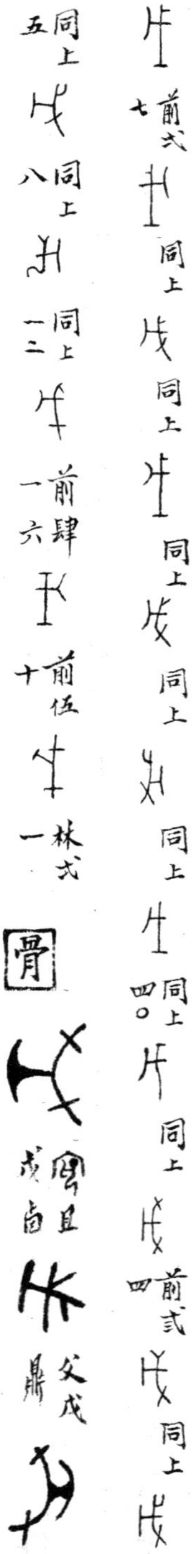

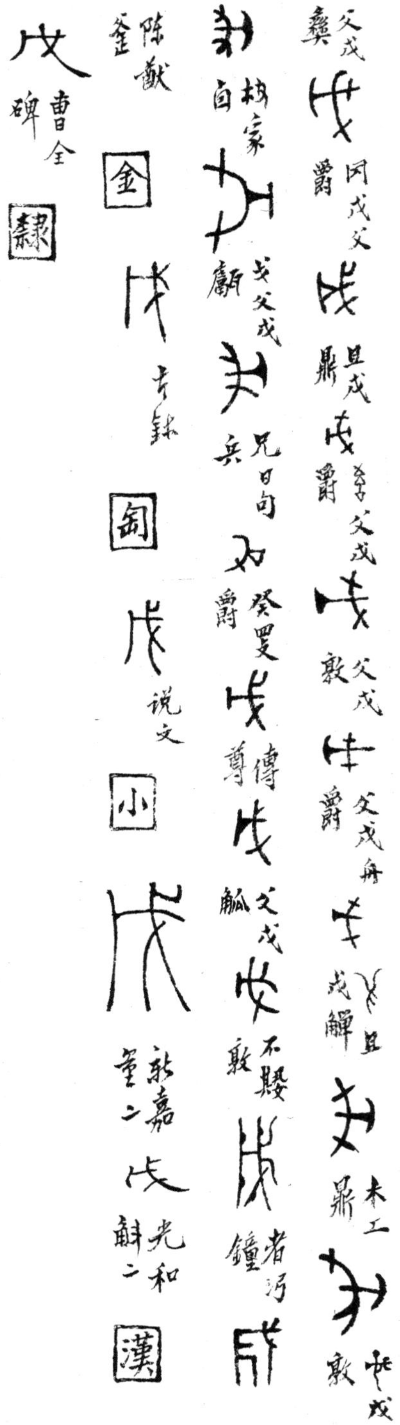

說文："戊，中宮也，象六甲五龍相拘絞也，戊承丁，象人脅。"莫候切，古明幽，X

按古文戊字象兵器之形。

葉玉森氏曰："𢦏亦古兵，鑿)弧形外向，变作戊戈，其鋒乃平，与戊上之口口◡○形，戊上之▷形竝異……非斧象也"集釋卷一

一曰象斧形，与戚為一字。

郭沫若氏曰："戊象斧鉞之形，蓋即戚之古文，許書'戚，戉也，从戉尗声'

段注云：「大疋曰：『干戈戚揚』，按出公劉首章。傳云：『戚，斧也；揚，鉞也。』依毛傳戚小於戉，揚乃得戉名。左傳：『戚鉞秬鬯，文公受之』，按左昭十五年。戚鉞亦分為二物，許則渾言之耳。」按戚小於戉之說是也。古音戈戚同在幽部，故知戊即是戚。十二支之戊則戚也。金文骨文均作戊，較之戉形，實有大小之別。」甲骨文字研究釋干支

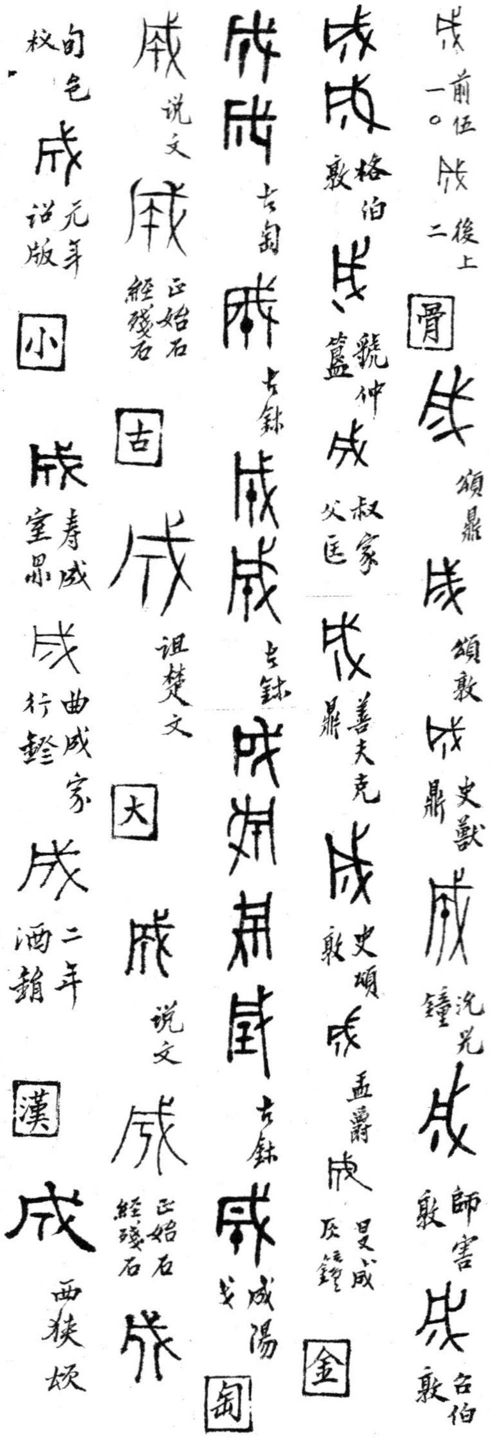

成 韓仁銘 成 孝山堂画象題字 隸

说文：「成，就也，从戊丁声。㦹，古文成从午。」氏征切，古定耕，ㄔㄥ

按古文成字从戊从丨。

己 前弍二三 己 同上三四 己 同上 乙 同上 己 前弍五 巳 後上九 骨 己 宋鼎 己 人作父己卣 己 且己父辛卣 己

且日句兵 己 紀侯鐘 己 大鼎 己 鐘伯鼎 己 禾敦 己 宴敦 金 己 古鉨 匋

己 说文 己 正始石經殘石 古 己 说文 己 正始石經殘石 小 己 永嘉量 己 尹續有盤

漢 己 夏承碑 己 史晨奏銘 隸

说文：「己，中宫也，象萬物辟藏詘形也。己承戊，象人腹。己，古文己。」居擬切，古見咍，ㄐㄧ

按古文己字象繳形。

郭沫若氏曰：「己者，惟射之繳也。此由第字作[glyph]，雉字作[glyph]，叔字作[glyph]

十七

若𠁣可以知之。骨文叔字，羅釋云："字从⺂象弓形，↑象矢，己象隿射之繳，其本意全為隿射之隿，或即隿之本字，而借為伯叔。"（書契考釋）予按羅說是也。此与己字可為互証字，蓋从己，己亦声也。己隿同在之部，音与幽部最相近，故段借為叔，已復轉入宵部為繳，故叔又讀為弔，古書不淑不弔兩通。揆其初字，固同為𠁣或𠁣之隿也。（甲骨文字研究釋干支）

葉玉森氏曰："按羅說己象隿似矣。先哲造字取約束誼者，以己之象之，如𠁣叔亦作𠁣，則§与己同，𠀠亦作𠀠，則◯与己同，井弗亦作冊丼，則三与己⊆同，其物當為編索之類，利約束耳，不必定為隿射之繳，亦不能遽斷為隿之本字。"（集釋卷一）

孳乳為紀

容庚氏曰「孳乳為紀，廣雅釋言，釋名釋天『己，紀也』」第十四 金文編

前弍二　前弍一八　骨　師𡩜敦　無曩敦　貿鼎　王婦匜　金

说文　小

说文「曩，長踞也，从己其声，讀若杞」暨己切，古溪咍，之

按古文曩字亦从己其声。

前弍六　同上　同上　同上　同上　同上一三　同上一四　同上一五　同上　同上一六　同上　同上一七

同上一九　前弍三　同上七　同上八　同上一〇　同上　前肆二　同上三　後上二一　同上一二

後下一　同上三二　林弍一六　骨　史父庚鼎　羊父庚鼎　陸册父庚卣　子父庚爵

子父庚觶　家父庚卣　父庚爵　一庚觶　女庚爵　父庚尊　丗且庚爵　豚卣

琱曩鼎　魚尊　昌白卣　彔伯敦　師奎父鼎　沇兒鐘　楚子簠　鄀口白鑵

十八

鄭虢仲敦 金 古匋 古鉥 古鉥 古鉥 匋

說文 小 上林鼎 漢 延光碑 𨚕氏石闕銘 晉莫龍編甎 隸

說文：庚，位西方，象秋時萬物庚庚有實也。庚承己，象人齎。古行切，古見陽，ㄍㄥ

按古文庚字象樂器之形。

郭沫若氏曰：庚之小篆作兩手奉干形，於骨文金文均不相類。金文更有作吾父庚鼎作豚卣者，此二庚字与殷彝中之圖形文字極相似，如宰椃角、鍪内二銘文之、獻作父辛彝尊之，冊冊又女婦卣父辛敦均有此文，亦有單以此文銘鼎者，前人釋為庚丙二字，吳大澂以為从庚从丙，當係古礼器象形字，臣受冊命時所陳設，余案此即古庚字也。文既象形，不能言其所从，其下丙之字形，盖器之鐸耳觀其形制當是有耳可搖之樂器以声類求之當即是鉦說文:"鉦,鐃也,似鈴柄中上下通,从金正声."又"鐃,小鉦也,从金堯声,軍法卒長執鐃."周礼地官鼓人"以金鐃止鼓"鄭注云"鐃如鈴無舌有秉,執而鳴之以止擊鼓"司馬職曰"鳴鐃且却"合許鄭二家之說以求之,可知鉦鐃一物,特器有大小而已.二家雖未言有耳然既言無舌有柄中通執以鳴之則有耳自是意中事故鉦之形制適與此合.甲骨文字研究釋干支

前戈 ᛉ 同上
一一 ᛉ 一二 ᛉ 前肆
ᛉ 父辛 ᛉ 四一 ᛉ 前伍
敦 姚辛 四七 五
敦 敦 尊 ᛉ 前貳
ᛉ 父辛 盠仲 父辛 ᛉ 同上
父辛 敦 鼎 辛卣 一九 ᛉ 後下
敦 ᛉ ᛉ ᛉ 一 敦三
重父辛 刺 令文 虘父 ᛉ 二七
敦 白 辛卣 串父 辛卣 ᛉ 新三
ᛉ ᛉ 辛敦 同辛 父辛 七五
ᛉ ᛉ 卣 考 ⟦胃⟧
貴父辛 ⟦金⟧ 鐔

十九

古鉥 古鉥 古鉥 古鉥

匋 说文

小 富平侯家温酒鐎

漢 劉君殘碑 孔龢碑

隸

说文：「辛，秋時萬物成而孰，金剛味辛，辛痛即泣出。从一从辛，辛，辠也。按彝銘本二辛字皆作辛，據鑿傳改。辛承庚，象人股。」息鄰切，古心真。ㄒㄧㄣ

按古文辛字象工用之器。

葉玉森氏曰：「按卜辭辛作等形，其一體填實之則成，末銳如鏃，上可受椎，似象一工用之器，与之象迥別，作下，仍象鏃，上或增一作二，乃譌变，非上字。」集釋卷一

一曰象兵器形。

吴其昌氏曰：「辛字古金文皆象斧屬兵器形，白虎通五行篇云：「辛所

以煞傷之也。必兵刑器始能殺傷。金文名象疏证

一曰象剞劂之形，与辛亏為一字。

郭沫若氏以為辛象剞劂之形，而辛亏辛三字為一字，其言曰：「辛辛同字而異音，此亦有说，字乃象形，由其形象以判之，當係古之剞劂。说文云：『剞劂，曲刀也。』一作剞劂。王逸注哀時命云：『剞劂，刻鏤刀也。』剞劂剞劂實古之複音字，猶茨為蒺藜，壺為胡盧，為瓠蘆，椎為終葵，筆為不聿之類。……剞劂為刻鏤之曲刀，然其為用自不限於刻鏤，古之簡篇亦用鍥刻，故剞劂當即考工记築氏為削之削。削之制『長尺博寸，合六而成規。』鄭注云：『今之書刃。』是所謂曲刀者，其形殆如今之圜鑿而鋒其末，刀身作六十度之弧形。（六六三百六十度，故言合六而成規。）辛字金文之

作（串父辛敦）若（父辛爵，加一乃表示上下意。）即其正面之圖形，作若者，則縱斷之側面也。知此則知䇂𢆉辛何以為一字之故，且三字何以字同而音異。䇂許書云「讀若愆」，古音在元部，此殆剞之音轉，剞在歌部，歌元陰陽對轉，故剞可變為愆音。䇂或𢆉當如啇讀「讀若櫱」者，則從𠜾或劂讀，櫱與劂同在祭部，𠜾在脂部，脂祭二部音最相近，脂真陰陽對轉，則𠜾劂均可轉為真部之辛音矣。由形而言既如彼，由音而言復如此，則䇂辛之為剞𠜾或剞劂審矣。因剞𠜾一名而二音，故䇂辛終遂判為二字，更益之以𢆉字之異形，如古物斈中之化石，此不細心以考察之，固難觀其會通矣」。甲骨文字研究釋干支

參卷二苟字卷三辛字注

前四·陸 骨

毛公鼎

鄀嬰盤

克盨

金

古鉨

匋

辥 說文

小

辥釓

漢

禮器碑

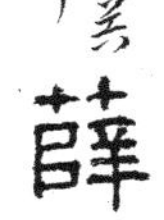

禮器碑陰

隸

說文：「辥，辠也。从辛𡿨声。」私列切。古心月，丄山世。

按古文辥字从𠂤从辛，或增从止，為𨐨之本字。

王國維氏曰：「說文『𨐨，治也，从辟乂声。』虞書曰：『有能俾𨐨。』是經典乂字，壁中古文作𨐨，此𨐨字蓋辥字之譌，初以形近譌為辟，後人因辟讀与辥讀不同，故又加乂以為声，經典作乂作艾，亦辥之假借。書君奭之『用乂厥辟』，即毛公鼎之『𤔲辥厥辟』也。康誥之『用保乂民』，多士君奭之『保乂有殷』，康王之诰之『保乂王家』，詩小疋之『保艾尔後』，即克鼎宗婦𣪘晉邦𥁕之『保辥』也。……殷虛卜辭有辥字，其字从𠂤从辛，与辟字从人从亏同意，㠯者，眾也。金文或加从止，蓋謂人有辛，㠯以止之。故训為治。或变止為屮，与小篆同。屮者止之讹。猶奔字盂鼎作𡘋，从三止。克鼎及石鼓文均变而从三屮矣。说文不知壁為辟之讹字，以辟之本義系於壁下，復训辟為辠，则又误以辛之本谊為辟之本義矣。」觀堂集林卷六釋辟。

按互參卷二啇字注

骨：工 前二·九　工 同上

金：工 文壬爵　工 木父壬鼎　工 叔宿簋　工 湯叔尊　工 鬲攸比鼎　工 古匋

匋：工 古鉥　王 古鉥

小：壬 说文

隸：壬 孔龢碑　壬 楊著碑

说文：「壬，位北方也。陰極陽生，故易曰：『龍戰於野。』戰者接也。象人裹妊之形，承亥，壬以子孫之叙也。与巫同意。壬承辛，象人脛。脛，任體也。」如林切。古泥侵。日ㄣ

按古文壬字象軫木形。

葉玉森氏曰「考楚昭王名壬，（左昭廿六年傳）文作軫，（左哀六年傳）知壬軫古通假。方言「軫謂之枕」，注「軫車後橫木也」，工固象橫木之枕，或為古象形軫字，姑備一說存參」。（集釋卷一）

一曰象工器之形，与工為一字。

郭沫若氏曰「壬字余以為乃卜辭中及銘彝中習見之𢀛若𢀛字之轉變，卜辭用為工若攻字，蓋工作之事為工，工作之器為壬，形上之事以形下之器表之，故工壬同源而異音，以声類求之，當是鑱，謂石針之鑱」（甲骨文字研究釋干支）

一曰象斧形，吳其昌氏說。

說文：「癸，冬時水土平可揆度也，象水從四方流入地中之形，癸承壬，象人足。𤾓，籀文从𣥠从矢。」居誄切，古見微，《×乀

按古文癸字象雙矢交揆。

吳其昌氏曰：「癸字原始之初誼為矢之象形，雙矢交揆成⊕形、⊕形、✕形、✕✕形，而得癸字。」金文名象疏證

一曰象三鋒矛之形，即戣之本字。

郭沫若氏曰：「癸乃𣎵之變形，字於古金中習見，羅振玉曰：顧命鄭注戣瞿蓋即今三鋒矛。今𣎵字上正象三分，下象著地之柄，与鄭誼合。𣎵爲戣之本字，後人加戈耳。見金文編𣎵字下引 按此說無可移易，知𣎵即戣，則知※X亦必戣之變矣」甲骨文字研究釋干支

又曰：「甲乙丙丁四字爲一系，屬於漁獵時代之文字。戊以後又爲一系，屬於金石併用時代之文字。与數字之一二三亖爲一系，五以下又別爲一系者，其文化發展之過程皆同，故疑甲乙丙丁者實古人与一二三亖相應之次數，猶言第一第二第三第亖，第五之戊以下，則於五以下之數字觀念發生以後，始由一時所創制，故六字均取同性質之器物以爲比

類也」同上

一曰象四葉對生形，即癸之本字。

葉玉森氏曰：「近人饒炯氏謂癸為癸之古文，象四葉對生形，與叒象三葉，竹象二葉同意。說文解字部首訂。以金文敄叔敦之癸作□，证之，饒說近是。卜辭亦以□□□象枝葉形，如□桑□□是也」集釋卷一

□ 前弍六　□ 前弍二　□ 同上三　□ 同上　□ 同上四　□ 同上　□ 同上七　□ 同上　□ 同上九　□ 同上一〇　□ 前肆一四

□ 前伍三八　□ 前陸六一　□ 前柒一五　□ 前捌一　□ 同上七　□ 後上二〇　□ 同上一九　□ 後下一　□ 同上　□ 同上

□ 同上五　□ 同上二四　□ 林弍一五　□ 同上一六　□ 同上　骨

□ 乙傳卣　□ 召伯敦　□ 宗周鐘　金

□ 古鉨　□ 古鉨　□ 古匋　□ 古鉨　□ 古鉨　□ 古鉨　匋

□ 說文　□ 正始石經殘石　□ 隸續正始石經　古

□ 說文　□ 詛楚文　大

□ 說文

子 隸續正始石經　【小】 子 王長子鼎　子 永初鍾　子 永嘉二瑩　子 吾作竟　【漢】 子 君子館甎

子 北海相景君銘　子 禮器碑　【隸】

說文：「子，十一月陽气動，萬物滋，人以為偁，象形。𢀈，古文子，从巛，象髮也。𢀈，籀文子，囟有髮，臂脛在几上也。」即里切。古精咍卩

按古文子字象小兒形。

羅振玉氏曰：「𡥆与許書所載籀文𢀈字頗相近，但無兩臂及几耳，召伯虎敦作有臂而無几，与卜辭亦略同，惟𡥆𡥆等形，則不見於古金文，蓋之字省略急就者。」增訂考釋中

郭沫若氏曰：「按傳卣作𢀈字形，与許書籀文極相近，惟下从者非几，仍為兩脛，蓋於臂脛之外，有衣形也，疑許之籀文，乃由此訛變。」甲骨

文字研究
釋千文

前伍四〇
同上
前柒四一
後上九
骨
季季敦
虢季子白盤
季咏父敦

寡桐盂
夆叔盤
魯侯徼父敦
季保敦
無㠱敦
義仲鼎

金
古匋
古鉢
古鉢
古鉢
匋

隸續正始石經
古
說文
小
蘇季皃鼎
漢
張遷碑
白石神君碑
隸

說文：季，少偁也，从子从稚省，稚亦声。居悸切，古見微，上。

按古文季字从禾从巳。

前伍二四
前陸二一
前柒二一
後下二二
骨
伯疑父敦
金

說文
大良造鞅方量
廿六年詔十六斤权
旬邑权
元年詔版
小

武氏左石室画象題字
校官碑
楊著碑
隸

說文「疑，惑也，从子止匕矢聲」語其切，古疑咍，一

按古文疑字象人仰首旁顧形，或增从𠆢，象杖。

羅振玉氏曰「象人仰首旁顧形，疑之象也」。增訂考釋中

葉玉森氏曰「狀一人扶杖行却顧，疑象愈顯」。集釋卷七

前式二四　同上二五　同上　同上　同上　前陸二六　前式三〇　前肆二八　同上二六

後上二〇　後下二二　續上二〇　後下二七　同上三一　同上一八　林式二一　同上　同上　同上

骨

呂中僕彝

金

說文　說文

小

育 礼器碑　毓 進敎碑

隸

說文「育，養子使作善也，从𠫓肉聲。虞書曰『教育子』。毓，育或从每」。余六切，古影幽。

按古文育字从女从倒子，象產子之形，與后後爲一字。

王國維氏曰「此字變體至多，从女从𠫓，倒子形，即說文之𠫓字。或从母从𠫓，象

產子之形，其丶、□□□者，则象產子時之有水液也。从人与从毋从女之意同。以字形言，此字即说文育字之或體毓字，毓从毋[即母字]从㐬[即倒子]，與此正同。其作□□者，从肉从子，即育之初字，而□字所从之□，即说文训女陰之也字，其意當亦為育字也。故產子為此字之本誼。又□□□諸形，皆象倒子在人後，故引申為先後之後，又引申為繼體君之后。说文：后，繼體君也，象人之形，施號令以告四方，故厂之，从一口，是后本象人形，厂當即𠂆之譌變，□則倒子形之譌變也。后字之誼，本从毓誼引申，其後產子之字專用毓育二形，繼體君之字專用居形，遂成二字，又譌居為后，而先後之後又別用一字，说文遂分入三部，其實毓后後三字本一字。

前弍二　同上三　同上　同上四　同上　同上　同上五　同上六　前五三九　前柒一八

同上九　同上二三　後上九　【骨】

庚嬴卣　同敦　競卣　拍舟　貉子卣　郘公敦　【金】

正始石經殘石　隸續正始石經　【古】

說文　正始石經殘石　隸續正始石經　【小】

秦嘉量二　佳銅竟　上華山竟　尚方竟八　大吉丑羊　【漢】

張氏石闕銘　【隸】

說文：「丑，紐也。十二月萬物動用事。象手之形。時加丑，亦舉手時也。」敕九切，古透幽。

按古文丑字象手爪之形，即古爪字。

郭沫若氏曰：「按此實象爪之形，當即古爪字。」（甲骨文字研究釋干支）

一曰象手之形，即古手字。

葉玉森氏曰：「丑作……等形，竝象手，其指或屈或伸，似即

手之古文」集釋卷一

前弍三六　前弍二一　前肆三四　同上

〔骨〕

鼎文　羞父乙爵　不嬰毀

武生毀　仲姞鬲　魯伯鬲

〔金〕

羞　說文

〔小〕

說文：「羞，進獻也，从羊，羊所進也，从丑，丑亦聲。」息流切，古心幽，ㄒㄧㄡ

按古文羞字从又持羊，或从廾。

吳大澂氏曰：「古羞字从又獻羊，許說『進獻也』，小篆从丑，非是。」古籀補第十四

又曰：「或从廾，两手共獻也。」同上

前弍五一　同上　同上五二　同上一二　前弍八　同上五　同上一〇　同上二一　同上　同上二二　前弍二

同上三　同上　同上四　同上　同上　同上　同上五　同上　同上　同上七　同上　同上八

同上　同上二五　前肆一　前捌一　同上六　後上四　同上二一　林弍一六

〔骨〕

戊寅鼎

甲寅爵　師全父鼎　師趛鼎　彔伯敦　克鐘　宴敦　遹鼎　伯中父敦

獻伯敦　兮甲盤　趩敦　無㠱敦　豆閉敦　陳猷釜　金　古鉥　匋

說文　古　說文　相邦呂不韋戟　小　寅　中私府鍾　尚方竟不　尚方竟八　漢　寅

衡方碑　寅　曹全碑　隸

說文：「寅，髕也，正月陽气動，去黃泉，欲上出，陰尚彊，象宀不達，髕寅於下也。」

古文寅。弋真切，古影真，丂

按古文寅字象矢形，或弓矢形，或兩手奉矢形。

郭沫若氏曰：「骨文作[…]若[…]，均象矢若弓矢形，有作[…]者，象兩手奉矢，僅一見。古金中其爲殷器者，則作二手奉矢之形，如戊寅父丁鼎作……是也。入周以後，字形頗变，如師全父鼎作……蓋欒之象形也。矢形譌變而爲奱身，兩手譌變而爲燕翼，篆文亦由此而變，蓋將奱首離析而爲宀，奱翼譌變而爲臼耳。古文作，亦奱形之變。晚周文如陳猷釜作，形極相近，下从之土字疑當在字中，如羌伯敦之寰盤之，蓋象奱之身，疑後人本"去黄泉欲上出"之語，而改移於下。要之寅字最古者爲矢形，弓矢形，若雙手奉矢形，當即古之引字，寅引音相近，漢書律歷志謂"引達於寅"，字與射同意，故其引申有急進義，有虔敬義……蓋矢乃急進之物，而射則古人以之觀德者也。甲骨文字研究 釋干支

前弍二八

前弍一〇

前弍一八

前伍三九

骨

旂鼎

父乙

敦

散盤

晉敦

金

古鉥

古鉥

匋

說文

正始石經殘石

隸續正始石經

古

說文

卯 正始石經殘石　卯 隸續正始石經　小

卯 有尹續盤　卯 佳銅竟　卯 尚方竟八　漢

卯 永元石刻

卯 史晨奏銘　隸

说文：「卯，冒也，二月萬物冒地而出，象開門之形，故二月為天門。𣳵，古文卯」

莫飽切，古明幽，口幽

按古文卯字象斷物之形，與劉為一字。

王國維氏曰：「卜辭屢言卯幾牛，卯義未詳，與𡧍瘞沈等同為用牲之名，以音言之，則古音卯劉同部，柳留等字，篆文从丣者，按此即骨文丣字，乃卯之或体，許書误以為古文酉，古文皆从卯，疑卯即劉之段借字，釋詁『劉，殺也』，漢時以孟秋行貙劉之礼，亦谓至秋始殺也」。戩壽堂殷虛文字考釋

胡光瑋氏曰：「卯為劉之原字，说文無劉字，然水部有训水清之瀏，竹

部有训竹声之劉，皆从劉声，此固當在逸字之列，尔足釋詁虔劉皆為殺，𠂢象斷物形，之殺人殊死，故劉训殺，而𠂢為初字，卜辭用牲，以卯与尞薶同列，蓋割斷之誼。」說文古文考

一曰象雙刀並植形。

吳其昌氏曰：「卯義為殺，卯字原始象形本作𠂢，象雙刀並植形，其後逐漸由丣𠂢变成小篆之丣字。」殷代人祭考，清華週刊文史專号三七卷第九第十期

一曰象门有雙環形。

葉玉森氏曰：「象门有雙環，雙環外向，乃開门形，許君說殆古训也。」集釋一卷一

前弍五　同上二一　前弍二　同上三　同上　同上五　同上七　同上十　同上一二　同上一三　同上

前肆二　同上四　同上　同上二一　同上　後上六　同上一一二　同上一八　三十　後下二二　同上四十

林弌一五　遺四

骨

盂鼎　散盤　彔伯敦　段敦　宅敦　戊辰敦

豆閉敦　楢妃敦　庚羸卣　𩞁庚鼎　祈鼎　伯中父敦　善鼎

金

说文

古

说文

小

新嘉量二　上林鼎　佳翊竟　凤皇竟

漢

孔龢碑　曹全碑

隸

说文："辰，震也。三月陽气動，靁電振，民農時也，物皆生。从乙、匕，象芒達，厂声也。辰，房星，天時也。从二，二，古文上字。㞶，古文辰。"植鄰切。古定文、禾ら

按古文辰字从人推𠂆，𠂆耕器也，与蜃為一字。

胡光瑋氏曰："卜辭辰之変形甚多，简者作𠄎，象人推𠂆，𠂆者耒也。说文："耒，耕曲木。"此正象之。案服牛乘馬，為殷之先人所發明，自殷迄周，

牛馬但以服乘，耕稼之事，則專以人力為之，乃本象人耕之形，故農从之，失農有罰，故辱从之，耕者有候，故辰星以此為名。」說文古文考

郭沫若氏曰：「辰字骨文変形至多，然其習見者，大抵可以分為二類，其一上呈貝殼形，作□若□，又其一呈磬折形，作□若□，金文亦約畧可分為此二種……余以為辰實古耕器，其作貝殼形者蓋蜃器也，……其作磬折形者，則為石器……於貝殼石片之下，附以提手，字蓋象形，其更加以手形若足形者，則亦操作之意……辰与蜃在古當係一字，蜃字从虫，例當後起，蓋制器在造字之前，辰既蜃為之，故蜃亦即以辰為字」。

一曰象人兩手撼厓石形，即古振字。

葉玉森氏曰：「孑舊說謂▢▢从▢，▢即厂，许君训山石之厓巖，▢▢乃手形，手撼厓石會意，為振動，即古振字，震脤娠踬脣茲取振動之意，卜辭亦變作▢▢，象一人兩手撼厓石形，振意仍顯。」殷契鉤沈，集釋卷一引

前弍二五　同上　同上二七　同上三十　同上三八　前弍三　同上四　同上二一　同上二三　前肆二　同上三

前伍二三　同上二七　前捌一　同上五　後下一　同上　前弍三一　前肆四　後下一　同上四

骨

辛巳𣪘　艅尊　穹鼎　子工爵　爵文　子且己卣　甲寅角　[illegible]子觶

盂鼎　虢季子白盤　齊鎛　曾子簠　壴𣪘　番君鬲　上官登　盂鼎

毛公鼎　[illegible]桐盂　毋乙鼎

金

正始石經殘石

古

說文　正始石經殘石

小

新嘉量　文三　佳銅竟

尚方竟三　文八　善銅竟

漢

夏承碑　西狹頌　耿勳碑

隸

三十

说文：「巳，巳也，四月陽气巳出，陰气巳藏，萬物見，成文章，故巳爲蛇，象形。」详里切古心哈么

按古文巳字象人形。

容庚氏曰：「殷虚卜辞中有連書干支如表式者，如己巳辛巳，巳皆作子，遂得確定爲巳字，後人假辰子之子爲𢀈丑之𢀈，巳然之巳爲辰子之子。金文子丑作𢀈，辰巳作子，巳然作㠯，秩然不乱，足正二千年来混淆之失，而子孫之子，乃辰子之子，非𢀈丑之𢀈，凡从子之字，皆改隸此部。廣雅釋言：『子巳似也』，二字同訓，亦可爲相混之証。」金文編第十四

前陸六一

後上二五

新一五七

新二二〇

同上

骨

毛公鼎

散盤

沇兒鐘

虢季子白盤

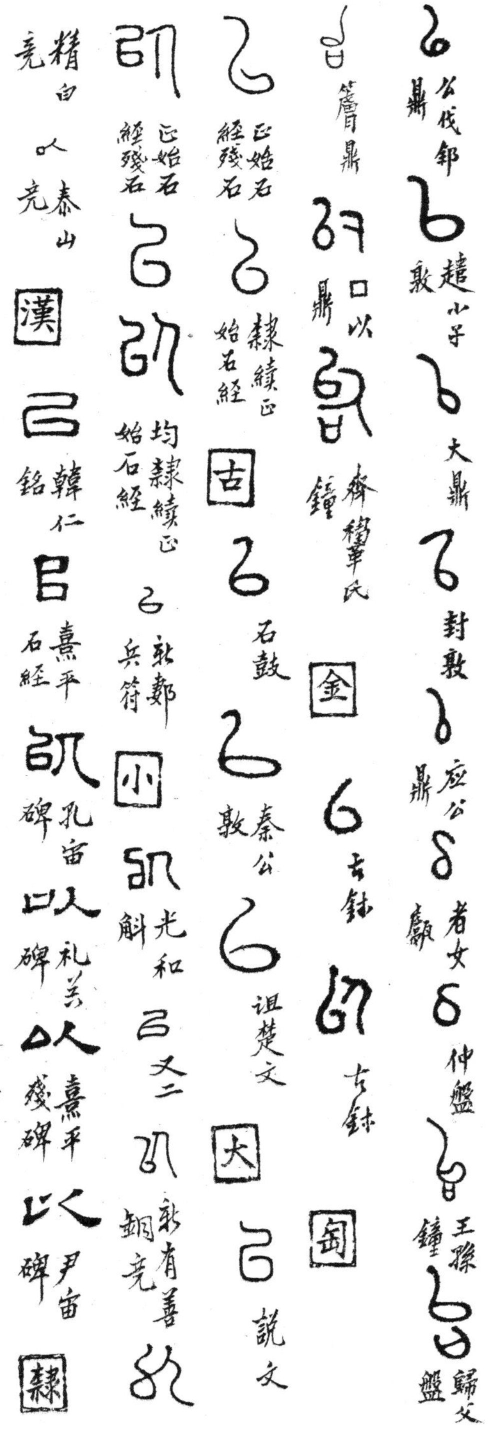

說文：「㠯，用也，从反巳。賈侍中說，巳意巳實也，象形。」羊止切，古影咍。

按古文㠯字象耜形，与台為一字。

徐中舒氏曰：「耜異體甚多，小篆作梠，或作枱，鈶，籀文作辝，或作䄻，經傳作耜，廣疋作鋁，从耒从木从金，即表示三種意義：(1)耜之形式与用途近於耒，(2)木製之耜，(3)金屬製之耜。從㠯即耜之本字，㠯為用

三一

具，故古文借為以字，以用也，㠯字骨金文作上列諸形，當為耜之象形字。……銅器㠯或以台為之，……或以始為之。……故耜亦得从台，說文或作梩者，東齊謂之梩，言見方言。里耒古同來母，里㠯古同之部，當耒耜二字的合音。……耜為農具，個人日常使用的物件，得認為已有，故耜所从之台，得訓為我，厶与私亦當為耜之引申之字，耜私厶古同在心母，古韵耜在之部，私厶在脂部，之脂古不通用，或由声近相通。厶小篆作ㄥ形，与金文中㠯字絕相似，私从禾，即耜之別體，耜為個人所有，故得引申為公私（厶或作）之私。耒耜考

㝬叔簋　天君鼎

金

古匋　古鉩　古鉩　古鉩

匋

午　午鉤

正始石經殘石　隸續正始石經

古

說文　正始石經殘石

小

丰　大吉丑羌

新有善銅竟　佳銅竟　尚方竟の　文六

漢

午　曹全碑陰　午　石門頌

隸

說文「午，啎也，五月陰气午逆陽，冒地而出，此与矢同意」疑古切，古疑魚

按古文午字象交午之形，或象約束絲麻形，与啎系系均為一字。

聞宥氏曰：「按士8皆象交午之形，儀礼注所謂『一縱一橫曰午』是也。其作8者，又通為象約束麻絲之形，以約束必交午始成，而約束之事又莫著於麻絲也。其字後來則孳乳為糸字，此觀于說文糸之古文作8而可知也。」古糸系字又不分，以糸象約束，本有繫義，而ㄏ字卜辭金文皆無之，當是後來所加之偏旁，許氏不達，誤析為二，此觀

三

于卜文孫之作8而又可知也。凡約束系繫之物，其初必皆達牾，故引伸之又有牾義，則許書及淮南天文訓釋名所出是也。以初義言之，午牾糸系實通爲一字，其後作士者漸變而爲个，湯叔尊爲个，子禾子釜作8↕者亦漸變而爲↑，貿鼎爲午，弭叔簋遂以成小篆之个字，而許氏遂猥併与矢同意矣。」殷虛文字孳乳研究

一曰象轡索形。

郭沫若氏曰：「骨文作8若↕，御字从此作8 ↕ 諸形，疑象索形，殆御馬之轡也。」甲骨文字研究釋干支

一曰象馬策形。

葉玉森氏曰：「↕頗似馬策，有節。↕填實作↕，更肖。」集釋卷一

未 前弐 九五 木 前弐 一三 未 前伍 三八 未 後上 八十 未 同上 一 未 同上 一八 林弐 未 同上 一七 骨

木 丁未角 中未 盉 未 史獸 鼎 未 小子卣 𣪕 未 守敦 未 𦉢伯敦 未 邿𫲽 鐘 未 陽泉 重盧 金

未 兄 宜 尭 弟 鐘 尭 佳 未 尚方 三 未 無沸切 古 物メ乁

隸續已 始石經 漢 未 孔宙 碑 隸

米 說文 古 未 小 未 說文

按古文未字象木之末，与末爲一字.

說文"未味也.六月滋味也.五行木老於未.象木重枝葉也"明

葉玉森氏曰"未从口或⊔或一繫於木上,並象木之末,未与末爲一字,省爱作米米米,乃与木同矣"集釋卷一

一曰象穗之形.

郭沫若氏謂未乃象采穗之形,古音未采本同部,滋味之義乃由穗

義引申。甲骨文字研究

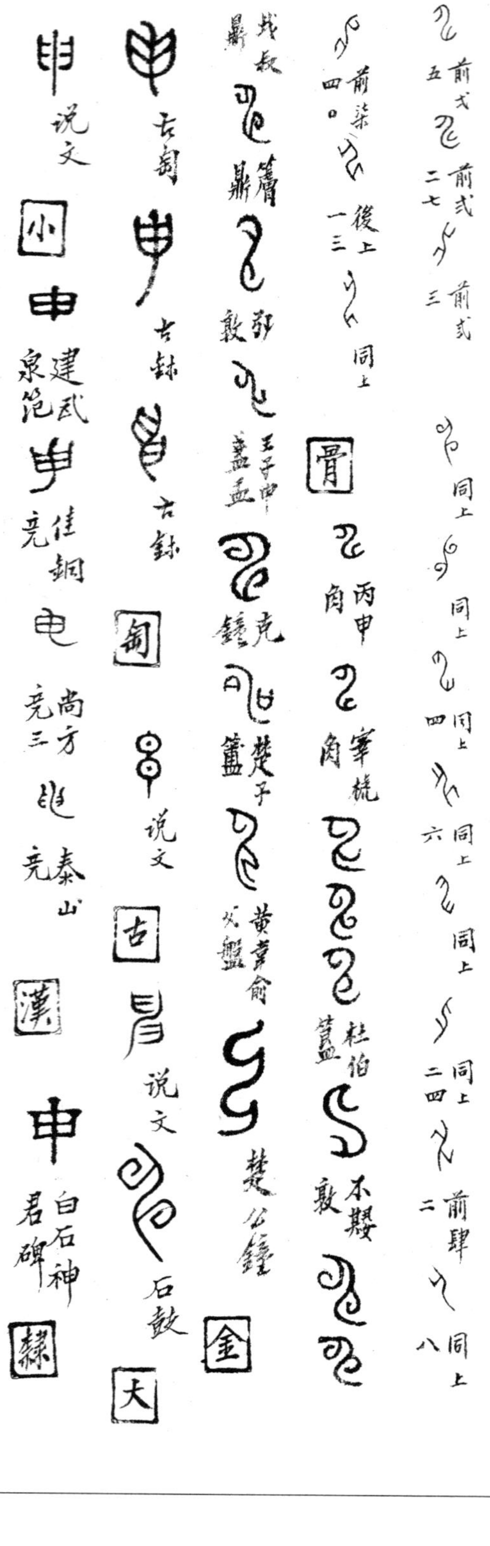

说文：「申，神也。七月陰气成，體自申束，从臼，自持也。吏吕餔時聽事，申旦政也。」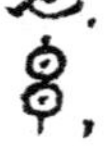，古文申。，籒文申。夫人切，古透真，ㄕㄣ

按古文申字象電燿曲折形，乃初文電字。

葉玉森氏曰：「此象電燿曲折形，乃初文電字，許書虹字下出籒文蚺，

謂申電也，可証。殷契鉤沈

一曰象以一繩線聯結二物之形。

郭沫若氏曰：「申有重義，尔疋釋詁有束義，淮南原道訓約車申轅注有伸義，廣疋釋詁此於古文字形，均未有說，重義尤古，詩書中多用之，皋陶謨之『天其申命用休』，史記夏本紀逕作『重命用休』，此即非申之本義，相去必不遠矣。要之，申字乃象以一線聯結二物之形，而古有重義。」甲骨文字研究釋干支

亖

酉 秦一斤十二兩权 酉 秦一斤十二兩权 酉 秦鈞权 酉 尚方竟五 漢 酉 韓仁銘 酉 孔龢碑 酉 史晨奏銘 隸

説文：「酉，就也。八月黍成，可爲酎酒。象古文酉之形。丣，古文酉从卯，卯爲春門，萬物已出。酉爲秋门，萬物已入。一，閉门象也。」与久切 古影幽一

按古文酉字象壺尊之形，假借爲酒。

郭沫若氏曰：「骨文變体至多，然大体作丣若酉，乃壺尊之象也。……其从卯作丣之古文，則從未見有。小篆从丣作之劉畱桺諸字，古文均从卯作，而卯於骨文有作丣者，則丣字實古卯字耳。要之古十二辰之酉字，實象瓶尊之形，古金文及卜辭每多假以爲酒字。」甲骨文字研究釋干支

前弍五　同上二二　同上　同上三五　前弍九　同上二四　前肆三四　同上　前伍一七　前伍二五　同上四七

酒

後上八　同上二十　同上　同上　同上　同上　同上二三　骨

天君鼎

毛公鼎　盂鼎　叉季良父壺　沇兒鍾　宰峀𣪕　國差𦉜　戊寅鼎　酒尊

金　正始石經殘石　古　說文　正始石經殘石　小　二年酒銷　梁鍾　夫貴富壺

酒　清銅竟　酒　大中宜酒之兰　漢　酒　史晨後碑　酒　史晨奏銘　隸

說文：「酒，就也，所以就人性之善惡，从水从酉，酉亦声，一曰造也，吉凶所造也，古者儀狄作酒醪，禹嘗之而美，遂疏儀狄，杜康作秫酒」。精幽切（子酉切）。古

按古文酒字从酉从彡，象酒由尊中挹出之狀，即酎之本字，又与酉為一字。

羅振玉氏曰：「从酉从彡，象酒由尊中挹出之狀，即許書之酒字也，卜辭所載諸酒字為祭名，考古者酒熟而薦祖廟，然後天子与群臣飲

之於朝，说文解字：「酎，三重醇酒也。从酉肘省声。」明堂月令曰：「孟秋天子飲酎。」又案左氏傳：「見于嘗酎。」襄二十二年意商之酒祭，即後世之嘗酎。酒殆酎之本字，说文解字酉与酒训略同，本為一字，故古金文酒字皆作酉。惟戍寅文丁鼎有酒字作彭，亦祭名，与卜辞正同。段先生曰：「凡从酒之字當别為酒部，解曰从酒省。」是未知酒酉之本為一字矣。

增訂考釋中

前陸 一六

同上 五七

後下 二二

同上 八

骨

说文

小

说文：「莤，礼祭，束茅加于祼圭，而灌鬯酒，是為莤，象神歆之也。一曰莤榼上塞也。从酉从艸。春秋傳曰：『爾貢包茅不入，王祭不供，無以莤酒。』」所六切，古心幽，乙X。

按古文莤字从酉从廾束。

商承祚氏曰：「王徵君說此字，从酉从廾束，殆即無以酋酒之酋。……象手奉束於酉，即酒旁。」類編第十四。

餘九

後下二六

林二一一

骨

酋 說文

小

說文：「酋，繹酒也，从酉，水半見於上。禮有大酋，掌酒官也。」字秋切，古從幽。くーヌ

按古文酋字象尊中有酒形。

前伍四

同上

同上

同上

前肆三三

後上二七

同上

後下七

骨

亞觥

諆尊

窺蠱卣

召仲鬲

稻嫘敦

毫鼎

旂鼎

車卣

綸伯卣

毛公鼎

鄭伯惠父鼎

伯㺇敦

魚尊

尌仲敦

董伯鼎

鄀公鐳

田敦

戚者鼎

叔狀敦

金

說文

說文

大丙造鞅方量

小

林光宮行鐙

尨氏壺二

漢

熹平石經

尊 禮器碑

尊 石门颂

隸

说文：「尊，酒器也，从酋，廾以奉之。周礼六尊：犧尊、象尊、著尊、壺尊、太尊、山尊，以待祭祀賓客之礼。尊，尊或从寸。」祖昆切，古精文，ㄗㄨㄣ

按古文尊字象兩手奉尊形。

羅振玉氏曰：「卜辭象兩手奉尊形，或从𠂤，与古金文同，或从酉，或从酋，从酋者，是許君所本矣。」增訂考釋中

前弍三八　同上　同上五二　前弍二　同上四　同上　同上五　前肆三　鐵五七　餘二

林弍一五　同上

骨

頌鼎　頌壺　頌敦　鄭虢仲敦　呂鼎

休盤　師虎敦　無叀鼎　𨸏叔敦　頌敦

金

古鉢　古鉢

匋

說文

小

王氏竟　新有善銅竟　尚方竟八　佳銅竟

漢

孟氏石闕銘　曹全碑

戌

圉令趙君碑 隸

說文："戌，滅也，九月陽气微，萬物畢成，陽下入地也。五行，土生於戊，盛於戌，从戊含一。"辛聿切。古心月。丅凵。

按古文戌字象兵器形。

羅振玉氏曰："戌字象戉形，与戉殆是一字。"增訂考釋中

葉玉森氏曰："戊戌竝象古兵，卜辭戌作ㄎ ㄎ ㄎ ㄎ，上繫ㅁ ㅁ ◡ ○形，戊字則上繫ᐅ ㅁ ㅁ形，与戌形迥別，形殊器異，文自不同。羅氏謂戌戉一字，尚待商榷，予疑戌古戚字，大疋"干戈戚揚"，傳云"戚，斧也"。卜辭戚字正象斧鋒耑平直。商氏類編中載一体作ᐊ形，微近弧，仍為斧形，後人或以戌為支名所擅，乃别造戚字。"集釋卷一

前弍二

同上三

同上

同上五

同上九

同上十

同上一四

同上

同上二一

前捌一

菁十

鐵一三一

後上一五

同上二三

林弍一五

〔骨〕

乙亥鼎

乙亥殷

吳尊

史族殷

卯殷

大殷

封殷

王孫鐘

邾公牼鐘

大鼎

虢季子白盤

邾公華鐘

陳侯盨

姑口句鑃

歸父盤

禾殷

趠亥鼎

陳財殷

〔金〕

古鉥

〔匋〕

說文

〔古〕

說文

〔小〕

鳳皇竞

佳銅竞

〔漢〕

武斑碑

孟氏左石室畫象題字

曹全碑

〔隸〕

說文：「亥，荄也。十月微陽起，接盛陰。从二，二古文上字，一人男一人女也。从乙，象裹子咳咳之形。春秋傳曰：『亥有二首六身。』古文亥爲豕，与豕同。亥而生子，復從一起。」胡改切。古匣咍。ㄏㄞ

按古文亥字象豕形。

葉玉森氏曰：「契文家字从亥，羅雪堂謂亥亦豕形，予疑亥即象形古豕字之變體，段作支名耳。」說契

一曰象異獸形。

郭沫若氏曰：「亥象異獸之形，但不知何物，而有二首六身。」甲骨文字研究釋干支

中國文字形體變遷考釋

丁易 著

中国社会科学出版社

附录目次

附录一

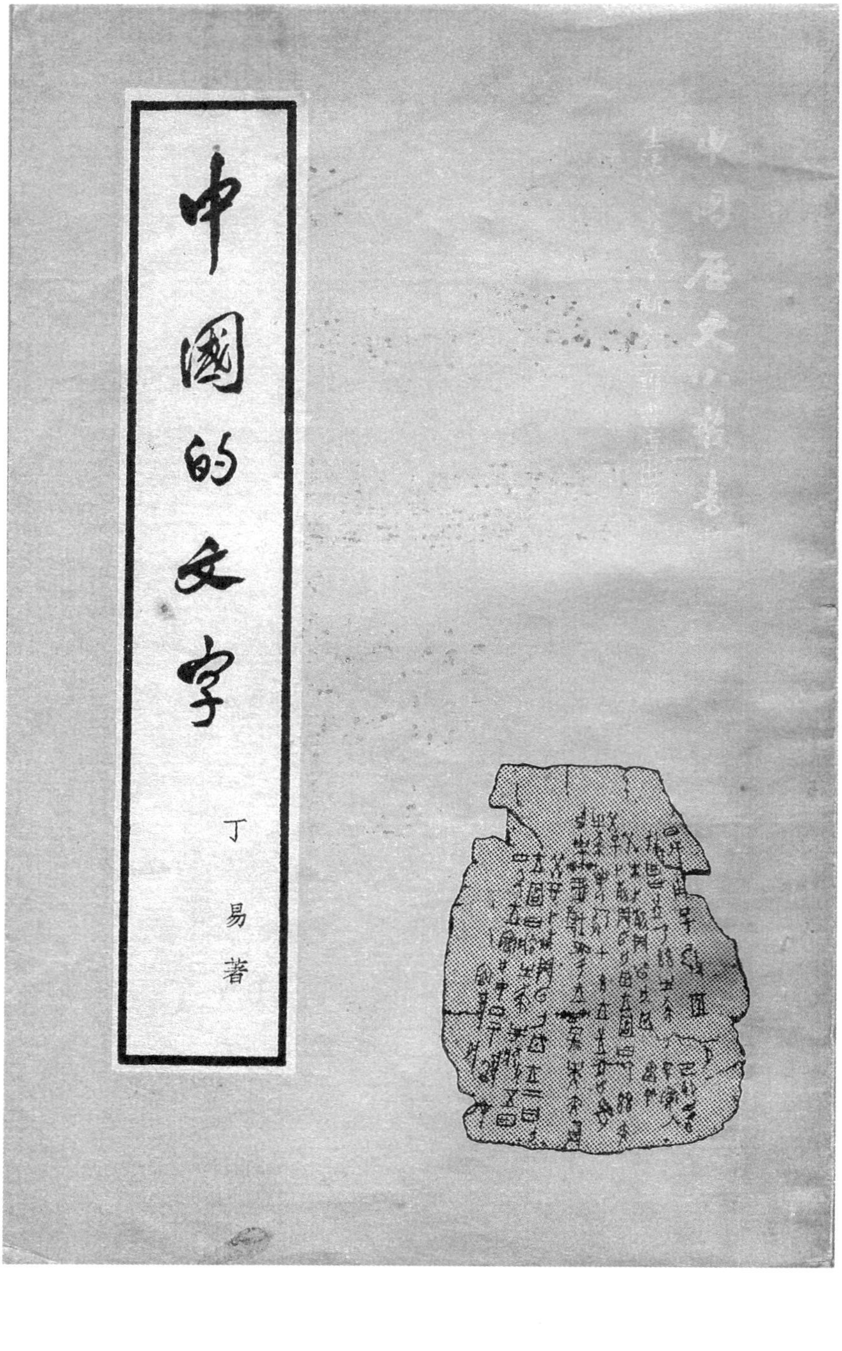

一　开头

我国中华民族主要的组成部分是汉族。汉族是世界上最大的民族，也是世界上开化最早的最优秀的民族之一。中国的悠久的光辉的文化，自然是中国境内各民族在过去共同创造的成果，但汉族文化是其中的主流，汉族的创造起了决定作用，也是不容否认的。

传播和记录文化的工具主要的是文字。现在中国人所使用的文字除汉文外，还有蒙文、回文、藏文、维吾尔文等等，只有汉文通行得最宽广，也只有汉文的历史最悠久，所以我们一提到中国文字首先就连想到汉文。

因此，本书所说的中国文字也以汉族文字为限，其余各兄弟民族的文字当然也应当写文章、写专书来讨论、来介绍，但那个任务不在本书范围之内。

二　文字是劳动人民创造的

中国文字是世界上最古的文字之一，远在公元前一千四五百年左右中国的殷商时代，我们的祖先就已经有了很完备的文字，并且把它刻在乌龟壳上或是牛骨头上用以记事了。那末，原始文字的发生自然还要早的。

这些文字是谁造的呢？要明白这一问题，话就得稍微说远一点。

文字和语言是分不开的。语言的发生远在文字之前，我们的祖先在长期的集体劳动过程里面，由于劳动合作，彼此的意思需要交换，这就从呼喊，打手势而逐渐地产生了语言。

但是，语言是有时间和空间的限制的，它只能在一定的时间和空间之内来表达意义，换一个地方，换一个时间，它就失去作用了。而人类劳动是逐渐发展、逐渐复杂的，要适应这发展和复杂，就逐渐地感觉到语言有许多缺陷了，就不得不找一种补救语言缺陷的东西，这样就产生了文字。所以文字也是由劳动中产生的，首先是劳动人民所创造的。

说到文字，我们立刻便会想起了中国古代的一个传说——“仓颉造字”。这个传说，发生得很早，在战国时就有了，《荀子·解蔽篇》说：“好书者众矣，而仓颉独传者，一也。”（“一”是统一的意思）照这语气看来，在仓颉以前似乎还有造字的人。到《韩非子》和《吕氏春秋》两部书里便专指仓颉了。到《淮南子》便越发说起神话来，说什么仓颉造了字以后，天上落下了小米，鬼在夜里啼哭。同时又说是还有另外几个造字的人，什么史皇、沮诵之类。至于仓颉是什么时候人，也各有各的说法：有的说是黄帝的史官，有的说是古代的帝王，有的说是神农时候的人，有的说是伏羲时候的人，有的又说是在伏羲以前。总之，这些传说神话，谁爱怎么说就怎么说，这里也就表过不提。

文字既是原始社会里劳动人民在劳动过程中创造出来的，但不是一下子就创出了端端正正儿的文字，这创造也是逐渐发展的。这发展大约可分为两个阶段——首先是结绳，其后是画画儿。

先说结绳。

结绳，在中国原始社会里大约是曾经有过的，到现在我们碰到明天要做一件要紧的事，怕忘记了时，也常常说“你在裤带子上打个结吧”。我们的祖先大约也的确经过这么一个“结”的时期，当然这“结”不一定是打在裤带子上。

在中国古书上也有许多提到古代“结绳”的事。像《周易》上说的“上古结绳

而治”。还有庄子和东汉时的大文字学家许慎也都说过同样的话。从这些话里面可以推测中国古时大概确有结绳的法子，只是怎样一个结法，今天却没法知道了。有人说中国的“八卦”是原始文字，但也说不定就是结绳一类的遗形，都不打结的是乾☰，中间各打一个结的是坤☷。不过这也是推测而已，毫无证据的。

只是这“结”打一个两个还可以记得，七个八个也还不大紧，再一多了可就有些儿麻烦，滴里都鲁的一大串，记性再好的人也难以记住，这就不得不另想办法了。

这办法便是画画儿。

画画儿在今天是一种艺术，但在原始社会里却是从劳动合作需要的结果“结绳”发展而来的，所以它的兴起也是由于劳动合作的需要。比如说，原始人打猎，打到了一头野牛，他想把这事告诉别人，用“结绳”办法当然不成，于是就照着野牛的模样儿画了下来，让别人看了，知道有这么一件猎获野牛的事。这就比“结绳”来得进步一点儿了。

但是这种简单的图画到后来又有缺陷了，画一头野牛究竟是表示猎取了一头野牛，还是表示野牛咬伤了人，还是表示这里有野牛，也就含混得很。再说，复杂一点的意义，也没法表示，比如说，那时的人经历了无数的困难危险，猎取了野兽，他要把这套经验传授给别人，这就必得把这经过记载下来。这样，用简单的图画当然是不成的。于是他们便另外想了一个法子，便是将许多图画连缀起来，用以表达事实，仿佛像现在小孩子看的连环图画一样。这种原始连环图画在殷周遗留下来的铜器中也还残留了一些，像底下的插图便是，但它们究竟是代表什么意思，我们今天已经无法确切知道了。

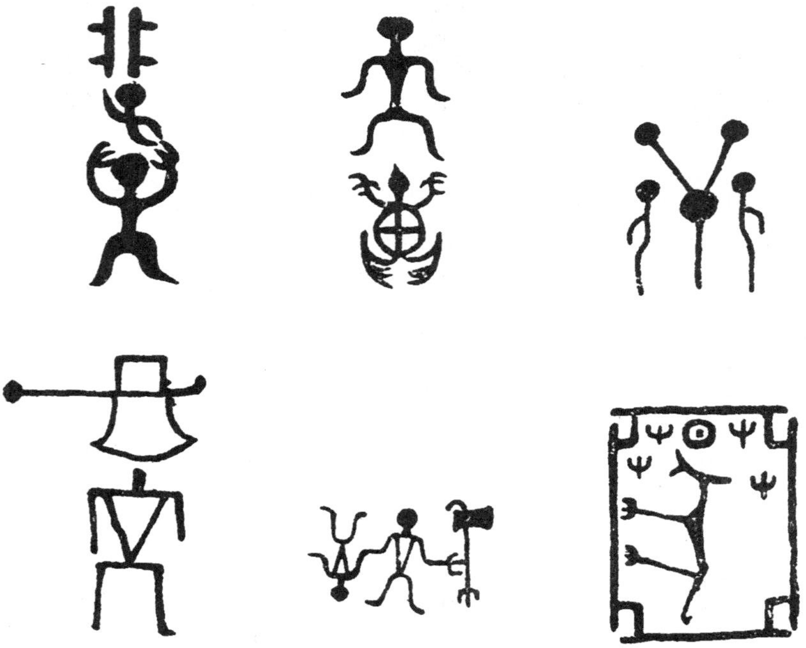

这种“连环图画”虽然可以表达复杂一点的意思，但记一件事件，要画那么多画儿，可也实在麻烦得很。再说，生产力不断发展，劳动事务越来越繁忙，也没工夫去

画那精细的画儿，于是便把画儿简单化起来。比方画一头牛，只消画一个头，画一头象，只强调它的长鼻子，不再仔细去刻画描摹了。这就是象形文字的先驱，有些学者称之为“文字画”。文字发展到这一阶段时，已经是原始社会的末期了。

我们祖先的“文字画”，到今天也还有残留的，那就是一九二三年左右在甘肃辛店发现的一些陶器上的花纹。这些陶器据考古学家判断都是公元前二三千年的东西。这些花纹如下

这些人形兽形鸟形虫形的花纹，只是个轮廓，比起绘画来就要简省得多，说它是画儿也可以，说它是文字也可以。当然，这些画儿或文字的创造者，无疑地，也就是制造陶器的主人——劳动人民。此外在殷商的甲骨和铜器上面也还残存了一些。像：

文字发展到这一阶段已经有一定的读法，一定的形体的趋势，后来象形文字便是从这儿产生的，事实上这里有些字也已经是象形文字了。

世界各国文字的起源，都是先从图画慢慢儿变到象形文字的，和中国文字起源完全相同。拿下面所举的古代埃及文和中国的古代文字比较一下便 可明白：

埃及文

中国古代文字

今天西方各国的拼音文字，都是从埃及文发展来的，埃及文传到腓尼基后，腓尼基人觉得这些象形文字太繁难了，于是便挑选少数象形文字作为表声的字母，互相拼合成字，这就是今天欧洲拼音文字的根源。不过中国文字后来却并没有走这条路，那是由于中国文字的造字方法把中国字固定在形体上面的缘故。这些留在后面再说。

三　“巫”和“史”整理并发展了劳动人民的文字

从劳动人民中间搜集文字，并且加以整理加以发展的是“巫”和“史”。

“巫”在原始社会时期，就已经出现了，不过那时他还是为劳动人民服务的。原来原始人类对于自然现象是不大理解的，比如说，为什么有白天又有黑夜呢？为什么白天有太阳，黑夜有月亮和星星呢？为什么会起风、打雷、下雨呢？……等等。这些自然现象都叫原始人类感到奇怪，感到恐怖，而且又无法解释，无法克服。于是便一股脑儿把它归到神身上，认为一切自然现象都有一个神在主宰着。这样就对神发生了崇拜和信仰。为了要把这种崇拜和信仰向神表示出来，就采用了祭祀、祈祷、占卜等等仪式。举行这仪式的时候，当然得要有人负责布置、主持的。后来仪式举行次数多了，渐渐的这些负责布置主持的人就成了专业，专门做这些沟通神和人的勾当，这就是“巫”，再往后就叫做“史”。

祭祀、祈祷、占卜在原始社会里是一件大事（在后来的奴隶社会、封建社会也还是如此），巫既负责这件大事，他首先得防备忘记，这就必须将经过和结果记载下来，恰好那时的劳动人民由于劳动的需要，已经创造了一些图画文字，有的刻在劳动工具上，有的画在岩壁上，巫就在各地采访搜集，当然，就手儿也就加以整理，这样便正式用以记事了。

不过在原始社会里，巫做的这些沟通人和神的事，无论是祈神降福，占卜吉凶，目的都是为了氏族全体，为那时的劳动人民服务。但到了奴隶社会时期，有了统治阶级——奴隶主与被统治阶级——奴隶以后，巫就专为统治阶级服务了。祈神隆福是为统治阶级祈神降福，占卜吉凶是为统治阶级占卜吉凶。而统治阶级一切压迫奴隶、剥削奴隶的勾当，巫当然也就帮着去做，巫的一切技能知识全都贡献给统治阶级，彻底地为统治阶级服务，他从劳动人民那里搜集来的文字自然也就为统治阶级所袭断，广大的劳动人民倒成了文盲了。鲁迅说得好：“文字在人民间萌芽，后来却一定为特权者所收揽。……待落到巫史的手里的时候，更不必说了，他们都是酋长之下，万民之上的人。”（“且介亭杂文”“门外文谈”）这就是说巫到了这时候已经升了上去，做了官了。不过不管他们做官不做官，他们搜集整理文字这点功劳，倒是不可埋没的。

巫做了官以后，又获得了一个尊称，那就叫做“史”，也就是后来的史官。在中国古书上“巫史”并称的很多，甲骨文里面也有了“史”字的出现，大约在殷商时

代，巫跟史已经合流了。

巫和史搜集了劳动人民的文字以后，为了适应实际的需要，他们就逐渐的加以修正、整理、补充，这样便又产生了许多新字。当然，这也并不是一人一时所能做得到的，而是经过了许多人以及相当长的时间积累而成的。

这些文字到今天还保存了很多，有的刻在乌龟壳上，或是牛骨头上，有的铸在青铜制的器皿上。像下面举的例子便是：

月之食 䀠 八月

殷商小辛时（公元前一三七三年——前一三五三年）的甲骨文字

癸酉 貞日月 又食 非若

癸酉 貞日月 又食 隹若

殷商廩辛时（公元前一二二五年——前一二二〇年）甲骨文字

王且人方彝敄 咸王商作册般貝 用作父己尊來册

般作父己甗——殷帝辛时（公元前一一五四年——前一一三五年）的铜器

隹九月王在宗周
曰盂不顯
玟王受天有大令
玟作邦闢
氒匿匍有四方畯
雩卸事虘

盂鼎——周康王时（公元前一〇七八年——前一〇五三年）的铜器

過伯從王伐反
荆孚金用乍
宗室寶尊彝

过伯簋——周昭王时（公元前一〇五二年——前一〇〇二年）的铜器

这些文字写法极不一律，有大有小，有繁有简，有正有反，而且每一个竟有数十种的不同，如示字有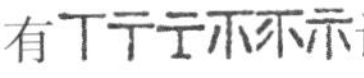许多样写法，祭字有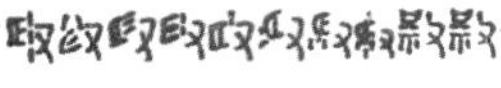许多样写法，帝字有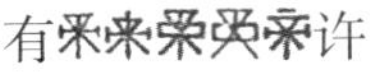许多样写法，牢字有许多样写法，其他的字也大半都是如此，为什么会有这现象呢？这就是由于各时代的许多巫史们每人从劳动人民那里搜集来的文字各有不同，而每人根据了修改整理的时候又都是凭着自己意思去办，并没有大家商议（当时也没有必要大家商议），所以就成了这样纷歧的现象。

不过分歧虽然分歧，却还没有出轨，这原因是那时的文字，已经有了比较完备的造字条例了。

这条例当然也不是那一个巫或史造的，而是很自然的发展，这发展仍是根据劳动动人民创造的那些图画或文字画来的。

仔细分析一下原始社会里劳动人民的图画，就可以看出他们画这些画的时候，也有

几种不同的办法：实在的东西就照样儿画，无法指实的东西就用符号来象征，一件事情就拼合几幅画来表明等等。

这三种办法被史史们接受过来用作修正、整理、补充文字的条例，比如说，实在的东西也还是画，画一双眼睛（）是“目”，画一条绳子穿几块木片（）是“册”。无法指实的东西也是用符号来象征，一横上点一点（）便是“上”，人站在一横上（）便是“立”。一件事情也是拼合几幅画来表明，手里拿着酒肉（）是“祭”，人跪在神前仰起脸张着嘴（）是“祝”。这三个办法条例，就是后来的所谓象形、指事、会意，实际上呢，都是画画儿。

不过画画儿这条路有时是走不通的，因为有些事物画不出，有些事物画不来。这怎么办呢？巫史们也没有办法了，于是就写别字，反正只要音相同，便借来暂用一下。比如“隹”字古时写作本是象鸟的形状，古代“隹”“唯”读音相同，于是便把它借来作为“唯诺”的“唯”字。“易”字古时写作，本是象用犁破土的形状，古代“易”“赐”读音相同，于是便把它借来作为“赏赐”的“赐”字。诸如此类多得很，这办法后来就叫做“假借”。

“假借”可以说是没有办法的办法，乍一看好像很好，但实际上却阻碍了中国文字走向拼音的道路。本来文字发展，从衍形走上衍音，任何民族都是如此，中国文字自然也不能例外。因此中国文字遇到形无可象的时候，已经走到衍音阶段，这就应该去分析音素，制定音标，才是正当办法，但可惜得很，这些巫史们却不从这方面下手，仍去借那个形意不同的方块字来做音符，这结果一方面是把主形的字变成了标音的符号，字义与字形无关，另一方面就会闹到一个字有好几个含义，叫人看了不知它究竟代表的是哪一个意思，有些纠缠不清。于是巫史们为了弥补这个缺陷，便又想出了一个主意。

这主意就是把假借结果的“有好几个含义”的字分别开来，按着它的意义，注上适当的偏旁，作为形符，叫它各自成为一个字。比如“且”字原是象神主的形状，古代且、祖同音，便假借来当“祖”字用，假借久了，意义混淆，于是又加一表示神祇义类的“”字在旁边，就变成了“祖”字。这办法后来就叫做“转注”。这样，假借的缺陷算是弥补了，但中国方块字的局面也就固定下来了。

“转注”这个法子是以音为主，注上形符，这样产生了一些字，巫史们觉得这办法很方便很省事，于是便利用这个法子调转一下，以形为主，注上音符，这样只要设立一个事类，便可以产生出更多的字来，如像以“水”为一事类，注上各种音符，便可以产生出许多江海河流等关于水的字，他如金木火土草鸟虫鱼……都是如此。这办法后来就叫做“形声”，有了这一办法，中国字就大大地丰富起来了。现在中国字就有十之八九是“形声”字。

但不管假借也好，转注也好，形声也好，基本上仍然是在画画儿。假借字原本是象形，不用说了，转注和形声也还是两个或两个以上的“形”凑成的。如“祖”字便是画两个神主牌子（示字古时写作T，也是象神主的形状）。汝字“从水女声”，便是画一个女人，一条河等等。

这六种造字法，后来人管它叫做“六书”。“六书”形成后，就把中国文字固定在形体上面，假借虽然是以形体为音标，但它还是借形来示音，仍是以形为主。既然以形为主，那末顶要紧的就是要用眼睛去看，所谓“目治”，不必依靠嘴巴和耳朵，这样，中国的文字和语言就分歧起来，语言是语言，文字是文字，不像其他国家的拼音文字，语言和文字就是一件事。这是中国文字的一个特点，这特点在这时就已经形成了。

上面说的那种文字形体从殷盘庚时代写到战国时代（公元前一四〇一年——前四八一年），将近一千年左右，其间虽然也有些变化，但相差却并不太远。到了战国以后，商业逐渐发达，人事来往也一天天复杂起来，一般人民也需要文字来应用了，于是在文字方面就起了很大的变化，这变化的特点，就是一般平民，例如铸铜器的工人，烧陶器的工人，都能够刻写一些简单草率的文字。他们主要的是为了实用，所以对于以前贵族和巫史们写的文字传统，并不怎么重视，合于他们实用的就拿来用，不合于实用的就改动一下，或者增加几笔，或者减少几笔，或者另外造一个字，这现象也反转过来影响了当时统治阶级，他们写起字来也就随意增减了。这样一来，一方面文字是丰富起来了，另一方面呢，也就纷纭复杂起来了。底下三个插图，前两个是那时铜器上面的，第三个是那时陶器上面的，假如拿来和前面的插图比较一下，就可以看出来字体是大大不同了。

楚王饮忎战复兵铜

蔓圜
匋里
口城

战国时的陶器

这种纷纭复杂的现象，大体上看来，差不多在整个的战国时期都是这样，继续了二百多年（公元前四八一年——前二二一年），到秦始皇统一中国后，才又起了变化。

四　篆书和隶书

战国末年，都市经济一天比一天地繁荣起来，新兴的商人地主阶级在政治上逐渐成为主要的力量。秦国得到了这些商人地主的支持，在秦始皇时便完成了统一中国的大业（公元前二二一年。）

这个时候，中国文字起了一个很大的变化。这原因，首先在经济上是由于当时商业的发达，交通的进步，来往的频繁，不容许许多不统一的文字存在。其次，在政治上，是因为政权统一了，政令自然也要统一，这就必须要有统一的文字。第三，由于以上的两种原因，社会事件太繁杂了，文字就不仅需要统一，而且需要简单。因此，在秦代统一后就很自然地发生了统一文字的运动。这种统一基本上是采用了商周以来贵族和巫史们用的文字，但是把它整齐了，简化了，这就是“篆书”（后把商周文字叫做“大篆”，把这就又叫做“小篆”）。这些篆书，现在还大量的保留在东汉人许慎编的一部《说文解字》里面。但因为这部书是东汉时的书，字体不一定都是秦代写法，再加上后来传写翻刻，更有许多字走了样子，但大部分却还没有错。底下的插图是秦代刻在称锤上的字。

廿六年皇帝　盡并兼天下　諸侯黔首大　安立號爲

秦始皇二十六（公元前二二一年）诏版

秦代统一了文字，在当时大概曾经下令推行过的，并且政府还制定了字书，公布出来，作为一种法定的文字。这字书一共有三部，就是李斯编的《仓颉篇》，赵高编的《爰历篇》，胡毋敬编的《博学篇》。这三部书今天都已经亡失了，但汉朝人还是见过的，据《汉书·艺文志》记载，这三部书合起来也不过三千三百字。

汉朝编字书的就多起来了，据《汉书·艺文志》说，汉武帝时（公元前一四〇年——前八七年）司马相如编有《凡将篇》，元帝时（公元前四八——前三三

年）史游编有《急就篇》，成帝时（公元前三二年——前八年）李长编有《元尚篇》。后来扬雄又编有《训纂篇》八十九章，东汉班固又继续扬雄编了十三章，和帝时（公元八九年——一〇五年）贾鲂又编有《滂喜篇》，包括了以前所有的字书，共一百二十三章，每章六十字，共计七千三百八十字。这些字书除《急就篇》今天还存在，其余的全都亡失了。

这些字书，全是编成四字一句，或是七字一句，为的是让小孩子容易念得上口，就像后世的千字文或杂字一样的东西，对于文字构造是不加解释的。到东汉许慎，编了一部《说文解字》（和帝永元十二年，公元一〇〇年），才打破前人旧例，按照文字形体构造，设立部首，分为五百四十部，编成十四篇，共九千三百五十三字。这是中国的第一部字典，后来的字典都是根据他的原则来编制的。

因为说到秦代字书，所以也就把汉代字书趁便提一提，其实汉代已经大部分不写篆书了。

秦代统一了文字，简化了文字，制定小篆，公布字书，但在当时，这一套文字主要的是只流行于统治阶级中，和人民是没有多大关系的，当时人民写的是另一种更简单的文字——隶书。

上面说过战国时的文字日渐草率，已是隶书成形有开头。秦代用篆统一文字，但由于社会经济的繁荣，交易的发达，老百姓写篆书的时候，仍然是用简率的写法，于是便把周整庄重的篆书的结构打破，变成一种新的字书。这种通俗的草率的字体，最初只流行于民间，统治阶级因为这是“贱民”搞的东西，并不认为可以妨碍文字的统一，所以也不去管它，而且十分地瞧它不起，管它叫做“隶书”，意思说这是官府衙门里差人皂隶用的字。但是说尽管这么说，这些“贱民”写的字，究竟简单得多，方便得多，于是官府衙门里人也就随手儿渐渐地加以采用。不过这“采用”也还只限于官府牢狱的文件，至于庙堂之上的统治阶级的文件还是用小篆的。这现象到西汉时还是如此。

如上所说，隶书是广大的人民集体创造的，但古书上却说是程邈所作，程邈也许有这么一个人，也许他和文字有些关系，但却不能说隶书是他一手创出的。

现在我们说到隶书，立刻便会想到书法家临写的那些汉碑的隶书，其实这些隶书是定了型的隶书，和篆书已经大不相似。最初的隶书是老百姓用简率的写法来写篆书的那一种形体，在本质上还是和篆书很相近的。后来也有人把这种隶书叫做“古隶”。这种“古隶”，今天还有流传的，那就是秦代的称锤上和诏版上刻的或铸的字。

秦始皇统一天下以后，曾经下诏叫把天下的度量衡统一起来。于是官府里就下令把这诏旨铸刻在称锤上，或是制成铜版钉在升斗上，就叫做“诏版”。这些称锤诏版先由官府制了发下一些，但称和升斗是民间日常使用的东西，所以民间也在大量制造。官府颁发的，字体当然是用规规矩矩的篆书，如上面“始皇二十六年诏版”的插图，但民间大量制造的，可就不管那些了，便简率地写起来。这种字体和篆书不同的地方，主要之点便是把篆书的圆转的笔法改为方折的笔法，因为这样写起来刻起来都要方便迅速一些，这一改当然有些地方不能和篆书完全相似，但在大体上还是差不多，这就是最初的

隶书。像底下的插图便是。

元年制詔丞相斯去疾灋度量盡始皇帝

秦二世（公元前二〇九年——前二〇七年）诏版

这种隶书原是老百姓创造出来的，但后来统治阶级也觉得这写法比起篆书来究竟简便得多，于是也加以采用。这现象到西汉时已经非常普遍，西汉一代流传下来的实物的文字，差不多全和秦权量诏版上的文字相似，像汉武帝时的长杨鼎和汉元帝竟宁元年（公元三三年）的中宫雁足灯上面的字。

中宮銅鴈足鐙高一尺一寸重八斤五兩竟寧元年

中宮雁足鐙

長楊共鼎容一升五年造

長楊鼎

这种字体在统治阶级里面写了一个时期，就又渐渐地整齐起来，有了一定的规矩，一定的法则，后来又讲究写得美观好看，这样就慢慢儿变成东汉末年碑上所刻的，也就是后来书法家所临摹的那种工整的隶书了。像底下汉石经刻的便是这种字体的典型。

这便是从秦代的古隶变到东汉末年的具有挑法波势的隶书的经过。它在最初的时候和篆书的差别，是很微细的，只是笔画之间有意无意的有些不同，时间一久了，经过许多人的摹仿和改变，到了统治阶级手中，再加上讲求整齐，讲求美观，于是这差别就慢慢儿明显起来，成为一种新的字体。这整齐美观的新的字体是统治阶级所完成的，和人民大众就渐渐脱离了关系。同时由于社会经济的日益发展，人民大众又不耐烦去写那种整齐美观的“一波三折”的隶书，他们就又创出另一种新的字体——草书了。

中国文字发展到隶书，是个极大的改变。上面曾经提到过，殷周时代的文字，都脱不掉画画儿的基础，比如“羊”字甲骨文写作，金文写作，都是画出了羊的头角的模样儿，小篆写作，模样就打了几分折扣，到了隶书写成了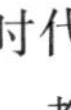，说出来之后，倒也还可以附会一下，不说出来，那就简直猜不出是羊了。再比如“象”字，甲骨文写

汉石经

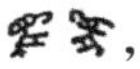，是个长鼻子象的简单素描，小篆写成了象形，长鼻子还在，也还有几分像，隶书写成象，长鼻子不见了，别的部分也完全走了样子了。

这就是说，中国文字本是象形的，但到了隶书的时候，形就已经不象了，所以是一个大改变。

五　楷书和简体字

两汉以来，商业和交通都比以前发达，人事也一天一天地复杂起来，一般人民便希望文字更简化一点，更适用一点，于是文字又起了许多变化，隶书以后，有草书，楷书，行书，简体字等。不过变化虽然多，系统却只是有两个，就是楷书和简体字。

楷书是统治阶级常写的一种字体。

两汉以来，统治阶级采用了民间的隶书，逐渐加以改造修饰，有了挑法波势，写得十分整齐美观。但这种挑法波势写起来究竟还是缓慢，同时为了更求美观起见，便出现了楷书，楷书在魏时便已出现，那时楷书和隶书还差不了多少，如魏锺繇写的《力命表》，基本上还是迁就隶书，字体方扁，不像现在楷书写成了长方。晋朝王羲之写的字也都还是如此，当然也有了点儿改变。这改变越往后越显著，到了唐朝欧阳询、虞世南等写的字就变成长方了。从这以后，这种字体就成了统治阶的法定字体，一直流传到现在。

至于民间呢?

民间可不大写这正楷，他们没有那么多工夫一笔一画的去写。如前所说，远在统治阶级写那“一波三折”的隶书的时候，他们早就不耐烦了，他们已经创出了一种新字体——草书。

这种草书可和后来的草书不一样，它并不是几个字连在一起写下，仍是一个字一个字的，基本上也还是隶体，也可以说是一种草率的隶书。这种草书今天还有实物留存，那就是那时戍守边疆的士兵们写的木简。像底下的插图便是。

这种草书在民间流传了一些时候，大概因为它笔画简单，容易书写，又为统治阶级所采用，这就是后来所谓的“章草”。这草书到了统治阶级手中，自然又有些改变，那就是把它写得整齐一些，美观一些。于是有些士大夫们就不承认它是民间来的了。有的说是史游创出来的，有的又说是杜度，有的竟说是汉朝的章帝造的。其实呢，全是胡说，看看下面那时的士兵们写的木简，便是来自民间的铁证了。

至于晋唐以后的几个字一气连写下来的“今草”，以及龙蛇飞舞像籐子似的谁也不认识的“狂草”，那是书法家们的艺术品，与实用文字简直就没有什么关系了。

民间草书一方面为统治阶级所采用，演化为章草、狂草，另一方面，它本身又渐渐受了统治阶级楷书的影响，把带有隶意的笔法改换成楷意，这样就变成了简体字。

这些简体字的出现，也就在楷书出现的时期，据北齐时（公元五五〇年——五七七

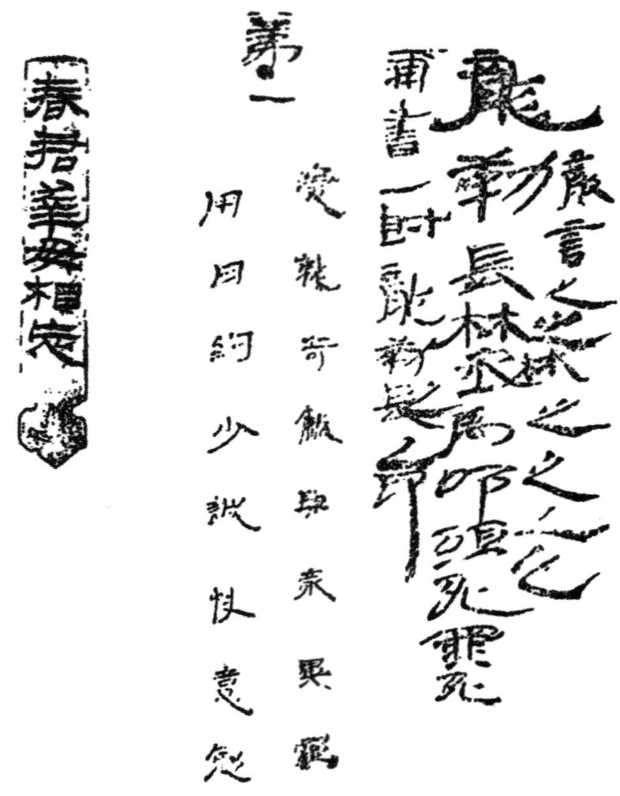

年）颜之推说他那个时候简体字就已经流传得很普通了。今天流传的六朝碑志中，别体俗字就很多，可以证明颜之推的话说得不错。

唐宋以后，民间简体字就更为盛行。宋元明老百姓刻印的小说几乎满眼全是简体字，和统治阶级刻的经史子集迥乎不同。举例来说，像“國”写作“国”，“廟”写作“庿”，“齊”写作“斉”，“學”写作“李”，“寳”写作“宝”，“備”写作“偹”，“嬭”写作“妳”等等。以后这类字还是不断的增加，直到现在还在制造，像把“衛”写作“卫”，“團”写作“团”，“擁護”写作“拥护”都是。

简体字还有一部分是带有地方性的，这在宋朝时也就有了，范成大《桂海虞衡志》说那时临桂老百姓就常写这类的字，例如，𡘯（音矮，不长的意思），閪（音稳，坐在门里很稳），𡙇（也音稳，大坐自然也就稳了），仦（音嫋，小儿），奀（音动，瘦弱的意思）等。现在各地方也还有这类字，如上海话里的覅、朆，北方话里的甭、逛，广东话里的咁、冇等都是。

这种简体字从唐宋以来，在民间流行几乎有一千年左右。鸦片战争以后，中国社会起了急剧的变化，走向半殖民地半封建社会，西欧资产阶级的思想学说传到中国，新的文化运动产生，这才发现旧式文字的不适用，而有了改革文字的要求。开头是字母运动，演化到注音汉字，以后又有国语罗马字和拉丁化新文字等拼音文字。就在这些运动

的同时，有些人也想起简体字来，加以提倡。如钱玄同在一九二二年国语统一筹备会里曾提出“减省现行汉字笔画案”，主张写简体字。到一九四三年上海文艺界讨论大众语文学问题，连带着讨论到中国语文，于是引起手头字运动，上海有些印刷厂还铸造了数百个手头字铜模，多种定期刊物也都采用了。第二年伪南京政府教育部接受国语委员会的建议，也曾公布过三百二十四个简体字，但不久又给取消了。

总括起来，中国文字的发展，到了简体字，形体演变大概已经到了极点，无可再变了。

六　我们对祖国文字的态度

以上算是把中国文字的发生和发展的大概说了一下，看了这一些，我们可以明白：中国文字原是劳动人民创造的，后来被统治阶级垄断了去，但垄断之后人民又创造了新的字体，中国文字就在这样不断地创造，不断地垄断的道路上艰难的发展起来。

由此，我们又可以明：从古代的封建帝王一直到蒋介石反动集团，他们都是怕人民掌有文字，获得知识的，而且千方百计的垄断了文字，占为己有，使它成为他们专有的工具。

但是今天不同了，今天人民自己掌握了政权，凡是一切于人民有利的东西，全都要归还于人民所有。以前在旧社会识字是一种特权，今天识字是每个人的义务。

我们对于祖国几千年传流下来的文字，首先应该尊重它，应当爱护它。

为什么要尊重它，爱护它呢？

这道理是很明白的，中国文字是几千年来中国无数劳动人民的心血所创造的，它和中国过去几千年的文化遗产是分不开的。不但接受和整理中国历史上的文化遗产需要认识和掌握中国的文字，而且新的文化知识的普及和创造也非靠中国现有的文字不可。在一个有百分之八十人口是文盲的国家里，是谈不到普及文化的，要把一个旧中国改造成为一个先进的文化发达的新中国，首先就要消灭这百分之八十的文盲，因此教广大的工农群众学习中国文字就成为今天十分迫切十分重要的任务！

不过，中国文字学起来也有许多不方便的地方。

第一，今天世界各民族的文字，差不多都是用字母拼音的，字母只有那么几个，又是拼音，学起来自然比较容易。惟有中国字独独例外，一个字一个形，一个字一个音，而且又特别多，《康熙字典》里面就有四万七千零二十一个字，还有些字没有收入，这里面当然有很多字是平常用不着的。但是我们如果想对付着能看看报念念书，至少也得认识三五千个字，而且这些字比起拼音文字来，笔画又那么复杂，学起来写起来都很困难。过去中国人民大众不能掌握文字工具，除了政治的原因而外，文字本身的繁难也是一个因素。

第二，拼音文字能用打字机打出来，又能用打字机拍电报，排字简单，时间经济，而且减少错误的机会。中国字虽然也有打字机，但打起来，并不比手写得快，又不能用来拍电报，排字也非常麻烦。这对于传播文化方面是个大障碍。

第三，拼音文字的字母有一定的顺序，按着这顺序编字典，编各种索引，检查起

来，非常方便。中国字虽也可按照偏旁结构制定部首，或是按照笔画多少来排列。但是中国字四四方方，没头没脑，有些字根本就不知道它应该属于哪个部首，而且同笔划的字也太多，有些写法又不一律，检查起来，极费时间。这些困难，我们在查字典时一定都曾经碰到过的。这对于办事效率方面也是一个障碍。

因为中国文字有这些缺点，所以自从戊戌维新以来，特别是五四运动后，许多学者专家都主张要改革中国文字。这改革的方向就是拼音，这就是一九二三年的国语罗马字和一九三一年的拉丁化新文字的运动，它们都是采用二十六个拉丁（罗马）字母来拼音的。基本理论也都差不多，不过国语罗马字的方案复杂一些，难学一些；拉丁化新文字简单一些，容易学一些。这两种方案到今天还没有获得一致的结论。一九四九年十月全国语文学者组织了一个“中国文字改革协会”，研究中国文字改革的各种问题，这一问题也包括在研究之内。

中国文字早晚必得走上拼音文字的路，这大概是无可怀疑的了。但由于几千年的传统习惯，要把方块字变成拼音字，这种改革不是短期间可以办到的。因此简化中国字，也就是提倡简体字，在今天倒是可能而且必要的事，先把复杂的中国字简化起来，叫人民大众书写起来方便一些，迅速一些，然后再慢慢儿研究如何使之走上拼音道路。如果一下子就来实行拼音，那怕是不成功的。

我们对中国文字改革的看法是这样的：

说中国文字特别好，是世界第一，因此就无须改革，这是“国粹主义”者的看法，没有从发展来看问题，是不对的。但假如认为中国的文字必须改革，因而就说它根本要不得，一点价值也没有，这也是非历史观点的，也是不对的。

中国文字要改革，这是没有问题的，但也必须记着毛主席在《新民主主义论》中所指示的“文字必须在一定条件下加以改革”。这改革不能急躁，得慢慢儿来。现在呢？还是得用它，用它来传达政策，公布文件，传播马列主义毛泽东思想，增进人民的科学知识，提高人民的文化水平。这样，我们就应该一方面要尊重它，爱护它，同时又要研究如何在一定条件下来改革它。

以上这些就是我们今天对我们祖国文字的态度。

〔附记〕

这本书是根据作者的《中国文字与中国社会》（一九五〇年北京中外出版社印行）删节改写的。两书见解也略有出入之处，概以此书为准。

一九五一年二月二十四日丁易记于北京。

附录：

国内少数民族的语言系属和文字情况

罗常培

（一）少数民族的语言系属

国内各少数民族的种类，按旧日方志的记载和本地人的称谓，的确名目繁多，听着令人迷惑。实际上要照语言的系属来分类，也不过是三系、七族、十九支；每支下所属的语言，不过是同文异派的方言罢了。

（甲）汉藏语系

一、黔台语族（或称岿台语族），主要分布在广西、云南、贵州、海南岛等处。

（1）黔水语支——甲、黔语　乙、水语　丙、莫语　丁、羊黄语

（2）台语支——甲、僮语（侬语）　乙、仲家（土语）　丙、牢语（仡佬、土佬、木佬）　丁、台语（摆彝、掸语、吕语、沙语）　戊、黎语

二、苗傜语族，主要分布在湘西山地、广西、贵州、云南和广东西部山地。

（1）苗语支

（2）傜语支

三、藏缅语族，主要分布在西藏、西康、四川、青海、云南、贵州等处。

（1）藏语支——甲、西部方言（巴拉地、拉打克）　乙、中部方言（拉萨）　丙、东部方言（西康、嘉戎、羌）　丁、西藩语（俅子、怒子）

（2）山头语支（或称卡亲语支）

（3）缅语支——甲、茶山语　乙、浪速语

（4）彝语支——甲、彝语（纳苏、倮倮、倮黑、撒尼、阿细、阿卡、窝尼等）乙、拿喜语（麽些）　丙、民家语（僰、白子、那玛）

（乙）南亚语系

猛吉蔑语族，主要分布在云南极西的所谓『葫芦王区』，和澜沧江与怒江之间，北纬二十七度以南。

（1）瓦崩龙语支——甲、崩龙语　乙、卡拉语　丙、卡瓦语

（2）濮语支（或称本人）

（附注）台湾高山族的语言，有人说属于南岛语系，在没经过调查研究得出确定结论以前，暂且

附列在这里。

（丙）阿尔泰语系

一、突厥语族，主要分布在新疆的大部分，蒙古西北角和甘肃的一部分。

（1）唐努乌梁海语支——在国内的只有撒拉语

（2）维吾尔语支——甲、维吾尔语　乙、乌兹别克语　丙、塔塔尔语

（3）哈萨克语支——甲、哈薩克语　乙、柯尔吉斯语

（附注）分布在新疆南部蒲犁县境内的塔吉克语属于印欧语系的伊兰语族，并不属于阿尔泰语系。

二、蒙古语族，在国内主要分布在内蒙古、新疆及华北各省。

（1）东部和南部方言

（2）喀尔喀语支

（3）喀尔玛克语支

（4）布利亚特语支

三、通古斯语系，在国内主要分布在内蒙古、黑龙江的东北角和松花江的下游。

（1）南支——甲、满洲语　乙、锡伯语　丙、索伦语　丁、达呼尔语　戊、赫哲语

（2）北支——甲、鄂伦春语　乙、玛涅克尔语　丙、毕拉尔语

从上面的分类来看，一向传说很复杂的民族，照语言的系统来区别，仅仅归纳成这些族属，还不到“纷不可理”的程度。不过这里所归纳的只是初步的意见，要想精确分析还有继续调查研究的必要。

（二）少数民族的文字情况

按照共同纲领的民族政策“各少数民族均有发展其语言文字、保持或改革其风俗习惯及宗教信仰的自由。人民政府应帮助少数民族的人民大众发展其政治、经济、文化、教育的建设事业”（第五十三条）。咱们要想帮助各少数民族发展种种建设事业，首先就得研究他们的语言文字。斯大林说，“少数民族并不是不满意于缺乏民族联盟，而是不满意于缺乏本族语言使用权。当他们一旦拥有本族语言使用权时，这种不满就会自然消失下去的了。”

不过要使各族语言发挥广大的作用帮助提高大众文化水平，尤其需要记录口语的文字。在上面所举的各种民族语言里有自造文字的占极少数，大多数都没有文字，这对于发展文化教育以至于政治、经济等建设事业是有绝大阻力的。苏联自十月革命成功新政府建立后，就确定各少数民族间自己使用其语言文字。在一九三六年颁布的新宪法第四十条明白规定着：“全国苏维埃通过的法案用各种语言发表。”第一一〇条也说：“法律程序要以各种语言发表，如各联邦共和国，各自治共和国或各自治区有不能了解普通语言的人们，保证在任何机会把案情给他们明白的译述，并可以用自己的语言在法庭上说话。”苏联所属的各民族也有很多是没有文字的，因此苏联的语言学者自一九一七年革命成功后就为四十个只有语言而无文字的少数民族设计了字母，编辑了文法和字典。此外还有三十种以上的民族，大多数是土耳其、鞑靼人，改用了简明字母来代替他们从前使用的繁杂的阿剌伯文，有些地方的蒙古人和中国人也如此。由此可见中国语言学者对

于这个问题的当前任务是怎样重要了。我们要解决这个问题先得从分析各民族的文字情况开始。国内各少数民族的文字情况大约可分下列几项来说明：

（甲）已有文字无须改进或须从缓改进者

一、藏文　西藏语从第九世纪起就有文字记载，它的字母是第七世纪时通密撒布剌参酌印度的天城书跟和阗字母，配合西藏的语音系统，制造成功的。有很多的文学作品和佛经现在还都保存着。最近于道泉、金鹏等虽然各自拟了一套藏语拉丁化方案，可是能否改进要看本民族的意思来决定。

二、蒙文　蒙古族从十三世纪初才采用回纥文来记录自己的语言。在十三世纪中叶到十四世纪中叶之间，他们也曾经创造了一种从藏文演变来的巴思八文作官方文字，终于因为形体繁难，没能实行。从此以后，仍然沿用回纥文一直到现在。咱们现在所谓蒙古文，实际上与原来的回纥文并没有重要的区别，不过写起来角度多些，而且它的行款是从上到下，由左边起头儿罢了。十七世纪中西蒙古人曾经把回纥文补充过一次，他们增加了七个新的附加符号，传统回纥文的不精确地方，因此得以避免。现在蒙古人民共和国制订了一套斯拉夫化的新蒙文，内蒙古各处也在积极的推行着。

三、满文　满洲文字是十六世纪时从源出回纥的蒙古文改造成的，后来又添加了一些附加符号。除了这些符号以外，满蒙文只在书法上不大一样罢了。满文最古的印刷，就现在所知道的可以推溯到一六四七年。现在真正满洲话流行的地方只在黑龙江省瑷珲、嫩江、齐齐哈尔等城和附近的村落，还有吉林省的三姓、宁安、永吉一带。此外还有一小部分说满洲话的满洲、锡伯、索伦各族，分驻在新疆的伊犁、塔城、迪化各地，那都是清朝屯戍部队的后裔。这些民族都用满文书写他们的语言，并发行报纸。其他属于通古斯族的语言也有一部分用满文。

四、维文　维吾尔族因为信奉回教的缘故，跟其他突厥族一样，都采用可兰经的文字。换言之，就是经过波斯人略加增改的阿剌伯文（在采用阿剌伯文以前他们也曾经用过北欧式的鄂尔浑文和回纥文）。现在所谓维文实际就是这种自右而左的横行拼音文字。这种文字的字母因为用在字首、字间、字尾或独立而形式不同，所以每个字母可以有四种写法。拼音中往往在元音方面有所省略。一九二七年苏联在巴库台召开了一个突厥语系大会，会中通过了废弃阿剌伯字母改用拉丁化方案拼写各民族语言的议案。一九三七年维族易包德等五人也感觉阿剌伯字母不能完全包括维族所有的语音，增加了一些附加符号来补救阿文字母元音的缺乏。那时虽然没有实行拉丁化，可是维文本身比较精密些了。这些元音字母上的附加符号同时也为哈萨克诸族所采用。一九四〇年苏联中亚突厥语系诸民族又废弃了拉丁字母改用适合各族语言特征的斯拉夫式字母，同时还没有禁止用阿剌伯式拼音字母写印的读物。现在新疆的维族除了原有的维文以外也还有一套斯拉夫式的自左而右的拼音文字。此外突厥语族的乌兹别克、塔塔尔两族和印欧语系伊兰语族的塔吉克族也都用维文拼写他们自己的语言。苏联境内的乌、塔两族文字跟上述维文的情形相同。

五、哈文　所谓哈文跟维文形式上是一样的，只是发音上略有不同。跟哈萨克族相

近的柯尔吉斯族也通用哈文。苏联境内的哈、柯两族文字也跟上面所说维文情形一样，在阿剌伯式的哈文以外还有一套斯拉夫式的拼音文字。

此项各种文字本身都是有系统的拼音文字，而且各有相当长久的历史，目前似乎还不怎样迫切的需要改革。如果要改革，必须等待他们本族人民有了自觉的要求，才能有步骤的进行，否则反而可能引起不好的影响。比方说蒙文应否改革得要跟蒙古人民共和国和内蒙自治区取一致的步骤，满文应否存在得要把新疆的满洲、锡伯、索伦三族以及东北各种通古斯族语言调查清楚才能决定。藏文的历史比较最长久，文献也保留的较多，在西藏解放前应当召集藏族有威望的人士和喇嘛慎重协商，才可以决定文字政策。至于突厥族语所属各民族的文字自己已然经过好几次改革，现在通用的阿剌伯式字母横行自右至左，跟世界各种文字的习惯不合，而且各族间的文字始终也没有定型化。苏联十月革命以后全苏联邦新字母推行委员会起初曾经给这些使用阿剌伯文的民族造了一套拉丁化字母，后来为应合各民族的要求，又改成标准的斯拉夫式字母。咱们现在要想改革国内突厥语族所属的各民族文字首先得要看本族人民自觉要求如何，并且还得斟酌苏联有关各联邦的实际情况。我们当前所要作的事，第一先得调查使用维文或哈文的各民族是否能代表他们自己语言的实际语音，然后加以定型化和统一化。第二应该由文委或科学院通过苏联大使馆或苏联对外文化协会，要求苏联政府和苏联科学院把所有跟中国西北、东北各民族语言有关的文法、字典，尽量赠送我国科学院语言研究所，以资参考。

（乙）已有文字而需要改革者

一、彝文　彝族自己有独立的单音节文字，不过形体繁难，专用于经典，只有少数的巫师“毕摩”能够懂，并不能通行于人民大众。现在的彝文石刻没有早过明朝嘉靖以前的。二十世纪初年，住在云南路南的法国天主教神父邓明德（Paul Vial）曾经拟了一套撒尼语的拼音文字，但是还不够精确。最近傅懋勣、马学良、高华年、陈士林等对于大凉山、云南等处的彝语各自拟了一套拼音方案，袁家骅也分析过窝尼和阿细的语音系统，将来可以把各种方案集合起来作成一套汇通方案，然后再拿到彝区实验，加以补充修订。这一支所属的傈僳语从前英国传教士傅能仁（F. O. Frazer）也造过一套所谓傈僳文，后来经罗常培、芮逸夫、赵毓英等加以修正，将来也可作为实验的根据。

二、拿喜文或称麽些文　拿喜族自造的两种文字：一种象形的叫“多巴字”，一种表音的叫“哥巴字”。这两种文字已经由李霖灿、张琨、和才三人合作分别编成两部字典，于一九四四、一九四五两年先后由前中央博物院出版。不过这两种文字还都是为拿喜族的巫师“多巴”用的，并不能给人民大众服务。最近马学良跟李耀商合作正在起草一种拼音文字的新方案。传懋勣曾调查维西丽江等处方言，并已发表很多材料，将由他和马学良、李耀商商拟一个拿喜语的汇通方案。

三、台文　中国境内属于黔台语族的各种语言多数没有自己的文字，只有在云南的一部分或者用从缅文变来的掸文，或者用从暹文变来的南泰字母。现在我们不单对于没文字的各族应该赶造拼音文字，就是对于借用掸文或南泰字母的也有从事改良的必要。

关于这部分工作，罗常培已经拟有滇西摆彝语方案，邢公畹已经拟有台仲语汇通方案，李方桂已经分析了莫语音系，陈舒永、喻世长已经从事仡佬语的调查研究，另外还有韦庆稳（僮族人）自拟僮语拼音方案。李方桂、张琨所搜集的台语材料很多，可惜他们现在不在国内，只能希望从通信中取得联系。

四、苗文　苗族本来没有文字，清朝末年英国传教士柏应理（S. Pollard）曾经拟了一套所谓苗文（Pollard. Script），形象很近于注音字母，不容易为人民大众所接受。最近马学良、王辅世都在从事拟定苗语拼音方案的准备。此外张琨、陈三苏等也曾经作过苗语的调查工作。

五、山头文　山头族本来没有文字，二十世纪初年英国传教士韩孙（O. Hanson）曾经拟了一套山头语的拼音文字，并且编有字典。英国人就利用这套文字印了好些书报作为文化侵略的工具，不单山头族应用它，就是附近滇缅边境上的茶山、浪速等族也都变相的使用它。一九四三年罗常培经过三个月的调查研究，改正韩孙的缺点，曾经另拟了一套拼音方案，再度修正后就可到山头区实验推行。

这一项所列举的，有的是为特权阶级服务的传统文字，有的是帝国主义传教士所制定的不很精确的拼音文字，它们现在都有改革的必要。除了上面所说已然经过初步调查研究或者已然拟有拼音文字草案的以外，咱们对于台族的仲家、水戶、羊黄、侬、沙、黔、黎等语，彝族的阿卡、傈黑等语，还得加紧调查研究，分别拟定拼音方案，然后再按语言系属跟上面所举各种文字联系，分别作成汇通方案。这样一来，各族的文化无疑地就可以很迅速地发展了。

（丙）本无文字须另造新文字者

一、瓦崩龙语　属于南亚语系猛吉蔑族的卡瓦、卡拉、崩龙等语，我们过去的知识很不充分。卡瓦、卡拉现在分布在英人所谓卡瓦地（Wa States），也就是旧志所谓“葫芦王区”。西以怒江，东以怒江跟湄公河的分水岭为界，南北界限在北纬二十二度至二十四度之间。崩龙分布在云南的极西，东经九十九度以西，北纬二十五度以南一带。关于这些民族的语言知识我们除了英人戴维斯（H. R. Davies）和葛利尔孙（G. A. Grierson）“印度语言调查”（Linguistic Survey of India）里所记的一些词汇外，还有米邻（Mrs. Leslie Milne）所著的一本“崩龙文法初步”（An Elementary Palaung Grammar Oxford，1921）。抗日时期我们因为交通不便，又因为这些民族还保持“猎首”的原始风俗，所以没能深入调查。今后靠着人民政府以及西南民族事务委员会协助，一定会使我们有满意的收获。

二、濮语　濮族或称“蒲蛮”也叫作“本人”。从前濮族分布的区域很广，近来因为同化较快，区域也日见缩小。据清“职贡图”说：“蒲人即蒲蛮，相传为百濮苗裔，宋以前不通中国。元泰定间始内附，以土酋猛氏为知府，明初因之，宣德中改土归流，今顺宁、徽江、镇沅、普洱、楚雄、永昌、景东等七府有此种。”这种民族不单同化于汉人，也同化于摆彝，所以有人把濮语误认作摆彝的一种。据戴维斯的报告和凌纯声在云南猛允所见的濮人，他们的语言、体质和文化都跟卡瓦相近。他们原住的区域在澜沧

江与怒江之间，北纬二十七度以南。后来越过澜沧江向东及东南移殖。我们以前在云南时对于这一族的语言文字都没有得到可靠的材料，今后有深入调查的必要。

三、瑶语　瑶族分布在广东西部山地、贵州南部和广西、云南许多地方。他们的语言受汉语和台语的影响很大，有些方言简直采取汉语或台语。瑶语除去偶然借用汉字外，自己并没有文字。赵元任所作的广西瑶歌记音包含汉字的成分太多，要给他们造拼音文字还须经过系统的调查。

四、傈语和怒语　傈子和怒子分布在云南西北角高黎贡山和江心坡一带地方。他们的语言跟喜马拉雅系的尼泊尔方言有些类似的地方。这两种语言都没有文字，一九四二年春天罗常培曾经作过初步的调查，所得材料仅够作拟订拼音文字的根据。

五、民家语　民家语分布在云南洱海沿岸的几县。关于他们的语言系属，有的说属于猛吉蔑族，有的说属于台语支，据我们调查研究的结果认为它是彝语和汉语的混合物。这种语言含有百分之七十的汉语成分，其余的除了彝语以外还掺杂着一些别种语言成分，所以大家对于它的系属感觉混淆不清。这种语言并没有自己的文字，在大理圣源寺所存的“祠记山花碑”就是用汉字来记录民家语的。一九四一年罗常培曾经对这种语言作过一番系统的调查，所得材料可以作成一种民家文字的汇通方案。

六、高山语　台湾的高山族，在日本统治时期日本帝国主义者尽量想消减他们的语言，强迫他们改说日本话，当然更不会给他们制订文字了。这种语言据说跟南岛语系的马来语类似，不过还没经过我们实际的调查研究。在台湾解放以前我们希望得到民族委员会的帮助，替我们约请在京的高山族发音人，好让我们准备好了文字工具，使这个久被帝国主义和封建残余压迫的兄弟民族在政治得到解放的时候，同时也可得到文化解放。

（丁）本无文字并无须另造文字者

除了丙项所举本无文字的民族以外，还有些个小民族，或者人数太少或者可以并入其他族属，就没有给他们另造文字的必要了。例如散布在青海的循化、化隆两县境内和甘肃临夏西边积石关以内的撒拉族实际就是突厥语的一种方言，说这种话的人数也很少，就应该跟其他各种突厥语一律办理，无须另造文字。还有甘肃临夏、宁定、和政、永靖等县散布着一种东乡族，只有两千多人，信回教，说蒙古话，这就应该跟其他说蒙古话的民族一律办理。东北属于通古斯族而不用满文的各小民族，应该跟满洲、锡伯、索伦等族同样处理。此外青海、湘西、贵州、云南都有所谓“土族”，这只是当地人地于这种民族系属分不清楚的一种笼统的称呼，我们应该分别调查清楚了，按照语言的系属各归其类，不必给他们另造新文字。

附录二

《中国文字与中国社会》序言

丁　易

过去研究中国文字的人，是把文字当作研究中国古书的工具，管它叫做“小学”，附在“经学”范围之内，从不把它当作一种独立的学问来看待，这见解当然是很可笑的。后来呢，大家也明白了文字不仅仅是研究古书的工具，它本身就是一门科学；同时也发现了中国文字的繁难，成为普及文化的障碍，必须着手改革。于是便把它独立起来探讨研究，这是一个大大的进步，三十年来，这种研究工作是有着一定的成绩的。

不过文字也和其他学术一样，要想指出它的将来方向，必须先明白它过去的发展，而这发展却又不是孤立的，它是社会发展的一个反映。所以要想弄清楚中国文字的发展，必须要从中国社会发展中去寻找。如果不这样，那就只是一堆庞杂的材料，最多也只能说明文字是这样发展的，而不能说明为什么是这样发展的。现在从事这样研究工作的，似乎还不很多。

这本书就是这种研究工作的一个试验。

对于这一试验，我在这里要简单说明一下的，便是我对中国古代社会性质问题的看法。

中国古代社会性质到今天还没有定论，意见分歧之点，主要的是在西周，有的说是奴隶社会，有的说是封建社会。我个人在目前是主张前一说的，理由证据这里也无须多引，单就文字形体变化来看，西周文字结体多同殷商甲骨文，如果当时社会性质有了变化，是不会有这种现象的；而春秋战国之际文字变化的剧烈复杂，恐怕不能没有它的社会性质变化的基础。所以我在本书中就根据底下的主张撰写叙述：即殷商西周是奴隶社会，东周以后是封建社会。当然，这主张也只是在没有定论之前的一个假定，还有待于各方面的探讨研究，我并没有把它当作定论的意思。

还有呢，这本书不过是这种研究的初步试验，我之所以敢于贸然付印，主要的目的还是在希望引起搞文字学的朋友们对这方面的注意。不过既是试验，又是初步，自然也就不免粗糙，不妥当和错误的地方一定也很多，这就期待读者的指正了。

本书采用的图片主要的是根据：安特生（Andersson）的《甘肃考古记》，李霖灿的《么些象形文字字典》，罗振玉的《殷虚书契前编》，董作宾的《殷墟文字甲编》，吴式芬

的《攈古录金文》，罗振玉的《三代吉金文存》，贞松堂的《集古遗文》，郭沫若的《两周金文辞大系图录》，刘鹗的《铁云藏龟》，黄濬的《古玺集林》，吴式芬的《封泥考略》，李佐贤的《古泉汇》，孙海波的《魏三字石经集录》，郭沫若的《石鼓文研究》，容庚的《古石刻零拾》《秦汉金文录》，冯云鹏、冯云鹓的《金石索》，罗振玉的《汉熹平石经残字集录》《流沙坠简》等书，总记于此，图片中便不一一注明了。

图片的挑选和摹写，多得徐知白、高景成两兄之助，于此致谢。

1950 年 4 月 15 日丁易记于北京

附录三

《丁易选集》前言

白　鸿

丁易原名叶鼎彝，安徽省桐城县人，1913 年出生在书香门第的封建家庭。幼年遵父命在私塾读四书、五经、通鉴、辑览等古书，12 岁进桐城县高小学习新知识。1934 年高中毕业，以优异成绩由安徽省政府保送到北平师范大学深造。因受革命思潮的影响，1935 年参加“一二·九”学生运动，1936 年初参加中国共产党的外围组织“中华民族解放先锋队”，从此走上了革命的道路。

1938 年，他大学毕业后，一直在中学和大专院校任教。抗日战争初期，在四川省立成都联合中学（简称成属联中）教书，参加了中华全国文艺界抗敌协会（日本投降后改称中华全国文艺协会）成都分会，为“文协”最早的会员之一，因常向“文协”的机关刊物《笔阵》投稿，与“文协”理事陈翔鹤往来密切，遂成知交。1939 年在四川省立戏剧音乐学校，和陈白尘、刘盛亚、周文耕（中共党员）等一同跟国民党反动派的文化特务作斗争。1944 年在成都从事进步文化活动和文艺创作。这时李劼人、叶圣陶、陈翔鹤、陈白尘和丁易五人已被选为“文协”成都分会的常务理事，因李、叶二老德高望重，另有重要工作，“文协”成都分会的日常工作，便由二陈和丁易共同商议处理。在此期间，他遵从张友渔（中共四川省委委员）、黎澍（中共党员、《华西晚报》主笔）的意见，参加民主同盟做统战工作。他担任民盟新世纪学会秘书（会长张澜、副会长叶圣陶），和共产党员杨伯恺及其他进步人士一起，协助民盟领导做好工作。1945 年他在三台东北大学和赵纪彬（中共党员）一起组织、领导进步学生建立“民主青年社”，开展爱国民主运动，1946 年 5 月被东大解聘，不久，他由民盟总部秘书长周新民（中共党员）约请到重庆，任《民主报》总编辑，7 月，昆明发生“李闻事件”，他连续写社论和旧体诗，抨击国民党反动派指使特务枪杀爱国民主人士的法西斯暴行，以致引起特务的跟踪、盯梢。10 月，他由重庆到北平师范大学任教，并在中共北平市委城工部领导下参与多方面的活动，依照徐冰同志的意见，他参加九三学社做高级知识分子的统战工作。他和吴晗等一起支持反内战、反饥饿、反迫害的学生运动，同时编辑《民主周刊》，并通过地下党的关系，介绍不少进步青年到解放区工作。

1947 年 10 月，我党设在北平的一个地下电台被国民党特务破获，被捕人员中有的与

丁易曾经有过联系，为了安全起见，地下党于 11 月初派人护送他进入晋冀鲁豫解放区，到山西长治北方大学历史研究室做研究员。1948 年 8 月，北方大学迁河北正定与华北联大合并为华北大学，吴玉章任校长，范文澜、成仿吾任副校长，丁易任华北大学四部（研究部）语文研究室副主任（吴玉章兼主任）。丁易在解放区两年多，除了继续撰写《明代特务政治》之外，特别重视学习马列主义和毛主席的著作，同时也学习新颁布的《土地法大纲》，参加群众斗争地主和阶级异己分子的斗争会，对毛主席教导的坚定无产阶级立场，用阶级观点分析问题等，有了深刻的体会，并且意识到知识分子的思想改造的必要性和迫切性。

1949 年 1 月，北平解放后，丁易被调到北平市军管会的文化接管委员会工作。2 月 17 日军管会主任叶剑英签署命令，派钱俊瑞、陈征明、郝人初、吴晗、丁易、周建人代表军管会到国立北平师范大学（即北京师范大学）“负责商议并办理接管事宜”。不久，又派遣郝人初和丁易为正、副军代表，进驻北平师范大学做接管工作。5 月，接管工作结束，北师大成立校务委员会（委员共 19 人），黎锦熙为主任，丁易为校务委员兼中文系教授。黎锦熙让他兼管中文系的工作。他热爱母校，为母校发展前途着想，极力主张北师大加强教学力量。在征求黎锦熙同意后，他出面邀请了第一流的进步教授黄药眠、钟敬文到北师大任教。黄、钟两位教授在中文系讲课，深受学生欢迎，后来黄药眠任北师大中文系主任，钟敬文任北师大副教务长（“文化大革命”后任中文系主任）。从 1949 年起，他们一直在北师大任教，为北师大、也为我们国家培养了不少优秀的文艺理论和民间文学方面的学者和专家。

1949 年 9 月 21 日，中国人民政治协商会议第一届全体会议胜利召开，丁易作为九三学社的候补代表参加大会，商讨建国大事。同年 12 月他经张友渔和黎澍介绍，加入中国共产党，主要做党的统战工作。

新中国成立后，丁易一直在北师大任教，同时也做党的统战工作，社会活动很多。1949 年中国文字改革协会成立，他被选为常务理事。他在民主党派中，还负有相当重要的责任，曾任民盟中央文教委员会委员和九三学社第二届中央理事会理事、第三届中央委员会常务委员兼副秘书长、学委会主任。丁易非常重视学习而又勤于自学，能够正确理解党的各项政策，并在工作中积极贯彻执行。他和民主党派的一些领导人一起工作的时候，特别注意尊重他们，团结他们，发挥他们的积极性，以促进、加强民主党派和中国共产党亲密合作的关系。他在贯彻执行党对知识分子团结、教育、改造的政策方面，做出了显著的成绩。

1950 年冬，抗美援朝战争开始，丁易于 1951 年初，参加中国人民赴朝慰问团，慰问朝鲜军民和中国人民志愿军。在此期间，他搜集了一些材料，归国后撰写了《战斗的朝鲜后方》，热情地歌颂了朝鲜军民的爱国主义精神。不久，他又作为中国文化代表团的成员，出访印度和缅甸。这是新中国成立后，我国政府第一次派出高层次的文化代表团访问南方邻国，进行文化交流，促进中印、中缅人民的友谊。代表团由丁西林、李一氓为正、副团长，成员有陈翰笙、郑振铎、刘白羽等。代表团在印度、缅甸的一些大城市里举办中国文

化艺术展览，和两国外交界、文化界、教育界人士一起开座谈会；到科研单位和著名的大学去演讲，介绍新中国的文化、艺术、科研和教育等，访问时间长达 3 个月之久。1952 年，他被选为中苏友好协会总会理事、中缅友好协会理事，经常出席文化部、作家协会招待苏联、印度、缅甸的文化界人士和著名作家的国际友好活动。

丁易在北师大任教，先后在中文系讲授新文学史、中国现代小说史、明清文学史、中国文字学等课。他讲课力求以马列主义、毛泽东思想为指导，做到内容充实丰富，思想观点明确。他白天有些社会活动，经常在晚上做研究工作和写作，直到深夜才休息。

1953 年，他由高教部派赴苏联莫斯科大学讲学，为研究中国文学的青年教师和研究生讲授中国文学史，同时指导 6 个研究生。他非常注意中苏两国人民的友谊，无论是苏联的教授或是工人，他都能与他们友好相处。他指导苏联研究生写论文，认真负责，常和他们一起研究、讨论问题，给予切实具体的指导。他还担任中国教员的业务小组长，曾去列宁格勒看望当地的中国教员，了解他们的教学和生活情况。

丁易在苏联期间，对于政治学习和马列主义著作的学习，都抓得很紧，他还想在学术方面作出一些成绩。可是，1954 年 6 月 27 日他突患脑溢血症，救治无效，病逝于莫斯科，年仅 41 岁。

丁易在短短的一生中，除教书，进行民主革命运动，做党的统战工作之外，留下的著作不下 200 万字。

他在大学读书时，有《唐五代词研究》《元人曲调溯源》等学术论文；大学毕业教书期间，完成一部《中国文字形体变迁考释》（15 卷、30 万字）；抗日战争时期，有中篇小说《雏鹰》、长篇小说《过渡》和短篇小说《择婿》等，还有针砭时事的杂文（200 多篇）、时评和旧诗词以及文艺散文；1949 年后有《明代特务政治》《中国文字与中国社会》《中国的文字》等学术著作和散文《战斗的朝鲜后方》，他还编选了《郁达夫选集》和《大众文艺论集》。这些著作，除《中国文字形体变迁考释》因排印困难没有出版外，其余的都已在 1952 年以前出版。

1949 年至 1953 年，他着重研究了中国现代文学发展史，写了几十万字的新文学史讲义，随后又以讲义为基础撰写成一部《中国现代文学史略》，送交作家出版社冯雪峰同志征求意见，不久，他就去苏联讲学，不幸于 1954 年猝然去世。这部《中国现代文学史略》直到 1955 年才由作家出版社出版。因为当时开展了“反胡风集团”的运动，出版社将丁易原稿中本来是对胡风的文艺理论的批评，作了一些修改；原稿中对胡风的错误观点的批评，都被加以强调，将批评改成“批判”了，并且附上《编者按》说：“胡风的文艺小集团，后来彻底查清是一个暗藏在革命阵营里的反革命集团……”又将原稿中引用胡风评论张天翼和田间作品的文字和原稿中评论孔厥小说的那一部分文字全都删去了。这样的删改，都非作者的本意。故在此说明一下。

上文所述丁易的著作，比较有影响的当推《中国现代文学史略》《丁易杂文》《明代特务政治》和他编选的《郁达夫选集》。

《中国现代文学史略》是最早将五四运动以来被称为“中国新文学”改称为“中国现

代文学”的一部文学史。同时，它又是“以毛泽东同志的《新民主主义论》《在延安文艺座谈会上的讲话》为指导思想，以鲁迅为代表的革命文学发展为中心线索，自成体系，观点鲜明，论述简明扼要，是解放后以马克思主义观点编写的，具有开拓性的最早出版的文学史”①。它自从出版后，便受到学术界普遍重视，被大专院校中文系列为研究和讲授中国现代文学的重要参考书。“文化大革命”前作家出版社曾三次重印（累计92000册），1978年，香港文化资料供应社根据作家出版社版本又印行一次。在当时，它对中国现代文学的研究和教学工作，起了很大的推动作用。但在今天看来，由于历史条件的局限，它也存在着一些缺点和不足之处，如对个别作家的评论留有“左”的痕迹，对有些作家的评论，也显得过于简单。

《丁易杂文》曾于1947年由华夏书店出版，1984年又由三联书店重印，其中的选文也略有增删。这本书的影响也比较大。陈白尘为该书作序，充分肯定了丁易的战斗风格、思想和艺术上的成就及其在当时所起的积极作用。廖沫沙编的《中国新文学大系》第四卷（1939－1949年杂文卷）选了丁易的九篇杂文，并在《序》中说：“丁易是陈白尘主编的《华西晚报·艺坛》的台柱，他的杂文以文学家兼史学家的敏锐目光，在茫茫的历史长河中选取恰当的古鉴，来烛照现实的迷雾，给人以警钟长鸣。”有位读者祝兆平写了题为《我们不应该遗忘——读〈丁易杂文〉》的文章，曾对它加以热情地赞扬。

《明代特务政治》原在1950年初由中外出版社出版，印数甚少，仅2500册。这本书出版后也有较大的影响。至今仍是研究明代政治的重要参考书。1971年日本东京汲古书院将此书影印出版。1983年又由群众出版社重新排印出版3万册，并于2007年再版。中华书局也于2006年据中外出版社1950年版重新校对出版。当时有些熟人向我要书，说它对历史研究工作者、文学研究工作者、政法研究工作者都很有参考价值。至今还有人向我提到它。

《郁达夫选集》最初由开明书店收入新文学选集丛书第一辑，于1951年7月出版。后来又由人民文学出版社于1954年8月和11月两次重印，丁易于1950年为《郁达夫选集》写的《序》，则作为附录刊载。丁易的《序》也是很有影响的，有的文学研究工作者撰写关于郁达夫的论文，还吸取了他的观点。

丁易喜欢阅读中国古典文学作品，同时也阅读中国历史和哲学等书籍。他知识渊博，有深厚的文学修养。他做研究工作，作风严谨，态度客观。在北京师范大学任教时，重点研究中国现代文学史，他对作家、作品的评价，总是根据作家生长的时代和作家的社会活动及其作品在当时所产生的影响等，予以全面分析和评论。他对任何一个作家的作品，都是既要考虑它的思想内容，也要考虑它所表现的艺术技巧，决不简单粗暴地给人贴标签。因为他比较客观，有的作家后来出专集时还刊载了丁易对他的评论。

丁易去世太早，但他没有虚度年华，在短短的一生中，还是勤勤恳恳地做了几件事：

① 见陈育德的《学者·作家·战士——丁易传略》，《文苑英华》，安徽著名历史人物丛书第四分册，中国文史出版社1991年版。

一是在中学和大专院校里教书、育人；二是参加民主革命运动并做党的统战工作；三是做科研工作和文艺创作。正如陈育德同志为他写的传中所说："集学者、作家、战士于一身。"像这样的革命前辈，在他的朋友中也是大有人在。我之所以编辑《丁易选集》，只是觉得他的作品还可供今天的读者参考，同时也想让青年读者借此了解中国的过去而珍惜今天的幸福生活来之不易。

附录四

学者·作家·战士

——丁易传略

陈育德

丁易（1913—1954年），原名叶鼎彝，又名丁易，曾用笔名孙怡、访竹、光华之、童宜堂等。安徽省桐城县人。现代作家、北京师范大学教授、九三学社中央常务理事。

在短短的一生中，丁易主要从事文化教育战线的工作，集学者、作家、战士于一身。作为学者，他学识渊博，长于文史，在中国现代文学、文字学、明史研究方面颇多建树。作为作家，他多才多艺，既写诗歌、散文，又能创作小说，尤以杂文、时论闻名。他为我们留下二百多万字的学术论著和文艺作品。在教育战线上，他教书育人，认真传授文化知识，又积极传播进步思想，引导和帮助青年学生面向现实，追求真理，走向革命。他从1935年参加“一二·九”运动开始，就一直在党的影响和领导之下，投身于爱国民主运动，特别是在抗战后期和解放战争时期，为争取国家的光明前途，他同国民党反动统治进行了坚决的斗争，表现出一个民主战士的风采。他1947年进入解放区，1949年加入中国共产党。建国后，他热情似火，辛勤工作，为新中国的文化教育事业作出了贡献。正当他风华正茂，施展才智，大有作为的时候，不幸于1954年在苏联莫斯科逝世，终年四十一岁。

书香门第　读书爱国

1913年9月8日，丁易出生于南京，两岁时随父母回到桐城县老家。他的曾祖翰池、祖父桂山、父亲伯荣都是前清秀才，可谓“书香门第”、“诗礼传家”。他是家中独子，故为父母所钟爱，盼望他将来知书明理，光耀门楣。三岁入家塾读书识字，一直到十一岁，他读完了四书、五经、通鉴、辑览和古文辞数百篇，受的是封建正统教育。1925年，十二岁进入桐城高小读书，是年父亲病故。十三岁，祖父去世，家庭开始衰落，由其姑母叶沛青扶养、教育。叶沛青是桐城名媛，时任集成女校校长，接纳五四新文化，思想比较解

放，对丁易的思想启蒙很有影响。1928 年，十五岁时考入桐城中学。“天下文章在桐城”。他仰慕戴名世、方苞、姚鼐等桐城派大师，好作古文，颇见才气，常常受到老师的称赞与鼓励。同时，他也热爱新文学，读了不少鲁迅、郭沫若、胡适的作品，开始接受进步思想，对蒋介石“四·一二”政变后的黑暗统治深为不满，忧虑国家的前途。他由于受到“杀身成仁，舍生取义”的传统思想的熏陶，气节观念很强，对在白色恐怖中英勇就义的革命志士甚表同情，对自首变节分子极为鄙视。他说自己这时是一个自由主义者、人道主义者。1933 年，他由桐城中学转入安庆六邑联中高中部。1934 年夏以优异成绩毕业，被省府保送到北平师范大学读书。

丁易从偏僻的县城来到文化古都北平，眼界大开。北平师大藏书甚丰，多有名师执教，正适其所好。他勤奋学习，刻苦钻研，博览群书，尤好黎锦熙、钱玄同讲授的中国文字文法学，于中国古典文学、文字学用力最多，积累了较为丰富的知识。他把学习与写作结合起来，开始在报刊上发表诗歌、散文，并撰写了《唐五代词研究》、《元人曲调溯源》、《诗词虚助词释》等学术论文，分别刊载于北平师大主办的《师大月刊》、《教育与文化》杂志上。他的好学精神和丰富学识，受到教师的器重与赏识，特别是与黎锦熙先生建立了长期深厚的师生友谊。

丁易虽然精心治学，却不是脱离现实、不问政治的书呆子。当时日本侵占东北，步步进逼华北，中华民族处于生死存亡的关头，他和大多数青年学生一样，关心着国家的兴亡。他与共产党员杜绍西、杜润生、黎澍、王南等同学交谊甚笃，受到他们的思想影响，开始接触马列主义，阅读了唯物史观译著和其他进步书刊，思想进步，倾向革命，被推选为北平师大学生自治会宣传干事，积极参加了“一二·九”爱国运动，从事抗日救亡的宣传工作，曾组织同学走上街头演出《放下你的鞭子》。1936 年，他加入了党领导下的中华民族解放先锋队。后来不少民先队员和革命青年奔赴延安，投身革命。他当时的思想很矛盾，由于贪恋学业，最终决心读完大学，走进步的治学为文的道路。

1937 年“七七事变”发生后，北平、天津一些高等学校迁往西北后方，北平师大与北平大学、天津女子师范学院等联合组建西安临时大学。在迁校前，丁易因母丧回到家乡，曾与杜绍西一同到安徽当涂县民众教育馆工作，进行抗日救国宣传，开办农民夜校，在当地很有影响，随后即去西安复学。他在西安参加了进步学生组织平津同学会，并是其中的骨干成员，主编《怒吼》周刊。他们组织演讲队、歌咏队、戏剧队，到街头、农村向群众宣传抗日斗争。1938 年春，日寇逼近潼关，西安临时大学迁往汉中，改称西北联合大学，所属师范学院校址在城固。这时不少同学离开学校，到华北、江南地区参加党领导的抗日游击队，他想读完最后一个学期，便赴城固直到毕业。他后来创作的中、长篇小说《雏鹰》（1941 年）、《过渡》（1943 年），就是以自己这一时期的生活、斗争的经历为基础写成的，比较真实地反映了当时的青年学生包括他自己的生活道路和思想状况。长篇小说《过渡》对反动当局阻挠、破坏学生抗日救亡运动的行径进行了揭露，对进步青年参加抗日游击队作了由衷的肯定和赞扬，说“那里一切都是有生气有力量的”。同时，他认为到大后方去，也不是逃避斗争，不是与黑暗势力妥协，而是到艰苦的地方去做艰苦的工作。

他表示：为了国家和人民，“上后方也要埋头默默地工作，默默地影响别人……要像投进水里的一粒石子，把波纹散到整个的水面”。为了民族解放事业，他到了大后方以后，的确做了大量的艰苦的工作。

横眉冷对腐朽　热衷著书育人

1938 年夏，丁易大学毕业，由著名美学家、同里亲戚朱光潜先生介绍，从陕西城固到四川成都联合中学任教，并先后在天府中学、立达中学、女子职业学校、戏剧教育实验学校兼课。1940 年春，戏剧教育实验学校更名为四川省立戏剧音乐学校，校长是富有自由民主思想的熊佛西，颇能容纳进步人士，校内民主自由空气比较浓厚。由于敌机经常轰炸成都，各校疏散乡间，相距十余里，往返十分不便，丁易乃辞去其他学校兼职，专任戏剧音乐学校教务主任。他主持教务工作，提倡集体讨论的教学方法，进行国语训练，开展课外活动，举办民众夜校，鼓励学生接触民众，教农民识字，与他们交朋友。学生通过训练，不用乡音土语，改用国语演出，受到群众的欢迎。1941 年，他在一首呈黎锦熙先生的诗中有句云：“舞台粉墨劳京话，歌栅丝弦有国音。”并自注：“在川主戏剧音乐学校教务，厉行国语训练，每有演出，均博佳誉，盖本诸师训也。”这个学校的训育主任丁伯骝是个国民党党棍，生活奢侈，贪污腐化，众人侧目。丁易便与进步作家陈白尘、刘盛亚、共产党员周文耕一起，发动进步学生，揭露其丑恶嘴脸，同以他为首的反动势力作斗争，致使这伙人抬不起头来，连三青团分子也不敢公开自己的政治身份。1941 年“皖南事变”发生后，反动派在国统区加紧压迫、摧残进步力量，戏剧音乐学校被迫解散。丁易任教三载，即将离校，除夕之夜，感慨系之，写成一律《留别诸生兼以自勉》：

无端匣地起罡风，一树奇葩幻落红。
早把横眉轻腐朽，最惭吞泪对生童。
孤军坚守休心怯，嚼火成燎转气雄。
遥指长天云正黑，相期共不负初衷。

诗中表达了他对反动势力摧残教育事业的愤慨，对青年学子无端遭难的同情，抒发了自己“横眉轻腐朽”、奋力战恶风的战斗情怀。

丁易离校后，与陈白尘共同组建成都艺术剧院未成，于 1941 年 5 月，应朱光潜先生邀请，到四川乐山武汉大学任教务处秘书（朱是教务长），工作才几个月，国民党四川省党部得知后，立即行文缉索，处境险恶，难以存身。1939 年 8 月，西北联大改为西北大学，师范学院独立为西北师范学院，于 1940 年由城固迁至兰州。黎锦熙先生其时任教务长兼中文系主任，邀约丁易去该校任教。他乃由川经陕赴陇，行程两千余里，历时两个多月，艰难跋涉，晓行夜宿，于 1941 年底抵达兰州。

到了西北师范学院以后，丁易在中文系讲授中国文字学、新文学史，特别是新文学史，深受同学欢迎。他在课堂上重点讲了鲁迅、宋阳（瞿秋白）的思想和创作。更难能可贵的是，毛泽东同志的《在延安文艺座谈会上的讲话》刚刚秘密传到兰州，他就暗中交给进步学生传阅、学习，并在课堂上着重讲解了“为工农兵而写作”的问题，强调文艺创作要从工农兵出发，为工农兵服务，作家必须与工农兵打成一片。他才华横溢，善于言谈，平易近人，与青年学生相处亲密无间，进步学生经常与他一起纵论国家大事，毫无顾忌，推心置腹。有一次，他们谈到国内大学的情况，有人说到成都华西坝几所教会大学，自称是“中国的牛津”，那西北的大学可以说是“中国的爱丁堡”。而丁易则说，为什么不说是“中国的列宁格勒”呢？这句话表露出他的革命思想，惊动四座，发人深思。他还教育学生向黑暗势力作斗争，既要有鲁迅“怒向刀丛觅小诗”的大无畏精神，又需讲究斗争策略，不要赤膊上阵，要进行鲁迅主张的“壕堑战”，坚持韧性战斗。

当时，兰州政治空气压人，生活十分艰苦，丁易除了担任繁重的教学工作外，还利用课余时间，研究学问，著书立说，夜以继日，勤耕不辍，以致不到三十岁，就两鬓染霜。在《年未三十白发日增感赋》诗中，他写道：“而今真个鬓如霜，犹逐春光日日忙。作戏逢场聊复尔，著书积习总难忘。”在头尾不到三年的时间里，他完成了《中国文字形体变迁考释》十五卷，《文字形义篇》三卷，还写有两本诗词《度陇集》《元闷集》。诗词虽多唱和、赠答、纪行之作，但其中也有不少篇章或指斥了社会黑暗势力，反映了决心与之斗争的正义感；或表现出驱除日本侵略者，收复祖国山河的爱国主义精神。《考释》凡三十余万言，是他长期研究文字学的重要成果。据他在《自叙》中说，1934 年他在北平师大学习黎锦熙、钱玄同两先生讲授的中国文字文法学时，即打算写这本书，并利用课余时间写了些章节，稿片均在七七事变后散失。后来他研读了武汉大学有关甲骨卜辞、铜器铭文的全部藏书，“排除他务，发愤键户，摹写移录，参证考订。书为武大所无者，则辗转搜求，假之他处，历时八月，稿乃粗具”。到了兰州，他又用十个月的时间，进行修改、加工、整理、誊清，全书得以最后完成。这部著作研究中国文字，“穷其形体变迁，究其义训溯始”，有着重要的学术价值。黎锦熙先生审读后甚为称赏，当即为之题签。新中国成立后，著名语言学家罗常培读了书稿，予以充分肯定。郭沫若也为之题写了书名，惜因排印困难，至今未能刊行问世。

兰州系西北重镇，地近陕甘宁抗日根据地，国民党当局对共产党革命活动严加防范，中统、军统特务横行，无孔不入，西北师范学院更是他们监视的重点。丁易在课内、课外宣传革命思想，与进步学生关系密切，自然成了他们特别注意的对象。他感到政治空气令人窒息，实在呆不下去，乃于 1943 年 7 月离开兰州，又回到成都。在临行前，他写下《离兰州作》一诗：

南北东西笑孔丘，枣花香里买归舟。
牌楼今已有三易，蜗角何期竟两秋。
狂态自知难偶俗，豪情犹复笑封侯。

书成廿卷千毫秃，纵使名山也白头。

这首诗可以说是他在兰州生活、工作的真实写照，从中可看出在当时险恶的政治环境中，他傲然兀立，不与黑暗势力妥协的“狂态”、“豪情”，以及写秃千毫、辛勤著述的情景。

丁易回到成都后不久，即应聘去江安国立戏剧专科学校任教。1944 年夏，丁易回到成都度假，因他的好友黎澍、陈白尘等都在成都做革命工作，他听从朋友们的劝告，留在成都专门从事进步文化活动和文艺创作。这时，他与地下党组织的联系更为密切，并在他们的领导下进行工作。党组织为掌握《华西晚报》这块阵地，派黎澍同志任主笔，并积极争取左翼作家的支持，其中一个重要的步骤是请陈白尘接编《华西晚报》副刊《艺坛》，并同时编辑《华西日报》副刊《文艺周刊》。丁易是这两份报纸最有力的支持者。他为《华西晚报》撰写的社论，延安的报纸曾予转载；为两个副刊写的大量杂文，发挥了有力的战斗作用。他当时与陈白尘、陈翔鹤经常在一起，商谈工作，讨论时政，痛斥国民党反动政府的腐败政治和消极抗战的政策，每有所感所得，陈白尘便说：“好！写几百字的杂文，丁易！”丁易笔头很快，当夜写成，第二天就刊登出来。两三天一篇，接连不断。这些杂文，谈史论文，援古证今，笔锋犀利，对反动派、汉奸、贪官污吏以及失败主义者、享乐主义者，都给以深刻的揭露，无情的斥责，辛辣的讽刺，有力的抨击。如他在《仍然需要“手枪匕首”!》短文中所说的：“瞄准手枪，抓紧匕首，对着丑恶，一枪致命，一针见血，要叫它无所逃避。”1947 年结集出版的《丁易杂文》，近半数是在这个时期发表的。他总共写了二百多篇杂文，1984 年由其夫人白鸿同志重加编选，仍用原来书名，由三联书店出版。著名剧作家陈白尘在序言中，对丁易的战斗风格及其杂文的思想艺术作了热情的赞扬和深入的分析。

1944 年秋，大后方的民主运动空前高涨，各界群众纷纷抗议国民党反动政权的法西斯统治。这时，中共四川省委负责人张友渔同志从重庆来到成都，以加强党同各方面的联系，开展统一战线工作，并协助建立四川省民主同盟组织。根据张友渔、黎澍同志的意见，丁易于 1944 年冬加入中国民主同盟，并担任民盟新世纪学会的秘书（会长张澜、副会长叶圣陶），与共产党员杨伯皑及其他进步人士一起，协助民盟领导做好工作。他还担任成都文协常务理事，与叶圣陶、李劼人、陈翔鹤、陈白尘等共同领导文协工作，开展进步文化活动。

1945 年初，抗战接近胜利。在国统区，一方面是民主运动高涨，一方面是蒋介石反动统治变本加厉，指使特务镇压民主力量。这时公开揭露特务活动的文章已无法发表，于是丁易把学术研究与政治斗争巧妙结合起来，撰写了一系列关于明代特务政治的论文，陆续在《新华日报》《文汇报》《中华论坛》《时与文》《理论与现实》《新中华》等刊物上发表。作者站在人民大众的立场上，运用科学的观点，将明代特务政治的真相剥露出来，连类取譬，以古喻今，对蒋介石的反动统治予以揭露和抨击。这些论文在发表时，虽曾遭到国民党当局报刊检查机关刀斧之刑，或抽筋换骨，或斩头去尾，但仍然发挥了很好的战斗

作用。后来，丁易以此为基础，继续研究、写作，于 1948 年底完成四十余万字的专著《明代特务政治》，1950 年由中外出版社出版，1983 年群众出版社重印。这部著作运用历史唯物主义观点，根据丰富翔实的资料，系统地阐述了明王朝实行特务统治维护封建专制制度的历史，既抨击了国民党反动政权的独裁统治，又对研究明代历史，特别是对研究政治制度、司法制度有很大的参考价值。

坚持战斗　迎接解放

抗日战争胜利后，“中国向何处去?”面临着两种命运、两种前途的严重斗争。丁易在中国共产党的领导下，同国民党蒋介石的独裁、内战、卖国政策进行了针锋相对的斗争。

1945 年 8 月，丁易应东北大学文学院院长陆侃如先生的邀请，由成都到三台县，任该校副教授。他在去东北大学之前，了解到东大教授赵纪彬是共产党员，而赵对他的政治态度也有所了解，因此两人在工作中能够相互信任、密切配合。当时，学校进步势力与反动势力斗争十分激烈，国民党、三青团分子张贴标语，发表演说，叫嚷“要以武力解决东北问题”，“打回老家去”。他们还搞反苏反共游行，并策划组织请愿团到重庆去制造反动舆论。丁易、赵纪彬根据地下党组织的指示，把进步力量团结、组织起来，同反动势力作斗争，成立了“民主青年社”，参加“民青”的进步学生有五六十人。丁易亲自到重庆把社员名单交给中共南方局青委书记刘光同志，并汇报了东大学生运动的情况。“民青社”经常举办文艺晚会、时事座谈会、演讲会、读书会，帮助广大学生认清形势，分清是非，提高认识，把他们团结在自己周围，使反动势力孤立起来，挫败了国民党特务阴谋篡夺东大学生组织领导权和组织请愿团的企图。中共南方局负责人对此给予很高的评价，认为这是国统区学生运动的一大胜利。1946 年 5 月，在东北大学迁返沈阳前夕，学校当局突然宣布解聘六名进步教授，丁易是其中之一，原因当然是由于他们组织和领导了学生民主运动。

1946 年 6 月，丁易由成都来到国统区政治斗争的中心——重庆。根据党组织的安排，由中共党员、民盟秘书长周新民约请，他担任民盟机关报《民主报》主编，同时兼任社会大学新闻系主任。这时，国民党反动派悍然撕毁“双十协定”，推翻政协决议，大举进攻解放区，发动全面内战。他们在国统区实行法西斯独裁统治，指使特务、暴徒迫害和暗杀进步民主人士，镇压民主运动。天空一时布满乌云，有些人产生迷惘和忧虑，极少数投机分子倒向反动阵营。而丁易则坚定地站在人民的立场上，积极配合党在国统区的工作，充分发挥《民主报》这一舆论阵地的战斗作用。他亲自执笔撰写了大量的社论和短评。据不完全统计，从 1946 年 6－9 月就撰文二十六篇之多，大约两三天就是一篇。这一篇篇战斗檄文，有的揭露蒋介石集团假和谈、真内战的阴谋，有的斥责美国政府援助蒋介石打内战的反动政策，有的声讨国民党特务镇压民主运动、暗杀进步人士的法西斯暴行，有的抨击国民党贪污腐败的官僚政治，事实确凿，义正词严，简短有力，切中敌人的要害，发挥了强大的政治威力，致使国民党特务对《民主报》恨之入骨，叫嚷什么“《民主报》是共产

党的尾巴”，扬言要再一次捣毁《民主报》（1946 年 2 月 22 日，国民党特务曾捣毁重庆《新华日报》和《民主报》），而丁易也成为反动报纸攻击的对象。他的行动受到监视，经常有特务盯梢。但他对此不以为意，照常工作，坚持战斗。他除了主持《民主报》编务工作外，还继续撰写有关明代特务政治的论文，抨击蒋家王朝的特务统治。当时，中华剧艺社上演陈白尘创作的名剧《升官图》，他写了两首诗，别具一格，作为戏剧广告：

其一

现象今又见官场，直欲南亭俯首降。
多少伤心多少泪，嬉笑怒骂化文章。

其二

魑魅魍魉作人声，妖镜显来尽现形。
如此官场如此戏，是真是梦问诸君。

《升官图》作者为避开国民党当局的审查，假托民国初年官场旧事，实际是揭露和抨击蒋介石的反动官僚政治的。丁易在诗中画龙点睛，把剧本的现实主题和盘托出，嬉笑怒骂，痛快淋漓，既一吐自己对乌烟瘴气的国民党官场的心中怒气，又引导观众认清国民党反动政权的本质，从而更好地发挥了戏剧演出的政治效果。

1946 年 7 月，国民党反动派指使特务、暴徒，冒天下之大不韪，在昆明卑鄙无耻地暗杀了著名爱国民主人士李公朴、闻一多教授，激起全国人民的愤怒和抗议。丁易为《民主报》一连撰写了五六篇社论，愤怒声讨和抗议国民党政府的法西斯暴行，号召人民发扬李、闻二烈士的战斗精神，团结起来与反动势力斗争到底。同时，他还满怀战斗激情地写了如下诗篇：

闻李公朴先生被刺书愤

一天浓雾群魔舞，暗杀追踪纳粹营，
滇海枪声惊世界，不寻线索也分明。

长安滇海有渊源，沧白堂前较场边，
白昼杀人呼啸去，厂威早迈魏忠贤。

一枪果可威民主，希墨如何被极刑，
铁腕如林举全国，请看无数李先生。

悼一多先生

象牙塔里几悠悠，参透玄虚便不休，

一击回戈真“逆子”，现身说法到街头。

掀髯笑指群魔鼻，看你横行到几时，
枪起无声穷主使，元凶还是法西斯。

李杜诗篇王段学，更将热血为人民，
儒林文苑复忠烈，万口传歌有定评。

前一首愤怒斥责国民党独裁政权的特务暴行，指出民主力量不会为枪弹所压倒，他们的下场将像希特勒、墨索里尼一样，受到铁腕如林的人民群众的严惩。后一首歌颂了烈士的“掀髯笑指群魔鼻”、“更将热血为人民”的献身精神，其立场是何等坚定，爱憎是何等鲜明！

1946 年冬，丁易由重庆到北平师大任教，并在中共北平市委城工部领导下工作。根据徐冰同志的意见，参加了九三学社，同时主编《民主周报》，与吴晗等一起支持反内战、反饥饿、反迫害的学生运动。他通过与地下党组织的关系，介绍不少进步青年到解放区工作。1947 年 8、9 月间，从上海、青岛来了几位革命青年（其中有共产党员）找到丁易要去解放区，他很快就同党组织取得联系，经过周密安排，并亲自送这几位同志和他的爱人白鸿到天津，再由天津去解放区。

1947 年 10 月，我党设在北平的一个地下电台被国民党特务破获，被捕人员中有的与丁易有联系。为了安全起见，地下党于 11 月派人护送他进入晋冀鲁豫解放区，到山西省长治县北方大学历史研究室任研究员。在北方大学，丁易继续撰写《明代特务政治》一书，同时，他系统地学习马列主义、毛泽东著作，经常联系工农群众，接受实际斗争的锻炼与考验，努力克服知识分子脱离实际、自视清高等缺点，思想觉悟有很大提高，并向党组织提出入党要求。

1948 年 8 月，北方大学与华北联大合并为华北大学，校址在河北省正定县。丁易担任华北大学中国语文研究室副主任，并被推选为代表出席在石家庄召开的华北临时人民代表大会，第一次看到人民群众真正行使自己的民主权力，受到很大的教育与鼓舞，满怀胜利的喜悦准备迎接北平的解放。

忘我工作　英年早逝

1949 年 1 月 31 日，北平解放。2 月 17 日，北平市军管会主任叶剑英签署命令，派文化接管委员会钱俊瑞、陈征明、郝人初、吴晗、丁易、周建人代表军管会到北师大“负责商议并办理接管事宜”。5 月，北师大成立校务委员会，黎锦熙为主任，丁易任校务委员会委员兼中文系教授。9 月 21 日，中国人民政治协商会议第一届全体会议胜利召开，他作

为九三学社的候补代表参加大会，参政议政，商讨建国大事。1949 年 12 月 29 日，他经张友渔、黎澍同志介绍，光荣地加入了中国共产党。

新中国成立后，丁易主要从事文化教育和党的统一战线工作，社会活动很多，任务繁重，但他都尽心尽力，积极完成。他在民主党派中负有相当重要的责任，担任民盟中央文教委员会委员，九三学社中央常务理事兼副秘书长、学委会主任，他还是中国文字改革协会常务理事。在统战工作中，他与民主爱国人士、知识分子广交朋友，有时谈话到深夜，推心置腹以诚相见，讨论时政，交流思想，增进了解。由于他熟悉自己的工作对象，工作中既能掌握原则，又能做到入情入理，在团结、教育、改造知识分子工作中作出了显著成绩。1951 年他参加中国人民赴朝慰问团，在开展慰问朝鲜军民和中国人民志愿军活动的同时，他不怕艰苦，不顾劳累，调查访问，搜集材料，归国后写出通讯散文集《战斗的朝鲜后方》，真实地反映了朝鲜后方人民努力生产，保证运输和供给，支援前线、抗击侵略者的战斗图景，热情歌颂了朝鲜军民的爱国主义和英雄主义精神。接着，他又作为中国文化代表团的成员，出访印度、缅甸，开展文化交流，作了题为《新中国的教育》的演讲，较好地完成了出访任务。

1950 年 3 月，北师大校务委员会撤销，丁易专任中文系教授。他不愿“浪得虚名”，但求“名副其实”，在教学工作中勇挑重担，先后讲授新文学史、中国现代小说史、明清文学史、中国文字学等多门课程。他讲课力求以马克思主义、毛泽东思想为指导，做到内容充实丰富，思想观点正确。他尽管身体不好，白天忙了一天后，晚上还经常工作到深夜，或埋头备课，写讲稿；或从事研究和著述，12 点钟以后还能看到他书房窗子里透出朦胧的灯光。由于教学工作的需要，他把学术研究的重点放在现代文学史方面，陆续编辑出版《郁达夫选集》《大众文艺论集》，并撰写了长篇序言。他在讲授新文学史的过程中，编写了数十万字的讲义，1955 年出版的《中国现代文学史略》即是以此为基础整理成书的。此外，他出版的著作尚有《明代特务政治》《中国文字与中国社会》《中国的文字》等。辛勤的劳动取得了丰硕的成果，在短短的几年里，他一共有七部著作问世。这些著作，既有一定的学术价值，又有现实意义。《中国的文字》《中国文字与中国社会》，从中国社会发展与中国文字形体演变的关系，说明文字是劳动人民创造的，后来为统治阶级所利用，虽有所变化、简化，但没有解决根本问题——难认、难写、难记，劳动人民不易学习，为了让劳动人民便于掌握文字，学习文化科学知识，必须进行文字改革，从而为文字改革工作提供了历史根据。《中国现代文学史略》是一部影响很大的著作，是丁易多年研究和讲授现代文学史的集中成果。它以毛泽东同志的《新民主主义论》《在延安文艺座谈会上的讲话》为指导思想，以鲁迅为代表的革命文学发展为中心线索，自成体系，观点鲜明，论述简明扼要，是新中国成立后以马克思主义观点编写的、具有开拓性的最早出版的现代文学史。1955 年由作家出版社出版后，受到学术界的重视和高度评价，被各大学中文系列为研究和讲授现代文学的重要参考书，“文革”前曾三次重印。1978 年，香港文化资料出版社根据作家出版社版本印行。这部书的出版，在当时对中国现代文学的研究和教学工作，起了很大的推动作用。今天看来，虽然由于受到历史条件的限制，存在着一些不足

之处，但其基本内容和开创意义还是应当充分肯定的。

1953年，丁易应苏联政府的邀请赴莫斯科大学讲学。他除了自身教学工作外，还担任和他一起赴苏联、波兰、东德等国家的中国讲学人员业务小组组长，负责与我驻苏使馆联系，做好政治思想和教学业务工作。在讲学期间，他非常注意中苏两国人民的友谊，从苏联的教授到工人都能友好相处。他在指导六名苏联研究生撰写有关中国历史和文学史论文时，帮助他们搜集大量资料，同他们一起研究、讨论问题，给予切实具体的指导和帮助，使苏联研究生深受感动。他当年的研究生、现为苏联科学院院士的李士清，前不久来我国访问，在北师大召开的座谈会上，还对自己的导师表示深切的怀念和感激之情。丁易曾到列宁格勒检查中国讲学人员的工作，并打算去波兰、东德了解情况，总结经验，改进教学。他经常到书店搜购马列主义著作，托人向国内购买新出书刊，认真读书，积累资料，刻苦研究，计划在苏联讲学期间写成三本书，一本是关于鲁迅研究的，一本是研究古典文学的，一本是苏联见闻录。但是，他的这些计划都未能实现。

丁易同志忘我工作，积劳成疾，突发脑溢血症，不幸于1954年6月27日在莫斯科猝然逝世。莫斯科大学为他举行了庄严的告别仪式，称他为“中国卓越的学者”、“苏联人民忠实的朋友”。他的骨灰由我国驻苏大使馆运送回国后，安葬于八宝山烈士公墓。北京师范大学、中国民主同盟、九三学社、高教部、教育部、作家协会等单位为他举行了隆重的追悼会。

丁易同志英年早逝，是我国文化教育界的一个很大的损失！

原载安徽著名历史人物丛书第四分册《文苑英华》，
中国文史出版社1991年10月出版
（本文作者是安徽师范大学副教授）